清雅雨堂本周易述

第一册

清 惠棟撰

山東省圖書館藏清乾隆二十五年德州盧氏雅雨堂刻本

山東人民出版社·濟南

圖書在版編目（CIP）數據

清雅雨堂本周易述 /（清）惠棟撰 .— 濟南 : 山東人民出版社，2024.3

（儒典）

ISBN 978-7-209-14295-3

Ⅰ .①清… Ⅱ .①惠… Ⅲ .①《周易》- 注釋 Ⅳ .① B221.2

中國國家版本館 CIP 數據核字（2024）第 036782 號

項目統籌：胡長青

責任編輯：趙　菲

裝幀設計：武　斌

項目完成：文化藝術編輯室

清雅雨堂本周易述

〔清〕惠棟撰

主管單位　山東出版傳媒股份有限公司

出版發行　山東人民出版社

出 版 人　胡長青

社　　址　濟南市市中區舜耕路517號

郵　　編　250003

電　　話　總編室（0531）82098914

　　　　　市場部（0531）82098027

網　　址　http://www.sd-book.com.cn

印　　裝　山東華立印務有限公司

經　　銷　新華書店

規　　格　16開（160mm×240mm）

印　　張　60.75

字　　數　486千字

版　　次　2024年3月第1版

印　　次　2024年3月第1次

ISBN　978-7-209-14295-3

定　　價　146.00圓（全三册）

如有印裝質量問題，請與出版社總編室聯繫調換。

《儒典》選刊工作團隊

學術顧問　杜澤遜　李振聚　徐　泳

項目統籌　胡長青

責任編輯　劉　晨　劉嬌嬌　張艷艷

呂士遠　趙　菲　劉一星

前言

中國是一個文明古國、文化大國，中華文化源遠流長，博大精深。在中國歷史上影響較大的是孔子創立的儒家思想，因此整理儒家經典、注解儒家經典，爲儒家經典的現代化闡釋提供权威、典范、精粹的典籍文本，是推進中華優秀傳統文化創造性轉化、創新性發展的奠基性工作和重要任務。

中國經學史是中國學術史的核心，歷史上創造的文本方面和經解方面的輝煌成果，大量失傳了。西漢是經學的第一個興盛期，除了當時非主流的《詩經》毛傳以外，其他經師的注釋後來全部失傳了。東漢的經解衹有鄭玄、何休等少數人的著作留存下來，其餘也大都失傳了。南北朝至隋朝興盛的義疏之學，其成果僅有皇侃《論語疏》幸存於日本。五代時期精心校刻的《九經》、北宋時期國子監重刻的《九經》以及校刻的單疏本，也全部失傳。南宋國子監刻的單疏本，我國僅存《周易正義》、《爾雅疏》、《春秋公羊疏》（三十卷殘存七卷）、《春秋穀梁疏》（十二卷殘存七卷），日本保存了《尚書正義》、《毛詩正義》、《禮記正義》（七十卷殘存八卷）、《周禮疏》（日本傳抄本）、《春秋公羊疏》（日本傳抄本）、《春秋正義》（日本傳抄本）。南宋兩浙東路茶鹽司刻八行本，我國保存下來的有《周禮疏》、《禮記正義》、《春秋左傳正義》（紹興府刻）、《論語注疏解經》（二十卷殘存十卷）、《孟子注疏解經》（存臺北『故宫』），日本保存有《周易注疏》《尚書正義》（凡兩部，其中一部被清楊守敬購歸）。南宋福建刻十行本，我國僅存《春秋穀梁注疏》、《春秋左傳注疏》（六十卷，一半在大陸，一半在臺灣），日本保存有《毛詩注疏》《春秋左傳注疏》。從這些情況可以看出，經書代表性的早期注釋和早期版本國内失傳嚴重，有的僅保存在東鄰日本。

鑒於這樣的現實，一百多年來我國學術界、出版界努力搜集影印了多種珍貴版本，但是在系統性、全面性和準確性方面都還存在一定的差距。例如唐代開成石經共十二部經典，石碑在明代嘉靖年間地震中受到損害，明代萬曆初年西安府學等學校師生曾把損失的文字補刻在另外的小石上，立於唐碑之旁。近年影印出版唐石經拓本多次，都是以唐代石刻與明代補刻割裂配補的裱本爲底本。由於明代補刻采用的是唐碑的字形，這種配補本難以區分唐刻與明代補刻，不便使用，亟需單獨影印唐碑拓本。

爲把幸存於世的、具有代表性的早期經解成果以及早期經典文本收集起來，系統地影印出版，我們規劃了《儒典》編纂出版項目。

《儒典》出版後受到文化學術界廣泛關注和好評，爲了滿足廣大讀者的需求，現陸續出版平裝單行本。共收録一百十一種元典，共計三百九十七册，收録底本大體可分爲八個系列：經注本（以開成石經、宋刊本爲主。開成石經僅有經文，無注，但它是用經注本删去注文形成的）、經注附釋文本、纂圖互注本、單疏本、八行本、十行本、宋元人經注系列、明清人經注系列。

《儒典》是王志民、杜澤遜先生主編的。本次出版單行本，特請杜澤遜、李振聚、徐泳先生幫助酌定選目。特此説明。

二〇二四年二月二十八日

目録

第一册

第二册

第三册

序

今世譚易者亡慮數百家即已登梨棗者亦且以十數然皆不越乎晦菴之說及伊川說而止而崑山徐氏刻九經解旁及南宋諸子紫巖張氏及項平甫諸家間有云子夏易傳要亦子虛亡是之言耳而吾友惠松崖先生說易獨好述漢氏其言曰易有五家有漢易有魏易有晉易有唐易有宋易惟漢易用師法獨得其傳魏易者王輔嗣也晉易者韓康伯也唐易者孔沖遠也魏晉崇老氏即以之說易唐棄漢學而祖王韓于是二千年之易學皆以老氏亂之漢易推荀慈明虞仲翔其說略見于資州李鼎祚集傳

竝散見于六經周秦諸書中至宋而有程子朱子程第舉理之大要朱子有意復古而作本義及近日黄梨洲毛大可雖嘗習李傳而于荀虞二家之學稱説多訛使當日三君得漢經師授受不過三日已了大義惜也三君不生于東漢之末也今此編專以荀虞作主而參以鄭康成宋仲子干令升九家諸説蓋以漢猶近古從荀虞以上溯朱子之源而下祛王韓異説之汨經者其意豈不壯哉蓋先生經學得之半農先生士奇半農得之硯谿先生周惕硯谿得之樸菴先生有聲歷世講求始得家法亦云艱矣先生六十後力疾撰著自云三年後便可卒業孰意垂成疾革

未成書而歿今第如其卷數刊刻之不敢有加焉懼續貂也先生年僅六十有二余與先生周旋四年爲本其意而敘之如此乾隆戊寅八月下浣二日德州盧見曾書

周易述目次

元和　惠棟　編

山東省立圖書館
SHANTUNG PROVINCIAL LIBRARY

周易述卷一

元和惠棟集注并疏

山东省图书館藏書印

周易上經

䷀ 八純卦象天 消息四月

乾元亨利貞【注】元始亨通利和貞正也乾初爲道本故曰元息至二升坤五乾坤交故亨乾六爻二四上匪正坤六爻初三五匪正乾道變化各正性命保合大和乃利貞傳曰利貞剛柔正而位當也【疏】繫上曰大衍之數五十其用四十有九分而爲二以象兩掛一以象三揲之以四以象四時歸奇于扐以象閏又繫下曰易有大極是生兩儀兩儀生四象四象生八卦虞翻注云兩儀乾坤也庖羲幽贊于神明而生蓍演三才五行而爲大衍之數五十其一大極

故用四十有九即蓍之數也大極生兩儀故分而爲二以象兩又分天象爲三才故掛一以象三揲五行于四時故揲之以四以象四時乾坤之筴當期之日以閏月定四時成歲故歸奇于扐以象閏所謂兩儀生四象也四營而成易十有八變而成卦是生八卦而小成所謂四象生八卦也引信三才至萬有一千五百二十而六十四卦備矣此聖人作八卦之事也乾坤陰陽之本故首乾坤元始亨通利和貞正子夏義也元始釋詁文亨者乾坤交也乾天坤地天地交爲泰序卦曰泰者通也故知亨爲通也說文曰利從刀和然後利從和省文言曰利者義之和也又曰利物足以和義故知利爲和也貞正也者師彖傳文乾初謂初九也初始也元亦始也何休注公羊曰元者氣也天地之始故傳曰大哉乾元萬物資始說文曰元從一故春秋一年稱元年說文又曰唯初大始道立於一造分天地化生萬物董子對策曰謂一爲元者視大始而欲正本是乾初爲道本故曰元也初九注云大衍之數虛一不用謂此爻故謂之道本乾坤消息之卦乾息坤消息至二當升坤五爲天子乾坤交通故亨經凡言亨者皆謂乾坤交也乾六爻二四上匪正坤六爻初三五匪正虞翻義也二四上以陽

居陰初三五以陰居陽故皆不正乾變坤化六爻皆正故各正性命乾爲性巽爲命也乾坤合德六爻和會故保合太和正即貞和即利故乃利貞傳曰利貞剛柔正而位當也者既濟彖傳文六爻皆正故剛柔正而位當經凡言利貞者皆爻當位或變之正或剛柔相易經惟既濟一卦六爻正而得位故云剛柔正而位當乾用九坤用六成既濟定中庸所謂致中和天地位焉萬物育焉是也此聖人作易之事也

初九潛龍勿用注易逆數也氣從下生以下爻爲始乾爲龍陽藏在下故曰潛龍其初難知故稱勿用大衍之數虛一不用謂此爻也九二見龍在田利見大人注坤爲田大人謂天子二升坤五下體离离爲見故曰見龍在田羣陰應之故曰利見大人九三君子終日乾乾夕惕若夤厲无咎注三于三才爲人道有乾德而在人道君

子之象惕懼夤敬厲危也离爲日坤爲夕以乾接乾故曰乾乾四變坎爲惕乾爲敬故夕惕若夤三多凶故厲因時而惕故无咎俗本脱夤今從古九四或躍在淵无咎注躍上也淵謂初四失位故上躍居五者欲下居坤初求陽之正故无咎九五飛龍在天利見大人注五體离离爲飛五在天故曰飛龍在天二變應之故利見大人虞氏謂文王書經繫庖犧于乾五造作八卦備物致用以利天下天下之所利見是也上九忼龍有悔注窮高曰忼陽極于上當下之坤三失位无應窮不知變故有悔用九注九六者爻之變坤爲用發揮于剛柔而生

爻立地之道故稱用也見羣龍无首吉【注】羣龍六龍也時乘六龍以御天故曰見羣龍乾爲首坤下承之故无首吉象曰天德不可爲首也【疏】易逆至爻也○說卦云易逆數也注云易氣從下生故云逆數繫上曰錯綜其數虞翻彼注云逆上曰錯卦從下升故曰錯綜其數乾鑿度曰易氣從下生鄭元注云易本無形自微及著故氣從下生以下爻爲始是也乾爲龍九家說卦文乾之所以取象於龍者管子曰伏闇能存而能亡者蓍龜與龍是也龜生於水發之於火於是爲萬物先爲禍福正龍生於水被五色而游故神欲小則化如蠶蠋欲大則藏於天下欲尚則陵於雲氣欲下則入於深泉變化無日上下無時謂之神龜與龍伏闇能存而能亡者也若然乾之取象于龍以其能變化也荀子曰變化代興謂之天德天德元也天之元兼五色故龍被五色文言曰潛龍勿用下也又曰陽氣潛藏故曰潛龍其初難知下繫文初尚微故難知荀爽注大衍之數五十云乾初九潛龍勿用故用四十九初九元也即太極也太極函三爲一故大衍之數虛一

不用耳若然用九之義六龍皆御而初獨不用者但易有六位乾稱六龍六位之成六龍之御皆有其時初當潛隱故稱勿用然萬物所資始王位在德元以一持萬以元用九吾道之貫天下之治皆是物也○坤爲至大人○此荀爽義也與坤旁通坤土稱田釋言曰土田也太元曰觸地而田之故曰坤爲田也許慎五經異義曰易孟京說有君人五號帝天稱也王美稱也天子爵號三也大君者與上行異四也大人者聖明德備五也其說本乾鑿度是大人與天子同在五號之中故云大人謂天子王肅謂聖人在位之目義亦同也九二陽不正故當升坤五五降二體离說卦曰相見乎离故离爲見二升坤田故見龍在田坤羣陰應之故利見大人也○三于至之象○此鄭元義也五爻皆有龍象三獨稱君子者以易有三才三于三才爲人道文言曰君子行此四德者故曰乾元亨利貞是君子爲有乾德而在人道者經凡言君子皆謂九三也○惕懼至從古○惕懼鄭義也說文曰夤敬惕也文言曰雖危无咎故知厲爲危也离爲日坤爲夕虞翻義也虞以陽息至三二變成离离爲日繫上曰剛柔者晝夜之道也荀彼注云乾爲晝坤爲夜說文夜從夕襄十三年春秋傳曰窀夕之事杜

預注云夕夜也是夕與夜同義故知坤爲夕也三與外
體接以乾接乾故曰乾乾荀氏謂承乾行乾義亦同也
坎爲惕乾爲敬亦虞義也說卦曰坎爲加憂故爲惕乾
爲天周語曰言敬必及天又曰象天能敬韋昭注云象
天之敬乾乾不息故知乾爲敬也寅本訓敬今從夕敬
不衰于夕夕惕之象俗本皆脫夤字說文夕部引易曰
夕惕若夤案許愼叙曰其偁易孟氏古文也是古文易
有夤字虞翻傳其家五世孟氏之學以乾有夤敬之義
故其注易以乾爲敬俗本脫夤今從古增入也○躍上
至无咎○此荀義也躍上上廣雅文荀以地下稱淵故謂
淵爲初四本陰位故非上躍居五者卽欲下居坤初五
與初皆陽之正位故文言曰上下无常非爲邪也荀氏
易例乾在二者當上升坤五在四者當下居坤初在上
者居坤三坤在五者當下居乾二在三者居乾上在初
者居乾四如是則爻皆得位乾四當居初今以或躍爲
居五者案干寶注此經云初九復也九二臨也九三泰
也九四大壯也九五夬也上九乾也坤初六姤也六二
遯也六三否也六四觀也六五剥也上六坤也消息十
二卦實乾坤十二爻九四體大壯經云藩決不羸壯于
大轝之腹謂居五也是四亦有居五之義矣○五體至

是也○說文釋龍曰春分而登天秋分而潛淵陽息至五體夬夬三月卦龍已登天故有是象四變五體離說卦曰离爲雉郭璞洞林曰离爲朱雀是离有飛鳥之象故曰飛五于三才爲天道又天位也故飛龍在天此上虞義也二已變正應五故利見大人乾鑿度曰三畫已下爲地四畫已上爲天物感以動類相應也動於地之中則應於天之中動於地之上則應於天之上初以四二以五三以上此之謂應是言六爻相應之義也易重當位其次爲應故彖傳言應者十有七卦六十四卦之中有當位而應者有當位而不應者有不當位而應者若皆陰皆陽謂之敵應艮彖傳所謂上下敵應不相與也今乾二五敵應而稱利見大人者乾用九坤用六乾二升五而應坤坤五降二而應乾故皆云利見大人例諸他卦或兩爻敵應亦得變而相應也虞氏以卦辭爻辭皆文王所作庖犧德合乾五故繫於九五禮記曰天下无生而貴者天問曰登立爲帝孰道尚之王逸注云言伏羲始作八卦脩行道德萬民登以爲帝誰開道而尚之是伏羲亦自下升也象曰大人造也文言曰聖人作而萬物覩聖人作是造作八卦也萬物覩是利見大人也○窮高至有悔○窮高曰忼王肅義也忼高也

極也故曰窮高陽極于上當下之坤三此九家義也荀氏例亦如此九居上爲失位應在三三陽爻故无應繫下曰易窮則變窮不知變猶言知進而不知退也故有悔京房易積算曰靜爲悔發爲貞是有悔爲不變之義也○九六至用也○乾鑿度曰陽動而進變七之九陰動而退變八之六是九六者爻之變也坤陰消之卦起遘終乾萬物成熟成熟則給用故坤爲用六畫稱爻庖犧分天象爲三才以地兩之爲六畫爻有剛柔故發揮于剛柔而生爻立地之道曰柔與剛剛柔地道故稱用也○羣龍至首也○乾六爻皆龍故曰羣龍是羣龍即六龍也荀注九二見龍云見者居其位是見羣龍亦謂六龍皆居天位也但龍之潛見惕躍飛亢各有其時是以彖傳文言皆云時乘六龍以御天六龍乘時御天即用九見羣龍之義也乾爲首說卦文乾位天德坤下承之故无首吉漢書張竦曰德无首者褒不檢義與此同引象傳者明坤不可爲天德之首也樂出于易易之乾坤十二爻即樂之十二律也周語伶州鳩論六律六呂之義曰爲之六間以揚沈伏而黜散越也元間大呂助宣物也韋昭注云六間六呂在陽律之間呂陰律所以侶間陽律成其功十二月大呂坤六四也元一也陰繫

於陽以黄鍾爲主故曰元間以陽爲首不名其初臣歸
功於上之義也是言陰无首以陽爲首與用九之義同
也

䷁八純卦象地　消息十月

坤元亨注乾流坤形坤凝乾元終亥出子品物咸亨故元
亨利牝馬之貞君子有攸往注坤爲牝乾爲馬陰順于
陽故利牝馬之貞乾來據坤故君子有攸往先迷後得
主句利注坤爲迷消剝艮爲迷復故先迷震爲主反剝
爲復體震故後得主利西南得朋東北喪朋安貞吉注
爻辰初在未未西南陰位故得朋四在丑丑東北陽位
故喪朋地闢于丑位在未未衝丑爲地正承天之義也故

安貞吉虞氏說此經以納甲云此易道陰陽消息大要也謂陽月三日變而成震出庚至月八日成兌見丁庚西丁南故西南得朋謂二陽爲朋故兌君子以朋友講習彖曰乃與類行二十九日消乙入坤滅藏于癸乙東癸北故東北喪朋謂之以坤滅乾坤爲喪也

疏 乾流至元亨○此虞義也坤爲形乾之坤成坎坎水流坤是乾流坤形也坤消乾自初初爲元坤初六傳曰陰始凝也是坤凝乾元也坤終于亥出乾初子陰陽氣通品物咸亨故元亨○坤爲至攸往○坤爲牝九家說卦文乾爲馬說卦文坤順也故爲牝乾健也故爲馬以陰順陽傳曰柔順利貞故利牝馬之貞也凡卦辭爻辭言利者繫下云變動以利言故乾坤變動皆言利也君子謂陽陰順于陽陽來據坤初三五之位故君子有攸往也○坤爲至主利○坤爲迷九家說卦文剝上體艮消剝爲坤剝上九曰小人剝廬虞注云上變滅艮坤陰迷亂故小人剝廬

是消剥爲迷復先迷之象也序卦曰主器者莫若長子故受之以震是震爲主也剥窮上反下爲復故反剥復初體震震爲主故後得主乃利也○爻辰至故也○此劉歆義歆說詳三統歷也爻辰者謂乾坤十二爻所值之辰乾貞于十一月子間時而治六辰坤貞于六月未亦間時而治六辰乾左行坤右行十一月子乾初九也十二月丑坤六四也正月寅乾九二也二月卯坤六五也三月辰乾九三也四月巳坤上六也五月午乾九四也六月未坤初六也七月申乾九五也八月酉坤六二也九月戌乾上九也十月亥坤六三也二卦十二爻而朞一歲鄭氏說易專用爻辰十二律取法于此焉坤初六在未未值西南又坤之位故得朋六四在丑丑值東北陽位故喪朋漢書天文志曰東北地事天位是也子爲天正丑爲地正初在未四在丑地正適其始衡氣相通也衡猶對也淮南天文曰其對爲衡天開於子地闢於丑承天之義漢楊震疏曰臣聞師言坤者陰精當安靜承陽彖傳注謂安于承天之正是也注釋得喪正以坤之卦爻皆有承天之義則此得朋喪朋當指坤之一卦而言故用劉氏之説獨以爻辰釋之後世王弼崔憬之徒舍坤象之卦爻廣求之于方位尋其歸趣雖强附

山東省立圖書館
SHANTUNG PROVINCIAL LIBRARY

于得喪未見承天之象今既刊落俗說唯是易含萬象所託多塗虞氏說經獨見其大故兼采之以廣其義虞以易道在天八卦三爻已括大要故以得朋喪朋爲陰陽消息之義謂月三日之暮震象出于庚方至月八日二陽成兌見于丁方生明于庚上弦于丁庚西丁南故西南得朋謂兌二陽同類爲朋又兩口對有朋友講習之象傳曰乃與類行是也十五日乾體盈甲十六日旦消乾成巽在辛二十三日成艮在丙二十九日消乙入坤滅藏于癸乙東癸北故東北喪朋坤消乾喪于乙故坤爲喪也

初六履霜堅冰至**注**初爲履履霜者乾之命也初當之乾四履乾命令而成堅冰也

六二直方大不習无不利**注**乾爲直坤爲方故曰直方陽動直而大生焉故曰大習重也與襲通春秋傳曰卜不襲吉三動坎爲習坤善六二故不習无不利

六三含章可貞或從王事无成有終**注**

貞正也以陰包陽故含章三失位發得正故可貞乾爲王坤爲事三之上終乾事故或從王事无成有終文言曰地道无成而代有終也六四括囊无咎无譽注括結也謂泰反成否坤爲囊艮爲手巽爲繩故括囊在外多咎得位承五繫于包桑故无咎陰在二多譽今在四故无譽六五黄裳元吉注坤爲裳黄中之色裳下之飾五當之乾二而居下中故曰黄裳降二承乾陰陽位正故元吉上六龍戰于野其血玄黄注消息坤在亥亥乾之位爲其兼于陽也故稱龍戰者接也説卦曰戰乎乾乾西北之卦稱野陰陽相薄故有是象血以喻陰也玄黄

天地之雜言乾坤合居也用六利永貞**注**永長也陰利居正承陽則永故用六利永貞京氏謂六偶承奇是也

疏初爲至冰也○爻例初爲足爲趾爲拇履踐也足所以踐故初爲履霜者乾之命也已下九家義也乾居西北之地爲寒爲冰是霜與冰皆是乾氣加坤而成者故曰霜者乾之命也劉向鴻範五行傳曰九月陰至五通於天位其卦爲剥剥落萬物始大殺矣明陰從陽命臣受君令而後殺也若然坤之消乾皆順乾命而成者故文言曰蓋言順也君子疾其末則正其本易繫此爻正以示戒○乾爲至不利○與乾旁通乾爲直坤爲方九家說卦文繫上曰乾其動也直故乾爲直文言曰坤至静而德方虞氏云陰開爲方故坤爲方陽動直而大生陰動闢而廣生方有廣義故云直方大習者重襲故與襲通春秋傳者哀十年傳文禮表記曰卜筮不相襲鄭注大司徒云故書襲爲習是習爲古文襲習吉猶重吉也士喪禮曰筮者三人公羊傳曰求吉之道三故經有初筮原筮之文不習者言不煩再筮也坎爲習虞義也三可貞動體坎故坎爲習乾坤二卦唯九五六二爲

天地之中陰陽之正故云坤善六二不習无不利也○貞正至終也○此虞義也貞正也釋見上荀氏云六三陽位下有伏陽故以陰包陽以六居三爲失位象曰以時發故云發得正也荀氏側坤三當之乾上蓋六三九四不中中不正故彖象二傳言不當位者獨詳于此二爻三凡十四卦四凡八卦也說卦曰乾爲君又曰乾以君之故乾爲王坤致役故爲事荀子曰主道知人臣道知事坤臣道故坤爲事京房曰陰爲事也三爲三公得從王事乾立于巳爻辰上六亦在巳故云三之上終乾事又引文言爲證也○括結至无譽○此虞義也括結廣雅文說文曰括絜也絜與結古文通故鄭注大學曰絜猶結也禮經解曰絜靜精微易教也絜者括絜絜靜坤也精微乾也坤元絜靜乾元精微故云易教也坤爲囊九家說卦文坤文言曰天地閉賢人隱虞彼注云謂四泰反成否故賢人隱否艮爲手巽爲繩直故爲繩以手持繩括絜囊口故曰括囊四近五故多咎五休否繫于包桑四居陰得位上承九五存不忘亡故无咎也繫下云二與四同功二多譽四多懼今在四故无譽也○坤爲至元吉○九家說卦曰乾爲衣坤爲裳黄中之色裳下之飾昭十二年春秋傳文九家說卦曰坤爲黄文言

曰天玄而地黃案坤爲土月令曰中央土郊特牲曰黃者中也故云黃中之色經凡言黃者皆謂陰爻居中也毛萇詩傳曰上曰衣下曰裳故云裳下之飾五居下中故取象于黃裳也降二承乾陰陽位正故元吉謂承陽之吉也○消息至居也○坤消卦也上六在亥故曰消息在亥乾鑿度曰陽始於亥形於丑乾位在西北陽祖微據始是以乾位在亥文言曰爲其兼于陽也乾爲龍故稱龍說文曰壬位北方陰極陽生易曰龍戰于野戰者接也上六行至亥與乾接說卦戰乎乾謂陰陽相薄也卦无傷象王弼謂與陽戰而相傷失之毛萇詩傳曰郊外曰野乾位西北故爲野血以喻陰已下九家義也文言曰猶未離其類也故稱血焉知血以喻陰也乾鑿度曰乾坤氣合戌亥故曰合居○永長至是也○永長釋詁文文言曰坤道其順乎承天而時行是坤之六爻皆當居陰位而承乾也陰承陽則可長故用六利永貞京氏者京房律術文案律術一卷虞翻爲之注其言曰陽以圓爲形其性動陰以方爲節其性靜動者數三靜者數二皆參天兩地圓蓋方覆六偶承奇之道是也禮易生人曰偶以承奇易家用九用六即律家合辰合聲之法也

䷂坎宮二世卦消息內卦十一月外卦十二月

屯元亨利貞【注】坎二之初六二乘剛五爲上弇故名屯三動之正成既濟定故元亨利貞勿用有攸往利建侯【注】震一夫之行也動而遇坎小事不濟故勿用有攸往震爲侯建侯應四往吉无不利矣古諸侯不世賢則建之二之初故云建【疏】坎二至利貞○卦自坎來故云坎二之初之卦之說本諸彖傳詳見于荀氏虞氏姚信范長生盧氏等注而虞氏尤備乾坤者諸卦之祖乾二五之坤成震坎艮坤二五之乾成巽离兌則六子皆自乾坤來也復臨泰大壯夬乾息之卦遘遯否觀剝坤消之卦而臨觀二陽四陰大壯遯四陽二陰泰否三陽三陰又以例諸卦自臨來者四卦明夷解升震也自遯來者五卦訟无妄家人革巽也自泰來者九卦蠱賁恒損井歸妹豐節既濟也自否來者九卦隨噬嗑咸益困漸旅渙未濟也自大壯來者五卦需大畜睽

鼎兌也自觀來者四卦晉蹇萃艮也自乾坤來而再見者從爻例也卦无剥復夬遘之例故師同人大有嗛從六子例亦自乾坤來小畜需上變也履訟初變也豫自復來乃兩象易非乾坤往來也頤小過晉四之初上之二也大過中孚訟上之三四之初也此四卦與乾坤坎离反復不衰故不從臨觀之例師二升五成比噬嗑上之三折獄成豐賁初之四進退无恒而成旅皆據傳爲說故亦從兩象易之例因繫辭彖傳而復出者二睽自无妄來蹇自升來皆二之五此卦坎二之初虞義也案當從四陰二陽臨觀之例而云坎二之初者因彖傳剛柔始交乃乾始交坤成坎故知自坎來也屯難也規固不相通之義卦二五得正而名屯者以二乘初剛五弇于上不能相應故二有屯如之難五有屯膏之凶名之曰屯也三變則六爻皆正陰陽氣通成既濟之世故云元亨利貞卦具四德者七乾坤屯隨臨无妄革皆以既濟言也○震一至云建○卦内震外坎震爲夫故曰一夫言微也動而遇坎坎險在前一夫舉事必不能成故曰小事不濟也晉語司空季子說此卦云小事不濟壅也故曰勿用有攸往一夫之行也此注所據矣震爲侯虞義也後漢司徒丁恭曰古帝王封諸侯不過百里

故利以建侯取法於雷逸禮王度記曰諸侯封不過百里象雷震百里故震爲侯初正應四建侯則貴得正得民故往吉无不利矣謂初往也禮運孔子曰大道之行也天下爲公選賢與能天下爲公如二升五之類也選賢與能如利建侯之類也是說古侯不世賢則建之之義也昭八年春秋傳曰嗣吉何建建非嗣也今二之初故云建韓非子曰樹木有曼根有直根根者書之所謂柢也柢也者木之所以建生也初在下故云建是其義也

初九般桓利居貞利建侯**注**應在艮艮爲石震爲阪故般桓艮爲居二動居初故利居貞震爲諸侯居正應四故利建侯

六二屯如亶如乘馬驙如匪寇昬冓女子貞不字十年乃字**注**乘馬乘初也二乘剛故屯如亶如馬重難行故驙如匪非也五體坎坎爲寇二應五故匪寇陰

陽得正故昏冓字許嫁也二乘初馬初非正應故貞不字坤數十三動反正陰陽氣通故十年乃字象曰反常也六三即鹿无虞惟入于林中【注】即就也虞山虞也艮爲山山足曰鹿鹿林也三變體坎坎爲藂木山下故稱林中坤爲兕虎震爲麋鹿艮爲狐狼三應上上乘五馬故无虞三變禽入於林中故即鹿无虞惟入于林中矣君子機不如舍往吝【注】君子謂陽已正機虞機舍舍拔上不應三張機舍拔言无所獲往必吝也六四乘馬班如求昏冓往吉无不利【注】乘初也班別也求初求四也之外稱往四正應初初建侯故往吉无不利九五屯其

膏小貞吉大貞凶**注**屯者固也坎雨稱膏二五貞也而皆屯二之屯女子之貞也故小貞吉五陽也陽主施五之屯膏澤不下於民故大貞凶上六乘馬班如泣血漣如**注**乘五也上于五非昬因之正初雖乘馬終必泣血三變體离离爲目坎爲血艮爲手弇目流血泣之象也

疏應在至建侯○般桓馬融以爲旋也應在艮四體艮艮爲石說卦曰震爲阪生阪陵阪也故震爲阪古文尚書禹貢曰織皮西傾因桓是來鄭元彼注云桓是隴阪名其道盤旋曲而上故名曰桓此經般桓亦謂陵阪旋曲故云般桓也二失位動居初得正故利居貞震諸侯象得正應四以貴下賤大得民故利建侯也荀氏以爲般桓者動而退也謂陽從二動而退居初義亦通也○乘馬至常也○陰陽相求有昬冓之道二四上陰爻故皆言乘馬虞氏亦謂二乘初故曰乘馬也鄭箴膏肓曰天子以至大夫皆有留車反馬之禮又云士昬禮云

主人爵弁纁裳緇衣乘車從車二乘婦車亦如之此婦車出于夫家則士妻始嫁乘夫家之車也注以乘馬爲乘初者亦是乘初之車但二與初非昏因之正故云屯如亶如乘馬驙如馬氏云亶如不進之貌說文曰驙者馬重難行震爲馬馵足故驙如也坎爲寇虞義也說卦云坎爲盜故爲寇匪非虞義也匪與非古今字應在坎故匪寇陰陽得正故昏冓虞氏又謂字妊娠案妊娠爲已嫁虞氏非也曲禮曰女子許嫁笄而字是字爲許嫁故易虞義也二不許初故貞不字繫上曰天九地十故云坤數十三動成既濟故陰陽氣通虞氏曰三動反正故十年乃字謂成既濟定是也○即就至中矣○此虞義也論語曰亦可以即戎矣包咸注云即就也儀禮鄉飲酒禮曰衆賓序升即席王制必即天倫鄭氏皆訓爲就故云即就也周禮地官有山虞掌山林之政令及獘田植虞旗于中致禽而珥焉虞氏謂虞虞人掌禽獸者即山虞也鹿王肅本作麓故云山足曰鹿鹿麓古今字山足有林故云鹿林也三變下體成坎九家說卦曰坎爲叢棘故曰叢木木在山足故稱林中兕野牛也坤爲牛爲虎故爲兕虎麋鹿善驚震者震驚故爲麋鹿京房易傳曰震遂泥厥咎國多麋麋九家說卦曰艮爲狐狐狼

皆黚喙之屬故爲狐狼也三體震互坤艮艮爲山三變體坎坎爲叢木艮象不見故曰林中又无震坤禽皆走入于林中矣○君子至吝也○乾鑿度九三爲君子三變之正故曰君子此虞義也機一作幾鄭本作機云弩也故曰機虞機荀氏曰震爲動故爲機緇衣引逸書太甲曰若虞機張往省括于厥度則釋鄭彼注云虞人之射禽弩已張從機閒視括與所射參相得乃後釋釋古文作舍故云舍舍拔詩駟鐵曰舍拔則獲毛傳云拔矢末也上乘五馬故不應三凡爻相應而相得者稱獲稱得今君子張機不能獲禽不如舍者舍拔而已言無所獲無獲而往必困窮矣故云往吝也○乘初至不利○四與初應故乘初初謂乘初車也馬將行其羣分乃長鳴故襄十八年春秋傳曰有班馬之聲班猶分別也昏禮男先于女初以貴下賤故云求初求四也之外稱往虞義也許慎五經異義曰春秋公羊說云自天子至庶人娶皆親迎所以重昏禮也禮戴說天子親迎初求四行親迎之禮故往吉无不利也○屯者至貞凶○閔元年春秋傳曰初畢萬筮仕於晉遇屯之比辛廖占之曰屯固比入吉孰大焉固者規固曲禮曰毋固獲鄭注云欲專之曰固是也卦之所以名屯者以二五二貞不字五

屯其膏皆有規固之義故云屯者固也坎雨稱膏虞義也又虞引詩曰陰雨膏之膏者膏潤雨以潤之故稱膏也二五得正故云貞而皆固故云屯陰稱小二乘初守貞不字女子之貞故小貞吉陽稱大天施地生故陽主施孟康釋此爻曰大貞君也遭屯難飢荒君當開倉廩振百姓而反吝則凶膏澤不下於民屯膏之象也○乘五至象也○上乘五馬故云乘五上體坎說卦震坎皆有馬象故皆云乘馬也上不應三而乘五馬故云非昏因之正桓寬鹽鐵論曰小人先合而後忤初雖乘馬後必泣血是其義也說文曰漣泣下也离爲目以下九家義也虞氏曰三變時离爲目坎爲血震爲出血流出目故泣血漣如義略同也

䷃ 离宮四世卦
消息正月

蒙亨【注】艮三之二六五爲童蒙體艮故云蒙蒙物之穉也

五應二剛柔接故亨匪我求童蒙童蒙求我【注】我謂二艮爲求五應二故匪我求童蒙童蒙求我禮有來學无

往教虞氏以二體師象坎爲經謂二爲經師也初筮告
再三瀆瀆則不告【注】初筮謂初再三謂三四二之正故
不告利貞【注】二五失位利變之正故利貞【疏】艮三至故亨○卦自
艮來九三之二此虞義也此亦當從四陰二陽臨觀之
例而云艮三之二者以六五童蒙二以亨行時中故知
自艮來也名蒙者以六五童蒙體艮艮爲少男鄭氏云
蒙幼小之貌故名蒙蒙物之穉也者序卦文鄭氏謂孩
稚也卦之所以亨者有兩義焉當其爲師則二剛五柔
以志相應當其爲婦則五剛二柔以禮相接皆有亨道
故云亨傳曰以亨行時中兼兩義也○我謂至師也○
二五相應五求二故我謂二艮兌同氣相求故艮爲求
以取女言則陽求陰咸彖傳男下女是也以發蒙言則
陰求陽此經匪我求童蒙童蒙求我是也禮有來學無
往教虞氏據曲禮釋經也二至五有師象故二體師乾
鑿度曰坎离爲經震兌爲緯故坎爲經虞謂二爲經師
經者六經師者師長六經取義于經緯故周書謚法曰
經緯天地曰文是也周禮小司徒云五旅爲師與易師

卦同義太宰九兩一曰牧以地得民二曰長以貴得民三曰師以賢得民師與牧長同稱教人以道可爲民長亦猶師之丈人丈有長義故經師之師亦得是稱漢時通經有家法故五經皆有師謂之經師虞氏以二爲經師借漢法爲況也○初筮至不告○三之二據初初發成兌兌爲講習故告再三謂三四荀義也五應二有求之之道故童蒙吉二據初有告之之義故初筮告三四非應非據故瀆瀆古文黷也二之正除師學之禮故不告詳彖傳疏也○二五至利貞○此虞義說見上也

初六發蒙利用刑人用說桎梏以往吝注發蒙之正體兌兌爲刑人坤爲用故曰利用刑人坎爲桎梏初發成兌坎象毀壞故曰用說桎梏之應歷險故以往吝**九二包蒙納婦吉子克家**注九居二據初應五故包蒙伏巽爲婦二本陰位變之正故納婦吉五體艮艮爲子二稱家

故子克家也六三勿用娶女見金夫不有躬无攸利注誠上也初發成兌故三稱女兌爲見陽稱金震爲夫坤身稱躬五變坤體壞故見金夫不有躬失位多凶故无攸利六四困蒙吝注遠於陽故困困而不學民斯爲下故吝六五童蒙吉注蒙以養正故吉上九擊蒙不利爲寇利禦寇注擊三也體艮爲手故擊謂五已變上動成坎稱寇而逆乘陽故不利爲寇禦止也上應三三體坎行不順故利禦寇明堂月令曰兵戎不起不可從我始

疏發蒙至往吝○此虞義也初蒙也文言曰六爻發揮說卦曰發揮于剛柔虞注云發動也動之正故曰初發成兌兌二陽爲兌也兌正秋周書小開武曰秋以紀殺故爲刑人坎爲桎梏九家說卦文虞氏謂震足艮手互

與坎連故稱桎梏兌成則坎毀故云坎象毀壞用說桎梏之義也坎爲險初應四四困蒙故之應歷險則吝也○九居至家也○九居二有師道據初故初發蒙應五故五童蒙吉包蒙之象也巽伏震下故伏巽爲婦也彖曰利貞以二五失位變之正則五剛二柔故納婦吉子克家婦謂二子謂五也文言稱陰爲妻道也臣道也蓋言妻臣一例也高誘注呂覽曰師道與天子遭時見尊不可常也師道无常故有臣而爲師者亦有師而爲臣者學記曰君之所不臣於其臣者二當其爲師則弗臣也是臣而爲師也孟子曰湯之于伊尹學焉而後臣之是師而爲臣也二五之正則蒙反爲聖師反爲臣妻臣一例故五始求師而繼納婦也五體艮艮少男故稱童又稱子子與童皆未成君之稱二稱家虞義也乾鑿度曰二爲大夫鄭注禮記曰大夫稱家又在内雜卦曰家人内也故二稱家五應二故子克家也○誠上至攸利○三應上三不正故誠上兌爲少女故稱女雜卦曰兌見虞注云兌陽息二故兌爲見陽稱金者兌之陽爻稱金也坤爲身荀子引逸詩云妨其躬身躬身同物故又爲躬此皆虞義也三體坤五之正坤體壞故見金夫不有躬三多凶六居三爲失位故云失位多凶无攸利也

○遠於陽至故吝○陽謂二二包蒙四獨遠之故困二之正再三瀆故吝困而不學民斯爲下論語文○蒙以至故吉○二之正五變應之蒙以養正優入聖域故吉也變應者由不正而之正也二五失位二之正五變應之則各得其正荀子不苟篇曰詩曰左之左之君子宜之右之右之君子有之此言君子能以義詘信變應故也是變應之義矣易之例也○擊三至我始○上應三三行不順故擊三也艮爲手說卦文坎爲寇三體坎五上變亦爲坎故爻辭有二寇一謂上一謂三也五變上動乘之是乘陽也乘陽爲逆故曰逆乘陽韋注魯語曰禦止也釋詁曰禦禁也禁有止義此上皆虞義也禦禦三也上應三三三行不順是寇也非昏冓也故利禦之引月令者蒙于消息爲正月卦月令孟春令曰兵戎不起不可從我始是不利爲寇利禦寇之事也

䷄

坤宮遊魂卦消息內卦正月外卦二月

需有孚光句亨貞吉利涉大川

注 大壯四之五與比旁通

需須也乾陽在下坎險在前乾知險故須四之五坎爲

孚离爲光故有孚光坎爲雲雲須時欲降乾須時當升三陽既上二位天位故亨貞吉坎爲大川

【疏】卦自大壯來從四陽二陰之例也案大壯九四貞吉悔亡壯于大轝之腹虞注云失位悔也之五得中故貞吉而悔亡矣震四上處五則藩毀壞故決不羸坤爲大轝爲輹四之五折坤故壯于大轝之輹是其事也需須也彖傳文京房易傳曰需者待也須亦待也乾知險下繫文乾下坎上乾當上升以知險故需而不遽進彖傳所謂剛健而不陷是也卦氣需當驚蟄太元準爲耎范望注云是時陰尚在上萬物滋生猶以爲難是需之義也大壯四之五體坎互离坎信故有孚离日故稱光坎在上爲雲在下爲雨上下无常是以荀注乾彖傳曰乾升于坤曰雲行坤降於乾曰雨施是坎有升降之理故此卦之義坎當降乾當升升降有時因名爲需需須也雲出自穴則入于穴是須時欲降也須道已終陽當上升是須時當升也以亨貞吉爲二居五者因彖象爻辭皆有貞吉之文而知之五爲天位故彖傳曰位乎天位以正中也彖之正中象之中正皆謂二居五矣說卦曰坎爲溝瀆考工記匠人爲

溝洫專達於川故坎爲大川宣十二年春秋傳曰川雍爲澤杜預注云坎爲川是也乾升涉坎故利涉大川此兼用荀虞義也尋用九用六之法无兩體升降之例荀于需泰升三卦皆然案泰升二卦九二升五不當言一體俱升唯需之外卦爲坎取象于雲之出入坎當下降乾當上升上六不速之客三人謂乾三爻也乾升坎降而一卦五爻皆失位然乾升在上君位以定坎降在下當循臣職合于天尊地卑之義故傳曰雖不當位未大失也是需卦獨取義于兩體升降至泰升二卦荀義雖然今不用也

初九需于郊利用恒无咎**注**乾爲郊初變體恒故曰利用恒需極上升得位承五故无咎九二需于沚小有言終吉**注**沚謂坎五水中之剛故曰沚二當升五故需于沚四體兑兑爲口爲小故小有言二終居五故終吉九三需于泥致寇至**注**親與坎接故稱泥須止不進不取於

四不致寇害六四需于血出自穴注坎爲血故需于血雲從地出上升于天自地出者莫不由穴故出自穴九五需于酒食貞吉注五互离坎水在火上酒食之象需者飲食之道故坎在需家爲酒食也五以酒食需二舉坎以降二上居正故曰貞吉上六入于穴有不速之客三人來敬之終吉注需道已終雲當入穴三人謂下三陽也不速猶不戒須時當升非有名者故曰不速之客乾往居上故稱客坎爲主人故稱來乾升在上君位以定坎降在下當循臣職故敬之終吉乾爲敬也疏乾爲至无咎○乾位西北之地故稱郊需于郊則不犯坎難虞註九二曰四之五震象半見故初變體恒需時當升初居

四得位承五故无咎繫下云爻象動乎内吉凶見乎外虞彼注云内初外上也陽象動内則吉見外陰爻動内則凶見外初之无咎二之終吉皆據需道已成言之是吉凶見外之例也○沚謂至終吉○沚古文沙說文沚沙或字譚長說沙或從止當據古文易也坎之中爻乃水中之剛者故曰沚沚謂五二當升五故需于沚隔於六四故小有言知小有言爲四者京房易傳曰三陽務上而隔於六四路之險也蓋四方出穴故云路之險兑爲小虞義也上六入穴三陽上升二當居五上爲終故終吉此皆荀義荀惟以小有言謂三與注異也○親與至寇害○此荀義也坎爲水泥水旁之地三以乾接坎故云親與坎接三知險故須止不進三當上升故不取於四雖有寇至不爲害也○坎爲至自穴○說卦曰坎爲血卦故爲血雲從地出以下九家義也坎爲坎窞故爲穴坤爲地乾二五之坤爲坎上坎爲雲故云雲從地出上升于天公羊傳曰觸石而出扶寸而合故云自地出者莫不由穴也○五互至貞吉○此荀義也昭二十年春秋傳曰水火醯醢鹽梅以烹魚肉燀之以薪宰夫和之故知水在火上酒食之象需者飲食之道序卦文荀彼注曰坎在乾上中有離象水火交和故爲飲食之

道以需有飲食之道故知坎在需家爲酒食也需須也酒食者享食之禮也禮速客之辭曰主人須矣故知需于酒食爲五需二也五爲坎主舉坎以降三陽上升二正居五故曰貞吉也○需道至敬也○此荀義也爻終上六故曰需道已終雲升極當降故曰雲當入穴乾爲人故三人謂三陽也儀禮鄉飲酒曰主人戒賓士冠禮曰乃宿賓宿賓之法前期二日亦作肅故禮記祭統曰先期旬有一日宮宰宿夫人鄭注讀宿爲肅云肅猶戒也泰六四曰不戒以孚故知不速猶不戒也速與肅通五爻皆有需象上不言需稱不速之客北音讀速爲須聲之轉也易例內爲主外爲客內爲來外爲往今乾在內卦稱客稱來者以乾往居上故稱客客對主言坎爲主人據主名客故稱來也乾升在上二位天位故君位以定坎降在下二變體坤應五坤爲臣道故當循臣職乾爲敬虞義也

䷅离宮遊魂卦
消息三月

訟有孚句窒惕句中吉終凶注遂三之二孚謂二室塞止

也惕懼也坎爲悔爲惕二失位故不言貞遯將成否三來之二得中故中吉六爻不親故終凶利見大人不利涉大川【注】大人謂五二與四訟利見於五故利見大人坎爲大川五爻失位不變則入于淵故不利涉大川【疏】遯三至終凶○此虞義也卦自遯來亦四陽二陰之例九三來之二體坎坎爲孚虞注夬卦曰陽在二五稱孚坎陽在二五故孚謂二說文曰窒塞也塞有止義故云塞止也坎心爲悔又爲加憂故爲惕九二陽不正故不言貞遯陰消二及三故將成否三來之二得中有孚窒惕故中吉卦惟九五中正餘皆失位六爻不親故訟初不永所事三四易位則終吉若終止不變是謂終訟故凶傳曰訟不可成也○大人至大川○此荀義也五爲天子故大人謂五二四爭三故二與四訟五陽中正故利見於五坎爲大川以下虞義也卦中五爻失位初爲淵不變自初始陷於坎險故入于淵也

初六不永所事小有言終吉注永長也坤爲事初失位而爲訟始變之正故不永所事體兌故小有言二動應五三食舊德故終吉九二不克訟歸而逋其邑句人三百户无眚注二與四訟失位故不克訟坎爲隱伏故歸而逋其邑三百户下大夫之祿二本大夫守至薄之祿不與上訟故无災眚六三食舊德貞厲終吉注乾爲舊德三動得位四變食乾故食舊德體坎故貞厲得位故終吉或從王事无成注乾爲王坤爲事故或從王事訟不可成故无成也九四不克訟復即命渝安貞吉注二以惡德受服九五中正奪二與四故不克訟復即命渝變

也四變體巽爲命得位承五故渝安貞吉坤爲安九五訟元吉**注**聽訟得其中正故元吉上九或錫之鞶帶終朝三拕之**注**二四爭三三本下體取之有緣以三錫二於義疑矣爭競之世分理未明故或以錫之終朝者君道明三者陽功成也拕奪也君明道盛則奪二與四故曰終朝三拕之也鞶帶宗廟之服拕二服者五也上爲宗廟故發其義于此爻耳**疏**永長至終吉○永長也釋詁文坤爲事謂遂坤也遂陰消之卦初六爲訟始利變之正故云不永所事此上虞義也兌爲小爲口故小有言二動應五三食舊德兌象毀壞故終吉也○二與至災眚○此荀鄭義也爻例二爲大夫三爲三公四爲諸侯二失位與四爭三公之服是無德而爭故不克訟義弗克也坎爲隱伏說卦文九五中正奪二服故歸而逋其邑鄭注云下大夫采地

方一成其定稅三百家故三百户一成九百夫宮室涂
巷山澤三分去一餘六百夫地有不易一易再易通率
一家受二夫之地故一成定稅三百家是下大夫之祿
也苟自藏隱不與上爭故无災眚所以取象三百户者
虞注云乾爲百坤爲户三爻故三百户坎化爲坤故無
眚坎化爲坤者變之正也○乾爲至終吉○乾爲久爲
德故爲舊德四變食乾讀如日月有食之之食四變乾
體壞如有食之者故云食乾此皆虞義也許慎五經異
義曰爻位三爲三公曰食舊德食父故祿也乾爲父三
失位動而承乾有食舊德之象二四之正三變體坎虞
氏謂正危貞厲是也三爲下卦之終得位故終吉與初
同占也此亦虞義○乾爲王至无成也○乾爲王坤爲
事虞義也訟不可成變之正不克訟是无成之義也○
二以至爲安○緇衣曰兌命曰爵無及惡德鄭彼注云言
君祭祀賜諸臣無與惡德之人古者賜爵服必於太廟
二失位上九或錫之鞶帶注謂錫二是二以惡德受服
也五中正故不克訟奪二與四故復即命謂受鞶帶之
命服也渝變也釋言文巽彖傳曰重巽以申命故巽爲
命四變得位安于承乾之正故渝安貞吉坤爲安虞義
也○聽訟至元吉○卦惟九五一爻中正是聽訟得其

中正者故元吉○二四至爻耳○此荀義也二與四爭爭三公之服故云二四爭三三與二比故取之有緣以三公之服而錫二之大夫故云于義疑矣在訟家故云爭競之世以大夫而受三公之服非其分故云分理未明或以錫之或之者疑之也尚書大傳曰歲之朝月之朝日之朝則后王受之鄭彼注云自正月盡四月爲歲之朝上旬爲月之朝平旦至食時爲日之朝故終朝爲君道明春秋元命包曰陽成於三故云三者陽功成也拕奪鄭義也四爲諸侯諸侯入爲三公宜服三公之服故君明道盛則奪二與四陽道方長故三拕之也鞶帶大帶服以祭者故曰宗廟之服五拕二服不發于二五爻者以上與三應三體巽巽爲要帶上爲宗廟故發義于宗廟爻三變巽體壞有拕之象拕俗作褫今從古

周易述卷一

周易述卷二

元和惠棟集注幷疏

周易上經

䷆ 坎宮歸魂卦 消息四月

師句貞丈人句吉无咎【注】乾二之坤與同人旁通丈之言長丈人謂二二體震爲長子故云丈人二失位當升五居正故云貞丈人吉无咎【疏】乾二五之坤成坎坤二五之乾成离故師同人比大有皆從乾坤來蜀才謂師自剥來案虞氏論之卦无一陽五陰之例其注象傳君子以容民畜衆云君子謂二陽在二寬以居之故知是乾二之坤也與同人旁通虞義也服虔左氏解誼說此卦曰坎爲水坤爲衆互體震震爲雷雷鼓類又爲長子長子帥衆鳴鼓巡水而行師之象也丈之言長鄭義也大戴禮本命曰丈者長也言

長萬物也丈人老人年長者震爲長子長丈同物故云丈之言長丈人謂二荀虞義也象之丈人卽爻之長子故知丈人謂二二中而不正上升坤五則正矣故云貞丈人吉无咎也

初六師出以律否臧凶注震爲出坎爲律臧善也初失位故不臧凶九二在師中句吉无咎王三錫命注長子帥師故在師中以中行和故吉无咎王謂二三者陽德成也德純道盛故能上居王位而行錫命也六三師或輿尸凶注坤爲尸坎爲車多眚同人离爲戈兵爲折首失位乘剛无應尸在車上故車尸凶一說尸主也坤坎皆有輿象師以輿爲主也六四師左次无咎注震爲左次舍也二與四同功四承五五无陽故呼二舍於五四得

承之故无咎六五田有禽利執言无咎注田獵也二欲獵五五利度二之命執行其言故无咎長子帥師弟子輿尸貞凶注五已正而稱長子據五自二升也長子帥師而弟子主之明使不當而貞凶上六大君有命開國承家小人勿用注二升五爲大君坤爲國二稱家二之五處坤之中故曰開國五降二得位承五故曰承家小人謂三與初疏震爲至臧凶○震爲出虞義也初爲出師之始故云出坎爲律九家說卦文律者同律也周禮太師曰大師執同律以聽軍聲而詔吉凶鄭注云大師大起軍師兵書曰王者行師出軍之日太師吹律合音商則戰勝軍士强角則軍擾多變失士心宮則軍和士卒同心徵則將急數怒軍士勞羽則兵弱少威明史記律書曰王者制事立法壹稟于六律六律爲萬事根本其於兵械尤重是師出以律之事也臧

善釋詁文爻例初九爲善初六爲不善宣十二年春秋傳晉知莊子說此爻曰執事順成爲臧逆爲否初失位故不臧凶也○長子至命也○此荀虞義也長子帥師而居中故云在師中師克在和二以中德而行和道羣陰順從故吉无咎爻辭與彖辭同占也二當升五故王謂二陽成於三故三三者陽德成二盛德也五盛位也德純道盛中和之行應于盛位故能上居王位而行錫命乾鑿度說此爻曰師者衆也言有盛德行中和順民心天下歸往之莫不美命爲王也行師以除民害賜命以長世德之盛是其義也○坤爲至主也○坤爲身爲喪身喪故爲尸坎爲車多眚說卦文虞本輿爲車故云車也與同人旁通故同人离爲戈兵說卦曰离爲折上槁离上九曰有嘉折首离折乾首故爲折首三以陰居陽而乘二剛又不與上應故失位乘剛无應坤尸在坎車之上故車尸凶也此上虞義也一說尸主也釋詁文戰國策曰寧爲雞尸故知尸主也說卦坤爲大轝坎其於輿也爲多眚故坤坎皆有輿象轝輿古今字師以輿爲主者師之進退以輿爲主凡師師謂之帥賦輿故曰輿尸楚令尹南轅反斾王用伍參之言改轅而北則師之進退在輿也三失位以弟子主師故或之乘剛无應有

師不從衆所不與故凶義亦通也○震爲至无咎○此
荀義也管子曰春生於左秋殺於右董子曰木居左金
居右二體震震爲春爲木故爲左荀氏謂陽稱左義亦
同也少儀曰軍尚左故師左次莊三年春秋傳曰凡師
一宿爲舍再宿爲信過信爲次次雖多日亦是舍義故
云次舍也二與四同功繫下文四近承五五虛无陽故
四呼二舍於五云師左次也二既升五四順承之以陰
承陽故无咎也○田獵至无咎○此荀義也坤爲田田
獵者爲田除害獵之言獲也凡爻相比相應而相得者
謂之獲獲亦得也又謂之田二與五應二當升五故二
欲獲五五當降二故利度二之命執行其言所執之言
即王與大君之命也在上謂之命在下謂之言尊卑之
義也二執五言故无咎○五已至貞凶○卦中稱王及
大君者皆指二而此獨稱長子者明其自二升五據震
爲長子而言也二已正五位任賢使能當得其人如長
子帥師而弟子主之是謂所使不當雖貞亦凶○二升
至與初○乾鑿度曰大君者君人之盛者也荀氏曰大
君謂二故知二升五爲大君也坤爲國二稱家虞義也
二之五爲比五建國故云開國二爲大夫五降二承五
故曰承家此宋衷義也小人謂三與初者但二之三錫

以四二四爲國而二爲家也五之執言以三初三無功而初失律也一以正功一以示戒用命賞于祖故總其義于宗廟文也

䷇ 坤宮歸魂卦 消息四月

比吉**注**師二上之五得位衆陰順從比而輔之故吉原筮元永貞无咎**注**原再也二爲原筮初九爲元坤爲永二升五得正初在應外終來有它吉故原筮元永貞无咎與萃五同義不寧方來後夫凶**注**不寧寧也坤安爲寧一陽在上衆陰比之故不寧方來坤爲方也後夫謂上在五後故曰後夫乘陽无應故凶周官大司馬建太常比軍衆誅後至者蓋三代之法歟**疏**師二至故吉○此虞義也凡一陰一

陽之卦皆自乾坤來故九家易注坤六五曰若五動爲比乃事業之盛則比實自坤來如乾五動之坤五爲大有也此從兩象易故云師二上之五九居二爲失位升五爲得位二正五位衆陰順從傳曰比輔也下順從也以五陰比一陽故曰比以五陰順一陽故曰吉也〇原再至无咎〇原再也釋言文周禮馬質曰禁原蠶者文王世子云末有原鄭彼注並云原再也漢有原廟亦謂再立廟古訓原皆爲再其原田之原古文作邍原泉之原說文作厵俗混爲一古學之亡久矣蒙初筮謂初故知比原筮謂二僖三十一年公羊傳曰求吉之道三故易有初筮原筮之文初九乾元故爲元坤利永貞故爲永師二升五得正初在應外變之正五孚盈缶終來有它吉故原筮元永貞无咎萃九五爻辭元永貞亦謂初變之正故同義也〇不寧至法歟〇不寧言寧猶不顯爲顯下體坤坤爲安故爲寧聖人在上萬國咸寧四方來同故云方來坤爲方九家說卦文荀氏云後夫謂上六虞氏云後謂上夫謂五也上後于五故稱後夫乘五故曰乘陽應在三三匪人故曰无應傳曰後夫凶其道窮也引周官而云三代之法者文王彖爻辭皆據唐虞夏商之法嫌引周禮以爲周法故上推之三代魯語仲

尼曰昔禹致羣神於會稽之山防風氏後至禹殺而戮之是知夏商以前朝會師田亦誅後至者也

初六有孚比之无咎注孚謂五初失位變得正故无咎有孚盈缶終來有它吉注坤器爲缶以喻中國初動屯爲盈故盈缶孚既盈滿中國終來及初非應故曰它六二比之自内貞吉注二比初故自内正應五故貞吉六三比之匪人注六三乙卯坤之鬼吏故曰匪人六四外比之貞吉注外謂五四比五故外比之正應初故貞吉九五顯比王用三敺失前禽邑人不戒吉注五貴多功得位正中初三已變體重明故顯比謂顯諸仁也坎五稱王三敺謂敺下三陰不及於初故失前禽初變成震震

爲鹿爲奔走鹿斯之奔失前禽也坤爲邑師震爲人不戒猶不速也師時坤虛无君使師二上居五中故不戒

吉

上六比之无首凶【注】上爲首秉陽无首故凶【疏】孚謂至无咎○此虞義也初與五比故孚謂五荀氏謂初在應外以喻殊俗也六居初爲失位變之正故无咎○坤器至曰它○此荀虞義也繫上曰形乃謂之器又曰形而下者謂之器皆指坤故知坤爲器坤爲土爲器缶者土器故曰坤器爲缶也坤爲國故以缶喻中國初動體屯序卦曰屯者盈也盈缶之象九五之信旣盈滿中國初雖在殊俗不與五應而五之誠信足以及之故云終來及初穀梁傳曰來者接内也五來初故曰終來初正應四而遠應五故曰非應子夏云非應曰它後漢書魯恭傳曰和帝初立議遣車騎將軍竇憲擊匈奴恭上疏諫曰夫人道乂於下則陰陽和於上祥風時雨覆被遠方夷狄重譯而至矣易曰有孚盈缶終來有它吉言甘雨滿我之缶誠來有它而吉已亦是說遠方爲它當有誠信以及之也○二比至貞吉○内謂初故云比初二正應

五故曰貞吉所以別于它也○六三至匪人○此干寶義也案火珠林坤六三乙卯木干又云比者坤之歸魂也坤爲土土以木爲官故云坤之鬼吏此與否六三同義故二卦皆云匪人虞氏注否之匪人云謂三比坤滅乾故爲匪人與比三同義是也坤六三不云匪人者坤用六三之上終乾事故不與比否同也○外謂至貞吉○五在四外四與五比故云外比之又初變得位四正應初故云貞吉二四皆以當位爲貞也○五貴至戒吉○此虞義也繫上曰卑高以陳貴賤位矣虞彼注云乾高貴五五多功故五貴多功初三失位當變有兩离象故體重明也說文㬎字下云案微杪也从日中視絲古文以爲顯字卦自下升微而之顯顯从日离爲日日中視絲案見微杪故九五稱顯比繫上曰顯諸仁亦謂重离也乾爲王乾五之坤五成坎坎五即乾五故坎五稱王二升五歷三爻皆陰故云三陰五自二升故不及初三敺之法三面敺禽獨開前面故失前禽初在二前前禽之象二升五初變體震震爲鹿故稱禽震爲驚爲作足故爲奔走鹿斯之奔詩小弁文也不戒猶不速者需上六稱不速之客謂乾三爻升也今師二升五故亦云不戒凡主延賓稱戒稱速今師二升五爲比之主非賓

客之比故稱不戒也○上爲至故凶○爻例上爲首乾用九曰見羣龍无首吉謂六龍皆見六耦承之故无首吉但陰无首以陽爲首上乘五是陰不承陽爲无首也故凶陽爲首者春秋保乾圖曰咮謂鳥陽七星爲頸宋均注云陽猶首也柳謂之咮咮鳥首也故知陽爲首也

䷈ 巽宮一世卦
消息四月

小畜亨注需上變爲巽與豫旁通陰稱小畜斂聚也以陰畜陽故曰小畜一陰劣不能固陽四五合力其志得行乃亨密雲不雨自我西郊注需坎爲雲上變爲陽坎象半見故密雲不雨我謂四四體兑兑爲西乾爲郊雲西行則雨自我西郊畜道未成傳曰施未行也疏需上至乃亨○此京虞義也凡一陰五陽一陽五陰之卦皆自乾坤來故虞注嗛卦云乾上九來之坤又注大有上九云乾五

動成大有是也卦无剥復夬遘之例此卦一陰五陽故不云自夬遘來而云需上變爲巽也旁通者卦之反義見乾卦小畜與豫相反故云旁通卦惟一陰陰稱小陰道斂聚故云畜斂聚也一陰畜五陽故曰小畜京房易傳曰小畜之義在於六四陰不能固三連同進傳曰密雲不雨尚往也陸績謂一陰劣不能固陽是以往也九五剛中四與合志畜乾至上九而畜道成陸績謂外巽積陰能固陽道成在上九傳曰剛中而志行乃亨謂柔道亨也○需坎至行也○需時坎在上爲雲上變坎象半見四體兑兑爲密故密雲不雨四爲卦主故我謂四兑正秋消息兑在西故兑爲西乾位西北之郊故爲郊呂氏春秋曰雲氣西行云云然高誘云雲西行則雨今自我西郊而不雨者由陰劣不能固陽畜道未成故彖傳謂施未行也

初九復自道何其咎吉注謂從豫四之坤初成復卦故復自道出入无疾朋來无咎何其咎吉乾爲道也九二牽復吉注變至二與初同復故牽復至五體需二變應之

故吉九三轝說腹注腹讀爲輹豫坤爲轝爲輹至三成乾坤象不見故轝說輹馬君及俗儒皆以乾爲車非也

夫妻反目注豫震爲夫爲反巽爲妻离爲目今夫妻共在四离火動上目象不正巽多白眼故反目

六四有孚血去惕出无咎注孚謂五血讀爲恤豫坎爲恤爲惕震爲出變成小畜坎象不見故恤去惕出得位承五故无咎

九五有孚攣如富以其鄰注有孚下三爻也攣連也鄰謂四五以四陰作財與下三陽共之故曰富以其鄰

上九既雨既處尚得載婦貞厲注畜道已成故既雨既處尚得載四順故稱婦得位故言貞上已正坎成巽壞

故婦貞厲月近望君子征凶【注】近讀爲既坎爲月十五日乾象盈甲十六日巽象退辛故月近望君子謂三陰盛消陽故君子征凶【疏】謂從至道也○此虞義也需與豫旁通豫復兩象易也故云從豫四之坤初成復卦兩象易者本諸繫辭下傳大壯大過夬三蓋取與无妄中孚履兩象易此漢法也復彖曰出入无疾朋來无咎故云何其咎吉乾初體震震開門爲大塗故爲道也○變至至故吉○變至二謂從旁通變也陽息至二故與初同復爲牽復也二變失位至五體需五剛居正二變應之故吉象曰亦不自失也○豫坤至非也○此虞義也腹古文輹故讀爲輹坤爲大轝車轝同物子夏曰輹車下伏菟虞氏以爲車之鉤心夾軸之物故坤爲大轝爲輹從旁通變至三則下體成乾乾成坤毀故坤象不見轝所以載者說輹則不能載也馬君及俗儒以三體乾而漢書王莽傳有乾文車坤六馬之文因謂乾爲車易无乾爲車坤爲馬之例故云非也○豫震至反目○此虞義也晉語曰震一夫之行故爲夫震爲反生故爲反巽婦爲妻四體離爲目豫震爲

夬小畜巽爲妻故同在四豫變爲小畜故离火動上又在四故目象不正巽多白眼說卦文虞氏謂巽爲白离目上向故多白眼經曰反目反目爲眅說文曰多白眼也○孚謂至无咎○此虞義也五陽居中故孚謂五血讀爲恤讀從馬氏蓋古文恤作血也坎爲加憂故爲恤爲惕惕蕩物出乎震故震爲出四以一陰乘乾乾陽尚往不爲爲所畜故爲恤爲惕旁通變至上成小畜坎象不見故恤去惕出四陰得位上承九五與五合志故无咎也○有孚至其鄰○此九家義也畜乾者四五貴在上與四合志五之孚及于下故云有孚下三陽也攣連馬義也連下三陽故攣如釋名曰鄰連也相接連也四近五故鄰謂四繫下曰何以聚人曰財彼注云財爻與人同制之爻故以聚人火珠林巽屬木六四辛未土巽之財也故云以四陰作財與下三陽共之爲富以其鄰也○畜道至貞厲○以巽畜乾至上而成故云畜道已成昔之不雨者既雨矣昔之尚往者既處矣昔之說輹者得載矣上言婦三言妻皆指四白虎通曰妻者齊也與夫齊體婦者服也服有順義昏義曰明婦順故四順稱婦也四得位故言貞上變體坎坎成巽壞故婦貞厲蓋一陰畜衆陽雖正亦危也○近讀至貞凶○近讀爲既謂

既望孟喜以爲十六日也詩嵩高曰往近王舅鄭氏讀如彼記之子之記毛傳云已也近音近既既有已義故讀從之卦內乾外巽十五日乾象盈甲十六日巽象退辛此納甲法也魏伯陽參同契曰十五乾體就盛滿甲東方蟾蜍與兔魄日月氣雙明七八道已訖屈折低下降十六轉受統巽辛見平明是其義也上應三故君子謂三以陰畜陽之卦故畜道成則陰盛陽消君子不可以有行也

䷉ 艮宮五世卦　消息六月

履虎尾不咥人亨利貞【注】坤三之乾與嗛旁通以坤履乾故曰履彖曰履柔履剛也坤之乾成兌兌爲虎初爲尾以乾履兌故履履虎尾咥齕也乾爲人兌說而應虎口與上絕故不咥人亨五剛中正履危不疚故利貞王弼本脫利貞【疏】此荀虞義也荀注嗛彖傳曰陰去爲离陽來成坎陰去爲离成履陽來成坎爲嗛則履乃

坤三之乾虞于嗛卦引彭城蔡景君說剥上來之三此當自夬來虞无一陰五陽之例故不云自夬來也虞用需上變巽爲小畜之例謂變訟初兑也坤三之乾以柔履剛故名履而引彖傳以明之郭璞洞林曰朱雀西北白虎東起注云离爲朱雀兑爲白虎白虎西方宿兑正西故云虎洞林皆以兑爲虎虞注此經云俗儒以兑爲虎蓋漢儒相傳以兑爲虎虞氏斥爲俗儒非是虞氏據旁通謂嗛坤爲虎今不用也爻例近取諸身則初爲趾上爲首遠取諸物則初爲尾上爲角今言虎尾故知尾謂初以卦言之坤三之乾以柔履剛故名履以爻言之坤之乾體兑兑爲虎初爲尾以乾履兑故履虎尾所以取義于虎尾者序卦曰履者禮也荀子大略曰禮者人之所履也失所履則顛蹷陷溺所失微而其爲亂大者禮是以取義于虎尾也咥齕馬義也人象乾德而生故乾爲人兑爲和說而應乾剛三爲虎口與乾異體故與上絕三不當位故咥人凶兑說而應故不咥人亨九五貞厲是履危也以剛中正故不疚彖傳剛中正以下正以釋利貞之義王弼本脱利貞字荀氏有之今從古也

初九素履往无咎注初爲履始故云素應在四四失位變

得正故往无咎九二履道坦坦幽人貞吉注二失位變成震爲道爲大塗故履道坦坦虞氏謂履自訟來訟時二在坎獄中故稱幽人之正得位震出兌説故貞吉六三眇而眂跛而履履虎尾咥人凶注离目不正兌爲小故眇而視巽爲股訟坎爲曳故跛而履位在虎口中故咥人凶武人爲于大君注三失位變成乾乾爲武人應在上乾爲大君故武人爲于大君外傳曰武人不亂九四履虎尾愬愬終吉注愬愬敬懼貌體與下絶乾爲敬四多懼故愬愬變體坎得位承五應初故終吉九五夬履貞厲注三上已變體夬象故夬履四變五在坎中故

貞厲上九眡履考詳其旋元吉【注】考稽詳徵也應在三以三之視履稽其禍福之詳三上易位故其旋元吉象曰大有慶也【疏】初爲至无咎○乾鑿度曰太素者質之始鄭注尚書大傳曰素猶始也初爲履始故云素素亦始也故云素履應在四以下虞義也初與四應九四失位愬愬終吉是變得正初往應四故往无咎也○二失位至貞吉○此虞義也二變體震乾爲道震得乾之初故爲道爲大塗倉頡篇曰坦著也陽在二大道著明故履之坦坦幽人幽繫之人尸子曰文王幽于羑里荀子曰公侯失禮則幽訟時二體坎坎爲獄二在坎獄中故稱幽人俗謂高士爲幽人非也二失位變之正故爲得位震出兌說出獄而喜貞吉之象○离目至咥人凶○此虞義也离在二五稱正今在三故不正說文曰眇一目小也兌爲小小目不正故爲眇古而能通故眇而視視謂視上也巽爲股坎爲曳皆說卦文行以股而曳跛之象故跛而履虞氏據旁通以謙震爲足今不用也兌三爲口故云位在虎口中眇而視非禮之視也跛而履非禮之履也以位不當故有是象象曰咥

人之凶位不當也○三失至不亂○兌三變成乾楚語
曰天事武韋昭云乾稱剛健故武乾爲人爲武故爲武
人說卦曰乾以君之故乾爲大君應在上是爲于大君
也俗說謂三爲大君君非是武人不亂晉語文引之者證
武人非三也○愬愬至終吉○序卦曰履者禮也白虎
通曰以履踐而行禮以敬爲主不敬則禮不行故卦名
爲履此卦之義柔履剛則咥人乾履兌則不咥人敬與
不敬之殊也子夏曰愬愬恐懼貌宣六年公羊傳曰靈
公望見趙盾愬而再拜何休注云知盾欲諫以敬拒之
是愬愬者恐懼行禮兼有敬義故云敬懼貌乾與兌絶
體故云體與下絶兌爲虎初爲尾四履兌初敬懼愬愬
是履虎尾不咥人之象四失位變體坎上承九五下應
初九故終吉此兼虞義也○三上至貞厲○此虞義也
夬履兩象易也故三上易位體夬象曰夬履蓋制禮之
人也四變五體坎坎爲疾爲災故貞厲以乾履兌五在
乾體有中正之德而又常存危厲之心此其所以履帝
位而不疚歟○考稽至慶也○此虞義也考稽小爾雅
文廣雅曰稽考問也字本作卟說文曰卜以問疑也从
口卜讀與稽同書云卟疑大戴四代曰天道以視地道
以履人道以稽所謂人與天地相參也詳古文祥呂氏

春秋曰天必先見祥高誘云祥徵應也故謂詳爲徵也中庸曰國家將興必有禎祥是吉祥也豐上六象傳曰天際祥也昭十八年春秋傳曰將有大祥尚書大傳曰時則有青眚青祥是凶祥也則祥兼吉凶故云以三之視履稽其禍福之祥旋反也三位不當故視履皆非禮上亦失位兩爻易位各反于正故其旋元吉二四已正三上易位成既濟故傳曰大有慶也

䷊ 坤宮三世卦
消息正月

泰小往大來吉亨 **注** 陽息坤反否也坤陰詘外爲小往乾陽信内稱大來天地交萬物通故吉亨 **疏** 此虞義也泰息卦卦自坤來故云陽息坤雜卦曰否泰反其類也虞注云否反成泰泰反成否故云反否在他卦則云旁通是也息卦坤詘乾信陰爲小陽爲大坤在外故坤陰詘外爲小往乾在内故乾陽信内爲大來爻在外曰往在内曰來也二五失位二升五五降二天地交萬物通成既濟定故吉亨

初九拔茅茹以其彙征吉注初在泰家故稱拔否巽爲茅茹茅根艮爲手彙類也二升五故拔茅茹以其彙震爲征得位應四故征吉九二苞巟注巟虛也五虛无陽二上苞之用馮河不遐遺注馮河涉河遐遠遺亡也失位變得正體坎坎爲河震爲足故用馮河乾爲遠故不遐遺朋亡得尚于中行注五降二故朋亡五爲中震爲行朋亡而下則二得上居五而行中和矣九三无平不陂无往不復注陂傾也應在上平謂三陂謂上往謂消外復謂息内從三至上體復象故无平不陂无往不復艱貞无咎勿恤其孚于食有福注艱險貞正恤憂孚信也

二之五五三體坎爲險爲恤爲孚乾爲福三得位故艱貞无咎勿恤其孚于食有福也**六四偏偏不富以其鄰**【注】五不正故云偏偏坤虛无陽故不富鄰謂四上**不戒以孚**【注】坤邑人不戒故使二升五信來孚邑故不戒以孚

六五帝乙歸妹以祉元吉【注】震爲帝坤爲乙歸嫁也震爲兄兑爲妹故歸妹祉福也五下嫁二上承乾福故以祉元吉**上六城復于隍**【注】否艮爲城坤虛稱隍泰反成否乾壞爲坤故城復于隍**勿用師自邑告命貞吝**【注】二動體師陰乘陽故勿用師邑天子之居也坤爲邑否巽爲告爲命政教不出於國門故自邑告命雖貞亦吝【疏】

初在至征吉〇初剛難拔故文言於乾初九曰寉乎其不可拔潛龍也潛龍之志不易世不成名故難拔泰二拔茅而連初君子道長故云初在泰家稱拔也卦稱家者易以道陰陽陰陽五行皆稱家故劉向別錄有陰陽家後漢書有明帝五家要說章句即謂五行之家蓋漢學如此否巽爲茅以下虞義也泰反否故云否巽巽爲草木剛爻爲木柔爻爲草故巽爲茅爻例取象植物則初爲本上爲末根本同義故云茹茅根根謂初也艮爲手說卦文據否艮拔茅以手也否泰反其類三陽三陰爲類故云彙類也今文作彙九二拔茅而連初故云拔茅茹初與三皆其類也故云以其彙二升五則六爻得位陰陽氣通故有是象非謂三陽俱升也荀氏注九二不遐遺謂三體俱上失其義矣震爲行釋言曰征行也初得位而應四故征吉〇兂虛至苞之〇此翟元義也元字子元名在九家有易義注不詳何人兂鄭讀爲康云虛也釋詁曰康虛也翟氏從鄭所讀字故訓爲虛詩桑柔云具贅卒荒毛傳曰荒虛也乾盈坤虛故五虛无陽二當升五故上苞之〇馮河至遐遺〇此虞義也釋訓曰馮河徒涉故云涉河遐遠釋詁文詩谷風曰棄予如遺毛傳訓爲遺亡故云遺亡也二變體坎坎爲河九

家說卦文彼文作可乃河字磨滅之餘也震爲足說卦文二升五歷坎而上故用馮河荀氏謂陽性欲升陰性欲承馮河而上不用舟航是也天道遠故乾爲遠荀氏謂自地升天道雖遼遠不能止之是也○五降至和矣○此荀虞義也兌爲用坤喪爲亡虞氏謂坤虛无君欲使二上故朋亡蓋五離其朋類而下如坤之喪朋也尚上也朋亡而下故二上居五而行中中和中和謂六二九五合言之則二五爲中相應爲和分言之則五爲中二爲和故周禮大宗伯曰以天產作陰德以中禮防之以地產作陽德以和樂防之天地者二五也天交乎地天產作陰德也五爲中故以中禮防之地交乎天以地產作陽德也二爲和故以和樂防之又曰以禮樂合天地之化百物之產中庸所謂致中和天地位焉萬物育焉是也漢儒皆以二五爲中和故易乾鑿度於師之九二曰有盛德行中和順民心于臨之九五曰中和之盛應于盛位浸大之化行于萬民揚子亦云中和莫尚于五是也○陂傾至不復○鄭注樂記曰陂傾也三應上上者泰之極而否之始也平謂三虞氏謂天地分故平也陂謂上上六城復于堭陂之象也往謂消外坤爲消也復謂息內乾爲息也三至上體復象互體也○艱險至

福也○此虞義也艱難也險亦難也故云艱險恤憂孚信釋詁文坎彖傳曰習坎重險也故爲險說卦曰坎爲加憂故爲恤坎爲信故爲孚乾爲積善故爲福二變三體坎故爲艱爲恤得位承上故言貞言无咎言有孚食讀如食舊德之食三二皆體乾二之五五以祉元吉故三食乾福也○五不至四上○上體以五五爲主故偏偏謂五鴻範曰毋偏毋頗遵王之義是不正爲偏京房易傳曰陽實陰虛故坤虛无陽爲不富虞氏云然也四上同在坤體故不富以其鄰鄰謂爻之連比者也○坤邑至以孚○此虞義也戒者主名客之詞二升五爲卦主故稱不戒坤爲邑邑人不戒故二升五信行于坤故云孚虞云與比邑人不戒同義亦謂師二升五也○震爲至元吉○此虞九家義也帝出乎震故震爲帝坤納乙故坤爲乙隱二年公羊傳曰婦人謂嫁曰歸故云歸嫁也體震兌震長男故爲兄兌少女故爲妹六陰爻五貴位陰之貴者莫如帝妹貴而當降者亦莫如帝妹坤妻道也臣道也故六居五必降素問謂君位臣則順臣位君則逆逆則其害速順則其害微故君可居臣位臣不可居君位樂本乎易五音宮君也商臣也宮可居商位商不可居宮位故周禮大司樂有四宮四均而無商非

無商也商不爲均也商不爲均猶六不居五故聖人于坤泰歸妹系黄裳歸妹之詞以明六五之當降兩漢經師皆如此說魏晉以來王弼韓伯之輩始改師法而易之大義乖矣祉福釋詁文五下嫁二二上升五以陰承陽故云上承乾福與坤黄裳元吉同義也帝乙虞氏據左傳以爲紂父泰漢先儒皆以爲湯故乾鑿度曰泰正月之卦也陽氣始通陰道執順故因此見湯之嫁妹能順天地之道敬戒之義自成湯至帝乙帝乙湯之元孫之孫也此帝乙即湯也殷録質以生日爲名順天性也元孫之孫外恩絶矣疏可同名湯以乙生嫁妹本天地正夫婦夫婦正則王教興矣故曰易之帝乙爲成湯書之帝乙六世王同名不害以明功疏猶所也晉賀循議曰案殷紀成湯已下至於帝乙父子兄弟相繼爲君合十二世而正世唯六故乾鑿度曰殷帝乙六世王不數兄弟爲正世也子夏京房荀爽皆同易說世本湯名天乙故稱帝乙則先儒之說不爲無據古人通經有家法左氏傳春秋不如易家之審也泰婦妹二卦皆言歸妹者歸妹九月卦泰正月卦荀子曰霜降逆女冰泮殺内家語曰霜降而婦功成嫁娶者行焉冰泮而農事起婚禮殺於此自秋至春辛壬癸甲皆嫁娶之時故易獨舉

泰婦妹二卦以明之也○否艮至于堭○否互艮故云否艮艮爲城虞義也虞云堭城下溝亦作隍釋言曰隍壑也郭璞云城池空者爲壑釋詁云隍虛也是隍是土之虛者故云坤虛稱堭上六泰之終故云泰反爲否泰反爲否則乾壞爲坤城復于堭之象也○二動至亦吝○二動體師互體也坤三陰乘陽故勿用師人主所居謂之邑故云邑天子之居也逸書言西邑夏大邑周多士言天邑商皆謂天子之居周公作周禮始以四井爲邑爾坤爲邑巽爲告皆虞義也重巽以申命故巽爲命泰反爲否政教陵夷一人僅亦守府號令不出于國門上六雖得位亦爲吝也

䷋ 乾宮三世卦
消息七月

否之匪人不利君子貞大往小來注陰消乾又反泰也謂三比坤滅乾以臣弑君以子弑父故曰匪人君子謂五陰消陽故不利君子貞陽詘陰信故大往小來疏此虞義也

否消卦卦自乾來故云陰消乾泰反成否故云反泰與泰旁通也匪人謂三陰消至三成坤故云比坤滅乾臣謂坤子謂遯艮也弑父弑君人道滅絕故曰匪人虞氏謂與比三同義尋比乃坤歸魂也六三爲鬼吏故曰匪人否乾世以三爲財其謂匪人以消乾也義各有取虞氏非是外體三爻唯五得正故君子謂五陰消至五故不利君子貞爻辭其亡其亡是也五大人而稱君子者陰陽消息之際君子小人之辯宜明故稱君子也陽詘在外故曰大往陰信在內故曰小來

初六拔茅茹以其彙貞吉亨**注**初惡未著與二三同類承五變之正猶可亨故曰貞吉亨

六二苞承小人吉大人否亨**注**二正承五爲五所苞故曰苞承小人謂初二拔茅及初初之正故吉大人謂五否不也乾坤分體天地否隔故大人否亨

六三苞羞**注**否成於三坤恥爲羞今

以不正爲上所苞故曰苞羞九四有命无咎疇离祉注疇類离麗祉福也巽爲命乾爲福四受五命以據三陰故无咎四失位變應初與二同功二离爻故同類皆麗乾福矣九五休否大人吉注陰欲消陽五處和居正以否絶之乾坤異體升降殊隔卑不犯尊故大人吉也其亡其亡繫于苞桑注消四及五故其亡其亡巽爲桑桑者喪也坤爲喪以陽苞陰故曰苞桑繫者坤繫于乾不能消乾使亡也荀氏謂苞者乾坤相苞也桑者上玄下黃乾坤相苞以正故不可亡上九傾否先否後喜注否終必傾應在三故先否下反於初成益體震民說无疆

故後喜【疏】初惡至吉亨○坤爲積惡初尚微故惡未著
二拔茅而及茹茹謂初以其彙是初與二三
同類承五也初四失位變之正則猶可亨故曰貞吉亨
否初言亨者否陰消之卦陰消成坤坤至柔而動也剛
天地盈虛與時消息故否初獨言亨也○二正至否亨
○二得位故二正承五五苞桑故爲五所苞也苞二承
五故曰苞承乾鑿度遘初爲小人觀遘皆消卦故觀初
亦爲小人否之小人指初也荀氏以二爲小人案二得
位故乾鑿度以遯二爲君子荀氏非也或傳寫之訛耳
初惡未著辨之早故吉大人者君人五號之一故謂五
否不虞義也否亨言不亨也乾坤分體以下荀義也乾
陽坤陰分陰分陽故云分體天地不交故云否隔凡乾
與坤交則稱亨否隔之世三陰雖同類承五五不下應
故大人否亨○否成至苞羞○陰消至三成否故云否
成於三三坤爲恥虞義也廣雅曰羞恥也故云坤恥爲羞
三不正爲上所苞以陽苞陰是苞羞也孟子曰無羞惡
之心非人也故彖以三爲匪人○𠷎類至福矣○此九
家義也說文云𠷎古文疇虞書帝曰𠷎咨又鄭氏尚書
酒誥曰若𠷎圻父今皆讀爲疇漢書律歷志曰疇人子
弟分散李奇云同類之人是疇爲類也坤彖傳曰乃與

類行繫上曰方以類聚此卦曰曹曰昌皆以三陰爲類矣說卦曰离者麗也故云离麗九家謂离附也麗爲附著其義同也四近五受五命以據三陰故无咎九家謂无命而據則有咎也繫下曰二與四同功謂同是陰位鄭氏易例乾四初震爻五二坎爻上三艮爻也坤四初巽爻五二离爻上三兑爻也初與二三同類承五四變應之故與二同功二离爻故同類三爻皆麗乾福矣○以陰欲至吉也○此九家義也否者消卦故陰欲消陽以九居五故處和居正休者止息否者閉隔故以否絕之謂之休否乾坤異體猶分體也乾上升坤下降故云升降殊隔否七月萬物已成乾坤位定卑不犯尊故大人吉也盛明之世小人當遠大人利見今小人以志君爲吉大人以休否爲吉此義唯施諸於否家蓋不如是則君臣之道息矣○消四至可亡○荀氏曰陰欲消陽由四及五故曰其亡其亡巽爲桑虞義也桑者喪也漢書五行志文尚書大傳曰武丁時桑穀生于朝祖乙曰桑穀理草也野草生于朝亡乎是桑者喪亡之象坤喪于乙故爲喪否内坤外乾故曰坤繫于乾凡言繫者皆陰繫于陽陰繫于陽爲陽所苞故曰繫于苞桑亡者保其存者也五爲陽位處和居正坤繫于乾故不能消乾使亡

也荀氏謂苞者乾坤相苞者參同契文文言曰天玄而地黄攷工記畫繢之事有五色天曰玄地曰黄言雜之色象乾坤也繫上曰天尊地卑乾坤定矣荀彼注云謂否卦也乾坤各得其位定矣是相苞以正故不可亡也○否終至後喜○高誘注淮南曰傾猶下也上反初故曰傾否否終必傾虞據傳釋經也卦體下爲先上爲後應在三否成于三故先否益自否來故云下反於初成益體震民說无疆說有喜意故後喜此虞義也

䷌ 離宮歸魂卦 消息七月

同人于野亨【注】坤五之乾與師旁通天在上火炎上是其性同也巽爲同乾爲人爲野坤五之乾柔得位得中而應乎乾故同人于野同性則同德同德則同心同心則同志故亨傳曰同人親也利涉大川【注】四上失位變而體坎故利涉大川利君子貞【注】君子謂二五【疏】坤五至親也○

蜀才謂自夬來案无一陰五陽之例當是坤六五降居乾二成同人如坤二變之乾成師也與師旁通虞義也乾陽上升火性炎上故其性同此鄭氏服虔義也巽爲同乾爲人爲野皆虞義巽風同聲相應故爲同乾西北之卦故爲野坤五之乾得位得中而應乎乾故云同人于野同性則同德同德則同心同心則同志晉語文彼文同性作同姓古文通天在上火炎上是性同也文明以健是德同也中正而應二人同心是心同也通天下之志是志同也經凡言亨皆謂乾與坤交同人之家以同德合義爲亨故引晉語以明之義詳見下也傳曰已下雜卦傳文引之以證同姓之爲親也○四上至大川○此虞義也坎爲大川四上變五體坎二往應之故利涉大川○君子謂二五○知君子謂二五者乾爲君子繫辭釋九五爻義曰君子之道或出或處二五得正故稱君子彖傳曰君子正也

初九同人于門无咎**注**乾爲門謂同於四四變應初故无咎

六二同人于宗吝**注**乾爲宗二五同性故爲宗合義

不合姓合姓吝也故曰同人于宗吝九三伏戎于莽升其高陵三歲不興注巽爲草莽离爲戎謂四變時三在坎中隱伏自藏故伏戎于莽也巽爲高震爲陵以巽股升其高陵乾爲歲興起也師震爲興三至上歷三爻故三歲不興也九四乘其庸弗克攻吉注巽爲庸四在巽上故乘其庸與初敵應變而承五應初故弗克攻吉九五同人先號咷而後笑大師克相遇注應在二巽爲號咷乾爲先故先號咷師震在下故後笑乾爲大同人反師故大師二至五體遘遇故相遇上九同人于郊无悔注乾爲郊失位无應當有悔同心之家故无悔疏乾爲至无

咎○此虞義也繫下曰乾坤其易之門邪參同契曰乾坤者易之門户衆卦之父母故云乾爲門四體乾初應四故同於四四初敵剛困而反則故變應初无咎也○乾爲至宗吝○乾爲宗虞義也二五同姓已下許慎義也慎字叔重東漢汝南召陵人太尉南閣祭酒其所撰五經異義曰易曰同人于宗吝言同姓相取吝道也王逸楚辭注曰同姓爲宗性與姓通五陽二陰二五相應有昏冓之道以在同人家有同姓之義故繫上釋九五曰同心之言其臭如蘭襄八年春秋傳曰季武子謂晉君曰今辟於草木寡君在君君之臭味也又二十二年鄭公孫僑曰敝邑邇在晉國辟諸草木吾臭味也皆謂同姓爲臭味是以晉語胥臣曰異姓則異德異德則異類異類雖近男女相及以生民也同姓則同德同德則同心同心則同志同志雖遠男女不相及畏黷敬也黷則生怨怨亂毓災災毓滅姓是故取妻辟其同姓畏亂災也故異德合姓同德合義必知同人爲同姓者雜卦曰同人親也同姓爲親此卦象傳云君子以類族辨物族姓物姓之同異辨别也郊特牲曰取於異姓所以附遠厚别男女有别然後父子親父子親然後義生故異德合姓同德合義同姓故同德同德故同心故繫上以

二五爲同心比之臭味猶同姓也宗者廟門内西牆也
主祭宗子取義焉殷法在五世以後始通昏二五同姓
在五宗之内當合義而成事不當合姓而成昏若司德
合姓則有災毓滅姓之事故吝也○巽爲至興也○此
虞義也巽爲草莽亦虞義虞此注謂震爲草莽義並通
也离爲甲胄爲戈兵故爲戎四上失位當變之正故四
變三體坎坎爲隱伏是伏戎于莽應在上上剛敵應故
有是象也巽爲高說卦文又說卦云震爲反生虞作阪
云陵阪也故震爲陵巽爲股故以巽股升其高陵歲三
百六十合乾坤之筴陽統陰故乾爲歲興起也釋詁文
雜卦曰震起也興起同義故震爲興三至上歷三乾師
震在下故三歲不興言上不應三三亦不能興也○巽
爲至攻吉○此虞義也虞氏注易廣逸象二百二十八
皆說卦所無如巽爲庸之類今仍其說不敢强通廟中
之牆亦謂之庸尚書大傳曰天子賁庸鄭彼注云賁大
也牆謂之庸大牆正直之牆庸今作墉尚書杍材曰既
勤垣墉馬融注云卑曰垣高曰墉釋宮曰牆謂之墉義
並同也巽爲庸四在巽上故乘其庸欲攻初也四與初
皆陽故敵應初得位四無攻初之義變而承五應初故
弗克攻吉也○應在至相遇○此虞義也五正應二故

應在二巽申命行事號告之象故爲號咷乾陽先唱故爲先震爲後爲笑故後笑師震在下謂旁通也同人與師旁通而稱反師者猶否泰反其類故云反也晉語胥臣曰昔少典取於有蟜氏生黃帝炎帝黃帝以姬水成炎帝以姜水成成而異德故黃帝爲姬炎帝爲姜二帝用師以相濟也異德之故也三與上敵四欲攻初是在同人家而異德所謂同生而異性也故五用師克之五與二同性故相遇也遘彖傳及雜卦曰遘遇也故云二至五體遘遇據互體○乾爲至无悔○此虞義也乾位西北之郊故爲郊九居上爲失位與三敵剛故无應虞氏謂與乾上九同義當有悔也變而體坎三得應上利涉大川在同心之家故无悔也

䷍ 乾宮歸魂卦消息內卦四月外卦五月

大有元亨注乾五變之坤成大有與比旁通柔得尊位大中應天而時行故元亨疏此虞義也虞例无一陰五陽之例故云乾五變之坤成大有文王書經系庖犧于乾五五動之离有天地日月之象乾坤坎离反復不衰天道助順人道助信故自天右

之吉无不利其義備于上九爻也

初九无交害匪咎艱則无咎注害謂四初四敵應故无交害害在四故匪咎四變應初故艱則无咎九二大轝以載有攸往无咎注比坤爲大轝乾來積上故大轝以載往謂之五二失位得正應五故有攸往无咎九三公用亨于天子小人弗克注三公位也天子謂五小人謂四二變體鼎象故公用亨于天子四折鼎足覆公餗故小人弗克九四匪其彭无咎注彭體行不正四失位折震足故彭變而得正故无咎彭或作彭旁聲字之誤六五厥孚交如威如吉注孚信也發而孚二故交如乾稱威

發得位故威如吉上九自天右之吉无不利注謂乾也右助也大有通比坤爲自乾爲天兑爲右故自天右之比坤爲順乾爲信天之所助者順人之所助者信履信思順又以尚賢故自天右之吉无不利疏害謂至无咎〇此虞義也虞云四离火爲惡人謂离九四爲惡人故害謂四虞氏又謂比坤爲害蓋取義于四取象于坤也陰陽相應爲交初四敵應不相與故无交害虞據從旁通變以比初動震爲交坤爲害也匪非也害始于四非初之咎故曰匪咎艱難也虞以比初動成屯難四變得位應初故艱則无咎也〇比坤至无咎〇此虞義也虞彖傳注云比初動成震至二成兑至三成乾故云乾來積上乾積坤上爲坤所載也自内稱往故往謂之五二失位故有咎變之正應五故有攸往无咎矣〇三公至弗克〇此虞義也爻例三爲三公故云三公位也五爲天子故天子謂五四不正故曰小人鼎彖傳曰大亨以養聖賢三賢人二變體鼎養賢之象故云公用亨于天子僖二十四

年春秋傳卜偃說此卦云天子降心以逆公五履信思
順又以尚賢故有降心逆公之事三應上上爲宗廟天
子亨諸侯必于祖廟也虞注鼎九四云四變震爲足二
折入兌故鼎折足覆公餗是小人不克當天子之亨也
○尪體至之誤○此虞義也說文曰尪跛曲脛也從大
象偏曲之形足尪故體行不正四失位體兌折震足故
足尪也變而得正故云匪其尪无咎本今作彭子夏作
旁干寶云彭亨驕滿皃姚信云彭旁是皆讀彭爲旁彭
尪音相近故云字之誤○孚信至如吉○此虞義也四
變坎爲孚孚信也釋詁文二五失位二變應五五發而
孚二故交如也乾陽剛武故稱威五變體乾發得位故
威如吉荀子彊國篇曰威有三有道德之威者有暴察
之威者有狂妄之威者此三威者不可不孰察也呂刑
曰德威維畏及此經威如之吉皆道德之威也○謂乾
至不利○此虞義也乾五之坤故謂乾也天之所助以
下上繫文賢謂三天道助順人道助信五履信思順三
享于天子故又以尚賢宜
爲天之所右故吉且和也

周易述卷二

周易述卷三

元和惠棟集注并疏

周易上經

䷎兌宮五世卦
消息十二月

嗛亨注乾上九來之坤嗛謙也上九亢龍盈不可久虧之坤三故爲嗛天道下濟故亨虞氏曰彭城蔡景君說剝上來之三君子有終注君子謂三艮終萬物故君子有終疏乾上至之三○乾上九來之坤虞義也用九之義以上九一爻亢極失位天道盈而不溢虧之坤三致恭以存其位故以嗛名卦盈者嗛之反上之三盈爲嗛在人爲謙故曰嗛謙也天道下濟故亨虞義也乾爲天道來之坤故下濟以乾通坤故亨蔡景君傳易先師景君

言剥上來之三剥之上九即乾也以消息言之故云剥上來之三案虞論之卦无剥復夬遘之例景君之說虞所不用也○君子至有終○三于三才爲人道故君子謂三說卦曰終萬物始萬物者莫盛乎艮三體艮故艮終萬物三秉勞謙終當升五故君子有終也

初六嗛嗛君子用涉大川吉【注】變之正在下故嗛嗛君子謂陽三體坎爲大川歷三應四故用涉大川吉六二鳴嗛貞吉【注】三體震爲善鳴故鳴嗛三居五二正應之故貞吉九三勞嗛君子有終吉【注】體坎爲勞故曰勞嗛嗛尊而光卑而不可踰君子之終故吉也六四无不利撝嗛【注】撝舉也四得位處正家性爲嗛故无不利陰欲撝三使上居五故曰撝嗛六五不富以其鄰利用侵伐无

不利**注**鄰謂四上自四以上乘陽失實故皆不富五虛无君利三來侵伐无敢不利之者

上六鳴嗛利用行師征邑國**注**應在震故鳴嗛體師象震爲行坤爲邑國五之正已得從征故利用行師征邑國**疏**變之至川吉○初失位故變之正荀云初最在下爲嗛上之三嗛也初之正而在下又嗛焉故曰嗛嗛初正陽位故曰君子坎爲大川歷三應四故利涉大川吉也○三體至貞吉○說卦曰震爲善鳴夏小正曰雉震呴傳曰震也者鳴也呴也者鼓其翼也是震爲鳴也卦凡言嗛者皆謂陽居下位二以陰承陽蒙三之義故曰鳴嗛此姚信義也三上居五二正應之中心相得故貞吉也○體坎至吉也○說卦曰勞乎坎三體坎故曰勞嗛此荀義也成卦之義在於九三象辭君子有終正指三也傳言嗛尊而光卑而不可踰正謂三上升五君子之終故吉也○撝舉至撝嗛○此荀義也撝以手舉亦從手故云撝舉也太元八十一家各有剛柔之性故稱家性六十四卦亦然以六居四故得

位處正而在嗛家家性爲嗛故无不利也衆陰皆欲三居五而撝之者四故曰撝嗛○鄰謂至之者○此荀義也四上爲五之鄰故鄰謂四上自四以上皆乘三陽故曰乘陽泰六四曰偏偏不富皆失實也故知不富爲失實五离爻离爲甲冑爲戈兵故云侵伐五虛无君三來侵伐坤之邑國衆陰同志承陽故云无敢不利之者坤爲用也○應在至邑國○此虞義也上應三三體震故曰鳴嗛二至上有師象師二居五與嗛三同義三來之五上得從征故利用行師征邑國也

䷏ 震宮一世卦消息內卦二月外卦三月

豫利建侯行師【注】復初之四與小畜旁通豫樂也震爲諸侯初至五體比象四利復初故利建侯三至上體師象故行師【疏】此虞鄭義也一陰五陽一陽五陰之卦皆自乾坤來師嗛大有同人是也此卦復四之初乃從繫辭兩象易之例非乾坤往來也晉語司空季子解此經云豫樂也故太元準之以樂鄭氏謂喜豫悅樂

是也卦之取義于豫者有三焉漢書五行志云雷以二月出其卦曰豫言萬物隨雷出地皆逸豫一也取象制樂樂者樂也薦之神祇祖考與天地同和二也震上坤下母老子彊居樂出威三也故曰豫樂也震爲諸侯初至五體比象比建萬國親諸侯二欲四復初初爲建故利建侯卦體本坤四之初坤象半見故體師象利行師也虞注晋上九曰動體師象例與此同半象之說易例詳矣

初六鳴豫凶**注**應震善鳴失位故鳴豫凶六二介于石不終日貞吉**注**介纖也與四爲艮艮爲石故介于石應在五終變成离离爲日二得位欲四急復初已得休之故不終日貞吉六三盱豫悔遲有悔**注**盱睢盱視上而不正故有悔變之正遲則有悔也九四由豫大有得勿疑朋盍戠**注**由自也大有得得羣陰也坎爲疑據有五陰

坤以衆順故勿疑小畜兌爲朋坤爲盍盍蘔合也坎爲
蘔坤爲衆衆陰並應故朋盍戠戠舊讀作撍作宗也六
五貞疾恒不死注恒常也坎爲疾應在坤坤爲死震爲
反生位在震中與坤體絶故貞疾恒不死也上六冥豫
成有渝无咎注冥讀爲瞑應在三坤爲冥冥豫瀆也渝
變也三失位无應多凶變乃得正體艮成故成有渝无
咎疏應震至豫凶○此虞義也夏小正曰震也者鳴也
四體震震爲善鳴初獨應四意得而鳴失位不當
故凶也○介纖至貞吉○此虞義也繫上曰憂悔吝者
存乎介介謂纖介也介謂初石謂四二在艮體艮爲石故
介于石二應小畜五伏陽故應在五豫體震震特變故
終變成离离爲日二以陰居陰故得位四復初體復復
六二曰休復吉欲四復初故已得休之也二得位得中
上交不諂下交不瀆欲四復初是不諂也已得休之是

不濟也二五无應四爲卦主故發其義于此爻也○盱睢至悔也○向秀注云盱睢盱小人喜悅佞媚之貌說文曰盱張目也睢仰目也應在上三張目仰視視上之顔色爲佞媚所謂上交諂也三位不正故有是象變之正則無悔下經所云成有渝无咎是也爻之失位猶人之有過過以速改爲善故四不終日貞吉三遲有悔遲速之間吉凶判焉孔子曰不善不能改是吾憂也○由自至宗也○此虞義也由自也釋詁文卦唯一陽五陰皆爲陽所得故云大有得得羣陰也坎爲心爲加憂故爲疑也乾九四文言曰或之者疑之也豫四失位與乾四同故云疑然一陽據五陰坤以衆而順從其志得行故勿疑也小畜兑爲朋者據旁通兑兩口相對有似朋友講習之象故曰朋盍與闔同闔戸謂之坤故坤爲盍釋詁云盍合也九家說卦曰坎爲藂棘故爲藂坤爲合故曰戠藂合也戠猶埴也鄭氏禹貢曰厥土赤戠墳今本作埴考工記用土爲瓦謂之搏埴之工弓人云凡昵之類不能方先鄭云故書昵作樴杜子春云樴讀爲不義不昵之昵或爲䵒䵒黏也鄭氏謂樴脂膏敗膱之膱膱亦黏也說文引春秋傳曰不義不䵒䵒猶昵也故先鄭讀膱爲昵若然樴讀爲戠膱讀爲埴易作戠書作埴

考工作織訓爲脂字異而音義皆同易爲王弼所亂都
無戠字說文戠字下缺鄭氏古文尚書又亡考工故書
偏傍有異故戠字之義學者莫能詳焉以土合水爲培
謂之摶埴坤爲土坎爲水一陽倡而衆陰應若水土之
相黏著故云朋盍戠京房作撍荀氏作宗故云舊讀作
撍作宗王弼從京氏之本又訛爲簪後人不識字訓爲
固冠之簪爻辭作于殷末已有秦漢之制異乎吾所聞
也○恒常至死也○此虞義也恒常也釋詁文坎爲多
眚爲心病故爲疾下體坤故應在坤月滅藏于癸爲既
死魄故爲死震爲反生說卦文一陽在下故曰反生五
體震故位在震中坤體在下故與坤體絕震三日生魄
又于四正爲春春生于左故貞疾恒不死也○冥讀至
无咎○瞑古眠字說文冥從冖故讀爲瞑說文曰翕目
曰瞑知瞑即今之眠也應在三坤爲冥虞義也釋言曰
晦冥也坤三十日故爲晦也說文冥從日從六冖聲日
數十十六日而月始虧幽也納甲之義退辛消艮入坤
故坤爲冥上應在三冥豫極樂是下交瀆也渝變也以
下皆虞義也渝變釋言文三失位兩陰無應又多凶故
云失位無應多凶三變之正下體成艮艮萬物之所成
終而所成始故云變乃得正體艮成也三之正上交不

諂下交不瀆故得无咎也

䷐震宮歸魂卦消息二月

隨元亨利貞无咎【注】否上之初二係初三係四上係五陰隨陽故名隨三四易位成既濟故元亨利貞无咎【疏】卦自否來從三陽三陰之例否上爻之坤初卦名隨者爻辭六二係小子小子謂初是二係初也六三係丈夫丈夫謂四是三係四也上六拘係之乃從維之乾鑿度謂上六欲待九五拘繫之維持之是上係五也三陰係于三陽虞氏謂隨家陰隨陽故名隨太元準爲從其辭曰日嬪月隨亦陰隨陽也陰係陽猶婦係夫曲禮曰大夫曰孺人鄭彼注云孺之言屬言其繫屬人也又曰女子許嫁纓亦謂婦人質弱不能自固必有繫屬故許嫁時繫纓也故鄭注内則云婦人有纓示繫屬也杜預釋例曰婦人無外於禮當繫夫之謚以明所屬皆是婦繫夫之事故初九九四九五比之小子丈夫也隨家陰隨陽夫婦之道故九五孚于嘉吉傳曰君子以嚮晦入宴息夫

婦之道而以既濟言者夫婦者君臣父子之本正家而天下定故中庸曰君子之道造端乎夫婦及其至也察乎天地是言既濟之事也

初九官有渝貞吉出門交有功注水以土爲官渝變也陽來居初以震變坤故官有渝上之初得正故貞吉震爲出爲交爲開門交謂乾坤交也上係于五五多功陰往之上亦不失正故出門交有功六二係小子失丈夫注小子謂初丈夫謂五五體大過老夫故稱丈夫六三係丈夫失小子隨有求得利居貞注三之上无應上係於四失初小子故係丈夫失小子艮爲居爲求三隨四爲四所求而得故隨有求得三四失位故利居貞九四隨

有獲貞凶有孚在道以明何咎注獲獲三也失位相據在大過死象故貞凶孚謂五初震爲道三已之正四變應初得位在离故有孚在道以明何咎也九五孚于嘉吉注坎爲孚乾爲嘉嘉禮所以親成男女隨之時義也故云孚于嘉吉上六拘係之乃從維之注易説謂二月之時隨德施行藩決難解萬物隨陽而出故上六欲待九五拘繫之維持之明被陽化而陰欲隨之是其義也王用亨于西山注否乾爲王謂五也有觀象故亨兑爲西艮爲山故王用亨于西山禮器曰因名山升中于天既濟告成之事也疏水以至有功○此九家虞義也官官鬼也參同契曰水以土爲鬼土

鎮水不起京房謂世應官鬼福德之説皆始于文王火
珠林亦云故九家易曰震爲子得土之位故曰官是也
卦自否來震初庚子水得否坤乙未土之位水以土爲
官以震易坤故官有渝也上來居初得正故貞吉九家
之義亦然也帝出乎震故震爲出初爻交坤故爲交震
方伯之卦當春分春分在卯説文曰丣象開門之形二
月爲天門故震爲開門否天地不交初上易位是乾坤
交鄭氏謂震當春分陰陽之所交義亦通也上六拘係
之是陰往之上而係于五也凡言功者皆指五五多功
陰往居上係于五而得位故交有功也○小子至丈夫
○陽大陰小易之例也今謂初陽爲小者繫下云復小
而辯于物虞彼注云陽始見故小是小子謂初也二至
上體大過大過九二云老夫得其女妻虞彼注云乾老
故稱老夫丈夫猶老夫也四五本乾故稱丈夫二係于
初初陽尚小故係小子不兼與五故失丈夫也○三之
至居貞○三上皆陰故云無應四在三上故上係于四
而不與初故失初小子艮爲宮室故爲居艮兑同氣相
求故爲求已上皆虞義也三係于四是三隨四也下經
云隨有獲獲猶得也故知爲四所求而得也三雖係四
而皆失位非陰陽之正利變之正故利居貞内體爲貞

也○獲謂至咎也○此虞義也陰爲陽得稱獲稱禽儀禮鄉射禮曰獲者坐而獲鄭彼注云射者中則大言獲獲得也射講武田之類是以中爲獲詩舍拔則獲射中禽獸亦曰獲比五田有禽此經隨有獲皆陰爲陽得故云獲獲三也鄭氏謂大過之象上六在巳巳當巽位巽又爲木二木在外以夾四陽四陽互體爲二乾乾爲君爲父二木夾君父棺椁之象三四在大過中故云死象貞凶之義也五孚于嘉故孚謂五震爲大塗故爲道三利居貞是巳之正四變則與初應得位體离离爲明故有孚在道以明何咎五爲卦主三四易位成既濟故歸其功于五也○坎爲至嘉吉○坎爲孚虞義也乾爲嘉虞義也嘉屬五禮周禮大宗伯以嘉禮親萬民以昬冠之禮親成男女隨之時義陰係于陽合于嘉禮故云孚于嘉吉五爲卦主故總論一卦之義也文二年公羊傳曰娶者大吉也非常吉也娶必告廟故云吉孚于嘉吉兼二禮也唐虞三禮至周始有五禮周公作周禮其法于易乎○易說至義也○易說者乾鑿度文也隨于消息爲二月卦故云二月之時云隨德施行藩決難解者案鄭彼注云大壯九三爻主正月陰氣猶在故羝羊觸藩而羸其角也至于九四主二月故藩決不羸也言二

月之時陽氣已壯施生萬物而陰氣漸微不能爲難以障閉陽氣故曰藩決難解也萬物當二月之時隨陽而出故上六欲待九五拘繫之維持之言係而又言維者虞氏云兩係稱維三四易位則五維二初維四六爻皆正中和之化行既濟之功成矣虞氏又謂隨家陰隨陽是被陽化而陰欲隨之彖傳所云大亨貞无咎而天下隨之是也○否乾至事也○王謂夏商之王乾鑿度謂文王非也詳見升卦卦自否來否之九五本乾也乾爲君故爲王二至五體觀觀卦辭云觀盥而不觀薦虞彼注云盥沃盥薦羞牲沃盥羞牲皆亨帝亨親之事故云亨也體兌互艮兌爲西艮爲山故云西山乾鑿度曰崇至德顯中和之美當此之時仁恩所加靡不隨從咸說其德得用道之王故言王用亨于西山也已上皆虞義也禮器因名山升中于天是言太平封禪之事三四易位成既濟定亦是太平功成故云既濟告成之事也盧植注禮器云封太山告太平升中和之氣于天王者致中和天地位萬物育故升其氣于天亦是既濟之事也盧氏言封太山太山在東而經云西山者禮器言名山不言太山周頌之般班固亦以爲封禪之詩其詩云於皇時周陟其高山毛傳云高山曰嶽也是四嶽名山皆

可封禪不必專指太山且古大太字无別則大山猶名山也封禪非常之典其說自古莫能詳其言太山者唯見管子莊子諸書經傳無文非義據也

䷑

巽宮歸魂卦

消息三月

蠱元亨**注**泰初之上與隨旁通蠱者事也尚書傳曰乃命五史以書五帝之蠱事剛上柔下乾坤交故元亨利涉大川**注**二失位動而之坎故利涉大川先甲三日後甲三日**注**先甲三日巽也在乾之先故曰先甲後甲三日兌也在乾之後故曰後甲虞氏謂初變成乾乾為甲至三成离离為日謂乾三爻在前故先甲三日賁時也變三至四體离至五成乾乾三爻在後故後甲三日无妄

時也疏泰初至元亨○卦自泰來亦從三陽三陰之例初九之上上六之初與隨旁通此虞義也蠱者事也序卦文尚書傳者伏生書大傳文上古結繩而治五帝以後時既漸澆物情惑亂事業因之而起故昭元年春秋傳曰于文皿蟲爲蠱坤器爲皿之初成巽巽爲風風動蟲生故爲蠱卦二五不正初上失位以巽女而惑艮男以巽風而落艮果故昭元年春秋傳曰女惑男風落山謂之蠱皆同物也剛上柔下以下虞義也○二失至大川○此虞義也二失位當之五動成坎故云動而之坎謂涉坎也坎爲大川故利涉大川言利之五而得正位也○先甲至後甲○甲謂乾也乾納甲泰內卦本乾乾三爻故三日先甲三日辛也巽納辛故云巽也坤上之初成巽在乾之先故先甲也後甲三日丁也兌納丁故云兌也四體兌在乾之後故後甲也虞以卦體巽而互震震雷巽風雷風無形故卦特變初變體乾乾納甲變至三體离离爲日成山火賁內卦爲先乾三爻在前故先甲三日賁時也變三至四有离象至五體乾成天雷无妄外卦爲後故後甲三日无妄時也

初六幹父之蠱有子考无咎厲終吉注幹正蠱事也泰乾

爲父坤爲事故幹父之蠱初上易位艮爲子父死大過稱考故有子考變而得正故无咎厲終吉也九二幹母之蠱不可貞注應在五泰坤爲母故幹母之蠱失位故不可貞九三幹父之蠱小有悔无大咎注兑爲小无應故有悔得位故无大咎六四裕父之蠱往見吝注裕不能爭也四陰體大過本末弱故裕父之蠱兑爲見應在初初變應四則吝故往見吝六五幹父之蠱用譽注坤爲用譽謂二也二五失位變而得正故用譽上九不事王侯高尚其事注泰乾爲王坤爲事應在三震爲侯親老歸養故不事王侯不得事君君猶高尚其所為之事

【疏】幹正至吉也○此虞義也師彖傳曰貞正也文言傳曰貞者事之幹也知幹即正也蠱自泰來故泰乾爲父初之上體艮艮爲少男故爲子曲禮曰生曰父母死曰考妣初至四體大過是父死大過稱考也初本乾也變而得正故无咎厲終吉也○應在至可貞○此虞義也五本坤也故曰泰坤爲母應在五故幹母之蠱二五失位故不可貞言當變之正也○兌爲至大咎○虞氏逸象曰兌爲小兌爲小女故爲小三上皆陽故无應而小有悔也三得位故雖在大過中而无大咎也○裕不至見吝○此虞義也虞注晉初六曰坤弱爲裕孝經孔子曰父有爭子則身不陷于不義四陰柔弱不能爭父之過故云裕不能爭也大過初上皆陰故本末弱雜卦曰兌見故兌爲見初本乾也四裕父蠱陰弱不振故初變應四則吝也○坤爲至用譽○此虞義也繫下云二多譽故譽謂二二五皆失位二升居五五降居二是變而得正故用譽也○泰乾至之事○此虞鄭義也泰乾爲王坤爲事應在三三體震震爲侯故有王侯之象此上皆虞義虞氏謂坤象不見故不事王侯也鄭氏云上九艮爻辰在戌得乾氣父老之象虞謂泰坤爲父與鄭異也詩四牡云王事靡盬不遑將父又云王事靡盬不

遑將母蓼莪序云刺幽王也民人勞苦孝子不得終養云云若然人臣事君不以家事辭王事故四牡有不遑將父不遑將母之詩至蓼莪之詩不能終養作詩刺王是人臣親老人君有聽其歸養之義故王制載三王養老之事云八十者一子不從政九十者其家不從政是不事王侯之事也小雅笙詩序云南陔孝子相戒以養也白華孝子之潔白也是親老歸養乃事之最高尚者故臣不得事君君猶高尚其所爲之事也此上皆鄭義也

䷒ 坤宮二世卦
消息十二月

臨元亨利貞 注 陽息至二與遯旁通臨者大也陽稱大二陽升五臨長羣陰故曰臨三動成既濟故元亨利貞至于八月有凶 注 臨消于遯六月卦也于周爲八月遯弑君父故至于八月有凶 疏 陽息至利貞○臨陽息之卦息初爲復至二成臨故云陽

息至二與遯旁通此上虞義也臨者大也序卦文陽息稱大坤虛无君二當升五以臨羣陰卦之所以名臨也二升五三動成既濟故云元亨利貞也○臨消至有凶○此虞義也臨與遯旁通遯者陰消之卦于消息爲六月于殷爲七月于周爲八月故鄭氏注云臨卦斗建丑而用事殷之正月也當文王之時紂爲无道故于是卦爲殷家著興衰之戒以見周改殷正之數云臨自周二月用事訖其七月至八月而遯卦受之是其義也若然周後受命而建子其法于此乎陰消至遯艮子弑父至三成否坤臣弑君故云遯弑君父遯于周爲八月故至于八月有凶也臨言八月復言七日者復陽息之卦故言日臨之八月遯也陰消之卦故言月詩豳風一之日周正月也二之日殷正月也三之日夏正月也四之日周四月也皆稱日陰始于巳故自夏四月建巳以下則稱月與易同也

初九咸臨貞吉注咸感也得正應四故貞吉九二咸臨吉无不利注陽感至二當升居五羣陰相承故无不利六

三甘臨无攸利既憂之无咎【注】甘謂二也二升五臨三故曰甘臨三失位无應故无攸利坎爲憂動成泰故既憂之无咎六四至臨无咎【注】至下也謂下至初應當位有實故无咎六五知臨大君之宜吉【注】坤爲知五者帝位大君謂二也宜升上居五位吉以乾通坤故曰知臨大君之宜吉也上六敦臨吉无咎【注】應在三上欲因三升二過應于陽敦厚之意故曰敦臨吉无咎【疏】咸感至貞吉○此虞義也咸感也咸象傳文感猶應也卦惟初與四二與五二氣感應故謂之咸初應四故咸臨得位故貞吉也○陽感至不利○此荀義也二正應五五虛无君故云陽感至二當升居五也二升五位羣陰承之故无不利也○甘謂至无咎○董子曰甘者中央之味也二居中行和故甘謂二二升五而臨三故曰甘臨三位不當

无應于上故无攸利五體坎坎爲加憂故爲憂董子曰凡人有憂而不知憂者凶有憂而深憂之者吉三知不正息泰得正憂釋咎除故无咎也○至下至无咎○此虞義也至從一一地也初爲地在下故云至下也四正應初故謂下至初應初陽爲實而又當位故云當位有實而无咎也○坤爲至吉也○坤爲知虞義也知讀爲智中庸曰唯天下至聖爲能聰明睿知足以有臨故曰知臨也五者帝位以下荀義也五爲天子故云帝位乾鑿度曰臨者大也陽氣在内中和之盛應于盛位浸大之化行于萬民故言宜處王位施大化爲大君矣臣民欲被化之辭也又曰大君者與上行異也鄭彼注云臨之九二有中和美異之行應于五位故曰百姓欲其與上爲大君皆言二升五之義故云大君謂二也以乾通坤故曰知臨二居五位而施大化成既濟之功是大君之宜故曰吉也○應在至无咎○此荀義也上本應三兩陰无應二本陽也上欲因三升二故云過應于陽升二而成既濟之功是上敦厚之意鄭注樂記云敦厚也坤爲厚故曰敦臨吉无咎也

䷓乾宮四世卦
消息八月

觀盥而不觀薦注觀反臨也以五陽觀示坤民故稱觀盥沃盥薦羞牲也坎爲水坤爲器艮手臨坤坎水沃之盥之象也故觀盥而不觀薦馬氏謂盥者進爵灌地以降神也祭祀之盛莫過于初盥及神降薦牲其禮簡略不足觀也故孔子曰禘自既灌而往者吾不欲觀之矣有孚顒若注孚信謂五顒顒君德有威容貌若順也疏觀反至之矣〇此虞馬義也雜卦曰否泰反其類也卦有反類故復象傳曰剛反動虞彼注云剛從艮入坤從反震是艮爲反震也觀六二闚觀利女貞虞注云臨兑爲女兑女反成巽是兑爲反巽也又虞注明夷曰反晉也注益曰反損也注漸曰反歸妹也一説復亨剛反復爲反剝與此經觀反臨皆卦之反也若荀氏之義其注繫上鼓之舞之以盡神云鼓者動也舞者行也謂三百八十四爻動行相反其卦所以盡易之藴此謂六十四卦動行相

反乃乾坤屯蒙之類非僅反類之謂又否泰之反類則兼旁通唯觀反臨明夷反晉益反損漸反歸妹復反剝艮反震兌反巽乃反卦非旁通也又虞注上繫同人九五爻辭云同人反師又以旁通爲反卦所未詳也象傳曰中正以觀天下中正謂五坤爲民故以五陽觀示坤民名爲觀也鄭氏謂艮爲鬼門又爲宮闕地上有木而爲鬼門宮闕者天子宗廟之象此取觀象而言釋宮曰觀謂之闕虞義或當然也祭統曰獻之屬莫重于祼字亦作灌義取于坤地之觀周禮鬱人掌祼器凡祼事沃盥故云盥沃盥郊特牲曰既灌然後迎牲迎牲而後獻薦是薦在灌後故云薦羞牲也上之三五體坎故坎爲水形而下謂之器故坤爲器謂沃盥器也以艮手臨坤器而以坎水沃之故云盥之象也鬱人祼事沃盥故盥與灌通觀灌而不觀薦乃禘禮配天之祭故馬氏謂盥者進爵灌地以降神也配天之禘灌禮最盛古文作祼周監二代而制禮大宗伯以肆獻祼享先王典瑞祼圭有瓚以肆先王以祼賓客則祼一事有三節肆者實而陳之祼者將而行之獻者奉而進之實以彝祼之陳將以瓚祼之行獻以爵祼之成故曰肆祼獻祭天無灌而禘有灌者宣三年公羊傳說配天之義云王者曷爲必

以其祖配自内出者無匹不行自外至者無主不止自内出者無匹不行南郊配天也自外至者無主不止明堂配天也明堂之配天帝異饌亦異其禮故天無灌而祖有灌以灌禮降神推人道以接天所謂自外至者無主不止故云祭祀之盛莫過于初盥也禘行于春夏物未成孰薦禮獨略故云神降薦牲其禮簡略不足觀也引孔子語者論語文穀梁傳曰常視曰視非常曰觀灌禮非常薦爲常禮故曰觀盥而不觀薦吾不欲觀非不欲觀也所以明灌禮之特盛與此經觀盥而不觀薦同義故虞氏王弼亦皆引以爲證孔安國謂魯禘亂昭穆聖人不欲觀失其義矣○孚信至順也○此虞義也坎爲孚故孚信謂五虞彖注引詩云顒顒卬卬如珪如璋珪璋祼玉君祼以圭瓚亞祼以璋瓚顒顒温貌卬卬盛貌祼之儀也鬱人詔之故謂君德有威容貌若順也釋詁文謂觀君子之德容而順其化也馬氏云孚信也顒敬也以下觀上見其至盛之禮萬民信敬故有孚顒若馬以孚信顒敬爲萬民信敬即下觀而化之事

虞以孚與顒顒屬君若屬民與馬異也

初六童觀小人无咎君子吝**注**艮爲童以小觀上故童觀

初位賤又陰爻故小人无咎君子則吝矣馬氏以爲童獨也**六二闚觀利女貞**注竊觀稱闚二离爻离爲目爲中女互體艮艮爲宮室坤爲闔戶女目近戶闚觀之象二陰得正應五故利女貞利不淫視也**六三觀我生進退**注我謂五臨震爲生巽爲進退觀于五故進下于四故退象曰未失道也**六四觀國之光利用賓于王**注坤爲國上之三體离离爲光故觀國之光王謂五四陽稱賓變坤承五坤爲用爲臣故利用賓于王**九五觀我生君子无咎**注大觀在上爲羣陰所觀故觀我生五正位處中故君子无咎**上九觀其生君子无咎**注應在三三

體臨震故觀其生君子謂三之三得正故无咎

疏艮爲至獨也○艮少男故爲童童觀觀五也呂氏春秋曰上尊下卑則不得以小觀上以小觀上故曰童觀初爲元士故位賤又陰爻爲小人故无咎陽稱君子故吝此兼虞義初稱獨故馬氏以爲童獨也義亦通耳○窺觀至視也○窺觀稱闚虞義也窺觀非正視故曰闚方言曰闚視也凡相窺視南楚謂之闚故知窺觀稱闚說文云闚閃也閃亦不正之義六二离爻离爲目爲中女皆說卦文艮爲宮室坤爲闔戶亦虞義也二以离目窺坤戶闚觀之象二陰爲女居中得正上應九五故利女貞曲禮曰母淫視邪視曰淫視利女貞謂不淫視也此兼虞義○我謂至道也○此荀虞義也五爲卦主爻辭與五同故我謂五虞氏謂坤爲我非也震爲反生故爲生生猶性故京氏謂性行是也巽爲進退說卦文三陽位陽主進六陰爻陰主退故有進退之義進觀于五進也退居四下退也故曰觀我生進退進退皆合于道故象曰未失道也○坤爲至于王○聘禮記歸大禮之日有請觀之禮吳季札聘魯請觀于周樂晉韓起聘魯觀書于太史氏皆其事鄭氏謂聘于是國欲見宗廟之好百官之富

故曰觀國之光謂之觀光者禮樂詩書光于千古威儀辭氣光在一身蓋以大觀在上故急欲觀其盛焉此觀光謂朝也上之三體离离爲日故爲光五本乾也乾爲王故王謂五四陽爲否四也陰在下故四陽稱賓姤初六不利賓是也陰消乾體坤上承九五故云消乾承五坤爲用爲臣虞義也觀之言灌大饗有祼賓之禮故典瑞云祼圭有瓚以肆先王以祼賓客四爲三公上公王禮再祼洛誥祼于太室太室者明堂之中央室也而稱王賓則賓于王者惟祼禮爲盛故利用賓于王也〇大觀至无咎〇五以陽居上陽稱大故大觀在上四陰仰五陽是爲羣陰所觀故云觀我生也觀陰消之卦乾鑿度剝五爲小人消觀成剝則有咎矣今五正位處中故君子无咎也〇應在至无咎〇此虞義也其謂三也上應在三三體臨震謂反臨三體震也震爲生故觀其生君子謂三者三失位上之三得正故稱君子无咎也

䷔ 巽宮五世卦

消息十月

噬嗑亨利用獄 注 否五之初頤中有物曰噬嗑五之初剛

柔交故亨坎爲獄艮爲手离爲明四以不正而係于獄
上當之三蔽四成豐折獄致刑故利用獄坤爲用也【疏】
卦自否來九五之坤初二陽四陰外實中虛頤象也九
四以不正閒之象頤中有物彖傳曰頤中有物曰噬嗑
物謂四也噬齧也齧而合之故曰噬嗑乾剛坤柔乾五
之坤初坤初之乾五剛柔交故亨也九家說卦曰坎爲
律爲叢棘叢棘獄也故坎爲獄折獄從手故艮爲手离
爲日故爲明四體坎以陽居陰而在坎中故係于獄蔽
斷也虞注豐象曰豐三從噬嗑上來之三折四于坎獄
中而成豐故君子以折獄致刑噬嗑所謂利用獄者此
卦之謂是虞合兩卦以發明折獄
之義坤爲器故爲用此兼虞義也

初九屨校滅止无咎【注】屨貫校械止足也坎爲械初爲止
坤初消陽五來滅初故屨校滅止震懼致福故无咎六
二噬膚滅鼻无咎【注】膚脅革肉艮爲膚爲鼻二无應于

上滅坎水中而乘初剛故噬膚滅鼻得正多譽故无咎

六三噬腊肉遇毒小吝无咎注三在膚裏故稱肉离日熯之爲腊坎爲毒應在上故噬腊肉遇毒失位承四故小吝與上易位利用獄成豐故无咎荀氏以腊肉謂四也

九四噬乾胏得金矢利艱貞吉注肉有骨謂之胏乾爲金离爲矢四惡人在坎獄中上之三折四故噬乾胏得金矢艱險貞正也坎爲險四失位變之正故利艱貞吉

六五噬乾肉得黄金貞厲无咎注陰稱肉位當离日中烈故乾肉也黄中厲危也變而得正故无咎

上九何校滅耳凶注爲五所何故曰何校五體坎爲耳上據坎

故何校滅耳上以不正陰終消陽故凶【疏】屨貫至无咎○干寶注云屨校貫械也以械爲屨故曰屨校漢謂之貫械後漢書李固傳云渤海王調貫械上書是也止與趾同故云足以械爲屨足沒械下故云滅止九家說卦曰坎爲桎梏故爲校校即械也伏羲始作八卦近取諸身故此卦之義初爲止五爲耳卦本否也故坤初消陽乾五之初是滅初五來滅初體震震象傳曰震來虩虩恐致福也震爲徵小徵大誡故无咎○膚噬至无咎○爻辭曰膚曰腊肉曰乾胏曰乾肉故知膚爲噬革肉案少牢饋食禮曰雍人倫膚九實于一鼎又云膚九而俎亦橫載革順是也艮爲膚爲鼻九家說卦文二五皆陰故云无應體艮而在坎下故云滅坎水中又乘初剛噬膚滅鼻之象也以陰居二二多譽故云得正多譽而无咎也○三在至四也○此虞義也三體艮艮爲膚三在膚裏謂肉在膚理故稱肉也說文曰腊乾肉也從殘肉日以晞之馬氏曰晞于陽而煬于火曰腊肉故云离日熯之爲腊坎爲多眚故爲毒周語單子曰厚味實腊毒腊籀文腊肉久稱腊味厚者爲毒久故噬腊肉遇毒乾鑿度曰陰陽失位皆爲不正其應實而有之皆失義鄭注云陰有陽

應陽有陰應實者也既非其應設使得而有之皆爲非義而得也三陰上陽此失義之應上辠大惡極而三遇之是遇毒也四亦不正而三承之故小吝上來之三是易位也折四成豐明罰飭法故无咎也荀氏以胏肉謂四者謂三噬四法當遇罪故遇毒義亦通也○肉有至貞吉○肉有骨謂之胏馬義也离又爲乾卦故云乾胏乾爲金說卦文离爲矢馬王虞義也周禮大司寇禁民訟入束矢禁民獄入鈞金矢取其直不直者入束矢金能見情無情者入鈞金四离火惡人而體坎故在坎獄中而不服罪若噬有骨之乾胏上來之三折四成豐故得金矢四以陽居陰故失位无應于下而弇于五故利艱貞吉也○陰稱至无咎○五陰也故陰稱肉五正离位故云位當离日中烈爲乾肉也五陰居中故爲黃位不當故厲變而得正故无咎象曰得當也此兼虞義○爲五至故凶○何讀爲荷上據五故爲五所何曰何校此荀義也上爲首故五爲耳又體坎坎亦爲耳荀氏謂據五滅坎故何校滅耳也卦本否也五上不正無德以休之滅坎體剝陰終消陽惡積而不可弇罪大而不可解故凶魏河南尹李勝以屨校滅趾爲去足刖刑若然何校滅耳爲大辟之刑義或然也

䷕ 艮宫一世卦

消息八月

賁亨小利有攸往**注**泰上之二賁黄白色文章雜也柔來文剛陰陽交故亨小謂五四分乾剛而上飾坤柔兼據二陰故小利有攸往**疏**卦自泰來上六之乾二九二之坤上賁黄白色王肅義也太元曰黄不純范望注云火色黄白故不純引此經云山下有火黄白色也傅氏曰賁古班字文章貌吕氏春秋曰孔子卜得賁曰不吉子貢曰夫賁亦好矣何謂不吉乎孔子曰夫白而白黑而黑夫賁又何好乎高誘注云賁色不純也物相雜謂之文京房易傳曰五色不成謂之賁文采雜也其後孔子經論六經以垂後代萬世觀人文之化成其賁之徵乎柔來文剛已下虞義也自内曰來上之二柔來文剛乾陽坤陰陰陽交故亨也五四皆陰陽大陰小故小謂五四賁者飾也彖傳曰分剛上而文柔故云分乾剛而上飾坤柔也兼據二陰荀義也五四二陰利二上來文柔故小利有攸往

初九賁其止舍車而徒【注】初爲止坤爲車應在坤上之二坤體壞故舍車而徒六二賁其須【注】須謂五五變應二二上賁之故賁其須九三賁如濡如永貞吉【注】离文自飾故賁如坎水自潤故濡如體剛履正故永貞吉六四賁如皤如白馬翰如匪寇昏冓【注】馬作足横行曰皤四乘剛故賁如皤如震爲馬巽爲白故白馬翰如坎爲寇得位應初故匪寇昏冓六五賁于丘園束帛戔戔吝終吉【注】五已正應在二坎爲隱坤土爲丘木果曰園艮山震林賁飾丘陵以爲園圃隱士之象坤爲帛其數十故束帛戔戔委積貌艮爲多故戔戔失位故吝之正應二

尊道勤賢故終吉上九白賁无咎注巽爲白上者賁之成功成于素故曰白賁變而得位故无咎疏初爲至而徒○王肅曰在下故稱止義見噬嗑坤爲車謂泰坤也四體坤故應在坤上之二坤體壞故舍車徒徒步也王肅曰既舍其車又飾其止是徒步也○須謂至其須○說文曰須面毛也爻位近取諸身初爲止五當爲須故知須謂五五失位故變應二二上賁五是賁其須也○离文至貞吉○此虞義也象傳曰文明以止故离爲文离文自飾是賁如也互體坎坎水自潤是濡如也三以陽居陽是體剛履正故永貞吉也○馬作至昏冓○馬作足橫行曰皤董遇義也董讀皤爲槃震爲馬爲作足應在初而乘三剛作足橫行不前故賁如皤如鄭氏謂四欲飾以適初進退未定故皤如義亦同也檀弓曰殷人尚白戎事乘翰鄭彼注云翰白色馬也巽爲白故白馬翰如鄭氏謂六四巽爻也三體坎爲寇四既得位初又正應雖乘坎剛終當應初故云匪寇昏冓也○五已至終吉○此荀虞王義也五失位无應今已之正故應在二二在坎下坎爲隱伏故爲隱爾雅釋地曰非人爲之丘郭

璞云地自然生說文曰丘土之高也故云坤土爲丘虞氏謂艮爲山五半山故稱丘揚子曰丘陵學山而不至于山半山爲丘義亦通也艮爲木果園圃毓草木故云木果爲園艮爲山震爲林隱士在山林故云賁飾丘陵以爲園圃隱士之象也坤爲帛九家說卦文莊二十二年春秋傳曰庭實旅百奉之以玉帛杜注云坤爲布帛是也鄭注聘禮曰凡物十曰束坤數十故云束帛吳薛綜解此經云古招士必以束帛加璧于上戔戔委積貌薛虞謂禮之多也艮爲多節故爲多五失位故吝變而得正應二荀氏謂五爲勤賢之主尊道之君故終吉而有喜是也○巽爲至无咎○五變體巽故巽爲白卦成于上故云上者賁之成考工記曰畫繪之事後素功論語曰繪事後素鄭彼注云素白采也後布之爲其易漬汙是功成于素之事也失位不正變而得位故无咎也

山東省立圖書館
SHANTUNG PROVINCIAL LIBRARY

周易述卷四

元和惠棟集注幷疏

周易上經

䷖ 乾宮五世卦 消息九月

剝不利有攸往注陰消乾也與夬旁通以柔變剛小人道長上往成坤迷復故不利有攸往疏剝本乾也陰消至五成剝故云陰消乾也夬陽決陰剝陰剝陽故與夬旁通柔變剛彖傳文小人道長否象傳文此傳亦云小人長也陰消之卦大往小來不利有攸往謂上也剝上反初爲復復剛長故利有攸往坤爲迷上往成坤爲迷復小人道長故不利有攸往也此兼虞義

初六剝牀以足蔑貞凶注動成巽巽木爲牀初爲足坤消

初故剥牀以足蔑无貞正也失位无應故蔑貞凶六二剥牀以辨蔑貞凶注指閒稱辨剥二成艮艮爲指二在指閒故剥牀以辨无應在剥故蔑貞凶也六三剥无咎注衆皆剥陽三獨應上无剥害意故无咎六四剥牀以膚凶注辨上稱膚艮爲膚以陰變陽至四乾毀故剥牀以膚凶六五貫魚以宫人寵无不利注剥消觀五巽爲魚爲繩艮手持繩貫巽故貫魚也艮爲宫室人謂乾五以陰代陽五貫乾爲寵人陰得麗之故以宫人寵動得正成觀故无不利上九碩果不食注艮爲碩果陽道不絶故不食君子德車小人剥廬注夬乾爲君子爲德坤

爲車乾在坤上故以德爲車小人謂坤艮爲廬上變滅艮坤陰迷亂故小人剝廬也疏動成至貞凶○說文曰牀安身之坐者也卦本乾也初動成巽巽爲木坤西南卦設木于西南之奧乾人藉之牀之象也初在下故爲足坤消乾自初始故剝牀以足剝亦取象人身初足二辨四膚故參同契曰剝爛肢體消滅其形是也詩大雅板曰喪亂蔑資毛傳云蔑無也初陽在下爲貞爲坤所滅无應于上故蔑貞凶也此兼虞義○指間至凶也○此虞義也辨本作釆說文曰象獸指爪分别也讀若辨古文作乎古文尚書辨章辨秩字皆作乎魏晉以後亂之讀爲平也釆在指間分别之象故讀爲辨辨亦别也剝二成艮艮爲指說卦文二體艮在指間故剝牀以辨鄭氏謂足上稱辨近取諸身初爲足二在足上義亦通也陰消至五故无應在剝五陽爲正消五故蔑貞凶也○衆皆至无咎○此荀義也周語曰人三爲衆自三以上皆曰衆也卦有五陰故衆皆剝陽三雖不正獨與上應故云三獨應上陰陽相應則和故无剝害意而言剝无咎也○辨上至膚凶○此虞義也辨在指間不可言膚四在上體故云辨上

稱膚陰消之卦自遯至觀體巽故巽爲牀至剝皆體艮故艮爲膚消至四而乾之上體壞故云以陰變陽至四乾毁也乾爲人王肅曰剝牀盡以及人身爲敗滋深故曰剝牀以膚凶也○剝消至不利○此虞義也消觀五爲剝故云剝消觀五巽謂觀巽也郭璞洞林曰魚者震之廢氣也巽王則震廢故巽爲魚又巽多白眼故爲魚也巽爲繩說卦文艮爲手消巽成艮故云艮手持繩貫巽爲貫魚也艮爲門闕門闕宮象故爲宮室乾爲人故人謂乾五觀巽爲牀牀第不踰閾宮人之象故取義于宮人陰消之卦故以陰代陽陰至于五通于天位故云五貫乾爲寵人承君之寵陰得麗之故以宮人寵乾鑿度所謂陰貫魚而欲承君子是也五失位動得正成觀故无不利也○艮爲至不食○碩與石同艮爲石爲果蓏故爲碩果此虞義也白虎通曰陽道不絶陰道有絶十月純坤謂之陽月文言釋坤上六曰爲其兼于陽此陽道不絶之義也卦本乾也虞氏謂三已復位有頤象頤中无物故不食此解食義也乾爲木果謂上九也艮之碩果亦指上也剝之上即復之初窮上反下故在上爲木果在下爲萌牙乾鑿度曰剝當九月之時陽氣衰消而陰終不能盡陽小人不能決君子此碩果所以不

食也○夬乾至盧也○此虞義也夬乾謂旁通也應在三君子謂乾三乾爲德故夬乾爲君子爲德坤爲大轝故爲車本或作轝也禮運曰天子以德爲車乾在坤上乾德坤車故以德爲車坤消乾小人長故小人謂坤艮爲舍乾爲野舍在野外盧之象上變則艮滅爲純坤坤爲迷爲亂小人剝盧之象也

䷗ 坤宮一世卦
消息十一月

復亨注陽息坤與姤旁通剛反交初故亨出入无疾注謂出震成乾入巽成坤坎爲疾十二消息不見坎象故出入无疾崩來无咎反復其道注自上下者爲崩剝艮反初得正故无咎反復其道有崩道也虞氏作朋來云兌爲朋在內稱來五陰從初初陽正息而成兌故朋來无咎乾成坤反于震陽爲道故復其道七日來復注陽稱

日消乾六爻爲六日至初爲七日故七日來復鄭氏謂建亥之月純陰用事至建子之月陽氣始生隔此純陰一卦卦主六日七分舉其成數言之而云七日也利有攸往【注】陽息臨成乾君子道長故利有攸往荀氏謂利往居五也【疏】陽息至故亨○此虞義也復陽息之卦而自坤來故云陽息坤與姤爲旁通一陽自上而反而交于坤初乾坤氣通故亨○謂出至无疾○此虞義也陽出于震至巳而乾體就故出震成乾至午入巽至亥成坤出震震也息至二體兑至三成乾入巽巽也消至二體艮至三成坤十二消息謂乾坤十二畫有震有兑有乾有巽有艮有坤獨无坎离故納甲之法坎戊离己居中央王四方參同契曰坎离者乾坤之二用二用无爻位周流行六虛又云故推消息坎离滅亡是其義也坎爲疾十二消息不見坎象故出入无疾也○自上至其道○自上下者爲崩京房義也京剝傳曰小人剝廬厥妖山崩復傳曰崩來无咎自上下者爲崩

厥應大山之石顛而下陽極于艮艮爲石爲山剝之上
九消艮入坤山崩之象春秋僖十四年沙鹿崩穀梁傳
曰高曰崩故知崩自上而下也自上而下者非爻自上
反初乃消艮入坤出震耳故虞于象傳注云陽不從上
來反初故不言剛自外來知非爻自上反初也若然序
卦言剝窮上反下亦云消艮入坤出震也正陽在下爲
聖人故云剝艮反初得正穀梁傳曰沙鹿崩無崩道而
崩故志之復卦乾息坤乾爲道故云反復其道有崩道
也虞氏作朋來兌二陽同類故爲朋在外曰往在內曰
來初爲卦主故五陰從初初得正陽息在二成兌故云
初陽息正而成兌朋來无咎也乾成于上坤消自初故
云乾成坤滅藏于坤從下反出體震故反出于震乾爲
道陽即乾也出震成乾故復于道虞以朋來爲陽息兌
今知不然者下云七日來復則方及初陽何得先言息
二成兌至利有攸往乃可云息臨成乾虞氏非是當從
京氏作崩來也○陽稱至日也○七日七月也陽稱日
陰稱月詩七月云一之日觱發二之日栗烈又云三之
日于耜四之日舉趾毛傳曰一之日周正月也二之日
殷正月三之日夏正月也四之日周四月也此皆陽息
之月故謂之日又曰四月秀葽五月鳴蜩五月已下陰

消之月故稱月四月亦稱月者以夏四月建巳陰生于巳故也消乾自午至亥爲六月故云消乾六爻爲六日至初建子首尾七月故云七日來復也鄭氏據六日七分謂建亥之月純陰用事乃坤卦也至建子之月陽氣始生謂復卦也隔此純陰一卦謂中孚也是以易稽覽圖曰甲子卦氣起中孚六日八十分日之七鄭彼注云六以候也八十分爲一日日之七者一卦六日七分也又易是類謀曰冬至日在坎春分日在震夏至日在离秋分日在兌四正之卦卦有六爻爻主一氣餘六十卦卦主六日七分八十分日之七歲有十二月三百六十五日四分日之一六十而一周尋易緯之義坎離震兌各主一方爻主一氣二十四爻主二十四氣其餘六十卦卦有六爻爻主一日凡主三百六十日餘有五日四分日之一者以八十分爲日法五日分爲四百分四分日之一又分爲二十分是四百二十分六十卦分之六七四十二卦別各得七分是每卦六日七分也中孚至復六日七分已在七日之限故云舉其成數言之而云七日也易之剝太元準之以割其辭曰陰氣割物陽形縣殺七日幾絶七日謂中孚一卦是子雲亦用卦氣六日七分之說○陽息至攸往○此虞義也陽息二成臨

至泰成乾泰小往大來故君子道長謂往成乾故利有攸往也○荀氏至五也○利往居五亦謂陽息至五得位得中則君子道長小人道消非謂初居五也陽息至五成夬雜卦曰夬決也剛決柔也君子道長小人道消也知義與虞同也

初九不遠復无祇悔元吉注有不善未嘗不知知之未嘗復行故不遠復祇辭也震无咎者存乎悔故无祇悔得位應四故元吉六二休復吉注休美也乾爲美比初爲休復得中下仁故吉六三頻復厲无咎注頻顣也三失位故頻復厲動而之正故无咎一曰頻比也六四中行獨復注中謂初震爲行初一陽爻故稱獨四得位應初故曰中行獨復以從道也俗說以四位在五陰之中而

獨應復非也四在外體又非内象不在二五何得稱中行六五敦復无悔【注】過應于初故曰敦復五失位變之正故无悔上六迷復凶有災眚【注】坤爲迷高而无應故凶五變正時坎爲災故有災眚用行師終有大敗以其國君凶【注】三復位體師故用行師上行師而距于初陽息上升必消羣陰故終有大敗國君謂初也受命復道當從下升今上六行師王誅必加故以其國君凶也至于十年不克征【注】坤爲至爲十年坤反君道故不克征

【疏】有不至元吉○有不善未嘗不知知之未嘗復行下繫文震无咎者存乎悔上繫文虞彼注云震動也初動得正故无祇悔正應在四中行獨復故元吉○休美坴故吉○休美釋詁文乾以美利利天下故乾爲美初

陽在下爲聖人二无應于上而比于初故爲休復以柔
居中故曰得中象曰休復之吉以下仁也得中下仁故
吉也○頻顣至无咎○此虞義也頻古作顰說文曰顰
水厓人所賓附顰顣不前而止从頁从涉三以陰居陽
故失位无應于上顰顣而復故厲動正成乾故无咎鄭
作顰義亦同也○一曰頻比也○頻字古有兩義一見
上廣雅曰頻比也三與初二相比而復失位故厲之正
故无咎義亦得通故曰頻比也載一說者所以廣字義
明二義之外皆俗訓也○中謂至中行○此虞義也二
五一卦之中也姤復天地之中也故彖傳曰復其見天
地之心董子以二至爲天地之中云中者天地之太極
三統歷曰太極元氣函三爲一一元也極中也即復之
初也元爲仁故二云以下仁也極爲中故四云中行獨
復皆指初也聖人以復之初九喻顏子顏子擇乎中庸
得一善則拳拳服膺一善即復初也初不遠復擇乎中
庸之謂也故謂中爲初初體震故震爲行初微謂之獨
初即一也一猶獨也故云初一陽爻稱獨四得位應初
故曰中行獨復象曰以從道也謂從初俗說已下鄭氏
義也鄭氏謂爻處五陰之中度中而行四獨應初故云
四位在五陰之中而獨應復復當作初也虞氏以其說

非是而駮之曰四在外體外體中者五又非内象内象
中者二卦唯二五稱中行既不在二五何得稱中行明
易无是例也尋鄭氏注釋五經爲東漢諸儒之冠而于
易獨疎者案鄭自序曰黨錮事解注古文尚書毛詩論
語爲袁譚所逼來至元城乃注周易在軍旅之中匆匆結
撰故其注易獨疎于諸經時使之也○過應至无悔○
初爲卦主五在復家而非其應故曰過應敦厚于陽故
曰敦復與臨艮上九同義也五以陰居陽故曰失位變
之正故无悔也○坤爲至災眚○此虞義也坤爲迷九
家說卦文虞氏謂坤冥爲迷也剝消艮入坤爲先迷故
爲迷五爻皆復上往不反襄二十八年春秋傳曰復歸
無所是爲迷復是也居上故曰高三上皆陰故无應五
之正上體坎坎爲災故有災眚也○三復至凶也○三
復位互體師坤爲用震爲行故用行師此虞義也上行
師已下荀義也荀以坤爲衆故用行師行師自上而爲
初所距故距于初初乾息坤故陽息上升陽長則陰消
故必消羣陰上爲終故終有大敗也震爲諸侯國君之
象故國君謂初虞氏本作邦君君謂姤乾與荀異也震
受乾命而復自道易氣從下生自下升上故云受命復
道當從下升今上六專君命而擅用師王誅之所必加

春秋五十凡曰凡師能左右之曰以臣擅君命是以其國君凶也○坤爲至克征○説文曰至從高下至地從一一猶地也坤象傳曰至哉坤元故坤爲至也繫上曰天九地十故爲十年此上虞義也行師當奉君命上反君道故十年不克征

不克者義弗克也

䷘巽宫四世卦
消息九月

无妄元亨利貞其匪正有眚不利有攸往**注**遯上之初妄讀爲望言无所望也四已之正成益利用大作三上易位成既濟雲行雨施品物流形故曰元亨利貞其謂三三失位故匪正上動成坎故有眚體屯難故不利有攸往災及邑人天命不右卦之所以爲无望也雜卦曰无妄災也**疏**卦自遯來遯上九一爻來反于初與後世卦變之例不同此虞義也妄讀爲望馬鄭義也

九四可貞故云四已之正四之正成益益初九利用為大作虞彼注云大作謂耕播耒耨之利蓋取諸此三上易位成既濟乾升為雲行坤降為雨施品物流形羣生暢遂此神農既濟之時也故曰元亨利貞卦有既濟之道而名无妄者以三上二爻耳其謂三三以陰居陽失位不正故云其匪正四之正上動成坎坎為多眚故有眚體屯說文曰屯難也象屮木之生屯然而難易曰屯剛柔始交而難生故曰體屯難不利有攸往屯卦辭屯指初此指上也災成于三窮于上三曰邑人之災上曰行有眚彖傳云天命不右行矣哉故云災及邑人天命不右卦之取義于无妄者此也引雜卦者證无妄為災之義也王充論衡曰易无妄之應水旱之至自有期節充云易无妄者謂易之无妄傳也劉逵吳都賦注引易无妄曰災氣有九陽阨五陰阨四合為九一元之中四千六百一十七歲各以數至漢書律歷注云易九戹曰初入元百六陽九孟康注云易傳也所謂陽九之戹百六之會尋九戹當作无妄即易无妄故孟康以為易傳篆无妄與九戹相似故誤從之易无妄傳疑七十子之門人所撰如魏文侯之孝經傳也律歷志又云經歲四千五百六十災歲五十七故一元之中四千六百一十

七歲所謂易无妄之應也

初九无妄往吉【注】謂應四也四變得位承五應初故往吉在外稱往

六二不耕穫不菑畬凶則利有攸往【注】有益耕象遺无妄之世故不耕穫不菑畬凶應五則利故則利有攸往

六三无妄之災或繫之牛行人之得邑人之災【注】應在上上動體坎故稱災坤爲牛乾爲行人坤爲邑人牛所以資耕菑也繫而弗用爲行人所得故災天子所居曰邑邑人災天下皆災矣

九四可貞无咎【注】動則正故可貞承五應初故无咎

九五无妄之疾勿藥有喜【注】坎爲疾君以民爲體邑人災君之疾也故曰无妄

之疾巽爲木艮爲石故稱藥得位得正故勿藥有喜陽稱喜也上九无妄行有眚无攸利【疏】動成坎故行有眚乘剛逆命故无攸利天命不右行矣哉【注】謂應至稱往○此虞義也初正應四兩陽敵應四變之正故得位上承五下應初初往則吉故往吉四在外故云在外稱往在外曰往在内曰來易之例也○有益至攸往○有益耕象虞義也謂四之正體益故云有益耕象義見上也釋地曰一歲曰菑二歲曰新田三歲曰畬孫炎注云菑始災殺其草木也新田新成柔田也畬和也田舒緩也凶凶年也遭无妄之世天下雷行物與无妄不能耕而穫不能菑而畬故凶也舊脫凶字故卦義不明禮記坊記有之蓋七十子所傳當得其實也二正應五故應五則利在外曰往故則利有攸往謂往五也○應在至災矣○三與上應故應在上上動體坎坎爲災故稱災坤爲牛說卦文乾爲人故爲行人坤爲邑故爲邑人已上皆虞義也海内經曰后稷是播百穀稷之孫叔均是始作牛耕郭璞注云始用牛犂故云牛所以資耕菑也孔子弟子冉伯

牛名耕新書鄒穆公曰百姓飽牛而耕則牛耕始于三代矣无妄之世故繫而弗用爲行人所得不耕不菑故災也夏商天子之居名邑詩殷武曰商邑翼翼四方之極毛傳曰商邑京師也是以白虎通曰夏曰夏邑殷曰商邑周曰京師尚書曰率割夏邑謂桀也在商邑謂殷也文王演易據夏商之禮故以天子所居爲邑舉邑以槩天下故云邑人災天下皆災矣○動則至无咎○此虞義也○坎爲至喜也○坎折坤體故爲疾漢書武帝紀曰君者心也民猶支體支體傷則心憯怛故云君以民爲體邑人災則支體傷故云君之疾也巽爲木艮爲石故稱藥虞義也說卦曰巽爲木艮爲小石草木所以治病春秋襄二十三年傳曰美疢不如惡石服虔注云砭石也故知木石爲藥九居五故得位得正五乾爲先王以茂對時育萬物故勿藥有喜陽稱喜亦虞義也○動成至矣哉○此虞義也四已正故上動成坎坎爲多眚故行有眚上柔乘剛逆巽之命故无攸利彖傳天命不右行矣哉正謂上也故引以釋行有眚而无妄之義亦可見矣

䷙ 艮宮二世卦
消息八月

大畜利貞【注】大壯初之上與萃旁通陽稱大謂艮上也以艮畜乾故曰大畜二五失位故利貞不家食吉【注】二稱家體頤養居外是不家食吉而養賢利涉大川【注】二變體坎故利涉大川【疏】大壯至利貞○卦自大壯來初九之上傳謂其德剛上也與萃爲旁通此上虞義也卦有小畜大畜陰稱小陽稱大小畜謂四四陰故小大畜謂上上陽故大上體艮艮爲止畜者斂聚有止義以艮畜乾謂之大畜也又有畜養之義故取義于畜德養賢二五失位故利貞亦虞義也○二稱至養賢○二稱家虞義也義見蒙卦體頤養巳下鄭義也三至上體頤頤者養也而在外卦是不家食吉而養賢言人君有大畜積不唯與家人食之而已當與賢者共之故得吉也○二變至大川○此京義也二變有坎象坎爲大川涉坎居五故利涉大川

初九有厲利巳【注】厲危巳止也二變四體坎故有厲應在

艮艮爲止故利已九二轝說腹注萃坤爲轝爲腹坤消
乾成故轝說腹腹或作輹也九三良馬逐利艱貞曰閑
輿衞利有攸往注乾爲良馬逐進也二已變三在坎中
故利艱貞曰讀爲日离爲日坎爲閑習坎爲車輿乾人
在上震爲驚衞講武閑兵故曰閑輿衞也往往應上六
四童牛之告元吉注艮爲童萃坤爲牛告謂以木楅其
角大畜畜物之家惡其觸害巽爲木施木于牛角故曰
童牛之告得位承五故元吉六五豶豕之牙吉注豕子
曰豶二變坎爲豕牙杙也以杙繫豕故豶豕之牙動而
得位故吉上九何天之衢亨注乾爲首首肩之閒荷物

處乾爲天艮爲徑路天衢象故何天之衢亨上變坎爲亨也【疏】厲危至利已○厲危義見乾卦趙岐注孟子曰已止也應在四二變故四體坎坎爲疾爲災故厲四體艮故應在艮說卦曰艮止也故艮爲止以艮畜乾而又在初故利已乾爲利也○萃坤至輹也○此虞義也旁通萃故萃坤爲轝爲腹變從旁通故坤消乾成爲轝說腹與小畜同義也腹讀爲輹腹古文輹今文故云腹或爲輹也○乾爲至應上○乾爲良馬說卦文乾善故艮又爲馬故爲良馬此虞義也逐進京義也應在上上尚賢故三進艮馬逐之象也二已變以下虞義也二變三體坎坎爲艱三得正故利艱貞曰讀爲日虞鄭讀也离爲日說卦文馬鄭皆云閑習也坎稱習坎故爲閑習尚書大傳曰戰鬬不可不習故于搜狩以閑之是也坤爲大轝故爲車輿二居五故乾人在上震驚百里故爲驚衛晉語曰車有震武震爲講論故講武閑兵鄭氏謂日習車徒是也三正應上故云往往應上○艮爲至元吉○此虞義也蒙六五體艮爲童蒙故知艮爲童旁通萃故萃坤爲牛說文曰告从口从牛牛觸人角著横木所以告故云告謂以木楅其角也周禮封人曰凡

祭祀飾其牛牲設其楅衡鄭彼注云楅設于角詩閟宮曰夏而楅衡毛傳云楅衡設牛角以楅之所謂木楅其角也告俗作牿今從古大畜之家取象牛豕義取畜養豕交獸畜亦有畜義故云畜物之家牛觸觝人故惡其觸害巽爲木鄭義也五之正四體巽故施木于牛角防其觸害也四得位上承九五故元吉初利已故不言應初也○豕子至故吉○釋獸曰豕子豬䝒豶幺幼郭璞云俗呼小豶豬爲䝒子最後生者爲幺豚故云豕子爲豶豶豕猶童牛也坎爲豕虞義也牙者畜豕之杙故云牙杙也東齊海岱之間以杙繫豕防其唐突與童牛之告同義也動而得位故吉虞義也五失正動得位故吉○乾爲至亨也○此鄭虞義也乾爲首說卦文何讀爲荷首之下肩之上荷物之處六爻初爲足上爲首故取象于何也乾爲天艮爲徑路皆說卦文衢者九交之道天有九道天衢之象故云何天之衢也坎爲通唯心亨上變體坎故坎爲亨象曰道大行也

䷚ 巽宮游魂卦

消息十一月

頤貞吉注晉四之初與大過旁通卦互兩坤萬物致養故

名頤三之正五上易位故頤貞吉養正則吉也反復不衰與乾坤坎離大過小過中孚同義故不從臨觀四陰二陽之例或以臨二之上**觀頤自求口實**注離爲目故觀頤觀其所養或以卦自觀來故觀頤大過兑爲口或以臨兑爲口口實頤中物謂其自養**疏**晉四至之上○知晉四之初者初九舍爾靈龜虞彼注云晉離爲龜四之初故舍爾靈龜是知卦自晉來與大過旁通也此上虞義也卦自二至五有二坤京氏謂地之氣萃在其中是也說卦曰坤也者地也萬物皆致養焉頤者養也故名頤此鄭義也六爻三五上失正三之正五上易位則六爻皆正故曰頤貞吉傳曰養正則吉也須養乃正故不言元亨利貞而六爻之象亦不皆以正言也卦有反復如泰反爲否否反爲泰故雜卦曰否泰反其類也反復不衰謂反復皆此卦也故繫上曰古之聰明睿知神武而不殺者夫殺讀爲衰虞彼注云在坎則聰在離則明神武謂乾睿

知謂坤乾坤坎离反復不衰故而不殺者夫四卦之外又有頤大過小過中孚故云反復不衰與乾坤坎离大過小過中孚同義頤與七卦同義故不從臨觀四陰二陽之例臨觀二卦皆四陰二陽也又載彧說曰若從是例則自臨二之上成頤也此上皆虞義也○离爲至自養○离爲目晉离也觀頤觀其所養象傳文此上虞義也頤而言觀故彧以卦自觀來亦從四陰二陽之例也大過兑爲口巳下亦虞義也頤與大過旁通大過體兑故兑爲口臨兑亦爲口故并著彧說也口中之實如頤中有物故云口實頤中物傳曰自求口實觀其自養也義詳象傳

初九舍爾靈龜觀我朵頤凶**注**晉离爲龜四之初故舍爾靈龜我謂上頤下垂爲朵上由頤故觀我朵頤求養于上失所養也故凶或說頤本末皆剛象物外骨故云龜

六二顛頤句拂經于丘句頤征凶**注**顛謂上拂違也坎爲

經正謂五二宜應五過五而養于上故曰顛頤違常于五故拂經于正往上則凶故頤征凶　六三拂頤貞凶十年勿用无攸利　注　三失位體剥故拂頤不正相應弑父弑君故貞凶坤爲十年動无所應故十年勿用无攸利也　六四顛頤吉虎眂眈眈其欲浟浟无咎　注　四得位而養于上故顛頤吉坤爲虎离目爲視坎爲欲虎眂眂上也眈眈視之專也浟浟求而遂也上施而得其欲故无咎　六五拂經居貞吉不可涉大川　注　失位无應故拂經艮爲居與上易位故居貞吉坎爲大川養道成于上故不可涉大川　上九由頤厲吉利涉大川　注　由自也上爲

卦主衆陰順承故由頤失位故厲變之正故吉之應歷
五故利涉大川【疏】晉离至云龜○卦自晉來故曰晉离
离為龜說卦文四體离离為龜四之
初故舍爾靈龜龜稱靈者著神為陽龜靈為陰故褚先
生據傳曰上有擣著下有神龜管子曰伏闇能存能亡
者著龜與龍是也龜生于水發之于火于是為萬物先
為禍福正故謂之靈龜也此上虞義也上為卦主故我
謂上朵下垂貌震為動觀我朵頤動于欲也龜養于內
者初舍之而求養于上失自養之義故凶或說以下廣
巽義也說卦离為龜取外剛内柔頤初上兩陽而包四
陰故云本末皆剛考工記外骨龜屬故取象于龜損二
至上益初至五皆有頤象故損之六五益之六二皆言
龜義或然也然漢學無有及此者○顛謂至征凶○釋
言曰顛頂也郭璞注云頭上廣雅曰顛末也上為頂為
末故顛謂上拂違王肅義也字本作咈與拂通坎為經
虞義也虞注賁六五曰五體艮艮為山五半山故稱丘
王肅亦以丘為六五也二正應五今過五而求養于上
故曰顛頤經常也過應于上則違常于五故云拂經于
丘矣征行也震為行求養而往則凶故頤征凶也○三

失至利也○此虞義也三陰不正故失位二至上體剝違于養道故拂頤三既失正上亦不正故不正相應陰消至二艮子弒父至三成否坤臣弒君故貞凶易凡言貞吉者皆得位或變之正故吉其言貞凶者皆謂不正而凶故荀注巽上九貞凶云正如其故則凶亦謂上失正不變而凶也俗說雖正亦凶失其義矣坤數十故為十年動而與上敵應故動无所應坤為用故十年勿用无攸利也○四得至无咎○四得位而養于上故顛頤吉不言違常于初者五為天位以陰居之故拂經與上易位則養道之成成于上實成于五二正應五而養于上故亦曰拂經初亦求養于上故四不以不應初為違常也至養養道既成六爻皆正各得其應矣故彖傳云養正則吉象傳云大有慶也坤為虎离目為眡坎為欲皆虞義也京房易傳曰坤為虎刑高誘注淮南曰虎土物也坤為土故為虎虎眡眡上者初遠于上故曰觀四近于上故曰眡浟浟虞喜曰浟當為逐是浟浟為古文逐也虎養于外者眈眈眡之專言求養之專浟浟求而遂言得所欲也四養于上上施之而得其欲故无咎象曰上施光也○失位至大川○五失位與二无應故拂經艮為宮室故為居此上虞義也五上易位謂養正也故居

貞吉五之正體坎坎爲大川上由頤故養道成于上四陰皆養于上五雖之正養道未成故不可涉大川○由自至大川○此虞義也由自也釋詁文與豫九四同義衆陰四陰也四陰互兩坤有致養之義而主之者上也故爲卦主坤爲順衆陰承上故由頤也上失位故厲與五易位變之正故吉三五已正五正應二上正應三故利涉大川蓋養道至是而始成也

震宮游魂卦
消息十月

大過棟橈注大壯五之初或兌三之初與頤旁通大謂陽大過陽爻過也棟橈謂三巽爲長木稱棟初上陰柔本末弱巽橈萬物故棟橈利有攸往亨注謂二也剛過而中失位无應利變應五之外稱往故利有攸往乃亨疏大壯至棟橈○卦自大壯來六五之初又與乾坤坎离同義反復不衰不從四陽二陰之例故云或兌三之初

旁通頤也此上虞義也陽大陰小故大謂陽大過陽爻過鄭義也謂二取初五取上三棟橈四有它吝四陽爻皆失之過故名大過虞氏謂大謂二二失位故大者過與鄭異也棟橈謂三已下虞義也九三棟橈故知棟橈謂三巽爲長爲木故爲長木棟屋檼以長木爲之故巽爲長木稱棟初上陰柔初爲本上爲末故本末弱說卦曰橈萬物者莫疾乎風是巽橈萬物者故云棟橈橈曲折也〇謂二至乃亨〇此虞義也二失位故利有攸往謂二剛過而中象傳文二失位而與五敵應故失位无應變與五應則利故利變應五之外曰往在内曰來二之五是之外故利有攸往乃亨

初六藉用白茅无咎注位在下稱藉巽柔白爲茅故藉用白茅失位咎也與四易位故无咎九二枯楊生稊老夫得其女妻无不利注稊謂初發孚也巽爲楊乾爲老老楊故枯二體乾老稱老夫巽長女生稊爲女妻老夫得

山東省立圖書館
SHANTUNG PROVINCIAL LIBRARY

其女妻得初也過以相與故无不利虞氏以兑上爲女謂二過五應上九三棟橈凶【注】應在上末弱過應初本弱故棟橈凶九四棟隆吉有它吝【注】巽高爲隆故棟隆初四易位故吉應上非正故有它吝九五枯楊生華老婦得其士夫无咎无譽【注】兑反巽爲枯楊柔在上故生華巽爲婦乾爲老故稱老婦士夫謂五大壯震爲夫兑爲少故爲士夫老婦得其士夫謂上得五也五得位故无咎陰在二多譽今在上故无譽虞氏以巽初爲老婦謂五過二應初上六過涉滅頂凶无咎【注】一爲過再爲涉三而弗改故滅頂凶上爲頂也乘剛咎也得位故无

咎**疏**位在至无咎○周禮鄉師云大祭祀共茅藉鄭興注云祭前藉藉在下故云位在下稱藉以象初也巽之柔爻爲草又爲白故云巽柔白爲茅此上虞義也初失位當有咎也與四易位得正故无咎也○梯謂至應上○梯鄭氏作荑云木更生梯荑古文通而在下故梯謂初夏小正曰梯發孚也巽爲楊九家說卦文兌爲澤巽之剛爻爲木澤木楊也四月乾已老故乾爲老方言曰乾老也義出易郭璞音干失之虞氏謂陽在二臨十二月時周之二月兌爲雨澤枯楊得澤復生梯也二體乾故老夫謂二巽爲長女而生梯故爲女妻二與初比而得初故云老夫得其女妻謂得初也大過之家過以相與女妻有子繼世承祀故无不利虞氏謂大過之爻得過其應以兌上爲少女故曰女妻二過五應上而取上之女妻義亦通也○應在至橈凶○三應在上上柔爻故末弱過上應初初亦柔爻故本弱傳曰本末弱正指三所應之爻所應皆弱故凶也○巽高至它吝○隆高也巽爲高故云巽高爲隆棟隆之象初四二爻皆失位易位則吉故棟隆吉過應上則橈故有它吝非應稱它也○兌反至應初○虞注觀六二曰臨兌爲女兌女反成巽是兌爲反巽也故荀注中孚云兩巽對合大

過者中孚兩象易亦得有兩巽也二五體巽乾故皆取象于枯楊柔在初爲本故稱梯柔在上爲末故稱華巽爲婦巳下皆虞義虞唯初爲老婦爲巽也二五兩爻之義馬氏荀氏與虞不同馬取一卦之義以初爲女妻上爲老婦荀以初陰失正當變數六爲女妻二陽失正數九爲老夫以五陽得正位不變數七爲士夫上陰得正數八爲老婦尋六爲老陰而稱女妻八爲少陰而稱老婦荀氏之說于理有乖故虞氏同之俗說虞以上爲梯初爲華于卦義亦不足今兼取三家之說而折中焉○一爲至无咎○風俗通曰涉始于足足率長十寸十寸則尺一躍三尺法天地人再躍則涉所謂一爲過再爲涉三而弗改謂至上也案涉從水從步步長六尺以長爲深則涉深六尺過涉則水益深故滅頂凶兑澤稱滅者周語太子晉曰澤水之鍾也象傳曰澤滅木木尚可滅則有滅頂之義也此上漢趙温義也頂首也釋言曰顛頂也故知上爲頂上乘四剛故有咎以陰居陰得位故无咎此上虞義也虞注過涉滅頂云大壯震爲足兑爲水澤震足没水故過涉也乾爲頂頂没兑水中故滅頂凶虞以五乾爲頂而没上兑水中

故滅頂不以上爲頂于卦義稍闕也

䷜ 八純卦象水
消息冬至

習坎有孚注乾二五之坤與离旁通于爻觀上之二習重也孚信謂二五維心亨注坎爲心乾二五旁行流坤陰陽會合故亨行有尚注行謂二尚謂五二體震爲行動得正故行有尚往有功也疏乾二至二五○此虞義也坎离自乾坤來乾二五之坤成坎與离旁通若從四陰二陽之例則觀之上爻之二故云于爻觀上之二習坎重險故云習重也虞謂習爲常于象義不協故易之也孚信釋詁文二五剛中故孚信謂二五虞氏謂水行往來朝宗于海不失其時如月行天故習坎有孚也○坎爲至故亨○此虞義也說卦坎爲極心故爲心乾二五之坤成坎坎水流坤故旁行流坤乾交于坤陰陽會合故亨也○行謂至功也○此虞義也行謂二尚與上通二上與五故尚謂五二體震爲行謂互震也二失位動得正應五行有尚往有功也彖傳文

初六習坎入于坎窞凶【注】在重坎之家故曰習坎坎爲入坎中小穴稱窞初以陰居下故入于坎窞凶九二坎有險求小得【注】陽陷陰中故有險陰稱小二據初陰故求小得六三來之坎坎險且枕入于坎窞勿用【注】在內曰來往來皆坎故來之坎坎枕止也艮爲止三失位乘二則險承五隔四故險且枕居上坎之下故入于坎窞勿用者誡上也六四尊酒簋貳用缶內約自牖終无咎【注】震主祭器故有尊簋坎爲酒貳副也禮有副尊坤爲缶故貳用缶內入也坎信爲約艮爲牖薦信于鬼神奠于牖下故內約自牖得位承五故无咎九五坎不盈禔既

平无咎【注】盈溢也艮爲止謂水流而不盈坎爲平艮止坤安故禔既平得位正中故无咎上六繫用徽纆寘于叢棘三歲不得凶【注】繫拘也巽爲繩坤爲黑故爲徽纆寘示也坎爲叢棘艮爲門闕門闕之内有叢木是天子外朝左右九棘之象也應在三三體比匪人故縳以徽纆示于叢棘而使公卿以下議之害人者加明刑任之以事上罪三年而舍中罪二年而舍下罪一年而舍不得者謂不能改而不得出獄艮止坎獄乾爲歲歷三爻故三歲不得凶【疏】在重至窞凶○卦名習坎故云在重坎之家坎爲入坎中小穴稱窞皆虞義也字林曰窞坎中小坎也初本陰爻而又在下陰稱小入于坎窞之象失位无應故凶也○陽陷至小得○

此虞義也說卦曰坎陷也乾二之坤二是陽陷陰中故有險陽大陰小故陰稱小初陰也二據初陰故求小得謂得初○在内至上也○在外曰往在内曰來易例也言内則有外之辭往來皆坎故來之坎坎人臥以枕薦首則止故云枕止也互艮艮為止三以陰居陽故失位二坎有險故乘二則險陸績云枕有閡礙之貌三上承五隔于六四故險且枕此上虞義也以坎接坎三居上坎之下故入于坎窞乾鑿度坤三不正為小人小人勿用應在上故誡上勿用也○震主至无咎○此虞義也序卦曰主器者莫若長子謂主祭器故震主祭器尊簋缶皆祭器也祭尚玄水坎水為酒貳副也注酒于尊中曰副周禮酒正云大祭三貳中祭再貳小祭壹貳鄭彼注云貳副益之也弟子職曰周旋而貳故云禮有副尊坤器為缶義見比卦坎為入入内同物故云内入也坎為信約者約信也故坎信為約虞以四陰小故約非其義故易之也隱二年春秋傳曰苟有明信澗谿沼沚之芼蘋蘩荇藻之菜可薦于鬼神是薦信于鬼神之事坤為鬼乾為神也詩采蘋曰于以奠之宗室牖下毛傳云奠于牖下是内約自牖之義也四得位上承九五故有是象而无咎也○盈溢至无咎○此虞義也水泛溢為

盈故云盈溢也體坎互艮坎流艮止故流而不盈水性平故坎爲平京房許愼皆云禔安也坤卦辭云安貞吉故艮止坤安既安且平水之德也五得位得中故其象雖不盈而有安平之德爲无咎也○繫拘至得凶○此鄭虞九家義也隨上六曰拘繫之故云繫拘也巽爲繩觀巽也坤爲黒說卦文虞云徽纆黒索也巽繩坤黒故云徽纆示寘也者詩鹿鳴曰示我周行鄭箋云示當爲寘禮記中庸曰治國其如示諸掌乎鄭注云示讀如寘之河之干之寘是示寘置三字同物故劉表張璠或作示或作置也坎爲叢棘九家說卦文艮爲門闕說卦文周禮秋官朝士掌建邦外朝之法左九棘孤卿大夫位焉右九棘公侯伯子男位焉外朝在皐門之内故云門闕之内有叢木是天子外朝左右九棘之象也朝士又云左嘉石平罷民焉右肺石達窮民焉鄭氏謂罷民邪惡之民也上應在三二動三體比匪人有邪惡之罪故縛以徽纆示于叢棘鄭氏謂外朝者所以詢事之處故使公卿以下議之劉表亦云衆議于九棘之下也害人者加明刑已下至下罪一年而舍皆秋官司圜文也鄭彼注云明刑書其罪惡于大方版著其背任之以事若今時罰作舍釋之也司圜又云其不能改而出圜土者殺

故不得者謂不能改而不得出獄艮止坎獄言止于獄也乾爲天天數十二歲有十二月故乾爲歲二之上歷三爻爲三歲三歲不改則不得出獄出獄則殺故凶也

䷝ 八純卦象火消息夏至

離利貞亨畜牝牛吉【注】坤二五之乾與坎旁通于爻遯初之五四五上失正利出離爲坎故利貞亨畜養也坤爲牝牛乾二五之坤成坎體頤養故畜牝牛吉【疏】此虞荀義也離自坤來坤二五之乾成離與坎旁通若從四陽二陰之例則遯初爻之五故云于爻遯初之五離外三爻失位利變之正與坎旁通出離爲坎則成既濟故利貞亨坤爲牝九家說卦文又說卦坤爲子母牛故爲牝牛與坎旁通乾二五之坤成坎二至上體頤養象故畜牝牛出離爲坎重明以麗乎正乃化成天下故吉也

初九履錯然敬之无咎【注】初爲履履禮也錯置也初得正

故履錯然乾爲敬與四敵應四𠫓如故敬之无咎六二黃离元吉注二在下中故曰黃离五動應二故元吉與坤五同義九三日昃之离不擊缶而歌則大耋之差注三不中故曰日昃艮手爲擊坤爲缶震爲音聲兌爲口故不擊缶而歌乾老爲耋體大過故大耋之差九四𠫓如其來如焚如死如棄如注𠫓不順忽出也四震爻失正故𠫓如與初敵應故來如离餤宣揚故焚如體大過死象故死如火息灰損故棄如不孝之罪五刑莫大燒殺棄之不入于兆也六五出涕沱⿰齒巳戚差⿰齒巳吉注五失位出离爲坎震爲出离爲目坎涕出目故出涕沱⿰齒巳坎

憂爲戚震爲聲兌爲口故戚差鼉動得正尊麗陽故吉

也上九王用出征有嘉折首獲匪其醜无咎注五巳正

乾爲王坤衆爲師震爲出故王用出征乾上爲首兌爲折上變體兌折乾應在三故有嘉折首醜類也獲獲四

也以上獲四故匪其醜爻皆得正故无咎疏初爲至无咎○鄭禮記序曰禮者體也履履也統之于心曰體踐而行之曰履初爲足故爲履履此經錯字馬氏音七路反序卦曰履者禮也又曰有上下然後禮義有所錯故云錯置也离爲火火行禮初得正履有所錯故履錯然乾爲敬義見乾卦坤二五之乾初本乾也故乾爲敬初四皆陽故敵應四炁如其來如與初相犯故敬之无咎禮以敬爲主也

二在至同義○九家說卦曰坤爲黃黃者中之色而在二爲下中故曰黃离應在五五失位動應二故元吉坤黃裳元吉亦是降乾二而上承五與离二同義也○三不至之差○荀云初爲日出二爲日中三爲日昃三不

中故云兌謂過中也艮坎艮也艮爲手故艮手爲擊坤器爲缶震坎震也震善鳴故爲音聲兌上開似口故不擊缶而歌乾爲老釋言曰耋老也僖九年春秋傳曰以伯舅耋老故知乾老爲耋二至五體大過大過死象故云大耋之差差古文嗟釋詁云㗊也三爲下體之終又艮爻艮終萬物故有是象俗本差下有凶字者衍文也○㐬不至兆也○此鄭荀許愼如淳義也說文曰云不順忽出也從倒子或從㐬即古文易突字突猶衝也太元曰衝衝兒遇不肖子也四震爻鄭氏謂震爲長子爻失正譬之倒子故云㐬又云四爲巽巽爲進退不知其如故㐬如也自內曰來與初敵應故來如离爲火离𤇾宣揚故焚如體大過死象故死如火息則灰損當棄之故棄如孝經曰五刑之屬三千而罪莫大于不孝故云不孝之罪五刑莫大焉如淳曰焚如死如棄如者謂不孝子也不畜于父母不容于朋友故燒殺棄之周禮秋官掌戮曰凡殺其親者焚之故鄭氏謂焚如殺其親之刑刑人之喪不居兆域不序昭穆故燒殺棄之不入于兆也說文曰棄捐也從㐬㐬逆子也此倉頡制字之義也四所以取義于子者火有養母之法白虎通曰子養父母何法法夏養長木是以荀爽對策曰离在地爲火

在天爲日在天者用其精在地者用其形夏則火王其精在天温暖之氣養生百木是其孝也冬時則廢其形在地酷烈之氣焚燒山林是其不孝也蓋其義矣○五失至吉也○此荀虞義也彖傳曰柔麗乎中正故亨虞彼注云柔謂五陰中正謂五伏陽出在坤中故出離爲坎謂離化爲坎也帝出乎震故震爲出鄭氏云自目曰涕坎水爲涕坎從離出故坎涕出目𢀿古文若若詞也鄭注尚書金縢云戚憂也坎爲加憂故爲戚震聲兌口戚差之象五失位動得正柔麗乎中正尊麗陽故吉也○五已至无咎○五已出離坎五本乾故云五已正乾爲王坤爲衆說卦文師衆也故坤衆爲師震爲出故王用出征爻例上爲首五正上體乾故云乾上爲首兌爲毀折故爲折上變體兌正應在三爲嘉以兌折乾故有嘉折首學記曰比物醜類周語曰況爾小醜韋昭云醜類也四不順故云獲獲四也爻相應者曰類上非四應故獲非其醜出離爲坎爻皆得正故无咎也

周易述卷四

周易述卷五

元和惠棟集注并疏

周易下經

䷞ 兑宫三世卦消息五月咸至遘六日七分

咸亨利貞取女吉【注】咸感也坤三之上成女乾上之三成男乾坤氣交以相與止而說男下女故通利貞取女吉

【疏】此虞義也咸感也彖傳文卦自否來否三之上三本坤也故云坤三之上成女成兑女也上本乾也故云乾上之三成男成艮男也否三之上乾坤氣交以相與止艮說兑艮男下兑女故通利貞取女吉謂五取上三取二初四易位初取四也

初六咸其母【注】母讀爲拇足大指也初足爲母坤亦爲母

四感初故咸其母六二咸其腓凶居吉注腓膊腸也二爲腓三感二故咸其腓失五正應故凶艮爲居得位居中故居吉九三咸其股執其隨往吝注三爲股巽亦爲股二感三故咸其股巽爲隨艮手稱執故執其隨初四變三歷險故往吝九四貞吉悔亡憧憧往來朋從爾思注失位悔也應初動得正故貞吉而悔亡矣憧憧往來貌四之初爲來初之四爲往故憧憧往來矣兌爲朋四于位爲心故云思初之四體坎亦爲思故朋從爾思也九五咸其脢无悔注脢心之上口之下也五爲脢上感五故咸其脢五弇于上宜有悔矣得正故无悔上六咸

其輔頰舌【注】輔頰舌謂上也兑爲輔頰爲口舌五與上比上不之三故咸其輔頰舌象曰媵口說也【疏】母讀至其母○母古文拇子夏作踇與拇同馬鄭虞皆云足大指也伏羲作易近取諸身下經人事首咸故一卦六爻皆取象于人身初爲足二爲腓三爲股四爲心五爲脢上爲輔頰舌是也虞云坤爲拇說卦坤爲母母拇同物故云坤亦爲母初與四應四感初初爲足故咸其母也○腓膊至居吉○腓膊腸鄭義也腳膊次于母上二之象故二爲腓三據二故咸其腓二正應五而比於三失五正應故凶以陰居二得位居中故居吉也○三爲至往吝○股胜而次於腓上三之象故三爲股巽爲股說卦文三體巽故巽亦爲股二感三故咸其股二感三而三亦感二彖傳所云二氣感應以相與也足行而股隨故巽爲隨女隨男亦爲隨也艮爲手以手執物故爲執初四易位四體坎三歷險應上故往吝又三已據二不兼與上也此兼虞義○失位至思也○四失位宜有悔與初易位故應初動得正貞吉而悔亡矣廣雅曰憧憧往來也之内曰來故四之初爲來之外曰往故初之四爲往憧

憧往來之象也咸至姤六日七分陰消之卦與時消息故取義于往來耳兌二口相對爲朋四于爻位爲心故云思初之四體坎坎亦爲思故朋從爾思也此兼虞義○脢心至无悔○脢心之上口之下王弼義也四爲心上爲口五在其中故云心之上口之下五與上比上感五故咸其脢五陽上陰故五弇于上宜有悔矣得正得中故无悔也○輔頰至說也○虞云耳目之閒稱輔頰又說文曰輔頰也尋輔近口在頰前故淮南子曰靨輔在頰前則好是也耳目之閒爲權權在輔上故曹植洛神賦云靨輔承權夬九三壯于頄頄即權也頰所以含物輔所以持口輔頰舌三者並言明各爲一物是輔近頰而非頰虞以權爲輔說文以輔爲頰皆非也上爲首故輔頰舌謂上也兌爲輔頰九家說卦文五與上比上不之三故咸其輔頰舌徒以言語相感而已傳曰滕口說也言徒送口說

䷟ 震宮三世卦消息内卦六月外卦七月

恒亨无咎利貞利有攸往 注 泰初之四與益旁通恒震世

也巽來承之長男在上長女在下陰陽會合故通无咎

初四二五失位利變之正故利貞之外曰往【疏】泰初之四與益旁通虞義也恒震宮三世卦故云震世一世豫二世解三世而下體巽故云巽來承之內巽外震震長男巽長女故云長男在上長女在下男女會合天地交而萬物通故通无咎此上荀義也初四二五四爻失位利變之正故利貞初利往之四二利往之五四五皆在外卦故云之外曰往彖傳曰恒久也尋恒體震巽八卦諸爻唯震巽變故虞註六五及彖傳曰終變成益是也六爻皆變不可爲恒而名恒者其義有三焉夫婦之道不可以不久恒震夫巽婦陰陽會合雜而不厭一也卦唯三上得正上震恒凶則守正者唯九三一爻耳故象傳曰君子以立不易方二也終變成益則初四二五皆得位繫下曰易窮則變變則通通則久恒者久也故都其義于五曰恒其德三也有此三義故名恒也

初六濬恒貞凶无攸利【注】陰在初稱濬濬深也四之初故

濬恒貞凶无攸利九二悔亡注失位悔也動而得正處中多譽故悔亡九三不恒其德或承之羞貞吝注三體乾爲德變失位故不恒其德坤恥爲羞變至四體坤故或承之羞三多凶變失位與上敵應故貞吝九四田无禽注田獵也五坤爲田四欲獵五五巳之正故田无禽六五恒其德貞婦人吉夫子凶注動正成乾故恒其德婦人謂巽初終變成益震四復初婦得歸陽從一而終故貞婦人吉也震乾之子而爲巽夫故曰夫子震四從巽死於坤中故夫子凶也上六震恒凶注在震上故震恒五動乘陽故凶疏陰在至攸利○陽在初爲潛爲淵皆深也故虞註上繫曰深陽也濬

與浚通莊九年公羊傳曰浚之者何深之也故云陰在
初稱濬濬深也釋言文深爲陽本體四陰之初濬而後
深故濬恒貞凶无攸利也○失位至悔亡○此虞義也
二多譽故處中多譽○三體至貞吝○三本乾也又互
乾乾爲德爲久變失位故不恒其德爻例無有得位而
變者以巽于諸爻特變故云變失位耳羞者恥辱坤爲
恥故云坤恥爲羞終變成益變之四則三體坤故或承
之羞三多凶下繫文變至三與上敵應立心勿恒爲上
所擊故貞吝也○田獵至无禽○田者田獵故曰田獵
也坤土爲田五本坤也故五坤爲田陰陽相比相應陰
爲陽得稱獲稱得稱禽四與五比而欲獵五二五易位
五巳之正故田无禽言无所得也○動正至凶也○此
虞義也益自否來五本否乾故云動正成乾又凡五之
正皆爲乾也乾爲德爲久故恒其德初體巽巽爲婦故
婦人謂巽初終變成益初四得正震四復初初爲一巽
四從陽故從一而終穀梁傳曰婦人以貞爲行者故貞
婦人吉也震爲長子又爲夫故云震乾之子爲巽夫曰
夫子也終變成益則震爲巽五乾爲坤坤爲死震四從
巽婦而死於坤中故夫子凶也○在震至故凶○此虞
義也虞註說卦曰震内體爲專外體爲躁震動也在震

上處動極故震恒五之正則上乘陽故五動乘陽乘陽不敬故凶也震亦作振古文震振祇三字同物同音祇有耆音故說文引易作榰恒也

䷠　乾宮二世卦　消息六月

遯亨注陰消遘二也艮爲山巽爲入乾爲遠遠山入藏故遯五陽當位正應在二故亨小利貞注陰稱小利正居二與五相應疏陰消至故亨○遯陰消之卦消遘及二故云陰消遘二也艮爲山巽爲入乾爲遠遠山入藏故遯皆虞義也陽長爲進陰消爲退遯有退義故序卦曰遯者退也以陽居五故五陽當位與二正應乾坤交通故亨消至三則天地否隔不能通矣故二利居正與五相應此荀義也

初六遯尾厲勿用有攸往注初爲尾尾微也故遯尾初失位故危之應成坎爲災故勿用有攸往六二執之用黄

牛之革莫之勝說【注】艮手稱執坤爲黃牛艮爲攴故執
之用黃牛之革莫无勝能說解也二得中應五固志守
正故莫之勝說 九三係遯有疾厲畜臣妾吉【注】二係三
故係遯三多凶四變三體坎爲疾故有疾厲遯陰剥陽
三消成坤與上易位坤爲臣兌爲妾上來之三據坤應
兌故畜臣妾吉 九四好遯君子吉小人否【注】乾爲好陰
得位爲君子失位爲小人動之初故君子吉消遯成否
故小人否 九五嘉遯貞吉【注】陰陽相應爲嘉剛當位應
二故嘉遯貞吉 上九飛遯无不利【注】應在三四變三體
离爲飛上失位變之正故飛遯九師道訓曰遯而能飛

吉孰大焉故无不利乾爲利也【疏】初爲至攸往○文例初爲尾上爲角說文曰尾微也古文通尚書鳥獸孳尾史記作字微論語有微生高莊子作尾生微猶隱也陽伏遯初故云遯尾六居初爲失位故危應在四初之四體坎坎爲災故勿用有攸往也○艮手至勝說○二體艮艮爲手故艮手稱執坤爲黃九家說卦文又爲子母牛故爲黃牛艮爲皮虞義也九家說卦曰艮爲膚皮膚同義故執之用黃牛之革考工記攻皮之工五函鮑韗韋裘始拆謂之皮已乾謂之革既孰謂之韋其實一物也莫无勝能說解皆虞義也二得位得中正應在五固志守正无能解說故莫之勝說彖辭小利貞正此義也○二係至妾吉○遯成于二二陰三陽二係于三故係遯遘初繫二亦是陰係于陽也三多凶故危四變三體坎以下虞義也坎多眚爲疾故有疾厲遯陰消之卦故遯陰剥陽三消成坤與上易位者三互巽特變故從家人漸之例三動上反三故三消成坤與上易位也三消成坤坤爲臣與上易位上體兌兌爲妾上來之三據下之坤應上之兌故畜臣妾吉荀氏謂潛遯之世但可居家畜養臣妾也○乾爲至人否○乾爲好虞義也賈逵左傳註曰好生於陽

故乾爲姤乾鑿度觀四爲君子否三爲小人故知陰得位爲君子失位爲小人四失正動之四得位承五故君子吉消遯及否三失位爲小人故小人否鄭氏讀否爲否卦之否也○陰陽至貞吉○文言曰亨者嘉之會也昏禮爲嘉陰陽相應義同昏冓故爲嘉五剛當位正應在二故嘉遯貞吉也○應在至利也○三已變上之三故應在三四之初故四變三體离离有飛鳥之象故爲飛六居上爲失位變之正故飛遯謂去而還也九師道訓淮南王聘明易者九人所作遯微則厲係則疾飛則吉荀註乾九五曰飛者喻无所拘也上體乾故乾爲利也

䷡ 坤宮四世卦
消息二月

大壯利貞【注】陽息泰也壯傷也大謂四失位爲陰所乘兑爲毁折故傷與五易位乃得正故利貞也【疏】此虞義也陽息泰成大壯馬氏亦云壯傷也方言曰凡草木刺人北燕朝鮮之間謂之策或謂之壯郭璞註云今淮南亦呼壯爲傷

是也陽大陰小故大謂四以九居四爲失位五陰乘之陰氣賊害又體兌兌爲毀折故名大壯太玄準之以夷夷亦傷也四當升五與五易位則各得其正故利貞也

初九壯于止征凶有孚注初爲止應在四震足亦爲止爲征初四敵應故壯于止征凶四上之五成坎已得應四故有孚九二貞吉注變得位故貞吉九三小人用壯君子用罔貞厲注應在上也三陽君子小人謂上二變三體离离爲罔上乘五故用壯三據二故用罔體乾夕惕故貞厲羝羊觸藩羸其角注兌爲羊陽息之卦故云羝藩謂四也羸讀爲纍三欲觸四而應上故羸其角角謂上也九四貞吉悔亡藩決不羸壯于大轝之腹注失位

悔也之五得中故貞吉而悔亡矣體夬象故藩決震四上處五則藩毀壞故藩決不羸腹讀爲輹坤爲大轝爲腹四之五折坤故壯于大轝之腹 六五喪羊于易无悔 注 四動成泰坤爲喪也乾爲易四上之五兌還屬乾故喪羊于易動各得正而處中和故无悔 上六羝羊觸藩不能退不能遂无攸利艱則吉 注 應在三故羝羊觸藩遂進也變之巽巽爲進退故不能退不能遂五動上乘剛故无攸利坎爲艱藩決難解得位應三故艱則吉 疏 初爲至有孚○爻例初爲止應在四四體震震爲足爲行故震足爲止爲征初四皆陽敵應无與故壯于止征凶四之五成坎坎爲孚初正應四故有孚也此兼虞義○變得至貞吉○此虞義也○三陽至貞厲○此虞義

也三正應上三陽君子謂乾三也小人謂上者上得位不得爲小人以大壯陽息之卦息至五體夬夬上爲小人故雜卦曰夬決也剛決柔也君子道長小人道消也是上爲小人也二變三體離包犧作結繩以爲罔罟葢取諸離故離爲罔五已正上逆乘陽故用壯三得位據二故用罔三多凶體乾三夕惕有危象故貞厲也○兑爲至上也○三體兑息至五上亦體兑兑爲羊故三五上皆有羊象說文曰羝牡羊也陽息之卦故曰羝馬氏云藩籬落也四體震震爲萑葦爲竹木故爲藩也羸讀爲纍讀從鄭虞故馬氏云大索也四之五上變體巽巽爲繩故爲羸四爲藩三欲觸四而應上故羸其角爻例上爲角也此兼荀義荀唯以角謂五爲異也○失位至之腹○此虞義也四失位宜有悔之五得正得中故貞吉而悔亡矣初至五體夬夬者決也故藩決四體震之五則震體壞故藩決不羸古腹輹復字止作复而此經輹字或又作腹故云腹讀爲輹五本坤也坤爲大轝爲輹四之五體坎坎折坤體故壯于大轝之腹也○四動至无悔○此虞義也四失位動成泰外體坤坤喪于乙故爲喪也乾以易知故乾爲易鄭氏謂易佼易也四上之五體坎坎五乾也故兑還屬乾喪羊于易也四五易

位動各得正五處中應和故无悔矣○應在至則吉○此虞義也上應在三而隔于四四爲藩故羝羊觸藩遂有進往之義故云進也五已正上變體巽震巽特變故云變也巽爲進退說卦文應三隔四故不能退進窮于上故不能遂羸其角之象也乾爲利五動正位上乘五剛故无攸利五正上體坎爲艱藩決難解乾鑿度文四之五故藩決難解不變之巽得位應三故艱則吉也

䷢ 乾宮遊魂卦
消息二月

晉康侯用錫馬蕃庶晝日三接【注】觀四之五晉進也康讀如康周公之康廣也坤爲廣四爲諸侯觀四賓王四五失位五之正以四錫初初動體屯震爲諸侯故康侯坎爲馬坤爲用故用錫馬艮爲多坤爲衆故蕃庶离日在上故晝日三陰在下故三接矣【疏】卦自觀來從四陰二陽之例觀六四進居

五故曰晉進也康讀如祭統康周公之康鄭氏註禮引此爲證故讀從之又鄭註康侯云康廣也謂襃廣其車服之賜也坤廣生故曰廣爻例四爲諸侯觀之六四利用賓于王故觀四賓王四之五而皆失位五之正以四錫初謂初四易位也初動體屯謂初至五體屯也屯下體震震爲侯卦辭曰利建侯四爲諸侯以四錫初初震亦爲侯康侯之象也坎爲馬美脊坤爲用故用錫馬錫讀納錫錫貢之錫侯享王之禮覲禮匹馬卓上九馬隨之是其事也蕃多也庶衆也艮爲多坤爲衆故蕃庶雜卦曰晉晝也离日在地上故晝日坤三陰在下故三接周禮大行人曰上公之禮廟中將幣三享出入三問三勞諸侯三享再問再勞諸子三享壹問壹勞是天子三接諸侯之禮也此兼虞鄭義一說三接王接諸侯之禮覲禮延升一也覲畢致享升致命二也享畢王勞之升成拜三也

初六晉如摧如貞吉罔孚裕无咎注晉進摧退也初進居四故晉如四退居初故摧如動得位故貞吉罔无也四

坎稱孚坤弱爲裕五之正成巽初受其命故无咎也六二晉如愁如貞吉注坎憂爲愁應在坎上故愁如五變應之故貞吉受兹介福于其王母注乾爲介福艮爲手坤爲虛故稱受謂五已正中乾爲王坤爲母故受兹介福于其王母六三衆允悔亡注坤爲衆土性信故衆允三失正與上易位故悔亡九四晉如碩鼠貞厲注四體坎艮艮爲碩鼠在坎穴中故晉如碩鼠失位故貞厲六五悔亡矢得勿恤往吉无不利注失位悔也動之正故悔亡矢古誓字信也勿无恤憂也五變得正坎象不見故誓得勿恤五正二受介福故往吉无不利上九晉其

角維用伐邑厲吉无咎貞吝注上爲角坤爲邑動體豫
利行師故維用伐邑失位故危變之正故厲吉无咎動
入冥豫故貞吝疏晉進至咎也○晉進彖傳文何妥曰
摧退也初四失位初之四爲進故晉
如四之初爲退故摧如二爻得位故貞吉罔无馬義也
四體坎爲孚四之初故罔孚中互兩坤坤弱爲裕五之
正成巽巽爲命初受其命故无咎此兼虞義○坎憂至
貞吉○二正應五故晉如坎爲加憂說文曰愁憂也五
在坎上二五敵應故愁如五失位變之正與二相應故
貞吉此兼虞義○乾爲至王母○此虞九家義也馬氏
云介大也乾爲大爲福故爲介福艮爲手坤陰爲虛手
虛能受故稱受五已正體乾爲王坤爲母二受五福故
受茲介福于其王母矣○坤爲至悔亡○此虞義也釋
詁曰允信也坤爲衆爲土土性信故衆允以六居三爲
失正與上易位各得其正故悔亡也○四體至貞厲○
四體坎互艮艮爲碩爲鼠故爲碩鼠詩碩鼠序曰貪而
畏人若大鼠四本三公之位以陽居陰而據坤田有似
碩鼠坎窞爲坎四體坎虞註說卦曰鼠似狗而小在坎

六中晉九四是也四失位不正而危故貞厲也○失位至不利○六居五爲失位宜有悔也五之正故悔亡論語夫子矢之孔安國註云矢誓也矢誓同物同音故知矢爲古誓字誓以著信故云信五體坎爲憂變得正坎象不見故誓得勿恤五已之正二往應五受介福故往吉无不利乾爲利也此兼虞義○上爲至貞吝○爻例上爲角虞氏謂五已變之乾爲首位在首上故稱角義亦通也坤土爲邑上動體豫豫彖曰利建侯行師行師侵伐故維用伐邑也動入冥豫荀義也豫上六曰冥豫故云動入冥豫兩陰无應故貞吝也

坎宮遊魂卦

消息九月

䷣

明夷【注】臨二之三而反晉也夷傷也明入地中故傷利艱貞【注】謂三也三得正體坎爲艱故利艱貞【疏】臨二至故傷○此虞義也卦自臨來亦從四陰二陽之例臨九二之三而反晉者易例有卦之反爻之反卦之反反卦也艮反震兑反巽明夷反晉之類是也爻之反旁通也比大有之類是也否泰則旁通而兼反卦者也此不用旁通而用反

卦者以上六初登于天爲晉時後入于地爲明夷時故用反卦與否泰反其類爲一例也夷傷也序卦文离滅坤下六五失則九三升五不可疾正故明傷也○謂三至艱貞○彖傳謂文王箕子以正人蒙難故利艱貞謂三三陽得正爲君子而在坎獄中坎爲艱文王蒙難而得身全箕子內難而正其志利艱貞之義也此兼虞義虞唯指五爲異也

初九明夷于飛垂其翼君子于行三日不食注离爲飛鳥故曰于飛爲坤所抑故垂其翼陽爲君子三者陽德成也震爲行离爲日晉初動體噬嗑食明夷反晉故曰君子于行三日不食有攸往主人有言注應在四故有攸往四體震爲主人爲言故主人有言六二明夷睇于左股用拼馬壯吉注旁視爲睇离爲目陽稱左謂九三也

三在辰得巽氣爲股二承三故睇于左股震爲馬二正應五三與五同功二以中和應天合衆欲升三以壯于五故曰用拼馬壯吉**九三明夷于南守得其大首不可疾貞**注守獵也离南方卦故曰南守三上獵五乾爲大首故得其大首自暗復明當以漸次不可卒正故曰不可疾貞**六四入于左腹獲明夷之心于出門庭**注左謂三坤爲腹四欲上三居五故入于左腹三獲五體坎爲心故獲明夷之心震爲出晉艮爲門庭故于出門庭言三當出門庭升五君位**六五其子之明夷利貞**注其讀爲亥坤終于亥乾出于子故其子之明夷三升五得正

故利貞馬君俗儒讀爲箕子涉彖傳而訛耳上六不明
晦初登于天後入于地注應在三离滅坤下故不明晦
晉時在上麗乾故登于天今反在下故後入于地疏离爲
至不食○此荀虞義也說卦曰离爲雉郭璞洞林曰离
爲朱雀故爲飛鳥明入地中爲坤所抑故垂其翼昭五
年春秋傳曰日之謙當鳥飛不翔垂不峻翼不廣初體
离而在坤下故有是象也泰彖傳曰君子道長君子謂
三陽春秋傳曰象日之動故曰君子于行是知陽爲君
子陽成于三故云三者陽德成也晉初動體噬嗑雜卦
曰噬嗑食也明夷反晉故不食荀氏謂不食者不得食
君祿也陽未居五陰暗在上初有明德恥食其祿故曰
君子于行三日不食是其義也○應在至有言○初正
應四自內曰往故有攸往震主器故爲主人四互震而
在坤體躁人之辭多故主人有言也○旁視至壯吉○
此鄭九家義也夏小正曰來降燕乃睇傳曰睇者眄也
說文曰眄衺視也秦語故鄭注內則亦曰睇傾視也离
爲目故爲睇管子宙合曰君立於左臣立於右此君臣

之分是左陽右陰故陽稱左周書武順曰天道尚左九三陽爻故爲左也爻辰三在辰孝經援神契曰清明後十五日斗指辰爲穀雨後十五日斗指巽爲立夏是辰近巽巽爲股故云得巽氣爲股三爲左股二承三故睇于左股三體震爲馬三升五二正應之故云二正應五三與五同功下繫文三五同功故得升五若然臨泰諸卦二升五以其應也大壯四升五以陽息之卦也義各有取皆以五虛无君而得升也二執中含和上應九五以合衆爻故云二以中和應天合衆拯之言升三升五則二得其應故欲升三以壯于五而曰用拼馬壯五變之正故吉也坎折坤體故曰壯〇守獵至疾貞〇九家曰歲終田獵名曰守故曰守獵也离南方卦說卦文三體离离南方之卦故曰南守三陽五陰五虛无君陰爲陽得故三上獵五九五爲乾乾陽爲大爲首三上獵五故得其大首明夷之世用晦而明當以漸次不可卒正言不可卒正五位故曰不可疾貞此兼九家義也〇左謂至君位〇二爻辭左股謂三故知此左亦謂三坤爲腹說卦文荀氏謂四得位比三處於順首欲上三居五體坤爲腹故入于左腹三南守獲五體坎坎爲心故獲明夷之心說卦曰帝出乎震故震爲出又曰艮爲門

闕莊二十五年春秋傳曰庭實旅百杜預注云艮爲門庭是也三居五出在應門之內立於門內之中庭南面故云于出門庭升五君位也此兼荀氏及九家義○其讀至訛耳○蜀才從古文作其子今從之其古音亥故讀爲亥亦作萁劉向曰今易萁子作荄茲荀爽據以爲說蓋讀萁子爲荄茲古文作萁子其與亥子與茲字異而音義同淮南子曰爨萁燧火高誘注云萁音該備之該該荄同物故三統歷曰該閡於亥孳萌于子是也五本坤也坤終于亥乾出於子用晦而明明不可息故曰其子之明夷明夷反晉晉晝也明夷晦也以十二辰言之七日來復則當子以十日言之自暗復明則當旦故昭五年春秋傳卜楚丘論此卦以爲明夷當旦亦此義也五失位三之五得正故利貞馬融俗儒不識七十子傳易之大義以彖傳有箕子之文遂以箕子當五尋五爲天位箕子臣也而當君位乖于易例逆孰大焉謬說流傳兆於西漢西漢博士施讎讀其爲箕時有孟喜之高弟蜀人趙賓述孟氏之學斥言其謬以爲箕子明夷陰陽氣无箕子其子者萬物方荄茲也賓據古義以難諸儒諸儒皆屈于是施讎梁丘賀咸共嫉之讎賀與喜同事田王孫而賀先貴又傳子臨從讎問薦讎爲博士

喜未貴而學獨高施梁丘皆不及喜所傳卦氣及易家候陰陽災異書皆傳自王孫以授梁人焦延壽者而梁丘惡之謂無此事引讎爲證且以此語聞於上於是宣帝以喜爲改師法不用爲博士中梁丘之譖也讎賀嫉喜而并及賓班固不通易其作喜傳亦用讎賀之單詞皆非實録劉向别録猶循孟學故馬融俗説荀爽獨知其非復賓古義讀其子爲荄兹而晉人鄒湛以爲漫衍无經致譏荀氏但魏晉已後經師道喪王肅詆鄭氏而禘郊之義乖袁準毁蔡服而明堂之制亡鄒湛譏荀諝而周易之學晦郢書燕説一倡百和何尤乎後世之紛紜矣○應在至于地○此虞義也三體离上正應三故云應在三坤滅藏于癸坤上离下故离滅坤下坤冥爲晦故不明而晦也日月麗乎天晉時在上麗乾故登于天明夷反晉故反在下後入于地也

巽宮二世卦

消息五月

家人利女貞【注】遯四之初女謂离巽二四得正故利女貞

【疏】此虞義也卦自遯來九四之初二稱家离二正内應在乾乾爲人故名家人馬氏謂木生火火以木爲家

故曰家人義亦通也离中女巽長女故女謂离巽二體离四體巽二四得正故利女貞馬氏云家人以女爲奥主長女中女各得其正故特曰利女貞矣

初九閑有家悔亡注閑闌也防也陰消至二艮子弑父四來閑初故閑有家悔亡六二无攸遂在中饋貞吉注遂讀如大夫無遂事之遂婦道无成故无攸遂饋饋祭也二在下中故在中饋正應五故貞吉九三家人熇熇悔厲吉婦子喜喜終吝注熇熇盛烈也乾盛故熇熇三多凶故悔厲得位故吉喜喜笑也巽爲婦動體艮子家人毀壞故婦子喜喜終吝六四富家大吉注三動坤爲富四得位應初順五乘三比據三陽故富家大吉九五

王假有家勿恤吉【注】乾爲王假大也三變受上五體坎

坎爲恤五得尊位據四應二以天下爲家故王假有家

天下正之故勿恤吉上九有孚威如終吉【注】坎爲孚故

有孚乾爲威自上之坤故威如易而得位故終吉【疏】閑闌

至悔亡○閑闌也防也此馬義也卦自遯來遯陰消二

體艮故艮子弑父四來閑初弑逆不行故閑有家悔亡

也案虞注訟彖曰遯三之二遯將成否則子弑父臣弑

君三來之二得中弑不得行故中吉義與此同也○遂

讀至貞吉○大夫無遂事讀從桓八年公羊傳文彼文

云遂者何生事也何休注云生猶造也專事之辭夫子

制義婦道无成故无攸遂古文論語曰詠而饋舊注云

詠歌饋祭也周禮籩人有饋食儀禮有特牲少牢饋食

之禮皆謂薦孰故云饋饋祭也二居下中而有婦道昏

禮云昏者將合二姓之好上以事宗廟是饋祭爲婦職

二居下體之中故在中饋執中含和正應九五故貞吉

也○熇熇至終吝○楗爲舍人注爾雅曰熇熇盛烈也

乾道威嚴故熇熇三處多凶之地而過于嚴故悔厲以其得位故吉喜喜喜笑鄭義也喜讀爲嬉巽爲婦動體艮爲子故婦子喜喜此虞義也動失位家人毀壞故終吝上之三則終吉也易例爻得位者不言變今二動受上者彖傳曰正家而天下定謂既濟也此卦五爻得位所較上爻耳三動受上成既濟則六爻皆正所謂正家而天下定也故虞注漸上九曰三變受成既濟與家人彖同義又云三已得位又變受上權也桓十一年公羊傳曰權者反於經然後有善者也三得位而動反於經也動受上而成既濟所謂反於經然後有善者也是易之變例矣○三動至大吉○三動體坤坤爲富者禮運曰天生時而地生財誥志曰地作富坤爲地故富也六以陰居四故得位應在初上承五而在三上故云應初順五乘三初三五皆陽故比據三陽陽稱大稱吉故大吉也此兼虞義○乾爲至恤吉○此虞陸義也乾爲王謂遂乾也假大也釋詁文詩商頌那曰湯孫奏假毛傳云假大是也三變受上則五體坎坎爲加憂馬氏云恤憂也故坎憂爲恤五爲天子故得尊位據四應二羣陰順從王者以天下爲家故王大有家正家而天下定故无所憂而吉也○坎爲至終吉○此虞義也虞氏謂三已

變與上易位成坎坎信爲孚故有孚乾爲君君德威嚴故威如自上之坤三上易位而皆得正故終吉也

䷥ 艮宮四世卦
消息十二月

睽小事吉注大壯上之三在繫蓋取无妄二之五也小謂五陰稱小得中應剛故小事吉疏此虞義也卦自大壯來上六之三此從四陽二陰之例也云在繫蓋取者繫繫詞也蓋取謂十三蓋取也繫下曰弦木爲弧剡木爲矢弧矢之利以威天下蓋取諸睽虞彼注云无妄五之二也彖傳謂柔進上行故據繫辭蓋取以明之六五陰爻故小謂五陽大陰小故陰稱小五得中而應乾五之伏陽得中應剛故小事吉

初九悔亡喪馬勿逐自復見惡人无咎注无應悔也四動得位故悔亡應在坎坎爲馬四失位之正入坤坤爲喪坎象不見故喪馬震爲逐艮爲止故勿逐坤爲自二至

五體復象二動震馬來故勿逐自復也离爲見惡人謂四動入坤初四復正故見惡人无咎也九二遇主于巷无咎注二動體震震爲主艮爲宮爲徑路宮中有徑路故稱巷二動五變應之故遇主于巷變得正故无咎六三見輿曳其牛掣注离爲見坎爲輿爲曳故見輿曳四動坤爲牛牛角一俯一仰曰掣离上而坎下故其牛掣也其人天且劓无初有終注其人謂四惡人也黥額爲天割鼻爲劓无妄乾爲天震二之乾五以陰墨其天乾五之震二毀艮割其鼻也兑爲刑人故其人天且劓失位動得正故无初有終九四睽孤遇元夫交孚厲无咎

孤顚也在兩陰閒睽五顚三故曰睽孤震爲元夫謂二已變動而應震故遇元夫也震爲交坎爲孚動得正故交孚厲无咎**六五悔亡厥宗噬膚往何咎**注失位悔也變之正故悔亡乾爲宗二動體噬嗑故曰噬四變時艮爲膚故厥宗噬膚言與二合也二往應之故往何咎**上九睽孤見豕負塗載鬼一車**注睽三顚五故曰睽孤离爲見坎爲豕爲雨四變時坤爲土土得雨爲泥塗四動艮爲背豕背有泥故見豕負塗矣坤爲鬼坎爲輿變在坎上故載鬼一車也**先張之弧後說之壺**注謂五已變乾爲先應在三坎爲弓离爲矢張弧之象也故先張之

弧四動震爲後說猶置也兑爲口离爲大腹坤爲器大腹有口坎酒在中壺之象也故後說之壺匪寇昏媾往遇雨則吉**注**坎爲寇之三歷險故匪寇陰陽相應故昏媾三在坎下故遇雨與上易位坎象不見各得其正故則吉也

疏无應至咎也○此虞義也初四皆陽故曰无應四失正動得位故悔亡四體坎故應在坎說卦曰坎於馬也爲美脊故爲馬四變入坤坤爲喪坎化爲坤故喪馬震爲奔走故爲逐艮爲止故勿逐坤爲自四已變故二至五體復二動初體震故震馬來勿逐自復之象也喪馬勿逐自復此商法也周監二代而因之故周禮朝士職曰凡獲得貨賄人民六畜者委于朝告於士鄭彼注云委於朝待來識之尚書粊誓曰馬牛其風臣妾逋逃勿敢越逐祇復之是其事也說卦曰相見乎离故离爲見四离火不正突如來如故惡人謂四四當居坤初故動入坤初此易例也坤初來居四復正故見惡人无咎也○二動至无咎○此虞義也震主器

二動體震震爲主故遇主謂五遇二也釋宮曰宮中巷謂之壼艮爲宮爲徑路宮中有徑路故稱巷巷亦作衖巷衖同物故又作衖離騷經曰五子用失夫家巷巷讀爲衖也隱四年穀梁傳曰遇者志相得也二五相應而皆失位二動五變應之故遇主于巷而皆得正故无咎虞唯以震爲大塗爲巽耳俗說以五爲主此謬也大夫稱主君故昭廿九年春秋傳曰齊侯使高張來唁公稱主君子家子曰齊卑君矣君祇辱焉知五非主也○离爲至掣也○此虞義也說文曰曳臾曳也束縛捽抴爲臾坎爲輿多眚故見輿曳卦互离坎牛角有俯有仰离上爲仰坎下爲俯故其牛掣三不正故有曳掣之形象曰位不當也○其人至有終○此虞義也惡人當蒙罪故其人指四惡人馬氏云剠鑿其額曰天剠與黥同故曰黥額爲天鄭氏注周禮司刑曰劓截其鼻也故曰割鼻爲劓夏之黥即周之墨乾五爲天二陰之五故以陰墨其天无妄二體艮艮爲鼻五之二故毀艮割其鼻也兑爲刑人五刑有黥劓之法加于四之惡人故其人天且劓也三四失位動得正故无初有終易例爻初失位爲无初變得位爲有終也○孤顧至无咎矣○此虞義也孤顧劉熙釋名文謂顧望也兩陰謂三五五乘四故

睽五四據三故顚三説文云顚還視也震初爲元爲夫二變初體震四動而應之故遇元夫遇者志相得初四正應故亦云遇也震初陽始交於坤故爲交坎信爲孚四交於初故云交孚二爻得正故雖危无咎也○失位至何咎○此虞義也五動體乾宗尊也乾爲天天尊故爲宗厥宗者二之宗也二動體噬嗑噬嗑者合也四變二體艮艮爲膚五來合二故厥宗噬膚二艮爲巷五乾爲宗巷者宮中之道宗者廟内之牆二五易位五君二臣君爲元首臣爲股肱本一體之親有肌膚之愛故曰噬膚也二往合五故往何咎自外曰往也○睽三至車也○此虞義也三失位故睽三上據五故顚五坎爲豕爲雨坤爲土土得雨爲泥塗詩角弓曰如塗塗附毛傳云塗泥是也艮彖曰艮其背故爲背豕背有泥故負塗坤爲鬼坎爲車四變在坎上坤爲載故載鬼一車於禮爲魂車既夕薦車鄭彼注云今之魂車載而往迎而歸如慕如疑乖違之家有是象也○謂五至之壺○此虞義也釋詁曰説舍也郭注云舍放置説舍同義故云説猶置也壺俗作弧今從古阮諶三禮圖曰方壺受一斛腹圜足口方圜壺受一斛腹方足口圜若然壺有口有腹故云兑爲口离爲大腹昏禮設尊是爲壺尊揚子太

元曰家无壺婦承之姑測曰家无壺无以相承也若然說壺者婦承姑之禮與壺器大腹有口盛坎酒于中故後說之壺也○坎爲至吉也○此虞義也坎爲寇初失位之三歷險故云寇由後言之故云匪寇也變之正陰陽相應故昏冓始則拒之如外寇終則禮之如内賓始睽終合之象也三在坎下而應上故遇雨三上易位坎象不見陰陽和會而得其正故則吉也

周易述卷五

周易述卷六

元和惠棟集注并疏

周易下經

䷦ 兌宮四世卦 消息十一月

蹇利西南不利東北【注】升二之五或說觀上反三與睽旁通西南謂坤東北艮也二往居坤故利西南卦有兩坎坎爲險下坎在前直艮東北之地故不利東北虞氏謂五在坤中坎爲月月生西南故利西南往得中謂西南得朋也東北謂三也月消于艮喪乙滅癸故不利東北其道窮也則東北喪朋矣利見大人貞吉【注】大人謂五

二得位應五故利見大人五當位正邦故貞吉【疏】升二至朋矣○卦自升來升六五貞吉升階虞氏謂二之五故云升此卦二之五與師二上之五成比同義也或說觀上反三虞義也此從四陰二陽之例矣坤西南卦故西南謂坤艮東北之卦故東北艮也二往居坤得位得中故利西南卦有兩坎兼互體也坎陷爲險下坎在前艮東北卦正直其地故不利東北象曰其道窮也此荀義也虞氏據納甲謂五在坤中故曰西南體坎爲月出庚見丁故月生西南五往得中故利西南往得中睽兌爲朋故西南得朋也三體艮故東北謂三退辛消丙故月消于艮乙東癸北喪乙滅癸當月之晦天道之終故不利東北其道窮也東北喪朋謂五六三十也○大人至貞吉○此虞義也大人天子故謂五五居尊位二正應之故利見大人五當位居正羣陰順從故貞吉也

初六往蹇來譽【注】譽謂二初失位應陰往歷坎險故往蹇變得位比二故來譽六二王臣蹇蹇匪躬之故【注】五爲

王坤爲臣爲躬坎爲蹇之應涉坤二五俱坎故王臣蹇蹇二上折坤得正相應故匪躬之故九三往蹇來反【注】應正歷險故往蹇反身據二故來反六四往蹇來連【注】連輦蹇難也在兩坎閒進則无應故往蹇退初介三故來連也九五大蹇朋來【注】當位正邦故大蹇睽兑爲朋故朋來上六往蹇來碩吉利見大人【注】陰在險上變失位故往蹇碩謂三艮爲碩退來之三故來碩得位有應故吉也离爲見大人謂五故利見大人矣【疏】譽謂至來譽○此虞義也二多譽故譽謂二三體坎坎爲蹇初失位而應六四之陰往歷坎險故往蹇變之正而與二比故來譽也○五爲至之故○此虞義也九五乾也故爲王坤臣道也故爲臣又爲身故爲躬坎難也蹇亦難也故坎爲蹇

五本坤也故之應涉坤三五體坎故王臣蹇蹇二升五折坤之躬得正相應公耳忘私故匪躬之故虞唯上反三折坤體爲巽耳○應正至來反○此虞義也三正應上而歷五險故往蹇反身據二舍應從比故來反即象傳所云反身脩德也虞唯以觀上反三爲反身巽耳○連輦至連也○此虞義也馬云連難也連古音輦輦亦難也故云連輦蹇難也四在兩坎之閒應在初故進則无應介閒也退應初而閒於三故退初介三往來皆難故云往蹇來連終得初應故象曰當位實也○當位至朋來○此虞義也五在蹇家處中得正當位正邦故大蹇旁通睽故睽兌爲朋干氏謂比上據四應二衆陰並至故朋來也○陰在至大人○此虞義也五坎爲險故陰在險上自外曰往故上變稱往變失正故往蹇諸爻以遇坎爲蹇此爻以失位爲蹇也三體艮艮爲碩故碩謂三退應三故來碩蹇終則解得位有應故吉也大人謂五之三歷五故利見大人言應三則吉比五則利也

䷧

震宮二世卦

消息二月

解利西南**注**臨初之四坤西南卦初之四得坤衆故利西

南往得衆也无所往其來復吉【注】謂四本從初之四失位於外而无所應故无所往宜來反初復得正位故其來復吉二往之五四來之初成屯體復象故云復也有攸往夙吉【注】謂二也夙早也离爲日爲甲日出甲上故早也二失位早往之五則吉故有攸往夙吉往有功也

【疏】臨初至衆也○此虞義也卦自臨來初九之四乾鑿度曰坤位在西南故坤西南卦四體坤坤爲衆初之四得坤衆彖傳曰利西南往得衆是也○謂四至復吉○此虞義也四以陽居陰而在外卦故失位於外進則无應故无所應失位无應故无所往宜來反初而復正陽之位故其來復吉也二已往之五故四來之初而成屯也屯初至四體復象故云復○謂二至功也○此虞義也之外曰往故往謂二夙早釋詁文离爲日爲甲古文早作𣅀說文曰𣅀晨也从日在甲上是也二既失正早往之五則吉解者緩也故言夙五多功二據五解難故

有功也

初六无咎注二已之五四來復初故无咎九二田獲三狐得黃矢貞吉注臨坤爲田田獵也變之正艮爲狐坎爲弓离爲黃矢矢貫狐體二之五歷三爻故田獲三狐得黃矢之正得中故貞吉或說坎爲狐六三負且乘注負倍也二變時艮爲背謂三以四艮倍五也五來寇三時坤爲車三在坤上故負且乘致寇至貞吝注五之二成坎坎爲寇盜上嫚五下暴二嫚藏誨盜故致寇至失位故貞吝九四解而母朋至斯孚注初爲四母與初易位故解而母臨兑爲朋謂二也二已之五成坎坎爲孚故

朋至斯孚六五君子維有解吉有孚于小人【注】陰得位爲君子失位爲小人兩係稱維謂五與初也五之二初之四故君子維有解變之正故吉小人謂三二四正三出爲坎故有孚于小人上六公用射隼于高庸之上獲之无不利【注】上應在三公謂三伏陽也离爲隼三失位動出成乾貫隼入大過死象巽爲高庸故公用射隼于高庸之上獲之无不利也【疏】二已至无咎○二凥吉故云二已之正四來之初成復復崩來无咎義並同也○臨坤至爲狐○臨五本坤二上獵五故稱田田者田獵故云田獵也二之五四體艮艮爲狐九家說卦文坎爲弓輪故爲弓离二黃离故爲黃馬王注易皆云离爲矢三體离四體艮故矢貫狐體二之五歷艮三爻爲三狐故田獲三狐二獵五离體壞故得黃矢五得正得中故貞吉此兼虞義九家說卦

坎亦爲狐卦有兩坎二四正三出又爲坎故田獲三狐義亦通也○負倍至且乘○此虞義也負讀爲倍與倍同物同音漢書載禹貢倍尾山史記作負尾俗作陪字隨讀變禮記明堂位負斧依負又作倍故云負倍也二變體艮艮爲背背讀爲倍又通于負故鄭注明堂位曰負之言背古人訓詁音義相兼也三四不正四爲艮背五在其後故三以四背五五來寇三者案繫上子曰爲易者其知盜乎虞彼注云否上之二成困三暴嫚以陰乘陽二變入宮爲萃五之二而奪三成解故云五來寇三時坤爲車謂萃坤也若然此注不言自萃來者注從四陰二陽之例故不言自萃來也○三不正而乘坤車故負且乘謂小人而乘君子之器也○五之至貞吝○此虞義也萃五之二成坎坎爲寇爲盜繫上曰上嫚下暴又曰嫚藏悔盜坎爲暴三上嫚五下暴于二坎心爲悔坤爲藏嫚藏悔盜故致寇至失位不變故貞吝也○初爲至斯孚○母古文拇而女也初上應四四之母也故云初爲四母初係于二四解初係與初易位故解而母也知初係于二者五爻辭言君子維有解兩係稱維故知初係二五亦係四也二陽同類故朋謂二二之五兩係皆解坎信爲孚故朋至斯孚也○陰得至小人○鄭

注乾鑿度曰三十二君之率陽得正爲聖人失正爲庸人陰失正爲小人得正爲君子故知此君子謂五與初也虞注隨上六曰兩係稱維五係四初係二五之二初之四兩係皆解故君子維有解陰係陽而得言解者以在解家故也虞本維作惟惟讀爲思惟之惟今不用也六三負且乘繫上釋此爻云負也者小人之事也故知小人謂三二四已正三出爲坎坎爲孚故有孚于小人〇上應至利也〇此虞義也三失位當變之正上應在三故發其義于上爻三爲三公六三陽位下有伏陽故謂三伏陽也釋鳥曰鷹隼醜其飛也翬离爲飛鳥故爲隼五之二成坎弓离矢三動成乾貫离隼體大過故入大過死庸墻也三動下體成巽巽爲高爲庸故公用射隼于高庸之上虞氏謂三陰小人乘君子器故上觀三出射去隼兩坎象壞故无不利也

䷨ 艮宮三世卦
消息七月

損有孚元吉无咎可貞利有攸往**注**泰初之上損下益上其道上行而失位故名損二坎爻坎爲孚故有孚與五

易位故元吉无咎上之正故可貞三往之上故利有攸往曷之用二簋可用享【注】坤爲用二體震震爲木乾爲圓木器而圓簋象也震主祭器故爲簋二簋者黍與稷也五离爻离爲火火數二故二簋上爲宗廟謂二升五爲益耒槈之利旣成用二簋盛稻粱以享于上上右五益三而成旣濟故云二簋可用享也【疏】泰初至攸往○卦自泰來泰初九之上乾道上行而失位序卦曰緩必有所失損者失也故名損二坎爻坎信爲孚二失位咎也與五易位各得其正故元吉无咎也上當益三之正故可貞三往居上故利有攸往上爻辭利有攸往正指三也○坤爲至享也○坤爲用虞義也二體震震春爲木說卦曰乾爲圓木器而圓簋象鄭義也三禮圖曰簋受斗二升足高一寸中圓外圓挫其四角漆赤中其飾如簠蓋簋以木爲之内外皆圓故知木器而圓簋象也荀氏曰簋者宗

廟之器震長子主祭器故爲簋明堂位曰周之八簋祭義曰八簋之實鄭注云天子之祭八簋簋有八而稱二者三禮圖簋盛稻粱簋盛黍稷故知二簋者舉黍與稷也五离爻故又取象火數以釋二簋上爲宗廟二升五成益益者神農蓋取以興耒耨之利而成既濟者也故云耒耨之利既成用二簋盛稻與粱以享于上五象傳曰六五元吉自上右也五爲一卦之主上之三成既濟則五之功成故知上右五益三而成既濟也

初九已事遄往无咎酌損之**注**已讀爲祀祀謂祭祀坤爲事謂二也遄速酌取也二失正初利二速往合志於五已得之應故遄往无咎二居五酌上之剛以益三故酌損之

九二利貞征凶弗損益之**注**失位當之正故利貞征行也震爲征失正毀折故不征之五則凶二之五成益小損大益故弗損益之

六三三人行則損一人**注**泰

乾三爻爲三人震爲行故三人行損初之上故則損一人一人行則得其友注一人爻不旅行也兌爲友損二之五益上之三各得其應故一人行則得其友天地壹壹萬物化醇言致一也六四損其疾使遄有喜无咎注四謂二也四得位遠應初二速上五已得承之謂二之五三上復坎爲疾也陽在五稱喜故損其疾使遄有喜得正承五故无咎六五或益之十朋之龜弗克違元吉注二五已變成益故或益之坤爲十兌爲朋三上失位三動离爲龜十謂神靈攝寶文筮山澤水火之龜故云十朋弗克違不違龜筮也三上易位成既濟故弗克違

元吉矣或說二至五有頤象故云龜上九弗損益之无咎貞吉【注】損極則益故弗損益之謂損上益三也上失正之三得位故无咎貞吉利有攸往得臣无家【注】謂三往之上故利有攸往二五已動成益坤爲臣三變據坤成家人故得臣上動應三成既濟則家人壞故曰无家

【疏】已讀至損之○已讀爲祀者古文省故鄭詩譜云孟仲子子思弟子子思論詩於穆不已孟仲子曰於穆不祀知已與祀通故讀爲祀祀祭祀已下虞義也釋詁曰祀祭也上爲宗廟經曰二簋可用享謂二居五體觀以二簋享於宗廟故祀謂祭祀遄速釋詁文酌與勺同說文曰挹取也坊記曰上酌民言鄭注云酌猶取也春秋僖八年鄭伯乞盟公羊傳曰蓋酌之也訓與說文鄭氏同故云酌取也初與四應初利二速往合五已得應四初曰遄往四曰遄喜皆謂二速往五而喜也陰陽得正故无咎二居五取上益三故二與上皆云弗損益之

謂益三也酌損上以益三故曰酌損之也○失位至益之○此虞義也二失位當之五得正故利貞征行釋言文震爲行故爲征二失正體兌兌爲毀折故云失正毀折二當之五故云不征之五則凶不征言征猶不如言如郭璞所謂詁訓義有反覆旁通者也二之五體益五辭或益之是也初之上爲小損上之三爲大益故弗損益之謂成既濟也○泰乾至一人○此虞義也乾爲人故泰乾三爻爲三人震爲行泰陽息之卦三陽並進故三人行損初九而之坤上故損一人○一人至一也○一爻爲一人三則疑謂旅行也爻不旅行故稱一人非謂止一爻也兌朋友講習故爲友損二之五益上之三則六爻各得其應故云一人行則得其友也天地壹壺已下繫下文天地謂泰乾坤也乾坤交而成既濟故萬物化醇一者天地合也故云言致一也○四謂至无咎○此虞義也二五爲卦主故四謂二四以陰居陰得位應初二祀事遄往故云二速上五四近于五故已得承之二之五三上復體坎坎爲疾陽在五稱喜六爻皆正則坎不爲害故損其疾使遄有喜也四得正承五故无咎○二五至云龜○此虞義也在損家而稱益者以二之五成益故云或益之也坤數十兌爲朋故云十朋三

動體离离爲龜馬鄭釋十朋之龜據爾雅釋魚曰一曰神龜二曰靈龜三曰攝龜四曰寶龜五曰文龜六曰筮龜七曰山龜八曰澤龜九曰水龜十曰火龜故云十謂神靈攝寶文筮山澤水火之龜爾雅之文蓋以釋易故引之一說兩貝曰朋朋直二百一十六漢書食貨志曰元龜岠冉長尺二寸直二千一百六十爲大貝十朋易十朋者元龜之直義亦通也弗克違不違龜筮者此增虞義不違龜筮表記文二五之正三上易位成既濟人謀既協龜墨又順故弗克違元吉也或說已下義詳頤卦益初至五亦有頤象卦辭皆云龜漢儒无說疑不能明也○損極至貞吉○損極則益王肅義也上者損之極損極則益故弗損益之序卦所云損而不已則益是也損上益三已下虞義也上失正爲損咎也之三得位故无咎貞吉○謂三至无家○此虞義也自内曰往三之上故利有攸往二五已動成益中互坤故坤爲臣三變則據坤而體家人是得臣也上動應三六爻皆正故成既濟家人體壞故曰无家谷永釋此經云言王者臣天下无私家也王肅謂得臣則萬方一軌故无家也

䷩

巽宮三世卦

消息正月

益利有攸往【注】否上之初與恒旁通損上益下其道大光
二利往應五故利有攸往中正有慶也利涉大川【注】謂
三失正動成坎體渙坎爲大川故利涉大川渙舟楫象
木道乃行也【疏】否上至慶也○此虞義也否上爻之初
成益虞注否上九曰否終必傾下反於
初成益是也與恒旁通又兩象易也上之初故損上益
下乾爲大明以乾照坤故其道大光五乾中正二利往
應之故利有攸往乾爲慶故中正有慶也○謂三至行
也○此虞義也三陰失位動而成坎有渙象坎水爲大
川乾爲利故利涉大川舟楫之利以濟不通蓋
取諸渙故渙舟楫象巽木得水故木道乃行也
初九利用爲大作元吉无咎【注】大作謂耕播耒耨之利蓋
取諸此也坤爲用乾爲大震爲作故利用爲大作體復
初得正故元吉无咎震三月卦日中星鳥敬授民時故

以耕播也六二或益之十朋之龜弗克違永貞吉注謂上從外來益初也故或益之二得正遠應利三之正已得承之坤數十損兌爲朋謂三變离爲龜故十朋之龜坤爲永上之三得正故永貞吉王用亨于帝吉注震稱帝王謂五否乾爲王體觀象祭祀益正月卦王用以郊天故亨于帝得位故吉六三益之用凶事无咎注坤爲事三多凶上來益三得正故益用凶事无咎有孚中行告公用圭注公謂三三動體坎故有孚震爲行初至四體復故曰中行震爲告坤爲用乾爲圭上之三故告公用圭禮含者執璧將命賵者執圭將命皆西面坐委之

宰舉璧與圭此凶事用圭之禮六四中行告公從注體復四故亦云中行三爲公震爲從三上失位四利三之正已得從初故告公從利用爲依遷邦注坤爲邦遷從也三動坤徙故利用爲依遷邦春秋傳曰我周之東遷晉鄭是依九五有孚惠心勿問元吉注謂三上也震爲問三上易位三五體坎已成既濟坎爲心故有孚惠心勿問元吉象曰勿問之矣有孚惠我德注坤爲我乾爲德三之上體坎爲孚故惠我德象曰大得志也上九莫益之注莫无也自非上无益初者故莫益之或擊之注上不益初則以剝滅乾艮爲手故或擊之立心勿恒凶

注旁通恒益初體復心上不益初故立心勿恒傷之者至故凶疏大作至播也○此虞義也尚書堯典曰平豒東作周語虢文公曰民之大事在農故云大作謂耕播繫下曰斲木爲梠揉木爲耒耒耨之利以教天下蓋取諸益故云耒耨之利取諸此也九家易曰陰者起遘終坤萬物成孰成孰則給用故坤爲用震作足故爲作乾爲利故利用爲大作乾鑿度曰坤變初六復曰正陽在下爲聖人故體復初得正復崩來无咎初九无祇悔元吉故元吉无咎震四正方伯卦鄭注易通卦驗云春分於震直初九清明於震直六二穀雨於震直六三故震三月卦日中星鳥敬授民時皆尚書堯典文所以證大作耕播之時也○謂上至貞吉○此虞義也象曰或益之自外來也故云謂上從外來益初也二遠於五而得位正應故得正遠應三失位故利三之正陰利承陽故已得承之繫上云天九地十故坤數十益不通損而云損兌者案損六五爻辭與益二略同虞氏彼注云謂二五已變成益故或益之損而不已必益故兼損象言也兌二陽息坤故爲朋三變體离离爲龜故十朋之龜十朋義見損卦也坤用六利永貞故爲永上之

三六爻皆正故永貞損六五乾也故云元吉益六二坤也陰承陽則永故云永貞吉也○震稱至故吉○帝出乎震故震稱帝否乾爲王故王謂五乾以君之故爲王也觀禘祭天神之卦二至上有觀象故體觀象祭祀此上虞義也孟喜卦圖益正月之卦易乾鑿度曰孔子曰益者正月之卦也天氣下施萬物皆盛言王者法天地施政教而天下被陽德蒙王化如美寶莫能違害永貞其道咸受吉化德施四海能繼天道也王用亨于帝者言祭天也三王之郊一用夏正天氣三微而成一著三著而成一體方此之時天地交萬物通故泰益之卦皆夏之正也此四時之正不易之道也若然王用亨于帝乃郊天之祭故蔡邕明堂月令論曰易正月之卦曰益其經曰王用亨于帝吉孟春令曰乃擇元日祈穀于上帝是郊天享帝之事也爻辭文王所作所云王者乃夏商之王三王郊用夏正故也後儒據此謂文王郊天事此誤以周公作爻辭而附會其說也案虞溥江表傳曰嘉禾元年冬羣臣奏議宜脩郊祀權曰郊祀當於土中今非其所於何施此重奏曰王者以天下爲家昔周文王郊於酆鎬非必土中權曰武王伐紂即阼于鎬京而郊其所也文王未爲天子立郊於酆見何經典復奏曰

伏見漢書郊祀志匡衡奏從甘泉河東郊於酆權曰文王性謙讓處諸侯之位明未郊也經傳無明文匡衡俗儒意說非典籍正義不可用也是言無文王郊天之事而此經王用亨于帝爲夏商之王明矣得位故吉亦虞義也享帝而稱吉者不敢以其私褻事上帝之義也○坤爲至无咎○此虞義也坤致役故爲事三多凶下繫文彼文又云其柔危其剛勝邪上來益三得正是以剛稱其位故益用凶事无咎凶事謂喪事喪事有進無退而云益者以喪禮哀死亡是益之之義也○公謂至之禮○乾鑿度曰三爲三公故知公謂三坎爲孚三動體坎故有孚震爲作足故爲行復中行獨復中行謂初初至四體復故曰中行震善鳴故爲告乾爲玉故爲圭三爲公上之三故告公用圭此上虞義也禮含者執璧將命賵者執圭將命皆西面坐委之宰舉璧與圭者皆雜記文此諸侯相含且賵經云凶事此凶事用圭之禮故引以爲證也○體復至公從○此虞義也復六四中行獨復四體復故云中行閔二年春秋傳曰太子奉冢祀故曰冢子君行則守有守則從震長子主器故爲從三上失位四利三之正復四象曰中行獨復以從道也故云已得從四三爲公故告公從也○坤爲至是依○坤

爲土爲民民以土服故爲邦遷徙釋詁文謂遷國也三
體坤三動坤徙故利用爲依遷邦也此上虞義也春秋
傳曰我周之東遷晉鄭焉依者隱六年傳文外傳曰晉
鄭是依引之以證依遷邦之義也四爲諸侯猶周之晉
鄭若然告公從猶周之七姓從王也此遷邦當指商書
序云般庚五遷是有遷邦之事也○謂三至之矣○此
虞義也五爲卦主爻象動内吉凶見外三上易位成既
濟之功故九五爻辭謂三上也問言而以言震爲言故
爲問周書謚法曰愛民好與曰惠損上益下故曰惠三
上易位體坎成既濟坎爲孚在益之家故有孚惠心卜
不習吉故勿問元吉象曰勿問之矣所以著元吉之義
也○坤爲至志也○此虞義也坤爲身釋詁曰身我也
故爲我乾陽爲德民說无疆故有孚惠我德象曰大得
志也此著既濟之功成也○莫无至益之○此虞義也
爻義不言上益三而云益初者據繫辭專論益自否來
也詩般其靁云莫敢或皇鄭箋云無敢或閒暇時故知
莫无也損益盛衰之始益自否來否終則傾故上必益
初所謂安其身而後動易其心而後語定其交而後求
自上下下民說无疆君子脩此三者故全也傾否之道
自非上无益初者故莫益之否之上九先否後喜所以

基益之盛益之上九立心勿恒所以極否之衰損益盈虛與時偕行之義也○上不至擊之○此虞義也上不益初則消四及五成剝故以剝滅乾剝艮爲手故或擊之○旁通至故凶○益初至四體復復其見天地之心故體復心恒體震巽震巽特變終變成益九三立不易方變而失位或承之羞故立心勿恒勿网也上不益初民莫之與傷之者至故凶也

䷪ 坤宮五世卦 消息三月

夬揚于王庭 **注** 陽決陰息卦也剛決柔與剝旁通揚越也乾爲王剝艮爲庭陰爻越其上故揚于王庭矣孚號有厲 **注** 陽在二五稱孚孚謂五也二失位動體巽巽爲號決上者五也危去上六故孚號有厲告自邑不利即戎 **注** 陽息動復剛長成夬夬從復升坤逆在上民衆消滅

震爲告坤爲自邑故告自邑二變离爲戎故不利即戎

所尚乃窮也利有攸往【注】陽息陰消君子道長故利有攸往剛長乃終也【疏】陽決至庭矣○此虞鄭義也五陽決一陰兑爲附決故陽決陰復臨泰大壯夬乾皆陽息之卦故云息卦也陽息坤坤爲柔乾爲剛故剛決柔釋言曰越揚也詩公劉曰干戈戚揚毛傳云揚戉也古越鉞皆作戉故云揚越也乾君爲王夬旁通剝故云剝艮爲庭上六一陰爻踰于五陽之上故揚于王庭矣○陽在至有厲○此虞荀義也陽在二五稱孚易例也坎爲信故稱孚此孚指五也二以陽居陰故失位動體巽巽申命爲號陰爻越其上五陽皆決上而五爲主五息成乾故云決上者五也危去上六不爲所弇故孚號有厲象曰其危乃光也○陽息至窮也○此虞義也陽息初復亨剛反故陽息動復復利有攸往剛長也故剛長成夬震善鳴爲告坤爲自爲邑故爲自邑陽息自復故夬從復升陰道不順而棄陽故坤逆在上復時坤有民衆乾來消坤故民衆消滅二變體离离甲胄戈兵故爲戎復上六用行師終有大敗故不利

即戎卦窮于上故所尚乃窮也○陽息至終也○此虞義也夬陽息陰消之卦陽爲君子君子道長故利有攸往剛長成乾上爲終故剛長乃終也

初九壯于前止往不勝爲咎注初爲止夬變大壯位在前故壯于前止初欲四變巳往應之四聞言不信故往不勝爲咎

九二惕號莫夜有戎勿恤注惕懼莫晚也二失位故惕變成巽故號剝坤爲莫夜二動成离离爲戎變而得正故有戎无坎象故勿恤

九三壯于頄有凶注頄面也謂上三往壯上故有凶

君子夬夬獨行遇雨若濡有愠无咎注乾爲君子三五同功俱欲決上故君子夬夬陽息自復震爲獨行息至三與上應爲陰所施故遇

雨雖爲陰所濡能慍不說得无咎也九四臀无膚其行次且注上體之下故曰臀剥艮爲膚毀滅不見故臀无膚大壯震爲行失位不正不變應初兌爲毀折故其行次且牽羊悔亡聞言不信注四體兌爲羊初欲牽之故牽羊變應初故悔亡四變坎爲聞震爲言今四不變故聞言不信坎孚爲信也九五莧陸夬夬中行无咎注莧說也讀如夫子莧爾而笑之莧陸讀爲睦和睦也震爲笑言兌爲說故莧陸三夬決上故夬夬大壯震爲行五在上中故中行動而得正故中行无咎上六无號終有凶注遘時巽爲號復亨剛反巽象伏藏故无號至夬而

乾成剛長乃終故終有凶或說二動三體巽爲號三不應上內外體絕故无號位極乘陽故終有凶【疏】初爲至爲咎○爻倒初爲足足止也故初爲止夬變大壯位在前故壯于前止者虞義也大壯陽息陰而成夬故夬變大壯易氣從下生以下爲前上爲後初位在前故壯于前止初四敵剛初欲四變已往應之四不知變聞言不信初往不勝故有咎也○惕懼至勿恤○此虞義也惕懼廣雅釋詁文詩蟋蟀曰歲聿其莫薛君章句莫晚也二以陽居陰失位故惕二變成巽巽爲申令故號坤喪于乙滅藏于癸故爲暮夜二動體离离爲甲冑爲戈兵故爲戎二變得正故有戎恤憂也坎爲加憂九四不變卦无坎象故勿恤也○頄面至有凶○此翟元義也翟云面顴頰閒骨故云面也○爻倒上爲首故頄謂上衆陽決陰三獨壯上故有凶也○乾爲至咎也○此荀義也乾陽爲君子三佐五故同功三應上故有壯頄之象其實三與五俱欲決上者故君子夬夬也陽息自復復初體震震爲行初一稱獨故爲獨行息至三與上應上體兌兌爲雨澤爲兌所施故遇雨廣雅霑濡同訓爲陰所施故濡

韓詩車牽曰以愠我心薛君章句云愠恚也雖爲陰所施能愠不說不與上應得无咎也○上體至次且○爻例初在下體之下故象止四在上體之下故象臀艮爲膚九家說卦文艮滅兌下故臀无膚大壯四體震震爲行四以陽居陰故失位不正不變應初四體兌兌爲毀折故其行次且王肅以爲行止之礙也○四體至信也○四在兌體兌爲羊四應初故初欲牽之虞氏謂二變巽爲繩剝艮爲手故牽羊四變應初得位故悔亡四變體坎坎耳爲聞震爲言故聞言四失位不變更无坎象故聞言不信坎孚爲信无坎象故不信也○莧說至无咎○此虞義也傳曰健而說故云莧說也論語夫子莧爾而笑亦是說子游之以禮樂治民故讀從之今本論語莧作莞字之誤也易亦有作莞者陸讀爲睦古文通漢唐扶頌嚴舉碑皆以陸爲睦傳云決而和故云陸和睦也震爲笑言兌爲說莧睦之象故云莧睦三五同心決上故夬夬大壯震爲行五在上中故曰中行大壯五動得正故无咎也○二動至有凶○夬倒遘也遘下體巽巽爲號至復而一陽生故復亨剛反巽陰在下伏藏故无號也陽息夬而乾體大成坤陰消盡上爲終剛長乃終故終有凶也所以取義于夬者若陰陽消息之

道倒夬爲遘遘九三夬時爲九四其詞皆曰臀无膚其行次且四變體坎爲豕故遘之初六云羸豕孚蹢躅是二卦相因之義也或說者以此卦二五相應二動巽爲號故一惕號五孚號二動三亦體巽三慍不說故不應上內乾外兌別體體異家氣不相通故无號也位乘乘陽故終有凶虞義位極於上而乘五剛故終有凶也

䷫乾宮一世卦
消息五月

遘女壯注消卦也與復旁通巽長女女壯傷也陰傷陽柔消剛故女壯也勿用取女注一陰承五陽一女當五男苟相遇耳故勿用取女婦人以婉娩爲其德也疏消卦至壯也〇此虞義也遘始消乾故云消卦也下體巽巽爲長女壯傷也故云女壯傷也陰傷陽柔消剛是傷之義故女壯也〇一陰至德也〇此鄭義也卦唯一陰在下故一陰承五陽初六巽爲女九二九五坎爻坎爲中男九三上九艮爻艮爲少男九四震爻震爲長男故一女當五男桓八年穀梁傳曰不期而會曰遇傳曰遘遇也故

苟相遇耳不以義交乃淫女也故勿用取女内則曰女子十年不出姆教婉娩聽從鄭彼注云婉謂言語也娩之言媚也媚謂容貌又鄭注周禮九嬪四德婦容云婦容謂婉娩故婦人以婉娩爲其德也

初六係于金鑈貞吉注鑈謂二乾爲金巽木入金鑈之象陰係陽故稱係言初宜係二也初四失位易位乃吉故貞吉有攸往見凶注以陰消陽往謂成坤遯子弑父否臣弑君夬時三動离爲見故有攸往見凶羸豕孚蹢躅注三夬之四在夬動而體坎坎爲豕爲孚巽繩操之故稱羸巽爲舞爲進退操而舞故羸豕孚蹢躅以喻遘女望於五陽如豕蹢躅也九二苞有魚无咎不利賓注巽爲魚二下苞之故苞有魚二雖失位陰陽相承故无咎

一陰在下五陽爲賓遘陰消陽故不利賓九三臀无膚
其行次且厲无大咎注夬時三在四爲臀艮爲膚二折
艮體故臀无膚復震爲行其象不正故其行次且三得
正位雖則危厲无大咎也九四苞无魚起凶注魚謂初
四欲應初爲二所苞故无魚復震爲起四失位故起凶
九五以杞苞瓜含章有隕自天注巽爲杞在中稱苞乾
圓爲瓜四變體巽故以杞苞瓜含章謂五五欲使初四
易位以陰含陽已得據之故曰含章初之四體兑口故
稱含隕落也乾爲天謂四隕之初初上承五故有隕自
天上九遘其角吝无咎注上稱角失位无應故吝動得

正故无咎疏鑈謂至貞吉○此虞九家義也鑈說文作檷古文通絡絲趺也趺與跗同趺當謂初而云鑈謂二者經云金鑈乾爲金二體乾故鑈謂二其趺其上爲木巽木入金故曰金檷九家易曰絲係于檷猶女係于男隨卦三陰三陽陰皆係陽故稱係係于金鑈言初係二也此卦初四失位二爻相易各得其正故貞吉也○以陰至見凶○此虞義也陰消陽之卦故云以陰消陽陰消至遯成艮至三成否下體爲坤故往謂成坤遯艮爲乾子乾爲父遯陰消乾故艮子弑父坤臣道乾爲君否坤消乾故坤臣弑君遘九四卽夬九三故夬時三動成离相見乎离故离爲見往成坤遯故有攸往見凶矣上云貞吉此云見凶者言易位則吉消乾則凶也○三夬至遯也○此虞義也夬倒遘也遘三夬時爲四故云三夬之四夬四聞言不信則不知變而云動而體坎坎者初欲四變牽羊悔亡是四有當變之義故云動體坎坎爲豕坎信爲孚遘巽爲繩巽繩操之故爲羸羸索也陰消巽爲舞又爲進退舞有進退之容故羸豕孚蹢躅蹢躅不靜也陰陽相求故遘女望於五陽如豕蹢躅也○巽爲至利賓○巽爲魚虞義也魚謂初二下苞之故苞有魚初二失位以陽苞陰以陰承陽陰陽相

承故无咎此亦虞義也一陰在下爲主故五陽爲賓樂
本于易五月之律名蕤賓高氏注月令云仲夏陰氣萎
蕤在下象主人陽氣在上象賓客故參同契曰遘始紀
序履霜最先井底寒泉午爲蕤賓賓服於陰陰爲主人
是其義也遘陰消陽成坤遯故不利賓此初所以宜係
于二也○夬時至咎也○此虞義也易例三无膚象而
云臀者據夬時三在四而爲臀也初消二成艮艮爲膚
二折艮體故臀无膚復震爲行三在夬時失位故其象
不正其行次且也遘三得正三多凶雖危厲以其得正
故无大咎也○魚謂至起凶○初體巽巽爲魚四與初
雖不當位剛柔相應四欲應初初爲二所苞故四无魚
也雜卦曰震起也故震爲起四失位无魚故起凶也○
巽爲至自天○此虞義也杞杞柳木名巽木爲杞二五
在中故皆稱苞乾爲圜故乾圜稱瓜四變五體巽故以
杞苞瓜以陰苞陽爲含章含章謂五者以五欲使初四
易位四陰含五故以陰含陽四陰承五故五得據之初
之四體兑兑爲口有含象也隕落釋詁文莊七年穀梁
傳曰著於下不見於上謂之隕四在乾體乾爲天四隕
之初嫌不見於上故云自天也○上稱至无咎○爻例
上爲角上失位无應于下故吝動而得正故无咎此兼

虞義也

䷬ 兌宮二世卦 消息八月

萃王假有廟【注】觀上之四也觀乾爲王假至也艮爲廟體觀享祀上之四故假有廟致孝享也利見大人亨利貞【注】大人謂五三四失位利之正變成离离爲見故利見大人亨利貞聚以正也初未變故不言元用大牲吉利有攸往【注】坤爲牛故曰大牲四之三折坤得正故用大牲吉三往之四故利有攸往順天命也【疏】觀上至享也○此下皆虞義也觀上九來之四觀者乾世故觀乾爲王假至釋詁文鄭氏謂艮爲鬼門又爲宮闕鬼門宮闕天子宗廟之象故爲廟五至初體觀象觀盥而不薦乃明堂配天之禘故體觀享祀上之四四體艮故假有廟傳曰致孝享

也陸氏謂王五廟上乾鑿度曰上爲宗廟義亦通也○大人至言元○乾五爲大人故大人謂五六三九四失位利變之正三四易位體离相見乎离故离爲見三五同功四上承五故利見大人三四之五故利貞也傳曰聚以正也正以釋利貞之義此上虞義也初爲元三四已正初變成既濟當言元亨利貞今初未變故不言元而言亨利貞也○坤爲至命也○下體坤爲牛說文曰牛大牲也四之三坤體壞离爲折故折坤得正坤爲用故用大牲吉三往之四自外曰往故利有攸往傳曰順天命也

初六有孚不終乃亂乃萃注孚謂五也初四易位五坎中故有孚失正當變坤爲終故不終萃聚也坤爲聚爲亂故乃亂乃萃失位不變則相聚爲亂故象曰其志亂也

若號一握爲笑勿恤往无咎注握當讀爲夫三爲屋之屋巽爲號初稱一初動成震震爲笑坤三爻稱一屋二

引坤衆順說應五故一屋爲笑四動成坎坎爲恤初之
四得正故勿恤往无咎六二引吉无咎注巽爲繩艮爲
手二引坤衆應五故引吉初三失位二中未變故无咎
孚乃利用禴注孚謂五禴夏祭也體觀象离爲夏故利
用禴二孚于五得用薄祭以祀其先不用大牲降于天
子也六三萃如差如无攸利往无咎小吝注坤爲聚故
萃巽爲號无應故差如失正故无攸利動得位故往无
咎小吝謂往之四九四大吉无咎注以陽居陰宜有咎
矣動而得正承五應初故大吉而无咎矣九五萃有位
无咎匪孚元永貞悔亡注五得位居中上下皆聚而歸

之故萃有位无咎匪孚謂初也四五易位初變之正則六體皆正初爲元坤永貞故元永貞悔亡與比彖同義

上六齎咨涕洟无咎【注】自目曰涕自鼻曰洟兩陰无應故齎咨三之四體离坎离爲目艮爲鼻乘陽不敬坎水流鼻目故涕洟三變應上故无咎【疏】孚謂至亂也○此虞義也陽在二五稱孚故孚謂五初失正應在四與四易位體坎故五在坎中坎爲孚故有孚初以陰居陽故失正當變坤代終故爲終代終者初當之四今失位不變故不終初在五應外故有是象也坤衆爲聚又爲亂不變則乃亂乃萃坎爲志故象曰其志亂也○握當至无咎○握當讀爲夫三爲屋之屋此鄭讀也案周禮小司徒曰考夫屋鄭彼注云夫三爲屋屋三爲井又鄭注攷工匠人云三夫爲屋屋具一井之地三屋九夫三三相具以出賦稅戰國策曰堯無三夫之分三夫爲一屋也一屋謂坤三爻若然益六三云三人行虞彼注云泰乾三爻爲三人此

不稱三人而稱一屋者乾爲人故三爻爲三人坤陰无稱人之例故云一屋也巽申命爲號故若號初爻稱一初失位動成震震春喜樂爲笑六二引吉故二引坤衆順説應五坤利永貞初三變之正故一屋爲笑四動體坎坎加憂爲恤初四得正故勿恤往无咎矣此皆虞義虞唯讀一握如字與鄭異也○巽爲至无咎○巽爲繩艮爲手虞義釋引字也二在坤體坤爲衆二引坤衆應五故引吉也初三失位二居中未變一屋爲笑故无咎也○孚謂至子也○五坎中故孚謂五爾雅祭名曰夏祭曰礿故云禴夏祭也上至初體觀象觀祭祀之卦四之三體离离於四正爲夏故利用禴二正應五故孚于五既濟九五曰東鄰殺牛不如西鄰之禴祭故知禴爲薄祭二爲大夫故不用大牲降于天子也○坤爲至之四○此虞義也三體坤坤爲衆故萃如巽爲號兩陰无應故嗟如以陰居陽故无攸利動得位應上故往无咎悔吝者言乎其小疵也三不正而之正故小吝謂往之四陰稱小也○以陽至咎矣○此虞義也无咎者善補過也以陽居陰宜有咎動而得正上承五下應初是補過之義故大吉而无咎四承五陽下應初陽故稱大吉也○五得至同義○乾上九文言曰貴而无位易例以

陰居陰以陽居陽爲有位五得位居中上下五爻聚而歸之故萃有位五弇于上宜有咎矣以其得中故无咎也初失位五爲孚初在應外故匪孚謂初初九爲元卦辭云亨利貞不言元則初猶未變也坤利永貞四五易位初變之正則六體皆正故元永貞震无咎者存乎悔故悔亡也比卦辭原筮元永貞亦謂初在應外失位之正五孚及之故原筮元永貞與萃五同義也○自目至无咎○自目曰涕自鼻曰洟虞鄭義也鄭云齎咨嗟歎之辭兩陰无應故三嗟如上齎咨案履六三眇而視虞彼注云視上應也上九視履考詳虞彼注云三先視上故上亦視三亦謂三三上有相應之義故其辭同也三之四有离坎象离目艮鼻上六乘五陽爲不敬坎水流鼻目离目爲涕艮鼻爲洟也三變應上故无咎三爻辭亦云往无咎也

䷭ 震宮四世卦
消息十二月

升元亨【注】臨初之三又有臨象剛中而應故元亨用見大人勿恤【注】二當之五爲大人离爲見坎爲恤二之五得

正故用見大人勿恤有慶也南征吉注离南方二之五成离故南征吉志行也疏臨初至元亨○此以下皆虞義也升從四陰二陽之例故彖傳云剛中而應是以大亨與升象略同故亦云元亨云臨初之三二至上體臨故又有臨象臨卦辭曰元亨也○二當至慶也○坤虛无君故二當之五爲大人二之五體离坎故离爲見坎爲恤二之五得正坤爲用故用見大人勿恤有慶陽稱慶也○离南至行也○离方伯南方之卦二之五體离自二升五故南征吉坎爲志震爲行故志行也荀氏之義以爲此本升卦巽當升坤上故六四與衆陰退避當升者荀于需泰二卦言乾體上升坎坤下降尋升需泰三卦唯需有乾升坎上之象餘所不用也

初六𡔫升大吉注𡔫進也初變之正進應四故𡔫升二之五初與四合志承五故大吉九二孚乃利用禴无咎注禴夏祭也孚謂二之五成坎爲孚离爲夏故乃利用禴

二升五得位故无咎也九三升虛邑注坤稱邑五虛无君利二上居之故升虛邑无所疑也六四王用亨于岐山吉无咎注王謂二升五也巽爲岐艮爲山故王用亨于岐山陽稱吉四順承五故吉无咎也以人事明之此王謂夏后氏也岐山冀州之望亨者二升五受命告祭也六五貞吉升階注二升五故貞吉坤爲階陰爲陽作階使升居五故升階也上六冥升利于不息之貞注坤性暗昧今升在上故曰冥升也二升五積小以成高大故曰不息陽道不息陰之所利故曰利于不息之貞疏銳進至大吉○說文曰銳進也从夲夲進趣也初失位變之正進與四應故銳升陽稱大稱吉二之五初與四合志

承五故大吉象曰上合志也○禴夏至咎也○此虞義也陽在二二五稱孚故孚謂二之五成坎爲孚坎陽在二五之離離直夏夏祭曰禴故孚乃利用禴二失位宜有咎升五得位故无咎也○坤稱至疑也○此荀義也坤土稱邑陽實陰虛故五虛无君三利二陽上居五位故升虛邑謂升坤邑也升五得正故象曰无所疑也○王謂至无咎○乾爲王二升五即乾五也故云王謂二升五也巽爲股股下岐故爲岐二升五下體成艮故艮爲山二受命告祭四順承之故吉无咎象曰順事也荀氏之義以巽升坤上體觀享祀上巽爲岐下艮爲山故王用享于岐山也○以人至祭也○孟喜易章句曰易本乎氣而後以人事明之文王爻辭皆據夏商之制故云此王謂夏后氏也必知爲夏后氏者哀六年春秋傳仲尼曰夏書曰惟彼陶唐帥彼天常有此冀方服虔解誼云堯居冀州虞夏因之皇甫謐帝王世紀曰夏與堯舜同在河北冀州之城不在河南也故五子歌曰惟彼陶唐有此冀方今失厥道亂其紀綱乃底滅亡言禹至太康與唐虞不易都城也謐據僞尚書以爲太康若杜預之義滅亡謂夏桀知夏后氏咸都冀州與唐虞同也禹貢曰冀州既載又云壺口治梁及岐爾雅釋山曰梁山晉

望也諸侯三望天子四望梁山爲晉望明梁山岐山皆冀州之望故僖三十一年公羊傳曰天子有方望之事無所不通知冀州之望得有梁岐故云岐山冀州之望也詩時邁序曰巡守告祭柴望也鄭箋云巡守告祭者天子巡行邦國至于方嶽之下而封禪也彼言封禪此云受命者王者受命亦有告祭山川之事今二升五故云受命告祭也○二升至階也○此虞荀義也二失正升五得正故貞吉虞注上繫節初九曰坤爲階尋坤爲土古者土階故坤爲階也階所以升者五陰爲二陽作階使升居五故有升階之象也○坤性至之貞○上體坤坤喪乙滅癸故性暗昧居上體而在升家故冥升此上荀義案中庸言至誠無息而先言積如天之昭昭地之撮土山之卷石水之一勺所謂積也繼之云維天之命於穆不已又云於乎不顯文王之德之純純亦不已不已即不息二升五積小以成高大有不息之義升五得正故云不息之貞上比于五五陽不息陰之所利故利于不息

之貞也

周易述卷六

山東省立圖書館
SHANTUNG PROVINCIAL LIBRARY

周易述卷七

元和惠棟集注并疏

周易下經三

䷮ 坎宮四世卦
消息九月

困亨【注】否上之二剛爲陰弇故困上之二乾坤交故亨傳曰困窮而通也貞大人吉无咎【注】大人謂五在困无應宜靜則无咎故貞大人吉无咎有言不信【注】乾爲信震爲言折入兌故有言不信尚口乃窮也荀氏謂陰從二升上成兌爲有言失中爲不信【疏】否上至通也○卦自否來上九之二二五之剛爲陰所弇故困否天地不變不能通氣上之二乾坤交故亨傳曰困窮而通者繫下文謂陽窮否上變之

二成坎坎爲通故窮而通也此兼虞義若鄭氏之義謂坎爲月互體离离爲日兌爲暗昧日所入今上弇日月之明猶君子處亂世爲小人所不容故謂之困云兌爲暗昧日所入者案古文尚書堯典曰分命和叔宅西曰昧谷鄭彼注云西者隴西之西今人謂之兌山兌西方卦故云日所入尋彖傳云困剛弇也今鄭謂上體之兌弇下體之坎离以釋困字違彖傳剛弇之義故不用也○大人至无咎○此虞義也乾五爲大人故大人謂五五在困家與二敵應故无應正居其所則吉故云宜靜則无咎也案京房易積算曰靜爲悔發爲貞故凡卦爻辭言貞者皆謂變之正今以貞大人爲宜靜則无咎者師彖傳曰貞正也九五處困之家近无所據遠无所應以其體剛得中宜正居五位則吉无咎若師之貞丈人者謂當升坤五爲貞是已正而守正與未正而當正皆謂之貞荀氏之義亦與虞同○乾爲至窮也○此虞義也震息成兌故折入兌兌爲毀折也乾爲信上之二乾體壞故有言不信彖曰尚口乃窮也○荀氏至不信○荀氏據卦自否來坤陰從二升上體兌說卦曰說言乎兌故成兌爲有言二五爲中二之上失中爲不信故有言不信虞氏以震爲言與荀異也

初六臀困于株木注臀謂四乾爲老巽爲木故爲株木初失位應在四四困于三故臀困于株木九家謂三體爲木澤中无水兌金傷木故枯爲株也入于幽谷三歲不覿注初動體兌坎水半見出于口故爲谷坎爲入爲三歲坎陽入陰爲陰所弇故入于幽谷三歲不覿九二困于酒食朱紱方來注坎爲酒食二爲大夫坤爲采地上之二坤爲坎故爲酒食初變坎體壞故困于酒食以喻采地薄不足已用也乾爲朱坤爲紱朱紱謂五二變應五故朱紱方來利用享祀征凶无咎注二變體觀享祀故利用享祀二失位无應故征凶變之正與五應故无

咎象曰中有慶也荀氏謂二升在廟五親奉之故利用享祀六三困于石據于蒺蔾注三承四二變體艮爲石故困于石春秋傳曰往不濟也下乘二剛二體坎爲蒺蔾非所據而據故據于蒺蔾春秋傳曰所恃傷也入于其宮不見其妻凶注巽爲入二動艮爲宮兌爲妻三上无應离象毀壞隱在坤中死其將至故不見其妻凶也九四來徐徐困于金轝吝有終注來欲之初徐徐舒遲也見險故來徐徐否坤爲轝之應歷險故困于金轝吝易得位故吝有終矣九五劓刖困于赤紱注劓刖當爲倪仉倪仉不安也赤紱謂二否乾爲赤二未變應五故倪仉

困于赤紱乃徐有說利用祭祀【注】兌爲說坤爲徐二動應巳故乃徐有說陸氏謂二言享祀此言祭祀經互言耳

上六困于葛藟于臲卼【注】巽爲草莽稱葛藟謂三也三不應上故困于葛藟于臲卼曰動悔有悔征吉【注】乘陽故動悔變而失正故有悔三巳變正巳得應之故征吉

【疏】臀謂至株也○臀謂四九家據易例也否乾爲老巽爲木木老故爲株也初以陰居陽故失位初應在四四困于三故臀困于株木亦九家義也九家亦以三體巽巽爲木上體兌兌爲金兌金傷木故枯爲株義亦通也○初動至不覿○初動體兌坎水半見謂坎半象也說文谷字下云泉水出通川爲谷从水半見出於口與坎半象同義故亦取象于谷也坎爲入爲三歲皆虞義也上之二成坎坎陽入陰而弇于三故入于幽谷三歲不覿也○坎爲至方來○需九五需于酒食謂坎也故坎爲酒食二爲大夫交例也坤旧爲采地二之上坤變

爲坎故爲酒食古者分田制祿采地祿所入故乾鑿度
曰困于酒食者困于祿也鄭彼注云因其祿薄故无以
爲酒食云初變坎體壞故困于酒食以喻采地薄不足
已用也者此兼用鄭義鄭說本乾鑿度唯釋酒食以初
辰在未未上值天廚酒食象此據爻辰二十八宿所值
而言今不用也乾爲大赤故爲朱坤爲紱皆虞義也九
家說卦曰坤爲帛故爲紱乾鑿度曰天子三公九卿朱
紱故朱紱謂五二五敵應二變則與五相應故朱紱方
來自外曰來也○二變至享祀○二變有觀象觀享祀
之卦故利用享祀二失位无應故征行則凶變之正與
五應則五有慶二受福故无咎也荀氏據卦自否來六
二升上上爲宗廟故二升在廟五以上爲宗廟故親奉
之若然利用享祀謂五也○三承至傷也○陰當承陽
故三承四石謂四二變四體艮艮爲石三爲四所困故
困于石云春秋傳曰往不濟也者襄廿五年傳文自内
曰往謂三往承四爲四所困故往不濟也若然臀困于株
木四爲三所困今三又困于石者陸氏所謂六爻迭困
是也蒺藜謂二三下乘九二之剛易例陰承陽陽據陰
今三乘剛而云據失其義故繫下云非所據而據焉陰
當承陽而反據之必爲陽所傷故春秋傳云所恃傷也

○巽爲至凶也○此虞義也坎巽皆有入象初體坎故爻辭入于幽谷坎也三體巽故此象入于其宮巽也九家云艮爲門闕宮之象也故二動艮爲宮應在上上體兑兑少女爲艮妻故兑爲妻三上皆陰故无應二動故离象毁壞三又體坤故隱在坤中坤喪于乙爲既死霸故死其將至也○來欲至終矣○此虞義也應在初故來欲之初徐舒同物同音故云徐徐舒遲也初體坎坎爲險見險故來徐徐也兑爲金否坤爲轝故爲金轝四之初歷坎險故困于金轝昏禮諸侯親迎乘金車四與初有昏因之道故以金轝爲喻二爻失位故吝各易得正故有終矣○劓刖至赤紱○劓刖當爲倪仉從鄭讀也荀陸王肅本皆作鯢鼿云不安貌倪與鯢仉與鼿古今字故云倪仉不安也九五人君不當有劓刖之象故從鄭讀爲倪仉也四爲諸侯諸侯赤紱而云赤紱謂二者乾鑿度曰其位在二故以大夫言之乾爲大赤故爲赤二未變應五五无據无應故倪仉不安爲二所困故困于赤紱也○兑爲至有説○此虞義也五體兑兑爲説坤安舒泰故爲徐二動與五應故乃徐有説所謂貞大人也○陸氏至言耳○九二利用享祀荀氏謂二升在廟五親奉之則二之享祀即五之祭祀故陸績云互

言耳○巽爲至倪仉○此虞義也巽剛爻爲木柔爻爲草故巽爲草莽葛藟延蔓之草故巽爲草莽稱葛藟三體巽故謂三也三上皆陰故三不應上上爲三困故困于葛藟于倪仉也○乘陽至征吉○此虞義也二之上乘五陽故動悔上變應三則失正故有悔三變應上則各得其正故云三巳變正巳得應之謂往應三則吉故征吉也

䷯ 震宮五世卦 消息五月

井注泰初之五與噬嗑旁通坎爲水巽木爲桔槔离爲瓶兌爲泉口桔槔引瓶下入泉口汲水而出井之象改邑不改井注坤爲邑乾初之五折坤故改邑初爲舊井四應甃之故不改井无喪无得往來井井注初之五坤象毀壞故无喪五之初失位无應故无得坎爲通故往來

井井往謂之五來謂之初汔至亦未繘井【注】汔幾謂二也巽繩爲繘幾至初而未及泉故未繘井累其瓶凶【注】瓶謂初初欲應五爲二拘累故凶虞氏謂累鉤羅也艮爲手巽爲繘离爲瓶手繘折其中故累其瓶體兌毀缺故凶矣【疏】泰初至之象○此虞鄭義也卦自泰來初九升五六五降初所以取象於井者以坎爲水巽木爲桔槔桔槔者莊子所謂鑿木爲機後重前輕挈水若抽數如泆湯其名爲槔是也互體离兌离外堅中虛瓶也兌爲暗澤泉口也云桔槔引瓶下入泉口汲水而出者是言取象于井之義故云井之象也○坤爲至改井○此虞義也泰坤爲邑乾初之五折坤體故改邑初本乾也乾爲舊故初爲舊井四井甃故四應甃之四來脩初故不改井也○初之至之初○此虞義也坤爲喪故云初之五坤象毀壞故无喪五以陰居初與四敵應故失位无應无應故无得也初之五成坎坎爲通往來不窮謂之通故往來井井自内曰往故往謂之五自

内曰來故來謂之初也○汔幾至繘井○此虞義也詩
民勞曰汔可小康鄭箋云汔幾也釋詁云譏汔也孫炎
注云汔近也幾音期訓爲近鄭云繘綆也方言曰關西
謂綆爲繘郭璞注云汲水索也巽爲繩故巽繩爲繘五
坎爲泉初六井泥本不及泉二幾至初亦未及泉故未
繘井○瓶謂至故凶○此荀義也初二易位初體离爲
瓶故瓶謂初初二易位故初欲應五五井冽寒泉食有
引瓶汲水之象今二不變初爲二拘累上不能應五故
累其瓶凶也○虞氏至凶矣○虞氏本累作羸云羸鉤
羅也噬嗑艮爲手巽爲繘艮折巽體故手繘折其中則
鉤羅其瓶也互體离兑兑爲毁折
瓶缺漏故凶九二雍敝漏是也

初六井泥不食舊井无禽注食用也四坎爲泥巽爲木果
乾爲舊在下无應故井泥不食舊井无禽九二井谷射
鮒雍敝漏注兑爲谷巽爲鮒鮒蝦蟇也离爲罋雍瓶毁
缺羸其瓶凶故雍敝漏也九三井渫不食爲我心惻注

乾爲清三得正故井渫二累其瓶故不食坤爲我坎心爲惻故爲我心惻可用汲王明並受其福注乾爲王爲福离爲明初二易位成既濟定五來汲三故王明並受其福六四井甃无咎注以瓦甓壘井稱甃坤爲土初之五成离离火燒土爲瓦故井甃初巳正四爲脩之故无咎九五井洌寒泉食注洌水清也五坎爲泉五月陰氣在下乾爲寒故曰寒泉通噬嗑食故洌寒泉食矣上六井收勿幕有孚元吉注幕蓋也收謂以鹿盧收繘也坎爲車應巽繩爲繘故井收勿幕有孚謂五坎初二巳變五正應二故有孚元吉疏食用至无禽○井爲人用故云食用也坎折坤體虞氏坤土得

水爲泥故需九三需于泥震九四震遂泥皆謂坎初應在四故四坎爲泥古者井樹木果故孟子井上有李禽來食之故云巽爲木果初不應四故不食初本乾也故乾爲舊在下无應四不汲初故舊井无禽井壞不治故无木果樹于側亦无禽鳥來也若四來脩初旁植樹果禽鳥來食矣此兼虞義尋井與噬嗑旁通噬嗑食也故初三五皆言食初二不變故初三皆云不食初二易位王明受福故五洌寒泉食矣○兌爲至漏也○此子夏虞氏義也兌有坎半象故爲谷巽蟲爲鮒鮒蝦蟇子夏義井五月卦故有蝦蟇鄭云雍停水器也說文曰汲瓶也二不變應五故雍瓶毀缺卦辭所謂羸其瓶是也水下注不汲故雍敝漏也鄭氏之義以鮒爲小鮮云九三艮爻也艮爲山山下有井必因谷水水所生无大魚但多鮒魚耳夫感動天地此魚之至大射鮒井谷此魚之至小故以相況鄭據六日七分謂中孚十一月卦卦辭豚魚吉巽爲魚巽以風動天故云感動天地此魚之至大井五月卦九二失位不與五應故射鮒井谷言微陰尚未應卦不能動天地故云此魚之至小也○乾爲至心惻○乾爲天天清明无形故爲清三五得正故三稱井渫五稱井洌三井雖渫二不變應五而羸其瓶故不

食惻傷悼也張璠謂惻然傷道未行也○乾爲至其福
○此虞荀義也五乾爲王爲福德离嚮明故爲明可用
汲謂五可用汲三也初二失位各易得正成既濟定則
五來汲三故王明並受其福謂諸爻受五福也○以瓦
至无咎○此虞義也馬融云甃爲瓦裏下達上是以瓦
甓壘井也甃以瓦甓故云离火燒土爲瓦初舊井无禽
變之正與四應四來脩初故无咎也○洌水至食矣○
說文曰洌水清也五體坎故坎爲泉初井泥二井谷三
渫井四脩井至五而後水清可食井五月卦故五月陰
氣在下參同契曰遘始紀序履霜最先井底寒泉五乾
爲寒故曰寒泉井與噬嗑旁通噬嗑食也故洌寒泉食
矣此兼虞義虞唯以初二變體噬嗑食故洌寒泉此取
震半象不取旁通今不用也○幕蓋至元吉○此虞義
也幕以覆井故云蓋也馬融云收汲也鹿盧圓轉木所
以汲水以鹿盧收繘而汲水故云收也取象坎車故坎
爲車五應在二故應巽繩爲繘鹿盧收繘泉自下出故
井收勿幕陽在二五稱孚故有孚謂五坎初二已
變成既濟二五相孚故有孚元吉象曰大成也

坎宮四世卦
消息三月

革注彖上之初與蒙旁通革改也水火相息而更用事故謂之革巳日乃孚元亨利貞悔亡注二體离离象就巳爲巳日孚謂五三以言就五乃者難也故巳日乃孚悔亡謂四也四失正動得位故悔亡巳成既濟乾道變化各正性命保合大和乃利貞故元亨利貞悔亡矣與乾彖同義疏彖上至之革○此虞鄭義也卦自彖來彖上九來之初旁通蒙也九四有孚改命吉此卦以四變改命爲吉故云革改也息長也謂水火相長而更用事也此卦之取義有四焉水火相息四時更代彖辭天地革而四時成象辭治歷明時一也王者受命改正朔易服色亦謂之革彖辭湯武革命二也鴻範曰從革作辛馬融彼注云金之性從火而更可銷鑠也兌金离火兌從离而革三也鳥獸之毛四時更易故說文解革字義云獸皮治去其毛初鞏用黃牛之革五上虎變豹變四也卦象兼此四義故云革也○二體至同義○

此虞義也二體离爲日晦夕朔旦坎象就戊日中則离离象就巳故爲巳日陽在二五稱孚故孚謂五三革言三就有孚故以言就五二正應五三孚于五故巳日乃孚六爻唯四當革初鞏用黄牛之革象曰不可以有爲也二巳日乃革之乃者難也宣八年公羊傳文難者重難言尚未可以革也三以言就五人事應而天命未改必至四而後改命吉成既濟定也乾道變化乾坤元也變化亨也各正性命貞也保合大和利也四革之正故元亨利貞悔亡矣乾文言曰乾道乃革謂四體革乾元用九故云同義也

初九鞏用黄牛之革 注 鞏固也象坤爲黄牛艮皮爲革得位无應未可以動故鞏用黄牛之革

六二巳日乃革之征吉无咎 注 二體离爲巳故巳日乃革之四動二應五故征吉无咎

九三征凶貞厲 注 應在上而隔於四故征凶動而失正故貞厲

革言三就有孚 注 象震爲言歷三

爻故革言三就五坎爲孚故有孚九四悔亡有孚改命吉注革而當其悔乃亡巽爲命四動五坎改巽故改命吉九五大人虎變未占有孚注乾爲大人謂五也蒙坤爲虎變四巳之正故未占有孚陸氏謂兌爲虎上六君子豹變注陰得位爲君子蒙艮爲豹從乾而更故君子豹變陸氏謂兌之陽爻稱虎陰爻稱豹小人革面征凶居貞吉注面謂上遯初爲小人之上得正順以從五故革面應在三四未變故征凶上得位故居貞吉蒙艮爲居也疏鞏固至之革○鞏固釋詁文坤爲黃又爲子母牛故爲黃牛艮爲膚故艮皮爲革九居初得位與四敵應故无應六爻唯四當革所謂革而當其悔乃亡四不變故初未可以動守之宜固故鞏用黃牛之革

也此兼虞干義○二體至无咎○二體离离象就已故
离爲已乃者難也故已日乃革之四革之正二正應五
故征吉无咎象曰已日革之行有嘉也明四已正二得
往應五也○應在至貞厲○三正應上爲四所陽四在
离爲惡人故征凶三逼于四動而失正故貞厲也○象
震至有孚○革道成于四自初至三歷三爻故革言三
就謂就五也陽在二五稱孚五坎爲孚故有孚尋六二
已日乃革之二正應五五爲天順乎天也九三革言三
就三于三才爲人道應乎人也二天應至而人事未盡
三人事至而天命未改故象曰革言三就又何之矣言
尚未可以革也○革而至命吉○此虞義也彖傳革而
當其悔乃亡謂四也有孚謂五四體巽四動成坎巽體
壞故五坎改巽巽爲命故改命吉○乾爲至爲虎○乾
二五稱大人五爲大人二升坤五亦爲大人故乾爲大
人謂五也坤爲虎刑故象坤爲虎變變謂毛希革而易
新四動改命其命維新故五虎變也五本坎也四動坎
爲孚故未占有孚此兼虞義陸績以兌西方爲白虎五
體兌故虎變與虞異也○陰得至稱豹○乾鑿度曰一
聖二庸三君子四庸五聖六庸七小人八君子九小人
十君子十一小人十二君子鄭彼注云陽得正爲聖人

失正爲庸人陰失正爲小人得正爲君子若然一聖復也得正故曰聖人乾鑿度云正陽在下爲聖人是也二庸臨也失正故曰庸人三君子泰也當云聖人而稱君子者三正而不中故稱君子泰君子道長謂三也四庸大壯也失正故曰庸人五聖夬也得正故曰聖人六庸乾也失正故曰庸人也七小人遘也失正曰小人八君子遯也得正故曰君子九小人否也失正故曰小人否小人道長謂三也十君子觀也得正故曰君子十一小人剥也失正故曰小人十二君子坤也得正故曰君子革上六陰得正故爲君子蒙艮爲豹從乾而更故君子豹變此虞義也艮爲黔喙之屬故爲豹蒙體艮革互乾故從乾而更豹變之象陸績以虎豹皆爲兑陽大稱虎陰小稱豹云豹虎類而小者也五陽爻故爲虎上陰爻故爲豹君子小於大人故五稱虎上稱豹也○而謂至居也○而爲上易例也卦自遯來遯初失正故爲小人初之上得正陰順於陽故順以從五遯上變故革而也上應在三三爻辭征凶謂四未變也六以陰居上故居貞吉若然三得正而貞厲者近於四而不相得也上得正而吉者四已之正革道至上而成故稱吉也

离宫二世卦消息内卦五月外卦六月

周易述卷九

元和惠棟集注并疏

彖上傳

大哉乾元萬物資始乃統天【注】陽稱大資取統始也大衍之數五十其用四十有九其一元也故六十四卦萬一千五百二十筴皆取始于乾元乾爲天天地之始故乃統天一說統本也筴受始于乾猶萬物之生本乎天雲行雨施品物流形【注】乾二五之坤成坎上坎爲雲下坎爲雨故雲行雨施乾以雲雨流坤之形萬物化成故品物流形大明終始【注】乾爲大明坤二五之乾成离离爲

日坎爲月日月之道陰陽之經所以終始萬物故曰大明終始六位時成【注】九六之變登降於六體乾息坤消以時而成時乘六龍以御天【注】乾六爻稱六龍時乘者六龍乘時也御進也言六龍皆當進居天位升降以時不失其正乾道變化各正性命保合大和乃利貞【注】乾爲性巽爲命乾變坤化成既濟定剛柔位當故各正性命陰陽合德故保合大和是利貞之義矣故曰乃利貞首出庶物萬國咸寧【注】乾爲首震爲出坤爲萬國帝出乎震萬物亦出乎震故首出庶物震元也謂乾元用九而天下治故萬國咸寧【疏】陽稱至乎天○陽大陰小故泰否二卦稱大小往來資取

鄭義也小爾雅曰資取也孝經曰資於事父以事君孟子曰居之安則資之深資皆訓爲取隱元年公羊傳曰何言乎王正月大一統也何休注云統者始也元亦始也王者所以通三統故云統始也大衍之數五十謂日十辰十二星二十八三辰之數凡五十也三辰合于三統三統會于一元故三統歷曰太極元氣函三爲一一即天地人之始所謂元也乾鑿度曰易始于一謂太極也分于二謂兩儀也通于三謂三才也故三才之道兼之爲六畫衍之爲大衍合之爲太極太極函三爲一故一不用其用四十有九也六十四卦萬一千五百二十筴皆取始于乾元荀義也二篇六十四卦萬一千五百二十筴當萬物之數彖傳所稱萬物即二篇之筴也說文曰道立于一化生萬物故萬一千五百二十筴皆取始于乾元呂氏春秋曰凡彼萬形得一後成董子以元爲萬物之本又以天地人爲萬物之本亦此義也何休注公羊曰元者天地之始故乾坤皆言元春秋正月二月三月三代稱元是統天之義一說已下鄭荀義也荀子君道篇曰四統者俱而天下歸之四統者亡而天下去之又議兵篇曰未有本統統皆訓爲本郊特牲曰萬物本乎天故筴受始于乾猶萬物之生本乎天也○乾

二至流形○此虞義也乾二五之坤成兩坎坎在上爲雲雲雷屯是也在下爲雨雷雨解是也說文曰品衆庶也坤爲形乾流坤形萬物成形皆出于坤故品物流形也○乾爲至終始○乾爲大明虞義也离麗乾离爲明陽稱大故爲大明上云乾二五之坤成坎此云坤二五之乾成离則有日月象离爲日巳下乾鑿度文彼謂上經始乾坤終坎离乾始坎而終于离坤始离而終于坎故曰日月之道陰陽之經所以終始萬物日月謂坎离坎离爲經故曰陰陽之經也○九六至而成○九六之變登降于六體三統歷文六位六爻之位又謂之六體九六爻也乾坤十二爻登降于六體乾息于子成于巳坤消于午成于亥故云以時而成也○乾六至其正○經曰見羣龍鄭氏注云六爻皆體乾羣龍之象故知六龍爲乾六爻尚書大傳龍屬王極王君也乾亦君也說卦曰乾以君之又曰乾爲君故九家曰乾者君卦也六爻皆當爲君是乾六爻有君象皆當進居天位故曰時乘六龍以御天六龍是君非君所乘故以時乘爲六龍乘時合於見羣龍之義也許慎五經異義曰易孟京說天子駕六易時乘六龍以馭天謹案王度記云天子駕六與易同鄭氏駮云元之聞也易經時乘六龍者謂陰

陽六爻上下耳豈故爲禮制王度記云今天子駕六者自是漢制與古異漢世天子駕六非常法是鄭以時乘六龍爲六爻乘時上下非乘六龍也班固幽通賦曰登孔顥而上下兮緯羣龍之所經孔爲匹夫隱在乾初故下顥爲天子系乾九五故上是羣龍上下之事也蔡雍獨斷曰御進也升降謂乾升坤降也乾升曰御天坤降曰承天升降以時不失其正所以釋乘時之義○乾爲至利貞○性命于天故乾爲性重巽以申命故巽爲命巽者坤初乾伏于下命禀于生初故巽爲命也一陰一陽之謂道言乾道者兼坤也虞注上繫云在天爲變在地爲化故乾言變坤言化乾變坤化成既濟定六爻皆正故剛柔位當是各正性命六爻皆合故陰陽合德是保合大和和即利也乾不言利故謂之大和皆釋利貞之義故曰乃利貞者也○乾爲至咸寧○虞注比象曰坤爲萬國坤爲地地有九州故曰萬國乾初九震也震爲帝故帝出乎震初九乾元萬物資始故萬物亦出乎震晉語曰震雷長也故曰元是震爲元帝出乎震即乾元也乾元用九而天下治是萬國咸寧之象也

至哉坤元萬物資生乃順承天注坤爲地至從一一亦地

也故曰至哉乾坤相並俱生合于一元故萬一千五百二十筴皆受始于乾由坤而生也天地既分陽升陰降坤爲順故順承天坤厚載物德合无疆注坤爲大轝故爲載疆竟也乾爲德坤爲无疆坤順承天乾德合坤故德合无疆含弘光大品物咸亨注弘含容之大也光大謂乾坤含光大凝乾之元終於坤亥出乾初子天地交萬物通故品物咸亨牝馬地類行地无疆注地用莫如馬故曰地類順而健故曰行地无疆柔順利貞君子攸行注謂坤爻本在柔順陰位利正之乾則陽爻來據之故曰君子攸行先迷失道後順得常西南得朋乃與類

行東北喪朋乃終有慶**注**乾爲道坤爲常未西南陰類故乃與類行喪朋從陽故乃終有慶陽稱慶也虞氏謂陽得其類月朔至望從震至乾與時偕行故乃與類行陽喪滅坤坤終復生謂月三日震象出庚故乃終有慶

安貞之吉應地无疆**注**坤道至靜安于承天之正陽出初震震爲應故應地无疆**疏**坤爲至承天○地稱一者亦謂天地皆始于一説文曰至從高下至地從一一猶地也故乾稱大坤稱至乾坤相並俱生乾鑿度文易有太極極即一也是生兩儀兩儀天地也故云相並俱生何休公羊注云元者氣也天地之始也故云合于一元素問曰天氣始于甲地氣始于子甲子初九爲乾之元即坤之元也三統歷曰陰陽合德氣鍾于子化生萬物故萬一千五百二十筴皆受始于乾由坤而生也天地既分而下亦約乾鑿度而爲言彼文云太極分而爲二故生天地輕清者上爲天

濁重者下爲地是天地既分之初即具升降之理坤之所以順承天也○坤爲至无疆○坤爲大轝說卦文轝所以載物坤主載故取義于此疆竟小爾雅文昭元年公羊傳曰疆運田者何與莒爲竟也何休注亦云疆竟也坤爲无疆虞義也上云乃順承天坤承乾而乾與之合德故德合无疆也○弘含至咸亨○此虞荀義也釋詁曰弘大也弘有容義又有廣義故曰含容之大也凝乾之元終于坤亥皆謂坤含乾也出乾初子始交于坤化生萬物萬物棣通故品物咸亨○地用至无疆○地用莫如馬漢書食貨志文馬行于地者故曰地類坤爲牝乾爲馬牝馬順而健乾坤合德之象故行地无疆○謂坤至攸行○此九家義也虞注下繫云乾六爻二四上非正坤六爻初三五非正故言坤爻本當在柔順陰位利居乾之二四上則得正故曰利正之乾乾來居坤初三五之位則六爻皆正矣君子謂陽爻乾來據坤故君子有攸往也○乾爲至有慶○乾爲道虞義也坤爲常荀義也坤消乾毀故先迷失道後順于主合于常道故後順得常未本坤之正位故曰陰類郊特牲曰天地合而后萬物興焉衡丑承乾以合于子則十二爻皆和會歷家以之合辰樂家以之合聲中和之道行化育之

功茂故乃終有慶陽稱慶亦虞義喪朋從陽故稱慶也
虞氏以下據納甲爲言陽得其類謂一陽以至三陽成
也月朔至望乾體已就終日乾乾與時偕行故乃與類
行陽喪滅坤謂乙癸也坤終復生五六三十終竟復始
三日而震象出庚乾之餘慶故乃終有慶也○坤道至
无疆○坤靜故安又坤道以承天爲正故安于承天之
正陽出初震震同聲相應故爲應
坤爲地初爻交坤故應地无疆也

屯剛柔始交而難生動乎險中大亨貞雷雨之動滿形注乾剛坤柔乾二五之坤是剛柔始交也成坎險故難生九二降初動乎險中三之正故大亨貞屯者盈也故稱滿坤爲形雷動雨施品物流形故滿形俗訛爲盈天造草昧宜建侯而不寧注造造生也草草創物也乾始交坤坤冥爲昧故天造草昧震位承乾建侯扶屯三反正

成既濟定故曰不寧言寧也【疏】乾剛至爲盈○乾剛坤柔雜卦文乾二五之坤是乾始交坤故云剛柔始交也成兩坎天險地險故云坎險坎者陷也陽陷陰中故云難生春秋說題辭曰易者氣之節上經象天下經計歷文言立符象出期節彖言變化繫設類跡彖言變化故彖傳皆言之卦下放此卦自坎九二降初坎險震動故動乎險中中謂二也三變之正成既濟故大亨貞屯者盈也序卦文盈天地之間者唯萬物故云盈也坤爲形已下虞義也俗訛爲盈盈滿同義滿下不合疊盈字今從虞氏本改爲形也○造造至寧也○此荀虞義也屯者物之始生故云造造生也陽造陰化王砅玄珠密語曰陽爲造生陰爲化源是也序卦曰屯物之始生乾始交坤故云草創物坤納乙癸月三十日晦釋言曰晦冥也晦冥同義故云坤冥爲昧昧亦冥也震長子繼世故承乾得正得民是建侯扶屯之事三已正六爻得位萬國咸寧故曰不寧不寧爲寧猶言不顯爲顯此古訓也

蒙山下有險險而止蒙蒙亨以亨行時中也【注】險坎止艮

卦自艮來三之二爲剛中變之正爲柔中故以亨行時中中庸曰君子而時中匪我求童蒙童蒙求我志應也**注**五變上動體坎坎爲志故曰志應謂五應二初筮告以剛中也再三瀆瀆則不告瀆蒙也**注**二以剛居中故告變之正除師禮故不告蒙以養正聖功也**注**體頤故養二志應五五之正反蒙爲聖故曰聖功五多功也**疏**險坎至時中[illegible]說卦曰坎險也艮止也注云險坎止艮先言險而後言止者易氣從下生也彖傳例皆然下放此時者變動不居之義二有師道剛中謂九居二也又有婦道變之正故曰柔中也二剛則五柔二柔則五剛二五應剛柔接故以亨行時中也引中庸者言執中有權也○五變至應二○坎爲志虞義也二體坎五變上動亦體坎坎爲志故云志應應嫌二求五故云五應二○二以至不告○二剛中有師道故告變之正與陰同類

當除師學之禮故不告也尚書大傳曰散宜生閎夭南
宮适三子者相與學訟于太公太公見三子知三子之
爲賢人遂酌酒切脯除師學之禮約爲朋友是除師禮
之事也○體頤至功也○此釋利貞也二至上有頤象
頤者養也序卦曰頤養正也虞彼注云謂養三五五之
正爲功三出坎爲聖故由頤養正虞謂與蒙養正聖功
同義也鴻範休徵曰聖時風若咎徵曰蒙恒風若是蒙
與聖反也乾鑿度九五爲聖人陰反爲陽猶蒙反爲聖
故曰聖功呂氏春秋曰學者師達而有材吾未知其不
爲聖人是也五多功下繫文不言二之正者二養正也
需須也險在前也**注**險在前故不進剛健而不陷其義不
困窮矣**注**剛健乾也坎爲陷乾知險需時而升故不陷
陽陷爲困需有孚光句亨貞吉位乎天位以正中也利
涉大川往有功也**注**五多功故往有功**疏**險在至不進○雜卦曰需
不進也虞注云險在前也故不進○剛健至爲困○大
哉乾乎剛健中正內體乾故知剛健爲乾說卦坎陷也

故知坎爲陷繫下云乾天下之至健也德行恒易以知險險在前需時而升故不困窮也大元爻準需也其詞曰陽氣能剛能柔能作能休見難而縮是也○五多至有功○五多功下繫文二往居五故往有功

訟上剛下險險而健訟注險而健謂二四訟有孚句窒惕句中吉剛來而得中也注三之二終凶訟不可成也注失位不變故訟成利見大人尚中正也注中正謂五不利涉大川入于淵也注坎在下爲淵疏險而至二四○所以致訟二四也二體坎故險四體乾故健○三之二○卦自遯三之二在內曰來○失位至訟成○訟成謂獄訟成也九家曰初二三四皆不正以不正故訟初變不永所事二變无眚三變食舊德四變安貞吉以訟不可成利變之正不變則終凶也○中正謂五○五象傳曰訟元吉以中正也故知中正謂五○坎在下爲淵○此荀義也

師衆也貞正也能以衆正可以王矣注坤衆也坎亦爲衆

故云師衆也二失位變之五爲比故能以衆正可以王矣剛中而應行險而順【注】據卦變以此毒天下而民從之吉又何咎矣【注】謂二也坎爲毒毒治也用師以毒天下羣陰順從吉又何咎也【疏】坤衆至王矣○坤衆也說卦文晉語曰坎水也衆也故知坎亦爲衆也二失位已下虞義也彖曰貞丈人二中而不正故失位上之五體比得正得中征之爲言正也以師正天下故云能以衆正可以王矣○據卦變○蜀才注曰此本剥卦上九降二六二升上是剛中而應行險而順也○謂二至咎也○長子帥師故毒天下謂二坎爲毒虞義也毒治馬義也凡藥之攻疾者謂之毒藥周禮醫師聚毒藥是也用師旅以除暴猶用藥石以除疾故呂氏春秋論兵曰若用藥者得良藥則活人得惡藥則殺人義兵之爲天下良藥也亦大矣是毒天下爲治疾之義也上云能以衆正可以王矣王者天下所歸往二以長子帥師五陰順從故毒天下而民從之吉又何咎矣

比吉也比輔也下順從也【注】下謂五陰原筮元永貞无咎以剛中也【注】剛中謂師二不寧方來上下應也【注】上謂三四五下謂初後夫凶其道窮也【注】上爲窮【疏】下謂五陰○卦有五陰一在上四在下而皆謂之下者師上體坤繫上曰天尊地卑乾坤定矣是則天尊爲上地卑爲下故巽奉封事曰上方之情樂也下方之情哀也孟康注謂陽爲上陰爲下是也此總卦義故謂五陰爲下下傳分言之則有上下後夫之殊也○剛中謂師二○蜀才注云此本師卦六五降二九二升五案九二剛中而不正故原筮元永貞乃得无咎也○上謂至謂初○據二升五時三四五在上初在下二正五位故上下應也○上爲窮○虞氏云迷失道故其道窮

小畜柔得位而上下應之曰小畜【注】柔謂四四爲卦主少者爲多之所宗故上下應之健而巽剛中而志行乃亨

注剛中謂五坎爲志乃者難也密雲不雨尚往也自我西郊施未行也注尚往謂初二不雨故施未行疏柔謂至應之○卦惟一陰故爲卦主京氏謂成卦之主是也少者爲多之所宗京房易傳文宗主也一陰五陽陰少陽多故陰爲陽主王氏謂體無二陰以分其應故上下應之是也尋初二尚往而言上下應之者畜道至上而成五陽終爲陰畜卦所以名小畜也○剛中至難也○一陰劣不能固陽九五剛中四與合志同力畜乾至上而成其志得行乃始亨也坎爲志虞義也上變體坎故坎爲志乃者難也者宣八年公羊傳曰乃者何難也難猶重難言非剛中而志行不能亨也○尚往至未行○卦自需來需者乾升坎降今上變爲巽則一陰爲主而衆陽同應之故能以小畜大然初二體乾初復自道二牽復故有尚往之象雲行雨施今不雨故施未行也

履柔履剛也注柔謂三剛謂二兑彖傳曰剛中而柔外說而應乎乾是以履虎尾不咥人亨注乾履兑兑說應之

故不啞人剛中正履帝位而不疚光明也【注】剛中正謂五五帝位离爲光明以乾履兑五剛中正故履帝位而不疚光明也【疏】柔謂至柔外○虞氏據旁通坤柔乾剛嗛坤籍乾故柔履剛且云兑爲剛鹵非柔以柔爲兑三者非是尋兑之二陽爲剛非指三也兑彖傳明言剛中柔外則柔履剛爲兑三之柔履二之剛明矣虞氏非也○乾履至啞人○義具履卦○剛中至明也○此一節釋利貞之義二五皆剛中而稱剛中正故知謂五以陽居五故履帝位以上虞義也三體离离爲日故云光明以乾履兑兑爲虎五在乾體履危之象故云疚以其剛中得正故履帝位而不疚光明也

泰小往大來吉亨則是天地交而萬物通也【注】乾二之坤五坤五降乾二是天地交雲行雨施品物咸亨故萬物通上下交而其志同也【注】二上交五下交坎爲志否巽

爲同故上下交而其志同内陽而外陰内健而外順注乾陽息内坤陰消外故内陽而外陰乾健居正坤順承天故内健而外順内君子而外小人注君子謂三小人謂五君子道長小人道消也注陽息至三故君子道長至五成夬故小人道消疏乾二至物通○卦乾下坤上乾天坤地乾二之坤五坤五降乾二成坎离天地以离坎交陰陽故天地交乾升曰雲行坤降曰雨施雲雨澤物品物咸亨故萬物通謂已成既濟也月令孟春曰天氣下降地氣上騰亦說天地交事彼據二五易位之後而言義並通也俗儒謂三陽在下爲下降三陰在上爲上騰非也○二上至志同○上下交有二義二升五爲上交五降二爲下交此一義二升五五降二二五相應亦是上下交此又一義二義並通以後義爲正解也坎爲志否巽爲同皆虞義二五易位體坎故其志同○乾陽至外順○九家易曰陽稱息者長也起復成巽萬物盛長也陰言消者起姤終乾

萬物成熟成熟則給用給用則分散故陰用特言消也乾陽息內故內陽坤陰消外故外陰九二升五是乾健居正六五降二是坤順承天二在內故內健五在外故外順○君子至謂五○乾鑿度以泰三爲君子謂陽得位也剥五爲小人以陰失位也泰五失位與剥五同故亦爲小人○陽息至道消○陽息至三故君子道長至五成夬故小人道消雜卦曰夬決也剛決柔也君子道長小人道消義並同也

否之匪人不利君子貞大往小來則是天地不交而萬物不通也**注**乾上升坤下降故天地不交獨陰不生獨陽不生故萬物不通也上下不交而天下无邦也**注**三苞羞五休否故上下不交坤爲邦坤反君道故无邦內陰而外陽內柔而外剛**注**立地之道曰柔與剛坤成乾毀故變健順言柔剛矣內小人而外君子小人道長君子

道消也注小人謂三君子謂五疏乾上至通也○宋衷象傳注曰天氣上升不下降地氣沈下不上升二氣特隔故云否是天地不交之義也月令曰天氣上騰地氣下降天地不通亦此義耳月令舉于孟冬者終言之耳獨陽不生獨陰不生莊二年穀梁傳文乾鑿度曰天地不變不能通氣鄭彼注云否卦是也天地之氣合則能生物不變則不能生物故萬物不通也○三苞至无邦○否成於三故三苞羞爲下不上交五休否爲上不下交是上下不交也坤爲邦虞義也坤反君道以其國君凶故无邦也○立地至剛矣○立地之道曰柔與剛說卦文泰彖傳曰内健而外順順者順乎乾今坤消乾坤成則乾毀柔剛屬坤故變健順言柔剛矣○小人至謂五○乾鑿度以否三爲小人夬五爲聖人故小人謂三君子謂五對小人且承泰傳而言故不言大人也陰消至三故小人道長至五成剥故君子道消也否泰反其類故君子小人互爲消長荀子曰君子小人之反是也

同人柔得位得中而應乎乾曰同人注五之二得位得中

而與乾應故曰同人同人曰同人于野亨利涉大川乾行也**注**四上變乾爲坎故曰乾行文明以健中正而應君子正也**注**謂二五唯君子爲能通天下之志**注**唯獨也四變成坎坎爲通爲志故能通天下之志**疏**五之至同人○坤六五失位降居乾二是柔得位得中而應乎乾故曰同人乾爲人二與五應五體乾故應乎乾二同于五同性同德故曰同人也○四上至乾行○同人于野乾爲野四上變體坎坎從乾來故曰乾行○謂二五○二體离离爲文明五體乾乾爲健故曰文明以健二下中五上中故曰中正而應陰陽得位爲君子故曰君子正也○唯獨至之志○此虞義也大學曰此謂唯仁人能愛人鄭注云獨仁人能之是唯爲獨也坎爲通說卦文坎爲心故爲志四上變成既濟定六爻位正故能通天下之志

大有柔得尊位大中而上下應之曰大有**注**柔謂五五爲

尊位陽稱大五爲上中故曰大中比初成震震爲應乾五變之坤成大有天道助順人道助信故上下應之曰大有

其德剛健而文明應乎天而時行是以元亨注謂五以日應乾而行于天也時謂四時也比初動成震爲春至二成兑爲秋至三离爲夏坎爲冬故曰時行以乾亨坤是以元亨疏柔謂至大有○庖犧位乾五五動見离离麗乾故柔得尊位天道助順是上應也人道助信是下應也○謂五至元亨○此虞義也五動見离故五以日應乾而行于天也大有與比旁通比變歷四時故曰時行乾五之坤故以乾亨坤也

嗛亨天道下濟而光明地道卑而上行注乾上之三故下濟而光明坤三之上故卑而上行天道虧盈而益嗛地

道變盈而流嗛鬼神害盈而福嗛人道惡盈而好嗛【注】盈者嗛之反嗛尊而光卑而不可踰君子之終也【注】德成而上【疏】乾上至上行○乾上九之坤三以乾照坤故下濟而光明坤六三之乾上天尊地卑故卑而上行也○盈者嗛之反○嗛虛也盈嗛猶盈虛盈滿也荀子仲尼篇曰滿則慮嗛平則慮險安則慮危滿與嗛平與險安與危皆義之相反者故云盈者嗛之反古文謙皆作嗛昭元年春秋傳曰謙不足則嗛與謙同物也虞注云乾盈于上虧之坤三故虧盈貴處賤位故云益嗛嗛三以坤變乾盈坎動而潤下水流溼故流嗛鬼謂四神爲三坤爲鬼害乾爲神福故鬼神害盈而福嗛乾爲好爲人坤爲惡故人道惡盈而好嗛是其義也○德成而上○樂記文韓嬰易傳曰五帝官天下又曰官以傳賢三有嗛德以升五故尊而光卑而不可踰是德成而上之事故云君子之終也

豫剛應而志行順以動豫【注】剛謂四四爲卦主五陰應之

其志大行故剛應而志行坎爲志也豫順以動故天地如之而況建侯行師乎注小畜乾爲天坤爲地如之者謂天地亦動以成四時而況建侯行師言其皆應而豫也天地以順動故日月不過而四時不忒注豫變通小畜坤爲地動初至三成乾故天地以順動過失度忒差也謂變初至需离爲日坎爲月皆得其正故日月不過動初時震爲春至四兑爲秋至五坎爲冬离爲夏四時爲正故四時不忒通變之爲事蓋此之類聖人以順動則刑罰清而民服注復初爲聖人清猶明也動初至四兑爲刑至坎爲罰坎兑體正故刑罰清坤爲民乾爲清

以乾據坤故民服豫之時義大矣哉【注】順動天地使日月四時皆不過差刑罰清而民服故義大【疏】剛謂至志也○卦唯一陽故知剛謂四又爲卦主統制五陰同心應之象傳所云由豫大有得志大行也故云剛應而志行坤順震動母老子强居樂出威故爲豫也○小畜至豫也○此虞義也說文曰如從隨也豫與小畜旁通小畜乾爲天豫坤爲地卦有中和之德故豫順以動中和者天地也故天地如之謂天地亦動以成四時如下文所云是也建侯行師羣陰皆應而說樂故云皆應而豫也○豫變至之類○此虞義也豫旁通小畜體巽豫體震震巽特變終變成小畜也坤爲地謂豫坤也動初至三下體成乾乾爲天故天地以順動續漢書律歷志曰兩儀既定日月始離初行生分積分成度又曰察日月俱發度端日行十九周月行二百五十四周復會于端無失度之事故云過失度也月令孟春曰宿離不貸鄭注云離讀如儷偶之儷宿儷謂相與宿偶當審候伺不待過差故云貮差也貮與貸通變初至需謂至五也需离爲日豫坎爲月日月皆得其正故不過也初動體震震爲春至四

體兌兌爲秋至五體坎坎爲冬离爲夏此覆述上文也貞者參同契所謂纖介不正悔吝爲賊二至改度乖錯委曲隆冬大暑盛夏霜雪二分縱横不應漏刻令四時皆正故不貣也通變之謂事上繫文虞彼注云事謂變通趨時以盡利也不過不貣皆以時言故云蓋此之類

○復初至民服○乾鑿度曰孔子曰坤變初六曰復正陽在下爲聖人四利之初復初龍德而隱故爲聖人清猶明也以下皆虞義也說文云清朗也釋言云明朗也清明同訓故云清猶明也兌正秋秋殺于右故爲刑晋語以蓐收爲天之刑人亦此義也坎爲法罰者施法之罪名故爲罰五體坎四體兌而皆得正故刑罰清楚語曰命火正黎司地以屬民故坤爲民乾爲天乾鑿度曰輕清者上爲天故乾爲清豫下體坤動初至三成乾是乾據坤之象坤爲民故民服也○順動至義大○法象莫大乎天地今天地順動矣縣象著明莫大乎日月今日月不過矣變通莫大乎四時今四時不貣矣備物致用莫大乎聖人今聖人以順動刑罰清而民服矣皆義之大者故云義大此上皆虞義也

隨剛來而下柔動而說隨**注**否乾上來之坤初故剛來而

下柔動震說兌也大亨貞无咎而天下隨之【注】陽降陰升嫌於有咎三四易位成既濟故天下隨之隨之時義大矣哉【注】用九用六之法陽唱而陰和男行而女隨故義大【疏】否乾至兌也○此虞義也乾剛坤柔卦自否來否乾上九來之坤初是剛來下柔動震說兌故名隨也○陽降至隨之○乾鑿度曰形變之始清輕者上爲天濁重者下爲地是陽升陰降易之理也今陽來降初陰往升上陽降陰升非理之常故嫌於有咎而云大亨貞无咎者以三四易位六爻皆正成既濟定雲行雨施而天下平是天下隨之也此兼荀義○用九至義大○用九者用乾之六爻而居五三初之位用六者用坤之六爻而居二四上之位故虞氏注文言曰乾坤六爻成兩既濟是也陽唱而陰和男行而女隨乾鑿度文乾爲陽坤爲陰乾成男坤成女既濟六爻陰皆承陽女皆隨男隨家有此義故云隨之時義大矣哉

蠱剛上而柔下巽而止蠱【注】泰初之上故剛上坤上之初

故柔下上艮下巽故巽而止蠱也蠱元亨而天下治也**注**以乾交坤故元亨爻多失正故不言利貞而諸爻皆有幹正之事故天下治也利涉大川往有事也**注**二往幹五故有事先甲三日後甲三日終則有始天行也**注**乾爲始坤爲終故終則有始乾爲天震爲行故天行也

疏泰初至蠱也○此虞義也○以乾至治也○剛上柔下是以乾交坤故元亨也爻之二五初上皆失正故彖不言利貞而初二三五皆有幹正父母之事亦是利貞之義孝經子曰先王有至德要道以順天下民用和睦上下無怨至德要道出於孝故殷仲文注云窮理之至以一管衆爲要然則至德要道即乾元也乾元用九故天下治也○乾爲至行也○此虞義也乾納甲故爲始坤納癸故爲終先甲者在甲前故云終後甲者在甲後故云始甲者乾也乾爲天互震爲行故天行也因是而知聖人事天之道本乎易也白虎通曰春秋傳曰以

正月上辛尚書曰丁巳用牲于郊先甲三日辛也後甲三日丁也皆接事昊天之日故傳曰天行也

臨剛浸而長注剛謂二浸漸也陽息陰故浸而長說而順剛中而應注說兌順坤也剛中謂二四陰皆應之故曰而應大亨以正天之道也注二升五三動成既濟乾元用九乃見天則故曰天之道至于八月有凶消不久也注陽息則消故消不久疏剛謂至而長○陽長陰消皆以積漸而成文言曰其所由來者漸矣故云浸漸也陰符經曰天地之道浸故陰陽勝遯彖傳曰小利貞浸而長也此謂陰浸而長也○說兌至而應○說卦曰坤順也兌說也故云說兌順坤也二以剛居中故知剛中謂二二當升五羣陰應之故剛中而應也○二升至之道○此釋元亨利貞之義凡卦具四德者皆以既濟言之二升五三動成既濟則六爻皆正乾元用九謂用九而居五三初之位天以中和育萬物易以中和贊化育天之道猶天之則故引文言以

明之○陽息至不久○陽息不久則消故云消不久天地盈虛與時消息故臨言凶遯言亨也

大觀在上順而巽中正以觀天下【注】陽稱大九居五故大觀在上順坤也中正謂五五以天之神道觀示天下咸服其化賓于王庭觀盥而不觀薦有孚顒若下觀而化也【注】巽爲進退容止可觀進退可度則下觀其德而順其化觀天之神道而四時不貣【注】貣差也神道謂五臨震兌爲春秋三上易位坎冬离夏日月象正故四時不貣聖人神道設教而天下服矣【注】聖人謂乾退藏於密而齊於巽以神明其德教故聖人設教坤民順從而天下服矣【疏】陽稱至王庭○陽大陰小故陽稱大大謂九上謂五以九居五故大觀在上順坤也中正

謂五虞義也不賞而民勸不怒而民威於鈇鉞是天下
咸服其化六四賓王是賓于王庭也○巽爲至其化○
此虞義也巽爲進退說卦文容止可觀進退可度襄三
十一年春秋傳文說文引易曰地可觀者莫可觀于木
漢書五行志曰說曰木東方也於易地上之木爲觀其
於王事威儀容貌亦可觀者也九五有人君之德實貌
相應其下畏而愛之則而象之故下觀其德而順其化
也○貣差至不貣○此虞義也貣差也釋見豫彖傳五
本乾也乾爲神爲道故神道謂五臨體震兌震爲春兌
爲秋故云臨震兌爲春秋三上易位體坎离坎爲冬离
爲夏約象爲既濟日月象正故四時不貣也○聖人至
服矣○乾鑿度乾九五爲聖人故聖人謂乾退藏於密
繫上文齊于巽說卦文陽動入巽巽爲退伏坤爲閉户
故退藏于密齊者齊戒之義聖人以此齊戒以神明其
德形德于已而設教于民下體坤坤民順從故天下服
矣尋神道設教謂祭祀也祭義曰宰我曰吾聞鬼神之
名不知其所謂子曰氣也者神之盛也魄也者鬼之盛
也合鬼與神教之至也因物之精制爲之極明命鬼神
以爲黔首百衆以畏萬民以服鄭注云合
鬼神而祭之聖人之教致之是其義也

頤中有物曰噬嗑【注】物謂四噬嗑而亨剛柔分【注】據自否來動而明雷電合而章【注】動震明离章明也雷動而威電照而明故雷電合而章柔得中而上行【注】柔謂初中謂五雖不當位利用獄也【注】初之五故不當位上之三故利用獄也【疏】物謂四○此虞義也虞謂所噬乾胏也○據自否來○乾剛坤柔否乾五降初坤初升五故剛柔分也○動震至而章○下震上离故動震明离古文尚書堯典曰辨章百姓鄭注云章明也說卦曰震爲雷离爲電晉語司空季子曰車有震武也韋昭云震威也又云居樂出威故知震爲威也震動而威電動而明宋衷義也電有光明故云電照宋氏又謂用刑之道威明相兼故須雷電並合而噬嗑備尚書呂刑曰德威維畏德明維明是用刑在乎威明也○柔謂至謂五○初本坤柔故柔謂初初之五故中謂五自下而上故上行也○初之至獄也○初之五五以陰居陽故不當位上之三成豐折獄故利用獄也

賁亨柔來而文剛故亨分剛上而文柔故小利有攸往注自外曰來坤柔從上來居乾之中文飾剛道交于中和故亨也分乾之二居坤之上上飾柔道故小利有攸往天文也注謂五利變之正成巽體离艮爲星离日坎月巽爲高五天位离爲文明日月星辰高麗于上故稱天之文也文明以止人文也注人謂三泰乾爲人文明离止艮也震動离明五變據四二五分則止文三故以三爲人文也觀乎天文以察時變注日月星辰爲天文也泰震春兑秋賁坎冬离夏巽爲進退日月星辰進退盈縮謂朓側朒也歷象在天成變故以察時變矣觀乎人

文以化成天下【注】乾爲人五上動體既濟賁离象重明麗正故以化成天下【疏】自外至攸往○自外曰來虞義也坤柔已下荀義也賁者飾也泰坤上下居乾二文飾乾剛之道居二得中故云交于中和乾坤交故亨也分者剛柔分也分乾之九二居坤之上上飾坤柔之道小者五四二陰利上來飾坤故小利有攸往○謂五至文也○此虞義也五失位故利變之正兼有巽离故成巽體离艮主斗斗建十二辰艮爲人斗合于人統星主斗故艮爲星互坎體离离日坎月巽爲高說卦文五虛无君故爲天位下云文明以止文明謂离日月星辰皆麗于天故爲天之文也○人謂至文也○三于三才爲人道故人謂三卦自泰來故云泰乾人象乾德而生故乾爲人互有震故云震動离明五變爲陽故據四二五分體五據四二文三故云則止文三以三爲人文之象也○日月至變矣○此虞義也體离艮互坎离日坎月艮星故云日月星辰爲天文也時四時也泰互震兌故震春兌秋賁有坎离故坎冬离夏巽陽已進而陰初退故爲進退日月星辰有進退盈縮漢書天文志曰陽用事則進陰用事則退早出爲盈晚

出爲縮也朓側朒朒當作匿字之誤也尚書大傳曰晦而月見西方謂之朓朔而月見東方謂之側匿鄭彼注云朓條也條達行疾貌側匿猶縮縮行遲貌所謂時變也歷數也象法也攷工記曰天時變故云歷象在天成變所以察時變也○乾爲至天下○此虞義也五上體乾故云乾爲人二爻皆不正動謂變之正也動成既濟定則賁互兩离离彖傳云重明以麗乎正乃化成天下虞彼注云兩象故重明正謂五陽陽變之坤來化乾以成萬物謂离日化成天下彼以正爲五陽變坤來化乾此以既濟互离則正謂五陽无變坤來化乾之事也

剝剝也柔變剛也**注**陰外變五五者至尊爲陰所變故曰剝　不利有攸往小人長也**注**小人謂羣陰順而止之觀象也**注**坤順艮止謂五消觀成剝故觀象也君子尚消息盈虛天行也**注**乾爲君子乾息爲盈坤消爲虛故君子尚消息盈虛天行也**疏**陰外至曰剝○此荀義也陰消乾至外卦而及五故曰陰

外變五喪服傳曰君至尊也五爲天子故曰至尊五爲陰所變乾鑿度云剥之六五言盛殺萬物皆剥墮落故云剥也○小人謂羣陰○羣陰在内一陽在外陽往則陰來故不利有攸往謂小人長也○乾爲至行也○此虞義也消息者乾坤也先儒據易曰伏羲作十言之教曰乾坤震巽坎离艮兑消息若然自有八卦便有消息史記歷書謂黄帝起消息義或然也卦有十二實乾坤十二畫也復臨泰大壯夬乾皆息卦也而皆乾故乾爲息姤遯否觀剥坤皆消卦也而皆坤故坤爲消乾盈于甲故乾爲盈陽實陰虚故坤爲虚觀消爲剥剥消爲坤觀不得不變爲剥剥不得不變爲坤天之道即消息盈虚之道故曰天行也

復亨剛反動而以順行注剛從艮入坤從反震故曰反動坤順震行故而以順行陽不從上來反初故不言剛自外來是以明不遠之復入坤出震義也是以出入无疾

崩來无咎反復其道七日來復天行也注天行謂自午

至子利有攸往剛長也【注】剛道浸長復其見天地之心乎【注】冬至復加坎坎爲極心乾坤合于一元故見天地之心心猶中也董子以二至爲天地之中是也【疏】剛從至義也○此虞義也剛謂剝上九上九體艮消艮入坤故云剛從艮入坤滅出復震故從反震艮者震之反也坤爲順震爲行故而以順行彖傳多言適變而此言消息故云陽不從上來反初若上來反初則當云剛自外來今不云來明不從適變之例也若然泰之小往大來亦據消息而云來者否泰反其類彼對否大往小來亦是消息非適變也從上反初則遠今入坤出震七日來復正明復之不遠故云是以明不遠之復入坤出震義也○天行至至子○天行謂消息坤消自午陽息于子故云自午至子謂七日也○冬至至是也○易緯是類謀曰冬至日在坎春分日在震夏至日在离秋分日在兌魏書律歷志推四正卦術曰因冬至大小餘即坎卦用事日求次卦加坎大餘六小餘五千五百二十九小分十四微分滿五從小分小分滿氣法從小餘小餘滿蔀法

從大餘命以紀算外即復卦用事日大壯加震姤加离觀加兌如復加坎冬至復加坎是其義也荀氏說卦曰坎爲極心注云極中也繫上曰易有太極是生兩儀虞氏注云兩儀謂乾坤也太極生兩儀故乾鑿度曰乾坤相並俱生彖傳曰大哉乾元又曰至哉坤元故云乾坤合于一元乾爲天坤爲地冬至天地之中故云天地之心心即中也知天地之心即天地之中者以成十三年春秋傳曰民受天地之中以生所謂命也天地之中即乾坤之元萬物資始乾元資生坤元所謂民受之以生故知天地之心即天地之中不曰中而曰心者陽尚潛藏故曰心也董子謂二至爲天地之中者見春秋繁露其文曰陽之行始於北方之中而止於南方之中陰之行始於南方之中而止於北方之中陰陽之道不同至於盛而皆止於中其所始皆必於中中者天地之太極是以二至爲天地之中也荀氏注此云復者冬至之卦陽起初九爲天地心萬物所始吉凶之先故曰見天地之心義亦同也

无妄剛自外來而爲主於內動而健剛中而應【注】上之初

故自外來震爲主故爲主於内剛中謂五應應二大亨以正天之命也【注】乾爲天巽爲命三上易位乾坤交而成既濟故大亨以正合於天地之中故曰天之命也其匪正有眚不利有攸往无妄之往何之矣天命不右行矣哉【注】體屯難故无所之右助也災成于三窮于上故天命不右焉氏謂天命不右行非也【疏】上之至應二○上在外卦故自外來震主器上之初二在内故爲主於内動震健乾五以剛居中故知剛中謂五二利有攸往五之正應也故應謂應二○乾爲至命也○此言既濟之事四已正三上易位乾坤交故大亨六爻皆正故以正也五爲天中二爲地中天地之中民所受以生者所謂命也故曰天之命也○上動至非也○四已正上動成坎故體屯難屯卦辭曰不利有攸往故无所之右助鄭義也三匪正故災成于三上傳曰窮之災也故云窮于上乾爲天巽

爲命虞氏謂上動逆巽命故天命不右行矣哉言不可
行也馬氏已下虞駁馬義也右讀爲佑馬如字屬下讀
云天左旋不右行非傳義故虞駁之尋馬氏之義謂
天左旋不右行右行爲反天命故災義亦得通也

大畜剛健篤實煇光日新【注】剛健謂乾篤實謂艮二之五
體离离爲日故煇光日新其德剛上而尚賢【注】乾爲德
初之上故其德剛上賢謂三上變合三故尚賢能健止
大正也【注】健乾止艮也二五易位故大正舊讀言能止
健誤也不家食吉養賢也【注】賢謂二三至上有頤象二
升五故養賢利涉大川應乎天也【注】五天位故應乎天

【疏】剛健至日新○此虞義也剛健篤實謂兩象也故剛
健謂乾篤實謂艮煇光日新謂二五易也离爲日爲
光故煇光日新管輅曰朝旦爲煇日中爲光也日新俗
讀屬下失之○乾爲至尚賢○乾爲龍德故爲德初之

上故其德剛上虞義也初剛居上故其德剛上也乾爲
賢人上應三故賢謂三三上敵應故上變合三而尚賢
傳曰上合志也○健乾至誤也○此虞義也易氣從下
生故彖傳之例先下而上傳曰能健止故知健謂乾止
謂艮二五失正上下易位故大正舊讀言能止健不合
彖例故云誤也○賢謂至養賢○乾爲賢人二稱家故
知賢謂二二不正而稱賢者中和爲聖賢二不正升五
爲聖賢又三至上體頤頤者養也二升五故養賢孟子
所謂王公之尊賢是也○五天至乎天○此京義也二
升五五降二而應之五爲天位故云應乎天俗謂六五
應九二
非也

頤貞吉養正則吉也【注】爻不正故養正則吉觀頤觀其所
養也【注】所養謂三五上自求口實觀其自養也【注】自養
謂三之正五上易位**天地養萬物**【注】天地位萬物育故
天地養萬物聖人養賢以及萬民【注】乾爲聖人坤陰爲

民養成賢能使長治萬民是養賢以及萬民也頤之時大矣哉【注】養正則吉成既濟定故頤之時大矣哉【疏】爻不至則吉○爻不正以歸于正謂之養正蒙二五蒙以養正及頤養正則吉是也○所養至五上○三五上不正所當養者故云所養謂三五上虞注雜卦頤養正也下云謂養三三五而不及上以上由頤故也但五上易位言三五則上可知已○自養至易位○頤者養也自養則吉求養則凶三五上不正故以自養爲義所謂養正則吉也養正則爲聖賢故蒙言聖功頤言養賢周禮鄉大夫三年大比考其德行道藝是觀其自養之事○天地至萬物○天地位謂爻得正也萬物育謂既濟定也○乾爲至民也○乾爲聖人謂大過乾也坤陰爲民此上虞義周禮鄉大夫使民興賢出使長之使民興能入使治之是養成賢能使長治萬民所謂養賢以及萬民也○養正至矣哉○三五上養正則六爻皆正成既濟定是養之大者故云大矣哉

大過大者過也【注】謂四陽爻皆失之過棟橈本末弱也【注】

本末謂初上剛過而中巽而説行利有攸往乃亨注二失位過也處二中也説兑也震爲行大壯五之初故巽而説行大過之時大矣哉注喪事取諸大過送死當大事故大矣哉疏謂四至之過○四陽爻皆失之過故名大過若然初六過愼上六過涉亦有過義而不言者陰以陽爲主也○本末至初上○繫下曰其初難知其上易知本末也初上皆柔故知本末謂初上所以取義于本末者説文曰木下曰本从木一在其下木上曰末从木一在其上故取義于本末也○二失至説行○二剛失位故云過而在下中故云中巽巽也説兑也卦自大壯來大壯體震震爲行故云巽而説行也○喪事至矣哉○繫下曰古之葬者厚衣之以薪藏之中野不封不樹喪期无數後世聖人易之以棺椁蓋取諸大過蓋後世聖人易古喪葬之禮有衣衾有棺椁有封有樹有喪期是喪事取諸大過也孟子曰養生者不足以當大事唯送死可以當大事趙岐注云送終如禮則爲能奉大事喪事取諸大過故大矣哉虞氏謂國

之大事在祀與戎藉用白茅女妻有子繼世承祀故大矣哉義亦通也

習坎重險也注兩象也天險地險故曰重險水流而不盈注謂五也行險而不失其信注謂二也震爲行謂陽來爲險而不失中中稱信也維心亨乃以剛中也注剛中謂二五行有尚往有功也注功謂五二動應五故往有功天險不可升也注五爲天位五從乾來體屯難故天險不可升也地險山川丘陵也注坤爲地乾二之坤故曰地險艮爲山坎爲川半山稱丘丘下稱陵故曰地險山川丘陵王公設險以守其邦注王公謂二五坤爲邦乾二五之坤成坎險震爲守有屯難象故王公設險以

守其邦險之時用大矣哉**注**用險以時故曰時用**疏**兩象至重險○此虞義也習重也重險謂內外兩象乾鑿度曰三畫以下爲地四畫以上爲天天險地險故曰重險也○謂五也○乾五之坤五故水流謂流坤也陽陷陰中故不盈九五坎不盈虞氏謂水流而不盈故知謂五也○謂二至信也○此虞荀義也九二坎有險故知行謂二二體震爲行乾二之坤陽來爲險而在二故而不失中卦有中孚孚信在中故云中稱信也○剛中謂二五○義見本卦○功謂至有功○此虞義也五多功故功謂五○五爲至升也○此虞義也需彖傳曰位乎天位大壯四之五位乎天位故知五爲天位乾鑿度曰五爲天子也乾五之坤五故五從乾來乾又爲天二至上體屯說文曰屯難也故體屯難震爲足艮爲止震足止于下故不可升也○坤爲至陵也○此虞義也坤爲地說卦文乾二之坤成坎險故曰地險互艮體坎故爲山川丘高半于山故曰半山稱丘大阜曰陵爾雅溴梁河墳備八陵之數知陵又下于丘故曰丘下稱陵皆地之險故曰地險山川丘陵也○王公至其邦○此虞義也五乾爲王二大夫而稱公者二體屯初建侯扶屯古者

王室多故諸侯入爲三公共和王室故二得稱公也文側三爲三公公不謂三者三失正繫於徽纆故也坤爲土爲民民以土服故坤爲邦乾二五之坤成坎險故王公設險震守宗廟社稷故爲守守其邦邦舊作國尋邦與升陵韻漢避諱改爲國虞氏本正作邦也○用險至時用○艮爲時坤爲用王弼謂非用之常用有時也言險有時而用不可爲常故吳起曰在德不在險坎當合离爲既濟也

离麗也【注】陰麗于陽故曰麗也日月麗乎天【注】乾五之坤成坎爲月离爲日日月麗天也百穀草木麗乎地【注】震爲百穀巽爲草木坤爲地乾二五之坤成坎震體屯屯者盈也盈天地之間唯萬物萬物出震故百穀草木麗乎地重明以麗乎正乃化成天下【注】兩象故重明麗乎正謂旁通坎也坎上离下嚮明而治故乃化成天下坤

爲化也柔麗乎中正故亨是以畜牝牛吉也【注】柔謂五陰中正謂五伏陽出在坤中故亨【疏】陰麗至麗也○此坤二五之乾故陰麗乎陽也○震爲至乎地○此虞義也震爲百爲稼故爲百穀巽剛爻爲木柔爻爲草卦自坤來故坤爲地與坎旁通乾二五之坤成坎震坎互震也雲雷屯故體屯屯者盈也盈天地之閒唯萬物皆序卦文雷雨之動滿形故屯者盈也萬盈數也故盈天地之閒唯萬物萬物出震說卦文舉天地者坎離爲乾坤二用所以明既濟之功下乃言化成天下也○兩象至化也○兩象故重明虞義也說卦曰離也者明也兩象皆離故曰重明離外三爻不正故麗乎正謂旁通坎也出離爲坎坎上離下成既濟定說卦曰聖人南面而聽天下嚮明而治聖人謂坎五離南方之卦故南面而聽天下嚮明而治謂行明堂月令之法而天下治故乃化成天下坤化成物故坤爲化也○柔謂至故亨○此虞義也六五陰不正故柔謂五陰坎伏離下故中正謂五伏陽坎外三爻皆正也六五爲坤中出離爲坎故出在坤中乾坤交故亨虞氏謂出在坤中畜牝牛是以畜牝

牛吉
也

周易述卷九

清雅雨堂本周易述

第二册

清 惠棟撰

山東省圖書館藏清乾隆二十五年德州盧氏雅雨堂刻本

山東人民出版社·濟南

周易述卷十

元和惠棟集注并疏

彖下傳

咸感也注陰始感陽柔上而剛下二氣感應以相與注三之上故柔上上之三故剛下二氣謂乾坤乾坤交而成咸故感感應以相與與猶親也止而說男下女是以亨利貞取女吉也注止艮說兌艮男兌女男先於女故男下女天地感而萬物化生注有天地然後有萬物故天地感而萬物化生聖人感人心而天下和平注乾爲聖人初四易位成既濟坎爲心爲平故聖人感人心而天下

和平此保合太和品物流形也觀其所感而天地萬物之情可見矣【注】謂四之初以离日見天坎月見地縣象著明萬物見离故天地萬物之情可見矣【疏】陰始感陽○咸至姤六日七分當夏至陰始生故云陰始感陽卦之名咸以此故云咸感也咸感古今字耳○三之至親也○據自否來乾剛坤柔坤三之上故柔上乾上之三故剛下太極分而爲二故二氣謂乾坤乾坤交而成咸故感應以相與以起下取女吉也與猶親鄭義也○止艮至下女○艮少男兌少女故云艮男兌女案士昏禮壻御婦車授綏御輪三周先俟於門外皆男下女之事郊特牲曰男子親迎男先於女剛柔之義也天先乎地君先乎臣卦例下爲先上爲後比九五失前禽前禽謂初是下爲先也卦辭云後夫凶後夫謂上是上爲後也易氣從下生故以下爲先上爲後今艮男在下兌女在上男先於女故曰男下女也○有天至化生○有天地然後有萬物序卦文虞彼注云謂天地否也謂否反成泰天地壹壹萬物化醕故有萬物是其義也○乾爲至形也○此

虞義也乾爲聖人謂否五也初四易位六爻皆正故成既濟既濟有兩坎象坎爲心爲平聖人以禮樂化民移風易俗天下皆寧故感人心而天下和平保合大和品物流形皆既濟之事故引以證天下和平之義也○謂四至見也○此虞義也四之初體离坎故云离日坎月乾天也坤地也坤之乾成离故以离日見天乾之坤成坎故坎月見地此天地之情可見也縣象著明莫大於日月离者明也萬物皆相見故离物見离此萬物之情可見也

恒久也剛上而柔下雷風相與巽而動剛柔皆應恒【注】初九升四故剛上六四降初故柔下震雷巽風同聲相應故相與動震也剛柔皆應雜而不厭故可久恒亨无咎利貞久於其道也【注】變之正故久於其道乾爲道爲久也天地之道恒久而不已也【注】泰乾坤爲天地利有攸往

終則有始也【注】終變成益益上爲終初變成乾乾爲始故終則有始日月得天而能久照【注】動初成乾乾爲天至二离爲日至三坎爲月故日月得天而能久照四時變化而能久成【注】春夏爲變秋冬爲化變至二离夏至三兌秋至四震春至五坎冬至故四時變化而能久成謂乾坤成物也聖人久於其道而天下化成【注】聖人謂乾乾爲道初二已正四五復位成既濟定乾道變化各正性命有兩离象重明麗正化成天下也觀其所恒而天地萬物之情可見矣【注】與咸同義【疏】初九至可久○乾四是剛上也坤六四降初是柔下也此蜀才義說卦曰震爲雷巽爲風故云震雷巽風文言曰同聲相應虞彼

注云謂震巽也相應猶相與與猶親也巽而動動震也九家謂初四二五雖不正而剛柔皆應繫下曰恒雜而不厭雜錯雜也荀氏謂夫婦雖錯居不厭之道卦之所以名恒也○變之至久也○久于其道正以釋利貞之義四爻失正變之正故久于其道亦恒義也○泰坤至天地○此虞義也即天地以明卦義○終變至有始○震巽卦特變故終變成益在益上上爲終初變成乾乾爲始變至四體復復初亦爲始故終則有始也○動初至久照○此虞義也諸卦旁通則從旁通卦變故虞注小畜初九復自道云從豫四之初成復卦九三云至三成乾注大有彖傳云比初動成震爲春至二兌爲秋至三离爲夏坎爲冬故曰時行是也恒與益旁通則從恒變以震巽卦特變故也動初成乾乾爲天大壯時也至二體离离爲日豐時也至三成坎坎爲月震時也以乾照坤故日月得天而能久照也○春夏至物也○此虞義也陽變陰化春夏陽也故爲變秋冬陰也故爲化四時謂四正易是類謀曰夏至日在离故變至二离夏至秋分日在兌故至三兌秋春分日在震故至四震春冬至日在坎故至五坎冬至兩儀生四象四時乃乾坤所生乾知大始坤化成物故乾坤成物也○聖人至下也

○此虞義也聖人謂乾指乾五也乾道變化故乾爲道初二已正四五復位則六爻皆正故成既濟定乾道變化各正性命所謂久於其道也既濟互兩离重明麗正化成天下亦是既濟之事明天下化成爲既濟也○與咸同義○此虞義也虞謂以离日照乾坎月照坤萬物出震故天地萬物之情可見矣是與咸同義也

遯亨遯而亨也剛當位而應與時行也**注**剛謂五而應二艮爲時故與時行矣小利貞浸而長也**注**浸而長則將消陽故利貞遯之時義大矣哉**注**唯聖者能之故時義大**疏**剛謂至行矣○此虞義也以九居五爲當故剛謂五五正應二故而應二艮動靜不失其時故爲時○浸而至利貞○此荀義也浸而長則將消陽謂消遯及否也二固志守正遯不爲否利貞之義也○唯聖至義大○中庸曰君子依乎中庸遯世不見知而不悔唯聖者能之過則素隱行怪不及則半塗而廢故曰唯聖者能之古唯伊尹太公之流乃足當之艮爲時坤爲義故時義大

大壯大者壯也剛以動故壯【注】剛乾動震大壯利貞大者正也【注】謂四進之五乃得正故大者正也正大而天地之情可見矣【注】正大謂四之五成需以离日見天坎月見地故天地之情可見也矣【疏】剛乾動震○以乾之剛加震之動而爲陰所弇又體兑毁折宜其傷也故壯釋所以傷之故○謂四至正也○此虞義也○正大至也矣○此虞義也正謂五大謂陽四之五以陽居正成需需自大壯來也需體离坎故离日見天坎月見地利貞者情性故正大而天地之情可見也矣

晉進也明出地上順而麗乎大明【注】离爲明順坤麗离也乾爲大明离麗乾故麗乎大明柔進而上行是以康侯用錫馬蕃庶晝日三接也【注】柔謂四觀四之五故進而

上行【疏】离爲至大明○說卦曰离也者明也虞彼注云离爲日爲火故明坤麗乾爲离乾藏坤爲坎离日坎月日月得天而能久照日月之明皆天之明也陽稱大故乾爲大明縣象著明莫大乎日月故日月亦爲大明觀五本乾觀四之五离麗乾故麗乎大明○柔謂至上行○四陰爲柔四之五故柔進而上行四之五以陰居陽故不言進得位利變之正以四錫初故有康侯用錫馬蕃庶晝日三接之象也

明入地中明夷内文明而外柔順以蒙大難文王以之【注】文明离也柔順坤也三喻文王大難謂坤三幽坎中故蒙大難似文王之拘羑里利艱貞晦其明也内難而能正其志箕子以之【注】坤爲晦离爲明應在坤而在内卦故云内難坎爲志三得正體坎故能正其志似箕子爲奴【疏】文明至羑里○坤爲文坤二五之乾成离爲日故文明謂离雜卦曰乾剛坤柔序卦曰坤順也故柔

順謂坤三喻文王已下虞義也三爲三公故喻文王坤爲死故大難謂坤鄭氏云蒙猶遭也三體坎坎爲獄三幽坎獄中故遭大難以從鄭荀讀爲似三在獄中似文王爲紂所因拘于羑里故曰文王以之也○坤爲至爲奴○坤爲晦虞義也坤旣死魄故爲晦离爲明而滅坤下故晦其明三應坤而在内卦坤爲大難故云内難三體坎坎爲志以陽居三得正故能正其志似箕子仁人而爲紂所奴故云箕子以之虞氏從俗說謂箕子爲五臣居天位失其義矣

家人女正位乎内男正位乎外**注**内謂二外謂五男女正天地之大義也**注**遯乾爲天三動坤爲地男得天正於五女得地正於二故天地之大義也家人有嚴君焉父母之謂也**注**嚴猶尊也父母謂乾坤乾爲嚴爲君坤爲后后亦君也故曰父母之謂孝經曰親生之膝下以養

父母曰嚴父父子子兄兄弟弟夫夫婦婦而家道正正家而天下定矣**注**遯乾爲父艮爲子三五位正故父父子子三動時震爲兄艮爲弟初位正故兄兄弟弟震又爲夫巽四爲婦初四位正故夫夫婦婦傳曰有天地然後有萬物有萬物然後有男女天地父母也女正位乎內男正位乎外男女也有男女然後有夫婦夫夫婦婦也有夫婦然後有父子父父子子也有父子然後有君臣嚴君之謂也三動而兄弟具上之三成既濟定故家道正九五王假有家交相愛也謂父子兄弟夫婦各得其正故正家而天下定矣**疏**內謂至謂五○此王弼義也王氏謂家人之義以內

爲本故先説女此望文爲義耳易氣從下生是以彖傳之例皆先内而後外亦以卦名家人故先女而後男如王氏之旨也二五皆得正故云正位此男女亦是乾坤所成故下云男女正天地之大義也○遯乾至義也○此虞義也卦自遯來故據遯乾三動體坤故坤爲地五于三才爲天道故男得天正於五二于三才爲地道故女得地正於二乾天坤地故天地之大義也○嚴猶至日嚴○鄭注大傳曰嚴猶尊也説卦曰乾天也故稱乎父坤地也故稱乎母故父母謂乾坤君道威嚴故乾爲嚴説卦曰乾以君之故乾爲君泰彖傳曰后以裁成天地之道復彖傳曰后不省方后皆指坤釋詁曰后君也乾父坤母乾坤皆嚴君之義故曰父母之謂孟喜卦圖有十二辟卦即乾坤十二畫辟君也知乾坤皆爲君也孝經者聖治章文引之者證母有嚴義不特父也○遯乾至定矣○覆述遯乾者見一卦備有六戚也五乾爲父三艮爲子亦謂遯艮也父子得正故父父子子三動體震震一索故爲兄艮三索故爲弟震初得正故兄兄弟弟震一夫之行故爲夫四體巽爲婦夫婦位正故夫夫婦婦若然上文男女指二五此夫婦指初四者上言天地此言家道義各有取也以上皆虞義傳曰者序卦

文漢儒以乾至离爲上經天道咸至未濟爲下經人道
也故序卦自咸恒而下皆叙人事有天地然後有萬物
虞彼注云謂天地否也謂否反成泰天地壹壹萬物化
醕故有萬物有萬物然後有男女注云謂泰已有否否
三之上反正成咸艮爲男兑爲女故有男女家人有嚴
君焉父母之謂故曰天地父母也女正位乎内男正位
乎外故曰男女也有男女然後有夫婦注云咸反爲恒
震爲夫巽爲婦故有夫婦也有夫婦然後有父子注云
謂咸上復乾成遯乾爲父艮爲子故有父子家人之父
父子子是也有父子然後有君臣家人之嚴君是也三
動體震爲兄艮爲弟故兄弟具所謂兄兄弟弟也是以
繫下云天地之大德曰生注云天地交也聖人之大保
曰位注云福德爻也所謂父父子子也何以守位曰人
注云專爻也助福德者故曰守位所謂兄兄弟弟也何
以聚人曰財注云財爻也與人同制之爻故曰聚人所
謂夫夫婦婦也理財正辭禁民爲非曰義注云繫爻也
財所生者謂之鬼吏制于福德與福德爲君臣所謂嚴
君也一卦六爻備有六戚家人卦具故詳言之三動受
上上之三六爻位正故成既濟定所謂父父子子兄兄
弟弟夫夫婦婦而家道正也而其義在九五一爻九五

王假有家王者以天下爲家而父子兄弟夫婦各得其正正家而天下定是言旣濟之事也

睽火動而上澤動而下【注】二動之五體离故火動而上五動之二體兑故澤動而下

二女同居其志不同行【注】二女离兑也坎爲志无妄震爲行巽爲同艮爲居二五易位震巽象壞故二女同居其志不同行也

說而麗乎明柔進而上行得中而應乎剛是以小事吉【注】說兑麗离也明謂乾柔謂五无妄巽爲進從二之五故上行剛謂應乾五伏陽非應二也與鼎五同義

天地睽而其事同也【注】五動乾爲天四動坤爲地故天地睽坤爲事五動體同人故其事同也

男女睽而其志通也【注】四動艮爲

男兌爲女故男女睽坎爲志爲通故其志通也萬物睽而其事類也注四動萬物出乎震故萬物睽坤爲事爲類故其事類也睽之時用大矣哉注非義之常故曰時用疏二動至而下○卦自无妄來二上之五體离离爲火故火動而上也五下之二體兌兌爲澤故澤動而下也○二女至行也○此虞義也二五易位无妄爲睽震爲行巽爲同震巽體壞故二女同居其志不同行也○說兌至同義○此虞義也乾爲大明故明謂乾晉彖傳曰順而麗乎大明此不言大明者虞氏謂麗於晉故不言大明也柔謂五五本二也卦從无妄來二之五故上行乾伏五下六五得中而應乾五之伏陽故云得中而應乎剛必知應乾五伏陽者卦之二五皆失位例變之正若五柔應二剛非法也故云應乾五伏陽五動之乾二變應之陰利承陽故小事吉也○五動至類也○此皆虞義也五動體乾故乾爲天四動互坤故坤爲地乾上坤下象天地否故曰天地睽否終則傾故其事同也四動艮爲男兌爲女咸兩象易故男女睽異德合

姓故其志通也五動乾爲天四動萬物出乎震象无妄萬物皆死故萬物睽痔育萬物故其事類也俗說天地睽爲天高地下男女睽爲男外女内萬物睽爲殊形各象乃理之常非睽之時用也○非義至時用○天地男女萬物皆有乖違之象非義之常唯盡性之聖人能用以盡人性盡物性而贊化育故曰大也

蹇難也險在前也見險而能止知矣哉注前謂三離爲見艮爲止故見險而能止知謂坤也坤知阻故知矣哉蹇利西南往得中也注二動往居坤五故得中不利東北其道窮也注天道窮于東北利見大人往有功也注二往應五五多功故往有功當位貞吉以正邦也注坤爲邦五當尊位正吉羣陰順從故以正邦蹇之時用大矣哉注用當其時則濟故大虞氏謂坎月生西南而終東

北終而復始以生萬物故用大矣疏前謂至矣哉○三在五前又體坎坎
爲險故險在前乾仁坤知故知謂坤也卦有坎艮險
山川丘陵艮爲山陵坎爲水坤德行恒簡以知阻故知
矣哉尋六爻皆有蹇象唯九五當位正邦餘皆利止見
險而止之義也○二動至得中○此荀義也自内爲往
二往居中五爲上中故得中○天道至東北○消息艮
在亥又東北之卦萬物成終故天道窮于東北○二往
至有功○此虞義也○坤爲至正邦○坤爲邦虞義也
已下荀義也○用當至大矣○初象傳曰宜待時也亦
以在蹇家宜待時而動釋言曰濟成也用當其時則成
如二有功而五正邦故大虞氏已下亦據納甲參同契
曰五六三十度度竟復
更始故云終而復始也

解險以動動而免乎險解注險坎動震震出險上故動而
免乎險解利西南往得衆也注坤爲衆无所往其來復
吉乃得中也注中謂二五有攸往夙吉往有功也注五

多功據五解難故往有功天地解而雷雨作雷雨作而百果草木皆甲宅【注】解二月雷以動之雨以潤之故雷雨作木實曰果皮曰甲根曰宅乾爲百果震爲草木离爲甲艮爲宅萬物出震故百果草木皆甲宅荀氏謂解者震世仲春之月草木萌牙故甲宅也俗作甲坼古文宅壞字解之時大矣哉【注】天地解之時故大【疏】險坎至乎險○此虞義也震爲出震動而出坎上故動而免乎險解之義也○坤爲衆○謂臨坤也○中謂二五○二已之五得中故四來成復也○五多至有功○此荀義也荀氏謂五位无君二陽又畀往據之者則吉五多功二據五而解坎難故有功也一說解反蹇也二據五而解蹇難義亦通也○解二至壞字○解消息在二月漢書五行志曰雷以二月出雷動而雨隨之故雷雨作此虞義也説文曰果木實也宋衷注説卦曰木實謂之果草實謂

之蓏馬融謂桃李之屬是也皮在外故云甲根在下故云宅宅居也此上鄭義也乾爲百爲木果故乾爲百果震者木德又爲草莽故爲草木甲者孚甲月令孟春其日甲乙鄭注云時萬物皆孚甲因以爲日名三統歷曰出甲于甲說文曰甲東方之孟陽氣萌動从木戴孚甲之象是其義也离剛在外故爲甲艮爲居故爲宅萬物出乎震百果草木甲宅之象也解震宮二世卦故荀氏謂解者震世雷以二月出萬物隨之而出故仲春之月草木萌牙也俗本甲宅作甲坼案說文云宅古文作𡧚故云古文宅壞字猶鄭氏注檀弓云衣爲齋壞字也𡧚字壞而爲坼作坼者訛也○天地至故大○解二月卦天地解緩萬物甲宅故云大也

損損下益上其道上行注乾道上行損而有孚元吉无咎可貞利有攸往曷之用二簋可用享二簋應有時注時謂春秋也損二之五震二月益正月春也損七月兌八月秋也謂春秋祭祀以時思之艮爲時震爲應故應有

時也損剛益柔有時【注】謂冬夏也二五已易成益坤爲柔損上之剛益三之柔成既濟坎冬离夏故損剛益柔有時損益盈虛與時偕行【注】乾爲盈坤爲虛損剛益柔故損益盈虛謂泰初之上損二之五益上之三變通趣時故與時偕行【疏】乾道上行○乾謂泰乾也泰初之上乾爲道故乾道上行○時謂至時也○此虞義也時謂四時春禘秋嘗故謂春秋也損二之五以二簋享上卦體震兌二之五成益故震二月益正月春也損七月兌八月秋也震兌四正也益損消息也春秋祭祀以時思之孝經文祭義曰春禘秋嘗霜露既降君子履之必有悽愴之心春雨露既濡君子履之必有怵惕之心如將見之此以時思之之事艮動靜不失其時故爲時震同聲相應故爲應謂上之三六爻相應也○謂冬至有時○此虞義也冬夏謂既濟也二五巳易成益中互坤故坤爲柔損上九之剛以益六三之柔而成既濟坎离四正卦既濟坎上离下坎冬時离夏時

故損剛益柔有時損先難而後易故經言遄傳又言時疾貞者其義有待者其時也○乾爲至偕行○此虞義也十五乾盈甲故乾爲盈月虛爲晦坤喪乙滅癸故坤爲虛損乾剛以益坤柔故損益盈虛泰初之上成損損二之五成益益上之三成既濟變通趣時故與時偕行也

益損上益下民說无疆注上之初坤爲无疆震爲喜笑以貴下賤大得民故說无疆矣自上下下其道大光注乾爲大明以乾照坤故其道大光或以上之初离爲大光矣利有攸往中正有慶注中正謂五而二應之乾爲慶也利涉大川木道乃行注謂三動成渙渙舟楫象巽木得水故木道乃行也益動而巽日進无疆注震三動成离离爲日巽爲進坤爲无疆日與巽俱進故日進无疆

天施地生其益无方【注】乾下之坤震爲出生萬物出震故天施地生陽在坤初爲无方日進无疆故其益无方矣凡益之道與時偕行【注】上來益三四時象正艮爲時震爲行與損同義故與時偕行也【疏】上之至疆矣○此以下皆虞義也坤爲地故爲无疆上之初體震震春喜樂故爲喜笑言啞啞故爲笑陽貴陰賤坤爲民震初九以貴下賤得坤民故說无疆矣○乾爲至光矣○陽稱大离爲明故乾爲大明坤陰晦冥乾象盈甲日月雙明以乾照坤故其道大光或以上之三體离乾爲大离爲光故爲大光義亦通也○中正至慶也○五以中居正故中正謂五二正應五故利有攸往陽稱慶故乾爲慶也○謂三至行也○三動成渙舟楫之利蓋取諸此故渙舟楫象巽爲木坎爲水巽木得水而行故木道乃行也○震三至无疆○震三動體离离爲日巽爲進退故爲進坤地爲无疆三動有巽离象日與巽俱進故日進无疆也○乾下至方矣○否乾爲天坤爲地陽主施乾下之坤是天施也

帝出乎震故震爲出震春生月三日生明故爲生坤元萬物資生萬物出震故天施地生也坤爲方故陽在坤初爲无方日進无疆與其益无方同義也○上來至行也○下云與損同義益震震爲春損兌爲秋上來益三成坎离象坎冬离夏故四時象具互艮爲時震爲行損二之五益上之三變通趣時故與損同義損彖傳曰損益盈虛與時偕行是同義也

夬決也剛決柔也注乾決坤健而說決而和注健乾說兌也以乾陽獲陰之和故決而和揚于王庭柔乘五剛也注一陰乘五陽孚號有厲其危乃光也注二變离爲光危去上六陽乃光明告自邑不利即戎所尚乃窮也注窮謂上陽勝陰負故所尚乃窮利有攸往剛長乃終也注乾體大成以決小人終乾之剛故乃終也疏○乾決坤此虞

義也乾剛坤柔故乾決坤○健乾至而和○此虞義也陽爲陰施故以乾陽獲陰之和九五莧陸夬夬是決而和也○一陰乘五陽○一陰越五陽之上宜決去之故卦名夬也○二變至光明○此荀虞義也九五傳曰中行无咎中未光也陽爲陰弇必危去上六陽乃光明也○窮謂至乃窮○卦窮于上故窮謂上坤利行師陽息之卦陰道日負故所尚乃窮也○乾體至終也○此虞義也陽息成乾内外體備故乾體大成陽爲君子陰爲小人雜卦曰夬決也剛決柔也君子道長小人道消故以決小人四月乾成卦終于上終乾之剛故乃終也

遘遇也柔遇剛也勿用取女不可與長也注以柔遇剛不期而會苟相遇耳故不可與長巽爲長天地相遇品物咸章也注乾成于巽而舍于离坤出于离與乾相遇南方离位萬物章明也剛遇中正天下大行也注剛謂二中正謂五乾爲天復震爲行建午之月陽氣盛大故天

下大行遘之時義大矣哉【注】日長至陰陽爭死生分故時義大【疏】以柔至與長○桓八年穀梁傳曰不期而會曰遇以柔遇剛不期而會匪以禮接故云苟相遇耳此兼鄭義巽爲長而云不可與長者但遘消乾成坤陽出復震息至夬而陰道消亡說文長从亾亾倒亡也夬之上六傳云无號之凶終不可長也至此而倒亾爲亡故云不可與長也○乾成至明也○此荀義也九家謂陽起子運行至四月六爻成乾巽位在巳故言乾成于巽既成轉舍于离萬物皆盛大坤從离出與乾相遇故言天地遇也坤起于离故從离出离爲明萬物皆相見故章明也○剛謂至大行○陰消之卦初陰係二二不以失位爲嫌故剛謂二五以中居二故中正謂五乾爲天復震爲行建午之月陽氣盛大用事聖人南面而聽天下向明而治天子當陽諸侯用命故天下大行也○日長至義大○日長至陰陽爭死生分者月令仲夏文夏至晝漏六十五刻夜漏三十五刻故日長至鄭彼注云爭者陽方成陰欲起也蔡氏章句云感陽氣而長者生感陰氣而成者死故死生分分猶半也言陽氣盛大之時一陰始生于下出陽知生入陰知死幾微

之際唯明君子而後知之故遘之時義大也

萃聚也順以說剛中而應故聚也【注】坤爲聚順坤說兌五以剛居中二帥衆陰順說而從之故聚也王假有廟致孝享也【注】享享祀也五至初有觀象謂享坤牛故致孝享矣利見大人亨聚以正也【注】三四之正故聚以正用大牲吉利有攸往順天命也【注】坤爲順巽爲命三往之四故順天命也觀其所聚而天地萬物之情可見矣【注】三四易位成离坎坎月离日日以見天月以見地故天地萬物之情可見矣與大壯咸恒同義【疏】坤爲至聚也○坤衆故爲聚内順外說故順坤說兌二正應五九五剛中六二引吉帥其衆而應之旣順且說故聚也○享享至享矣○

此虞義也卦自觀來五至初又有觀象觀盥而不薦明堂禘祀之卦天子大廟即明堂也郊禘用繭栗故享坤牛唯聖人謂能饗帝唯孝子謂能饗親故致孝享矣○三四至以正○此虞義也三四失位變之正故聚以正也○坤爲至命也○此虞義也三往之四承五坤爲順乾爲天巽爲命故順天命也○三四至同義○此虞義也三四易位有坎离象离日見天坎月見地縣象著明萬物見离故天地萬物之情可見大壯四之五咸四之初恒初二已正四五復位皆有离坎象故云同義也

柔以時升**注**柔謂坤五也升謂二坤邑无君二當升五虚震兑爲春秋二升坎离爲冬夏四時象正故柔以時升也巽而順剛中而應是以大亨**注**順坤也二以剛居中而應五故能大亨上居尊位也用見大人勿恤有慶也**注**大人天子謂升居五見爲大人坎爲恤陽稱慶羣陰

有主无所服憂而有慶也南征吉志行也【注】二之五坎爲志震爲行故志行也【疏】柔謂至升也○此虞義也乾剛坤柔故柔謂坤五也卦自臨來无柔爻上升之義故升謂二坤稱邑又臣道故坤邑无君陽實陰虛故二當升五虛六五貞吉升階陰爲陽作階使二升五位是柔以時升之義也卦互震兑震春兑秋故震兑爲春秋二升五體坎离坎冬离夏故二升坎离爲冬夏震兑坎离爲四正故四時象正升必以時故柔以時升也○順坤至位也○此荀義也説卦坤順也内巽外坤故云巽而順剛中謂二二應在五故二以剛居中而應五二以天德而居天位故能大亨上居尊位也○大人至慶也○此荀義也王肅曰大人聖人在位之目故大人天子坤爲用离爲見二升居五爲大人故用見大人坎加憂爲恤凡言喜慶皆陽爻故陽稱慶坤虛无君二升居五故羣陰有主无所復憂而有慶也○二之至行也○此虞義也二之五體坎故坎爲志互體震故震爲行

困剛弇也【注】謂二五爲陰所弇也險以説困而不失其所

亨其唯君子乎【注】險坎說兌此本否卦上之二天地交二之正上下交故困而不失其所亨天地有常行君子有常度故唯君子乎貞大人吉以剛中也【注】謂五弇于陰近无所據遠无所應體剛得中正居五位則吉无咎也有言不信尚口乃窮也【注】兌爲口上動乘陽故尚口乃窮【疏】謂二至弇也○此荀義也弇古文揜○險坎至子乎○卦自否來否天地上下不交乾上之坤二是天地交也二變之正與五應是上下交也在困家而言亨故云不失其所亨天地不以遭困運而變其常行君子不以遭困世而改其常度君子取法天地故云其唯君子乎○謂五至咎也○此荀義也五爲上弇故謂五雖弇于陰四二皆陽爻故近无所據遠无所應以其體剛得中正居五位則吉无咎鴻範所謂用靜吉也○兌爲至乃窮○此荀義也乾變爲兌兌爲口上九動而乘陽故尚口乃窮卦窮于上故也

巽乎水而上水井【注】巽乎水謂陰下爲巽也而上水謂陽上爲坎也木入水出井之象也井養而不窮也【注】兌口飲水坎爲通往來井井故養不窮也改邑不改井乃以剛中也【注】初之五以剛居中故以剛中无喪无得往來井井汔至亦未繘井未有功也【注】二未變應五故未有功累其瓶是以凶也【注】初二不變則既濟之功不成故凶【疏】巽乎至象也○此荀義也巽爲鹿盧故木入坎爲泉故水出○兌口至窮也○此虞義也互兌在坎下故兌口飲水○初之至剛中○初之五以剛居中釋改邑之義五之初不改井義舉諸此矣○二未至有功○此虞義也五多功二未變應五故未有功○初二至故凶○井以養人爲功初二變則井洌寒泉食既濟功至傳曰大成也不變則雍漏行惻无王明受福之事故凶也

革水火相息注息長也离爲火兑爲水繫曰潤之以風雨風巽雨兑也四革之正坎見故獨於此稱水也二女同居其志不相得曰革注二女离兑體同人象蒙艮爲居故二女同居四變體兩坎象二女有志离火志上兑水志下故其志不相得坎爲志也已日乃孚革而信之注已日乃革之坎孚爲信故革而信之文明以說大亨以正革而當其悔乃亡注文明謂离說兑也大亨謂乾四動成既濟定故大亨以正革而當位故悔乃亡也天地革而四時成注謂五位成乾爲天蒙坤爲地震春兑秋四之正坎冬离夏則四時具坤革而成乾故天地革而

四時成也湯武革命順乎天而應乎人**注**湯武謂乾乾爲聖人天謂五人謂三四動順五應三故順天應人巽爲命也革之時大矣哉**注**革天地成四時誅二叔除民害天下定武功成故大矣哉**疏**息長至水也○此虞義也息讀爲消息之息故云長也兌爲坎半象故爲水坎爲川川雍爲澤故爲澤云繫曰潤之以風雨者上繫文昭元年春秋傳曰六氣陰陽風雨晦明也賈逵服虔以爲風東方雨西方兌正西故云風巽雨兌也兌言澤而稱水者卦无坎象四革之正坎雨見故不曰澤而曰水也○二女至志也○此虞義也离中女兌少女故云二女离兌初至五體同人蒙艮爲居故二女同居謂同在革家也四變體兩坎象坎爲志兩坎爲兩志故云二女有志火動而上故离火志上澤動而下故兌水志下二女各有志故其志不相得是水火相息而更用事之義也○巳日至信之○巳日謂二孚謂三二應五巳日乃革之順乎天也三孚五革言三就有孚應乎人也五坎孚爲信故革而信之○

文明至亡也○此虞義也坤爲文离之文坤也离嚮明故文明謂离說謂兑也元大也貞正也四動剛柔正而位當故大亨以正四不當位宜有悔也動得正故云革而當其悔乃亡也○謂五至成也○此虞義也五體乾故五位成乾爲天象體坤故象坤爲地象又體震革體兑故震春兑秋四動成坎故四之正坎冬离夏則四時具也象爲革故坤革而乾成乾天坤地故云天地革而四時成也○湯武至命也○此虞義也乾爲君故湯武謂乾聖人謂乾五五陽得位爲聖人故乾爲聖人二已日乃革之二正應五故天謂五三革言三就故人謂三四動六爻皆正故順五應三謂四順五上應三也或謂皆指上革道成于上彖傳順以從君是順五之事義亦得通

周易述卷十一

元和惠棟集注并疏

象上傳

天行健君子以自强不息【注】消息之卦故曰天行乾健也故曰天行健君子謂三乾健故强天一日一夜過周一度君子莊敬日强故自强不息子路問强子曰南方之强與北方之强與抑而强與而强卽自强也易備三才至誠無息所以參天地與【疏】剥彖傳曰君子尚消息盈虛天行也乾坤消息之卦故曰天行乾健說卦文以天之運行爲言故不曰乾而曰云健也乾鑿度有一聖二庸三君子之目一聖初九也得正故聖人二庸九二也失正故庸人三君子九三也得正故君子也虞注說卦云精剛自勝動行不休故

山東省立圖書館
SHANTUNG PROVINCIAL LIBRARY

健乾健故强大元準之以强强亦健也天一日一夜過周一度此虞義也周天三百六十五度四分度之一在天成度在歷成日天一日一夜過周一度日亦一日一夜起度端終度端在天為不及一度是天為健樂記曰著不息者天也君子法天之行莊敬日强故自强不息也引中庸者證自强之合於中和也子路問强夫子反詰之曰抑而强與而女也因告之曰故君子和而不流强哉矯中立而不倚强哉矯是强有中和之義君子法天之健合於中和即至誠之無息也故又取三才之説以申之乾坤諸卦之祖而象皆稱君子者以君子備三才故荀子王制篇曰天地者生之始也禮義者治之始也君子者禮義之始也為之貫之積重之致好之君子之始也故天地生君子君子理天地君子天地之參也孟子曰夫君子所過者化所存者神上下與天地同流皆言君子參天地之事趙岐注云君子通於聖人是也

潛龍勿用陽在下也注陽在下故勿用**見龍在田德施普也**注二升坤五臨長羣陰德施於下無所不徧**終日乾**

乾反復道也【注】反復天道原始及終或躍在淵進无咎
也【注】陽道樂進故進无咎飛龍在天大人造也【注】造作
也天者首事造制大人造作見居天位聖人作而萬物
覩是其義也忼龍有悔盈不可久也【注】乾爲盈忼極失
位降爲三公天道虧盈故不可久用九天德不可爲首
也【注】天德乾元也萬物之始莫能先之故不可爲首【疏】
陽在至勿用○陽謂龍下謂潛以象言之曰潛龍以消
息言之曰陽在下也陽尚在下故曰勿用○二升至不
徧○此荀義也益彖傳曰天施地生是陽主施晉語曰
臨長晉國韋昭注云臨監也長帥也二升坤五爲君臨
長羣陰體純能施德博而化故德施普普徧也○反復
至及終○此干寶義也卦有反復如反泰爲否反否爲
泰之類是也唯乾坤坎离反復不衰故云反復天道經
曰終日乾乾夕惕若夤文言曰知至至之知終終之是

通乎晝夜之道而知者故云原始及終○陽道至无咎○此荀義也乾鑿度曰陽動而進故樂進居五得中故无咎也○造作至義也○此荀義也釋詁曰作造爲也是造作同義聖人制作皆本於天故天者首事造制大人造法所以效天也五爲天位文言曰聖人作而萬物覩作謂造作八卦故曰大人造也萬物覩是利見大人也○乾爲至可久○剥彖傳曰君子尚消息盈虛乾息坤消乾盈坤虛又納甲十五乾盈甲故乾爲盈乾鑿度曰三爲三公上失位當下居坤三故云降爲三公董子曰君不能奉天之命則廢而爲公王者之後是也後世封先代之後爲公其取法於此歟天道虧盈嗛彖傳文虞彼注云乾盈上虧之坤三故虧盈是其義也○天德至爲首○乾爲首釋詁曰元首也文言曰乾元用九故知天德爲乾元也萬物之始巳下宋衷義也乾爲先乾元萬物資始故云萬物之始莫能先之陽唱而陰和男行而女隨此乾坤二用之大義也

地勢坤君子以厚德載物注地有高下故稱勢君子謂二坤爲厚乾爲德坤轝爲載故以厚德載物中庸稱至誠

曰博厚所以載物也虞氏謂勢力也【疏】地有高下楚語文漢書敘贊曰坤作墜勢高下九則是也高下者地之勢也白虎通曰地有三形高下平卦有兩坤故以勢言之乾鑿度六二爲君子坤主二故君子謂二坤爲地地廣厚故爲厚與乾旁通故乾爲德坤爲大轝轝所以載故以厚德載物引中庸至誠者所以備三才也虞氏訓勢爲力案鬼谷子論捭闔之義云以陽求陰苞以德也以陰結陽施以力也是言地以勢力凝乾義亦通也

履霜堅冰陰始凝也馴致其道至堅冰也【注】馴順也乾爲道履霜者陰凝陽之始也順陽之命至十月而堅冰至矣六二之動直以方也不習无不利地道光也【注】陽動而陰應之故直以方也坤主二稱地道二离交离麗乾故曰光含章可貞以時發也或從王事知光大也【注】發

得正故以時發三終乾事故知光大也括囊无咎慎不害也【注】坤爲害四慎承五故不害黄裳元吉文在中也【注】坤爲文降居乾二處中應五故曰文在中龍戰于野其道窮也【注】陰道窮于上用六永貞以大終也【注】陽稱大地道代終故以大終【疏】馴順至至矣○馴順也九家義古文馴順通文言曰蓋言順也義與此同乾爲道虞義也坤凝乾自初始至上六而與乾接矣故初曰陰始凝上曰陰凝於陽必戰也初順乾命乾爲道故曰馴致其道月令孟冬之月水始冰地始凍乾爲寒爲冰故十月而堅冰至亦謂陰順陽之性而成堅冰也○陽動至曰光○荀氏云二應五五下動之則應陽出直是六二之動爲五動而二應故直以方也乾坤二卦惟乾五坤二爲天地之中故五稱天德二稱地道离麗乾亦虞義也坤之乾成离离者麗也故离麗乾二离文离爲光故地道光也○發得至大也○京房曰靜爲悔發爲貞發者變動之義故文言曰六爻

發揮說卦曰發揮於剛柔而生爻發爲動揮爲變象辭言發者皆謂發得正也變動有時故以時發知謂坤光大謂乾三之上終乾事故知光大也○坤爲至不害○虞注嗛彖傳曰坤爲害陰消至四謹慎承五繫於苞桑故不害說苑曰慎勝害是也○坤爲至在中○坤爲文說卦文楚語曰地事文韋昭云地質柔順故文五降乾二柔順處中上應九五故曰文在中謂下中也王肅曰五在中非也○陰道窮於上○後漢書朱穆奏記曰易經龍戰之會其文曰龍戰於野其道窮也謂陽道將勝而陰道負也陰窮於上故云負陽復於下故云勝終亥出子之義也○陽稱至大終○坤承乾乾爲大地道無成而代有終故以大終

雲雷屯君子以經論**注**三陽爲君子謂文王也經論大經以立中和之本而贊化育也中庸曰唯天下至誠爲能經論天下之大經立天下之大本知天地之化育三之正成既濟是其事矣**疏**乾鑿度曰乾三爲君子君子謂陽三已正故云三陽爲君子繫

下曰易之興也其當殷之末世周之盛德邪當文王與紂之事邪虞彼注云謂文王書易六爻之辭也末世乾上盛德乾三故知三謂文王也經論大經謂文王演易也白虎通曰文王所以演易何也文王時受王不率仁義之道失爲人法矣已之調和陰陽尚微故演易使我得卒至於大平日月之光明如易矣是文王經論大經爲既濟也九五屯膏以喻受德初九建侯以喻文王三動反正爲既濟是其事矣中和之本者中和謂二五本謂乾元也乾元用九坎上离下六爻得正二五爲中和聖人致中和天地位萬物育故能贊化育也中庸唯天下至誠已下是言孔子論譔六經之事孔子當春秋之世有天德而无天位故刪詩述書定禮理樂制作春秋贊明易道戴宏春秋解疑論所云聖人不空生受命而制作所以生斯民覺後生也其孫子思知孔子之道在萬世故作中庸以述祖德云仲尼祖述堯舜憲章文武極而至於天地之覆載四時之錯行日月之代明言其制作可以配天地繼乃舉至聖至誠以明之至聖堯舜文武也至誠仲尼也大經六經也大本中也化育和也以无天位曰立曰知而其本已裕也以經論象雲雷者揚子法言曰雷震乎天風薄乎山雲徂乎方雨流乎淵

其事矣乎李軌注云言此皆天之事矣人不得無事也天事雷風雲雨人事詩書禮樂也故以經論象雲雷也必知經論大經爲既濟者隱元年公羊傳曰所見異辭所聞異辭所傳聞異辭何休注云所見者謂昭定哀時事也所聞者謂文宣成襄時事也所傳聞者謂隱桓莊閔僖時事也於所傳聞之世見治起於衰亂之中用心尚麤觕故內其國而外諸夏先詳內而後治外錄大略小內小惡書外小惡不書大國有大夫小國略稱人內離會書外離會不書是也於所聞之世見治升平內諸夏而外夷狄書外離會小國有大夫宣十一年秋晉侯會狄於攢函襄二十三年邾婁鼻我來奔是也至所見之世著治太平春秋進至於爵天下遠近小大若一用心尤深而詳故崇仁義譏二名晉魏曼多仲孫何忌是也是言孔子作春秋亦如伏羲神農黃帝堯舜禹湯有既濟之功故以所傳聞之世見治起於衰亂之中所聞之世見治升平所見之世著治太平爲既濟也孟子言一治一亂以治屬禹周公孔子子思作中庸謂堯舜文武之既濟人知之仲尼之既濟人不知之故曰苟不固聰明聖知達天德者其孰能知之言非至聖如堯舜文武不能知至誠之孔子故鄭氏據公羊傳亦以爲堯舜

之知君子也何氏於定六年注云春秋定哀之閒文致太平即是此傳君子以經論成既濟中庸經論大經贊化育之事何氏傳先師之說知孔子作春秋文致太平後儒无師法不能通其義也

雖般桓志行正也以貴下賤大得民也**注**坎爲志震爲行退居正故云雖般桓志行正也陽貴陰賤故云以貴下賤大得民也坤爲民六二之難乘剛也十年乃字反常也**注**反從正應故反常即鹿无虞以從禽也君子舍之往吝窮也**注**禽鳥獸之總名上爲窮求而往明也**注**體离故明屯其膏施未光也**注**爲上弇故施未光泣血漣如何可長也**注**陰乘陽故不可長**疏**坎爲至爲民○般桓退也居初是居正也陽貴陰賤荀義也董子曰陽貴而陰賤荀子君子篇曰爵當賢則貴不當賢則賤二以陽居初建侯當位

而下坤民故云以貴下賤宣十二年春秋傳曰其君能下人必能信用其民矣故云大得民也坤爲民虞義也○反從至反常○二正應五反從正應是反歸常道故云反常二體震爲反也○禽鳥至爲窮○白虎通曰禽鳥獸之總名爲人所禽制也比九五曰王用三驅失前禽周禮大司馬曰大獸公之小禽私之又大宗伯云以禽作六摯卿執羔大夫執鴈曲禮曰猩猩能言不離禽獸月令戮禽祭禽禽皆是獸是禽獸通名也若别而言之則釋鳥云二足而羽謂之禽四足而毛謂之獸也卦窮於上故謂窮爲上三應上上不應三故云往吝窮也○體离故明○此虞義也三變初體离离爲明昏禮先納幣而後親迎納幣求也親迎往也故云求而往明也言明於禮○爲上至未光○陽爲陰弇陽主施屯其膏故施未光也○陰乘至可長○上不應三而乘五馬是乘陽也用六利用貞陰承陽則永乘陽故不可長

山下出泉蒙注泉之始出者曰蒙君子以果行育德注君子謂二艮爲果震爲行育養也體頤養故以果行育德

也疏泉之至曰蒙○禮斗威儀曰君乘土而王其政太平則蒙水出於山宋均注云蒙小水也出可爲灌注無不植也小水可以灌注猶童蒙可以作聖此實象也○君子至德也○此虞義也乾鑿度九二爲庸人今九居二而稱君子者二以亨行時中變之正六居二爲君子故謂君子爲二也艮爲果蓏故爲果育養也釋詁文二至上體頤頤者養也彖傳曰蒙以養正果行育德養正之義也

利用刑人以正法也注坎爲法初發之正故正法也子克家剛柔接也注剛柔謂二五勿用娶女行不順也注震爲行坤爲順坤體壞故行不順困蒙之吝獨遠實也注陽稱實童蒙之吉順以巽也注五體坤動而成巽故順以巽利用禦寇上下順也注自上禦下故順疏坎爲至法也○此虞義也九家說卦曰坎爲律釋言曰坎律銓也樊光云坎卦水水性平律亦平銓亦平也坎爲水故古刑法

議瀸之字皆從水法律同義故坎爲法也初失位發得正故以正法○剛柔謂二五○焦氏易林曰剛柔相呼二姓爲家變之正五剛二柔故云接接際也○震爲至不順○說見上○陽稱實○陽實陰虛故陽稱實柔之爲道不利遠者四獨遠陽故困也○五體至以巽○五動體巽故云動而成巽此虞義也○自上至故順○此虞義也上禦三是自上禦下虞氏謂巽爲高艮爲山登山備下順有師象是也三不順上禦之則順矣五以應二爲順上以禦三爲順其義一也

雲上於天需 注 雲上於天須時而降 **君子以飲食宴樂** 注 君子謂二坎爲飲食五需二衍在中故以飲食宴樂陽在内稱宴 疏 雲上至而降○此宋衷義也六四出於穴是雲上於天也上六入於穴是須時而降也○君子至稱宴○九二陽不正需時升五故稱君子序卦曰需者飲食之道也荀氏謂坎在需家爲酒食故坎爲飲食五象曰需於酒食是五以酒食需二二需於沙衍在上中故謂宴樂爲二陽在内稱宴虞義也

需于郊不犯難行也利用恒未失常也注坎爲難常猶恒也初變失位上居四故未失常需于沚衍在中也注衍讀爲延在後詔侑曰延五需二故衍在中雖小有言以吉終也　需于泥災在外也注外謂坎自我致戎敬慎不敗也注五离爲戎坎爲多眚故敗三不取四故敬慎不敗乾爲敬也需于血順以聽也注雲雖升天終當入穴順以聽五五爲天也酒食貞吉以中正也注謂乾二當升五正位者也不速之客來敬之終吉雖不當位未大失也注上降居三雖不當位承陽有實故无大失疏坎爲至失常○初應四四坎爲難初不取四故不犯難行初變失位上居四爲得位故未失常恒本訓常故下

經恆卦大元準之以常永常猶恒也反覆相訓○衍讀至在中○周禮大祝九祭二曰衍祭鄭注云衍當爲延讀從主人延客祭之延古文衍延同物也特牲饋食禮曰祝延尸鄭彼注云延進在後詔侑曰延五需二五在二後自後詔二延登居二故衍在中雖隔於六四之險終當升上故以吉終○外謂坎○坎爲災在外卦故云災在外也○五离至敬也○离爲戎虞義也三至上有坎离象坎爲寇离爲戎故經言寇傳言戎說卦曰坎其於輿也爲多眚虞注云眚敗也三體乾乾爲敬不取於四故敬慎不敗也○雲雖至天也○此九家義也象曰順以德也四陰故順坎爲耳耳主聽故順以聽五五指乾二升五乾爲天嫌謂坎五故云五爲天也○謂乾至者也○此九家義也○上降至大失○此荀義也六居三爲失位故云不當位上降承乾故承陽有實失謂不當位未大失

以其承陽也

天與水違行訟**注**水違天猶子違父臣違君故訟君子以作事謀始**注**君子謂乾三來變坤爲作事坎爲謀初爲

始二據初剛柔易故以作事謀始【疏】水違至故訟○坎者乾再索而得有
子道坤有臣道下三爻皆失位故云猶子違父臣違君而成訟也○君子至謀始○此虞義也坤謂遯坤坤爲
事三來變坤故爲作事鴻範謀屬水坎爲水爲心故爲謀卦自下生故初爲始三來之二據初剛柔易謂二與
初易位初不永所事謀始之義也
不永所事訟不可長也雖小有言其辯明也【注】初辯之早
故其辯明不克訟歸逋竄也自下訟上患至惙也【注】上
謂乾惙憂也食舊德從上吉也【注】從順復即命渝安貞
不失也【注】變得正故不失訟元吉以中正也　以訟受
服亦不足敬也【注】服謂鞶帶乾象毀壞故不足敬【疏】初辯
至辯明○坤消陰自初始變之正辯之早矣二變應五
三食舊德體离离爲明故其辯明矣○上謂乾惙憂也

○二訟四四體乾故上爲乾惙憂鄭義也詩曰憂心惙惙俗作掇今從古○從順○三失位變從上故吉此上亦謂乾也從訓順者昭五年春秋傳曰使亂大從服虔解誼云使亂大和順之道故知從爲順也○變得正故不失○失謂失位○服謂至足敬○此虞義也鞶帶祭服故服謂鞶帶遯三體乾乾爲衣故云服也三食舊德四變食乾故乾體壞乾爲敬乾體壞故不足敬也

地中有水師**注**坎在坤內故曰地中有水師衆也坤中衆者莫過於水

君子以容民畜衆**注**君子謂二坤爲民坎爲衆容寛也畜養也二升五寛以居之故以容民五降二萬物致養故以畜衆**疏**坎在至於水○此宋衷義也坎爲水坤爲地坎在坤内是水行地中之象楊泉物理論曰水浮天載地者也故地之衆者莫過於水以況人之衆者莫過於師衆有二訓周語曰人三爲衆一也釋詁曰黎庶烝多師旅衆也又曰洋觀裒衆那多也是庶多亦曰衆二也坤坎所以取

象於師以衆多爲名也○君子至畜衆○此虞義也二爲庸人而稱君子者以其升五也坤陰故爲民容寬也鴻範五行傳文詩日月曰畜我不卒毛傳云畜養也卦自乾來文言乾九二寬以居之亦謂二升五居上以寬是容民之義也萬物致養說卦文五體坤坤陰廣博含養萬物五降二萬物致養是畜衆之義也

師出以律失律凶也注初失位故曰失律在師中吉承天龍也王三錫命懷萬邦也注龍和也二以盛德行中和衆陰承之故承天龍居王位而行錫命衆陰歸之故懷萬邦坤爲萬邦師或輿尸大无功也注三五同功三多凶故大无功左次无咎未失常也注得位承五故未失常長子帥師以中行也弟子輿尸使不當也注震爲行居中故曰中行三失位故不當五已正使不當故貞凶

大君有命，以正功也。小人勿用，必亂邦也。注五多功，五動正位，故以正功。坤爲亂。疏初失至失律○爻例失位曰失，又曰不當。師初二三五皆失位，故初曰失，三曰不當。二五易位，故曰貞丈人，又曰以正功也。○龍和至萬邦○詩長發曰何天之龍，毛傳云龍和也。二當升五，五爲天，以盛德行中和，衆陰承之，故承天和。錫命者，開國承家，皆當有錫命之事。居王位而行錫命，衆陰歸之，故懷萬邦。禮器曰物無不懷仁，周語曰無所依懷，鄭韋皆訓懷爲歸。坤爲萬邦，虞義也。○三五至无功○師勝敵稱功。周禮大司馬曰若師有功，愷樂獻於社，若師不功則厭而奉主車。鄭注云功勝也。三五同功，五多功，三賤多凶，故大无功也。○得位至失常○四得位，故云未失。二升五而四承之，陰承陽爲常道，故曰未失常也。○震爲至貞凶○二升居五，故曰中行。已正五位而用失位之三，是使不當，故貞凶也。

○五多至爲亂

○此虞義也

地上有水，比。注地得水而柔，水得地而流，故曰比。先王以建萬國親諸侯注先王謂五初陽已復震爲建爲諸侯坤爲萬國比四月卦也比輔也輔成五服故以建萬國比比也有孚盈缶故以親諸侯疏地得至曰比○此子夏義也傳又云夫凶者生於乖爭今既親比故云比吉也杜林曰比者言性不相害但爻之相比不相害而相親故曰比也○先王至諸侯○先王謂夏先王也五爲天子故先王謂五初變之正體震震爲建侯初剛難拔故云建震爲諸侯義見屯卦坤爲地地有九州夏時九州有萬國故坤爲萬國比上虞義也比四月卦據消息孟喜卦氣圖曰十一月未濟蹇頤中孚復十二月屯謙睽升臨正月小過蒙益漸泰二月需隨晉解大壯三月豫訟蠱革夬四月旅比小畜乾五月大有家人井咸姤六月鼎豐渙履遯七月恒節同人損否八月巽萃大畜賁觀九月歸妹无妄明夷困剝十月艮既濟噬嗑大過坤是也古文尚書皐陶謨曰弼成五服至於五千州有十二師外薄四海咸建五長鄭彼注云敷土既畢廣輔五服而成之面方各五千里四面相距爲方萬里師長也九州州立十二人

爲諸侯師以佐其牧外則五國立長使各守其職堯初制五服服各五百里要服之内方四千里曰九州其外荒服曰四海此禹所受地記書崑崙山東南地方五千里名曰神州者禹𨛜五服之殘數亦每服者合五百里故有萬里之界萬國之封春秋傳曰禹朝羣臣於會稽執玉帛者萬國言執玉帛者則九州之内諸侯也其制特置牧以諸侯賢者爲之師蓋百國一師州十有二師則州千二百國也八州凡九千六百國其餘四百國在圻内此禹時建萬國之事也四月以建萬國者明堂月令曰立夏之日天子親帥三公九卿大夫以迎夏於南郊還反賞封諸侯蓋夏殷法也白虎通曰封諸侯以夏何陽氣盛養故封諸侯盛養賢也襄廿六年春秋傳曰賞以春夏刑以秋冬是慶賞封建皆以夏也王肅聖證論亦同此說禹𨛜成五服𨛜與比同說文曰𨛜輔信也輔成五服此建萬國之象比比也序卦文九五孚信之德盈滿中國四海會同遠人賓服此親諸侯之象也

比之初六有它吉也【注】信及非應然後吉比之自内不自失也【注】得位故不自失比之匪人不亦傷乎【注】爻失其

正辰體陰賊故傷外比於賢以從上也注上謂五顯比之吉位正中也注謂离象明正上中也舍逆取順失前禽也注背上六故舍逆據三陰故取順不及初故失前禽邑人不戒上使中也

比之无首无所終也注坤道代終比之无首故无所終疏信及至後吉○此荀義也案五爻辭云失前禽謂初也三四五所據也二五所應也初在應外故失前禽前禽雖失初六終來盈缶之孚也王者之德不及殊俗則未至故信及非應然後吉也○得位至自失○桓十七年穀梁傳曰蔡季自陳歸於蔡自陳陳有奉焉爾二得位自內比初而外應五正而後行事故不自失也○爻失至故傷○此干寶義也翼奉封事曰東方之情怒也怒行陰賊亥卯主之孟康注云木生於亥盛於卯木性受水氣而生貫地而出以陰氣賊害土故爲陰賊坤爲土六三乙卯坤之鬼吏草木怒生而賊害土故云傷也○上謂五○繫上曰可大則賢人之德可久則賢人之

業姚信注云上賢人謂乾五下賢人謂坤二乾五之坤成坎坎五猶乾五故稱賢二比初四不比三者三匪人故不比也○謂离至中也○此虞義也初三已變體重明故謂离象明五在上得位居中故正上中也○背上至前禽○此虞義也上六逆乘陽故稱逆而在五後故稱背四三二皆順承陽而五據之故云取順初在應外五不及初故失前禽邑人不戒上使中也義見上經○坤道至所終○上爲終坤承乾而代終以乾爲首故也令比之无首則是无所終也

風行天上小畜注風者天之命令也今行天上則是令未下行畜而未下小畜之象君子以懿文德注懿美也豫坤爲文乾爲德卦以柔畜剛君子法之故修美文德積久而施自行疏風者至之象○此九家義也巽爲風巽令也令風行天上則是令未行於下畜道未成故畜而未下以小畜大謂之小畜也○懿美至自行○說文曰懿

專久而美也豫坤爲文據旁通也乾有四德故爲德此上虞義也四爲柔故云以柔畜剛君子欲懷柔天下不以武功而以文德故云修美文德彖傳曰施未行也巽柔善入積之久而德施於物物无不化故云施自行

復自道其義吉也注陽爲吉牽復在中亦不自失也注失位變應五故不自失亦者亦初也夫妻反目不能正室也注妻當在内夫當在外今妻乘夫而出在外故不能正室有孚惕出上合志也注上謂五坎爲志有孚攣如不獨富也　既雨既處得積載也君子征凶有所疑也注積猶畜也坎爲疑疏陽爲至初也○陽吉陰凶初變爲陽是由凶而趣於吉故其義吉也二從旁通變故失位令變應五故不自失初既得位二亦不失故云亦者亦初也○妻當至正室○桓十八年春秋傳曰女有家男有室是夫以妻爲室也白虎通曰一夫一婦成一室義亦通也男正位乎外女正位

乎內天地之大義今陽在內陰在外反其居室之道故不能正室夫謂豫震妻謂小畜即巽也○上謂五坎爲志○彖傳曰剛中而志行乃亨剛中謂五四五合志乃能畜乾故上謂五坎爲志虞義也○積猶至爲疑○畜道至上而成得積載者畜道成也畜有積義故云積猶畜也坎爲疑虞義也

上天下澤履君子以辯上下定民志**注**君子謂乾天高地下萬物散殊而禮制行故以辯上下定民志**疏**此樂記文乾爲天兑爲澤禮以地制澤又卑於地故君子法之以制禮天高地下禮者天地之别也故以辯上下萬物散殊而未定禮節民心故以定民志漢書敘傳曰上天下澤春雷奮作先王觀象爰制禮樂是說君子法履以制禮之事

素履之往獨行願也**注**初微謂之獨震爲行使四變而已應之故獨行願幽人貞吉中不自亂也**注**變之正居中

應五故不自亂眇而視不足以有明也【注】兩离稱明彼
而履不足以與行也咥人之凶位不當也武人爲於大君
志剛也【注】剛謂乾坎爲志愬愬終吉志行也【注】應在初
故志行夬履貞厲位正當也【注】位正當故不疚元吉在
上大有慶也【疏】初微至行願○初爲隱爲微隱微於人
爲獨故中庸曰莫見乎隱莫顯乎微故
君子慎其獨也初應四四體乾乾爲誠素質之始也質
誠也欲正其心者先誠其意不誠則不能獨故素履之
往獨行願也○變之至自亂○貞吉者變之正而獲吉
也坎在坤中坤爲亂之正應五故不自亂○兩离稱明
○虞注鼎彖傳曰有兩坎兩离乃稱聰明眇而視不足
以有明一离故也○剛謂至爲志○三變應乾故志剛
○應在至志行○應在初初震爲行坎爲志故志行○
位正至不疚○乾履夬夬爲虎五在乾體故厲以剛中
正故不疚與彖
傳互相明也

天地交泰【注】交謂二五后以財成天地之道輔相天地之宜以左右民【注】坤稱后坤富稱財輔以陰輔陽相贊也震爲左兊爲右坤爲民言后資財用以成教贊天地之化育以左右其民也書曰予欲左右有民【疏】交謂二五○天地交而成既濟故云交謂二五○坤稱至有民○釋詁曰后君也坤臣道而稱后者泰消息爲辟卦得稱后也坤富稱財又化成物故曰財成卦有比比輔也故以陰輔陽也相者贊相故曰相贊也震春爲左兊秋爲右坤衆爲民富之教之所謂資財用以成教皆贊化育爲既濟之事也書曰者尚書臯陶謨文是虞夏既濟時事故引之也

拔茅征吉志在外也【注】外謂四苞巟得尚于中行以光大也【注】升五體离嚮明而治故以光大无平不陂天地際

也注位在乾極應在坤極天地之際偏偏不富皆失實也注坤虛故皆失實不戒以孚中心願也注中謂五坎爲心陰性欲承故中心願以祉元吉中以行願也注中下中城復于隍其命亂也注初吉終亂疏外謂四○此虞義也○升五至光大○既濟五互离故云升五體离說卦曰离也者明也聖人南面而治天下嚮明而治蓋取諸此謂取离象爲明堂也二升五爲聖人故乾鑿度以夬五爲聖人离爲光乾爲大故以光大也○位在至之際○此宋衷義也位在三故云乾極應在上故云坤極小爾雅曰際接也天與地接猶泰與否接故云天地際也○坤虛至失實○陽實陰虛坤三爻故皆失實也○中謂至心願○中謂五五爻之義發於四爻者上體以五爲主也說卦曰坎爲極心中心猶極心也陰性欲承乾鑿度文九家易曰乾升坤五各得其正陰得承陽皆陰心之所欲是也○中下中○五降下故中謂下中震爲行故中以行願上願謂二欲升五下願謂五欲降二也○初吉

終亂○既濟彖曰初吉終亂傳謂終止則亂其道窮也上爲終坤爲亂巽爲命故其命亂也

天地不交否【注】天氣上升地氣沈下二氣特隔故云否君子以儉德辟難不可營以祿【注】君子謂伏乾坤吝嗇爲儉乾爲德陰消至否坤臣弑君故以儉德辟難坤爲營乾爲祿坤消乾故不可營以祿也【疏】天氣至云否○此宋衷義也董子曰陰猶沈也故地氣沈下天上升不下降地沈下不上升是二氣特隔故云否也○君子至祿也○否下體坤乾伏坤下乾三爲君子故君子謂伏乾說卦曰坤爲吝嗇吝嗇故儉陰消至否坤臣弑君故爲難虞氏亦謂弑君之難也乾伏坤下隱伏之象故以儉德辟難文言曰天地閉賢人隱是其義也坤爲營虞義也說卦曰坤爲旬旬十日也經營須日故旬營同物詩江漢曰來旬來宣鄭箋云旬當爲營知旬營同物也乾爲福說文云祿福也故乾爲祿坤消乾祿故不可營以祿此兼用虞義虞氏又云營或作榮儉或作險

拔茅貞吉志在君也注四變體坎爲志君謂五大人否亨
不亂羣也注物三稱羣謂坤三爲亂大人不從故不亂
羣也苞羞位不當也注三上失位有命无咎志行也注
志行於羣陰大人之吉位正當也注位正當故陰不能
消乾使亡否終則傾何可長也注以陰剥陽故不可久
疏四變至謂五○應在四四變應初故體坎坎爲志初
與二三同類承五故志在君初在應外而云承五者
坤性承乾故初曰以其曹四曰疇离祉是三爻皆有承
乾之象故初得承五也○物三至羣也○此虞義也周
語曰獸三爲羣坤三爻故云羣六三爲亂大人中正以
否絕之故云不亂羣五不亂羣故不亡也○三上失位
○上苞三二爻皆失位故云位不當也○志行至羣陰
○此荀義也四以五命據三陰陰皆麗乾之福是志行
於羣陰也○位正至使亡○荀注文言曰存謂五爲陽
位亡謂上爲陰位以九居五得正得中陰繫於陽故不

山東省立圖書館
SHANTUNG PROVINCIAL LIBRARY

能消乾使亡也○以陰至可久○此虞義也陰剥於上則陽復於下故不可久

天與火同人君子以類族辯物注族姓辯别物姓之同異也君子謂乾乾爲族天火同性二五相應男女辯姓故以類族辯物疏族姓者戰國策曰昔者曾子處費費人有與曾子同名族者注云族姓也襄三十一年春秋傳曰辯於大夫之族姓班位故知族爲姓也辯别虞義也同姓則同德異姓則異德故云物姓之同異也君子謂乾乾爲族虞義也族有九九者乾陽之數故知乾爲族類聚九族而辯姓之同異以厚别也所以然者以卦名同人天火同性性姓同物二陰五陽有昏冓之道同德合義不合姓故以類族辯姓也男女辯姓襄二十八年春秋傳文

出門同人又誰咎也　同人于宗吝道也注取同姓犯誅絶之罪故吝道伏戎于莽敵剛也三歲不興安行也注

與上敵應故敵剛上不應三故安行乘其庸義弗克也

其吉則困而反則也**注**初得正故義弗克則法也變之正是困而反則也同人之先以中直也大師相遇言相克也**注**中直謂五二五同心故相克同人于郊志未得也**注**坎爲志失位故志未得**疏**取同至吝道○此許慎義也慎又云言五屬之內禽獸行乃當絕也○與上至安行○三上皆剛故曰敵剛釋詁曰敵應當也敵剛謂所應者剛故伏戎於莽也艮彖傳曰上下敵應兩陽兩陰稱爲敵應或謂敵剛爲敵五非也楚語曰自敵以下則有讎韋昭云敵敵體五爲君不可爲敵且五非應也三上敵剛上不應三三无所往故云安行也○初得至則也○四欲攻初初正而四不正故云義弗克春秋文十四年穀梁傳曰弗克納弗克其義也范甯注云非力不足義不可勝與傳義合則法也釋詁文韋昭注晉語曰謀不中爲困四欲攻初以不義而止故困變之正承五應初是困而反歸於

法故吉文言曰乾元用九乃見天則六爻皆正爲天則
故爻不正而反於正謂之反則也○中直至相克○五
得中又體乾乾爲直故中直謂五繫上釋此爻曰同心
之言其臭如蘭乾爲言二五同德同德合義故相克也
○坎爲至未得○上失位
不與三同志故志未得也

火在天上大有君子以遏惡揚善順天休命注君子謂二
遏絶揚舉也乾爲揚善坤爲遏惡爲順以乾滅坤體夬
揚於王庭故遏惡揚善乾爲天爲休二變時巽爲命故
順天休命注此虞義也二失位變之正陰得位爲君子
故君子謂二初至五體夬夬本坤世乾爲
善坤爲惡揚於王庭以乾滅坤故遏惡揚善乾爲美休
美也故乾爲休二變體巽巽爲命坤爲順故順天休命
也

大有初九无交害也　大轝以載積中不敗也注中謂二

車僨曰敗公用亨于天子小人害也　匪其彭无咎明辯折也注折之离故明辯折厥孚交如信以發志也注乾爲信四上變坎爲志五發孚二故信以發志威如之吉易而无備也注离爲備二五易位离體壞乾威鎮物故无備大有上吉自天右也注吉吉禮疏中謂至曰敗○二下中故中謂二比坤爲大轝乾來積上二爲中故積中不敗僖九年春秋傳曰涉河侯車敗隱三年春秋傳曰鄭伯之車僨於濟故知車僨曰敗五降二坤厚載物故不敗也○折之至辯折○此虞義也變體离說卦云离爲折上槁故云折之离离爲明故明辯折也折本今作晳從日折聲古文通折音制與志協也○乾爲至發志○漢書杜欽對策曰天道貴信二升五體乾故乾爲信四上變五體坎故坎爲志發者變動五失位發而孚二故信以發志也○离爲至无備○備謂戰備也离爲甲冑爲戈兵故爲備以備爲戰備者經曰威如傳曰無備昭二十

三年春秋傳曰去備薄威尉繚子曰兵有去備徹威而勝者以有法故知備爲戰備也五之威道德之威也鹽鐵論文學曰德盛則備寡故无備董子曰冠之在首玄武之象也玄武者貌之最嚴有威者也其象在後其服反居首武之至而不用矣夫執介胄而後能拒敵者非聖人之所貴也君子顯之於服而勇武者消其志於貌也矣威如之吉易而无備亦此義也易音亦○吉吉禮○上爲宗廟祭禮禮稱吉故云吉吉禮

周易述卷十一

周易述卷十二

元和惠棟集注幷疏

象上傳

地中有山嗛君子以捊多益寡稱物平施 注 君子謂三捊取也艮爲多坤爲寡乾爲物爲施坎爲平乾盈益嗛故以捊多益寡稱物平施 疏 此虞義也彖辭君子指三故知君子爲三說文曰捊引取也鄭荀董遇蜀才皆訓爲取故云捊取也俗作裒釋詁曰裒多也裒訓多不得云裒多俗本訛耳上九艮爻艮爲多節故云多坤陰小故爲寡乾純粹精故爲物陽主施故爲施坎爲水水性平故爲平以乾之上九益嗛故云乾盈益嗛捊艮之多以益坤寡故以捊多益寡稱物平施也

嗛嗛君子卑以自牧也 注 牧養也養成嗛德鳴嗛貞吉中

心得也注三升五體坎亟心與二相得勞謙君子萬民
服也注上居五位羣陰順陽故萬民服无不利撝謙不
違則也注陰撝上陽不違法則利用侵伐征不服也注
不服謂五鳴謙志未得也可用行師征邑國也注三升
五故志未得唯可從征耳疏牧養至謙德○牧養九家
義也三之五初體坤故爲
卑變之正體頤爲養凡爻失位皆須學問以養成之而
在謙家故云謙德韓嬰曰夫易有一道焉大足以治天
下中足以安家國近足以守其身者其唯謙德乎是其
義也○三升至相得○二在下中而正應五三升五五
爲上中體坎亟心亟中也與二相得故中心得也○上
居至民服○此荀義也人道惡盈而好謙三居五位克
當民心坤爲民故萬民服荀氏謂衆陰皆欲撝陽上居
五位是羣陰順陽之事也○陰撝至法則○此九家義
也凡爻之正而得位者皆曰則故文言曰乾元用九乃
見天則同人九四曰其吉則困而反則是也衆陰皆欲

撝三陽上居五得正得中故云不違法則○不服謂五○此荀義也五失位故知不服謂五征之爲言正也三侵伐以正五故云征不服也○三升至征耳○上應三三升五而上乘之故志未得九家謂雖應不承是也三來征坤之邑國而上從之則利故云唯可從征耳

雷出地奮豫先王以作樂崇德殷薦之上帝以配祖考**注**奮動也雷動於地上萬物乃豫也崇充殷盛薦進也上帝天也以配祖禘郊也以配考祖宗也豫消息在卯中和之象先王建之作樂以充其德用盛樂薦上帝以配祖考而降神也**疏**周頌時邁曰薄言振之薛君章句云振猶奮也振與震通說卦云震動也震有奮義故云奮動雷動於地上養長華實發揚隱伏萬物莫不被盛陽之德故云萬物乃豫也崇充釋詁文儀禮鄉飲酒禮云崇酒尚書酒誥云崇飲鄭氏皆訓爲充故云崇充也說文曰殷作樂之盛稱尚書洛誥肇稱

殷禮亦謂盛禮故知殷爲盛文二年公羊傳云五年而再殷祭禘大祭故稱殷祭魯禘不配天亦稱殷祭者得用禘禮禘樂故也周禮庖人曰與其薦羞之物鄭注云薦亦進也此殷薦者謂薦盛樂非薦羞也知上帝爲天者孝經孔子曰昔者周公郊祀后稷以配天宗祀文王於明堂以配上帝鄭稱注云上帝者天之别名也神無二主故異其處避后稷是上帝爲天也以上皆鄭義也以配祖謂如嚳遠祖稷始祖故云禘郊也以配考謂如祖文王宗武王故云祖宗也祭法高祖以下皆稱考故知文王亦蒙考之名也禘郊祖宗皆配天之祭郊於南郊禘祖宗皆於明堂其禮始於虞三代因之而不易傳謂先王蓋夏商之王也孟喜卦氣圖豫消息在二月中故云在卯三統歷曰春爲陽中萬物以生秋爲陰中萬物以成事舉其中禮取其和故曰中和之象漢皃寬曰唯天子建中和之極兼總條貫金聲而玉振之故云先王建之謂建中和之極作樂以充其德即謂中和之德也禘及郊宗石室郊及百神祖宗之祀四海助祭又謂之大饗皆推祖以配天禮之極盛者故云用盛樂薦上帝云以配祖考而降神者如周禮大司樂郊樂六變而天神降社樂八變而地祇出禘樂九變而人鬼可得而

禮是也以虞義言之動初至三乾爲先王爲崇德震爲音爲樂故以作樂崇德震爲帝而在乾天上故稱上帝坤爲死小畜乾伏坤下稱祖考故殷薦之上帝以配祖考其薦上帝而配祖考也离爲南乾爲郊南郊之象离嚮明而治爲明堂四復初十一月郊時也小畜四月禘時也

初六鳴豫志窮凶也注初在豫家而獨應四樂不可極故志窮凶不終日貞吉以中正也注中謂二正謂四復初盱豫有悔位不當也注變之正則无咎由豫大有得志大行也注陽稱大坎爲志震爲行故志大行六五貞疾乘剛也恒不死中未亡也注乘剛故疾五爲陽位故中未亡冥豫在上何可長也注利三之正疏○初在至窮凶皆指上豫之窮凶不在上而反在初者以初在逸樂之家獨與四應志得而鳴極豫盡樂故志窮凶也樂不可

極曲禮文○中謂至復初○二得位得中故中謂二四不正復初得正故正謂四四復初而二休之故中正謂兩爻○變之至无咎○上六成有渝无咎指三以三不當位故有悔變之正則无咎也○陽稱至大行○四陽爻故稱大四體坎坎爲志又體震震爲行故志大行彖傳剛應而志行是也○乘剛至未亡○五乘坎剛坎爲疾故貞疾文言曰知存而不知亡荀注云存謂五爲陽位亡謂上爲陰位五陽位又居中故云中未亡也○利三之正○冥豫在上无應而下交瀆也故不可長三之正上得所應則可長矣

澤中有雷隨君子以鄉晦入宴息注君子謂乾上宴安息止也坤爲晦爲安巽爲入艮爲止上來入坤故以鄉晦入宴息疏乾鑿度乾上九爲庸人今云君子者以其居初得位故稱君子宴與燕通詩北山曰或燕燕居息毛傳云燕燕安息貌故知宴爲安也陽在內稱宴息者休息與止同義故云息止也坤爲晦爲安巽爲入艮爲止義具上經疏以乾居坤故鄉晦互有巽艮故入宴息也尋此卦之義陰隨陽婦係夫有燕私之象尚

書大傳曰古者后夫人將侍於君前息燭後舉燭至於房中釋朝服襲燕服然後入御於君是鄉晦入宴息之事故太元準爲從其初一詞曰日幽嬪月冥隨之是也有夫婦然後有父子有父子然後有君臣故太元曰晝以好之夜以醜之一晝一夜陰陽分索夜道極陰晝道極陽牝牡羣貞則君臣父子夫婦之道辨矣是以傳言鄉晦入宴息經言元

亨利貞其義一也

官有渝從正吉也出門交有功不失也**注**上居初得正故從正吉陰往居上而係於五故不失係小子弗兼與也**注**已係於初不兼與五係丈夫志舍下也**注**下謂初隨有獲其義凶也有孚在道明功也**注**死在大過故凶功謂五三四之正离爲明故明功孚于嘉吉位正中也**注**位正中故能成既濟之功中庸曰君子之道造端乎夫

婦及其至也察乎天地拘係之上窮也【注】係於五則不窮【疏】上居至不失○上失位之初得正故從正吉初陰升上而係於五五陰居上得位故不失也○已係至與五○此虞義也虞惟以五爲四爲誤耳○下謂初○互坎爲志初在下故知下謂初也○死在至明功○此虞義也大過棺槨之象故云死在大過五多功故功謂五三四之正體離離爲日故爲明明五之功五爲主故也○位正至天地○位正中故爲一卦之主而行中和成既濟引中庸者陰之隨陽猶婦之隨夫夫夫婦婦而家道正正家而天下定即是既濟之事故造端乎夫婦而極於天地也○係於至不窮○无應在上故窮係於五五爲既濟之主窮變通久故不窮也

山下有風蠱君子以振民育德【注】君子謂泰乾也坤爲民初上撫坤故振民乾稱德體頤養故以育德【疏】此虞義也泰君子道長故君子謂泰乾坤爲民亦謂泰坤也初之坤上故撫坤謂振撫坤民也乾爲龍德故稱德育養也四至

上體頤頤者養也故以育德也

幹父之蠱意承考也**注**承二也二坎爻坎爲意故意承考

幹母之蠱得中道也**注**變而得正故貞而得中道幹父之蠱終无咎也**注**上爲終无應而得位故終无咎裕父之蠱往未得也**注**四陰柔故往未得幹父用譽承以德也**注**變二使承五故承以德二乾爻故稱德不事王侯志可則也**注**三體坎爲志則法也**疏**承二至承考○二乾爻乾爲父故知承者二也初幹父蠱而承考意幹蠱之善者此考之所以无咎也○變而至中道○此虞義也二失位故不可貞今變而得正是貞而得中道經以失位言故云不可貞傳以得正言故云得中道也○上爲至无咎○爻終於上故上爲終以三得位故雖无應於上而終无咎也○四陰至未得○四應在初初意承考四裕父蠱是陰

柔不可與共事也故初變往四則未得言初與四不相得也○變二至稱德○此虞義也五已正故變二使承五不承以事而承以德亦幹蠱之善者乾爲德二乾爻故稱德經言譽傳言德皆謂變二承五與二升五同也○三體至法也○應在三三體坎坎爲志則法也釋詁文君高尚其事者以其志之可則亦謂上變應三而合於則也

澤上有地臨君子以教思无窮容保民无疆**注**君子謂二震爲言兌口講習二升五坎爲思剛浸而長故以教思无窮容寬也震爲寬仁坤爲民故容保民无疆矣**疏**乾鑿度九二爲庸人今以君子謂二者二當升五得位故稱君子也震爲言兌口講習教之義也坎心爲思剛浸而長有无窮之義故以教思无窮說文云容受也容則能受寬大之象故曰容寬也互體震震春寬大行仁故爲寬仁坤爲民以二撫坤故容保民无疆此兼虞義也

咸臨貞吉志行正也【注】二升五四體坎爲志初正應四故志行正咸臨吉无不利未順命也【注】坤爲順遯巽爲命陽當居五陰當順從今尚在二故曰未順命甘臨位不當也既憂之咎不長也【注】失位故不當動而成泰故咎不長至臨无咎當位實也【注】初陽爲實四正應初故當位實大君之宜行中之謂也【注】二者處中行升居五五亦處中故行中之謂敦臨之吉志在内也【注】志在升二也陰以陽爲主故志在内【疏】二升至行正○二升五則四體坎坎爲志初四俱正而又相應其志得行故志行正也○坤爲至順命○四陰互兩坤故坤爲順遯巽爲命據旁通也陽當居五以下荀義也陽居五則四陰順從今陽息在二陰猶用事故未順命蓋既濟之功猶未成也○失位至不長○三

失位无應故有憂陽息成泰天地交故咎不長咎不長則吉猶消不久則凶也○初陽至位實○京房易傳曰陽實陰虛故初陽爲實四正故當位應初故云實也○二者至之謂○此荀義也二五中也以二升五故曰行中之謂初四皆正故曰行正二五皆中故曰行中也以義言之知臨而言行中者舜之大知用其中於民是其義也○志在至在内○此九家義也二因三升五坎爲志故志在升二陰無主以陽爲主故上得過其應因三以升五二在内故曰志在内也

風行地上觀先王以省方觀民設教

注 先王謂乾巡守曰省坤爲方爲民以乾照坤故以省方觀民設教

疏 京房易積筭曰易含萬象彖言明堂禘祭此又言省方觀民要而言之則一也古者聽朔朝廟須政令朝諸侯皆於明堂彖詞觀盥而不觀薦是尊祖以配天之事彖傳神道設教是法天以治民之事天子巡守則爲宮三百步壇十有二尋加方明其上方明者放乎明堂之制也孟子齊有泰山明堂荀子曰築明堂於塞外而朝諸侯皆方明

之類後世以其制如明堂而名之明堂祀六天上下四方月令謂之天宗虞謂之六宗故堯典舜禋六宗而覲四岳羣牧覲禮周祀方明而覲公侯伯子男其義一也艮爲宮闕有明堂方明之象故旣取類於禘祭又比義於巡方乾爲先爲王故爲先王淮南子曰禹南省方高誘注云巡守爲省省視四方也坤爲方九家說卦文乾爲大明以乾照坤省方之象故以省方觀民設教也

初六童觀小人道也注陰消之卦故小人道闚觀女貞亦可醜也注坤爲醜觀我生進退未失道也注三欲進觀於五四旣在前而三故退未失道也觀國之光尚賓也注助祭尚賓觀我生觀民也注爲民所觀觀其生志未平也注坎爲志爲平上來之三故志未平疏陰消至人道○初失位而經言小人无咎者以觀爲陰消之卦小人道長故云小人道也○坤爲醜○此虞義也太元曰晝以好之

夜以醜之詩墻有茨云中冓之言不可道也所可道也言之醜也薛君章句云中冓中夜也乾爲晝故爲好坤爲夜故爲醜女子以貞爲行而闚觀故云亦可醜也○三欲至道也○此荀義也陰當承陽故進觀於五四近於五而在三前三故退進退皆得故未失道乾爲道也○助祭尚賓○周語祭公謀父曰甸服者祭侯服者祀賓服者享要服者貢荒服者王韋昭注云皆所以貢助祭於廟孝經所謂四海之内各以其職來祭是助祭尚賓之事虞注據詩曰莫敢不來賓莫敢不來王是其義也○爲民所觀○彖傳大觀在上中正以觀天下皆是爲民所觀又皆指五故此觀民亦爲民所觀唯大象觀民設教乃是上觀下之事也○坎爲至未平○此虞義也坎心爲志水爲平三失位嫌於有咎上之三補過故志未平

雷電噬嗑先王以明罰飭法【注】雷電噬嗑威而明也先王謂乾上离爲明坎爲罰爲法飭正也上之三折獄故以明罰飭法【疏】雷爲威電爲明雷電合而章是威而明也上本乾也乾爲先爲王故先王謂乾上體

离互坎故离為明坎為罰為法飭古敕字古又作飾雜卦曰蠱則飾也高誘呂氏春秋注云飾讀為敕敕正也王弼從俗作敕非也上之三得正而折四獄故以明罰飭法也

屨校滅止不行也注否坤小人以陰消陽其亡其亡故五變滅初坤殺不行也噬膚滅鼻乘剛也注乘初剛遇毒位不當也注不正故遇毒利艱貞吉未光也注為五陰所弇故未光貞厲无咎得當也注變之正故得當何校滅耳聰不明也注坎為聰离為明坎滅則离壞故聰不明

疏否坤至行也○此虞義也繫下說此爻曰小懲而大誡此小人之福也小人謂否初故云否坤小人否本消陽之卦九五曰其亡其亡謂消四及五令五下滅初坤殺不行故无咎也○乘初剛○二无應於上而没坎下又乘初剛凡柔乘剛皆不利以其得正故无咎也○不正故遇毒○遇毒猶遇罪謂悔吝之類參同契

曰纖介不正悔吝爲賊是也○爲五至未光○凡陽爲陰弇皆曰未光屯萃之九五是也四弇於五故曰未光○坎爲至不明○聰屬耳明屬目故坎爲聰离爲明上滅坎則离體亦壞故云聰不明鄭氏云目不明耳不聰是也

山下有火賁君子以明庶政无敢折獄【注】君子謂乾离爲明坤爲庶政故明庶政坎爲獄三在獄得正故无敢折獄噬嗑四不正故利用獄也【疏】君子謂乾亦指九三坤謂泰坤也坤爲衆故爲庶爲事爲業故爲政坤上之乾二體离离爲明故以明庶政坎爲獄三正體坎故在獄得正无敢折獄謂上无敢來折三也噬嗑四不正故上之三蔽四成豐折獄致刑義見噬嗑也

舍車而徒義弗乘也【注】初爲士故義弗乘賁其須與上興也【注】震爲興三二同德五上易位則皆得其應故與上

興永貞之吉終莫之陵也【注】與二同德故終莫之陵六四當位疑也匪寇昏冓終无尤也【注】坎爲疑當位乘陽故疑守正待應故終无尤六五之吉有喜也【注】五變之陽故有喜凡言喜慶皆陽爻白賁无咎上得志也【注】上之正得位體既濟故曰得志坎爲志也【疏】○初爲至弗乘○禮唯大夫不徒行初爲士故云義弗乘也尚書大傳曰古之命民能敬長憐孤取舍好讓舉事力者命於其君得命然後得乘飾車駢馬未有命者不得乘乘者有罰若然命士亦得乘飾車駢馬今士未有命故云義弗乘也○震爲至上與○震起故爲與三二得位故同德五上易位成既濟則三二皆得其應故曰與上與也○與二至之陵○此虞義也三與二皆得位而无應二乘初四乘三嫌有陵之者五上易位終獲其應故云終莫之陵上爲終也○坎爲至无尤○六居四爲當位四乘三爲乘陽四體坎故疑疑於乘陽也然正應在初守正待應故終无

尤尤過也四本坤坤代終故云終也○五變至陽爻○此虞義也說文曰吉善也乾元善之長乾吉坤凶故凡爻辭言吉者皆變之陽也虞注損六四曰陽在五稱喜今五變之陽故有喜又注晉睽六五曰乾爲慶故云凡言喜慶皆陽爻也○上之至志也○此虞義也上變之正故云得位五上易位故體既濟其志得行故云得志五上變體坎故坎爲志也

山附于地剝上以厚下安宅注上謂乾上艮爲厚坤爲下爲安艮爲宅君子德車民所載故以厚下安宅疏上本乾也天尊故謂之上以其失位故不稱君子艮積坤上故爲厚坤卑在下故爲下陰稱安故爲安艮爲居故爲宅經曰君子德車象曰民所載也民安則君安是厚下安宅之義也

剝牀以足以滅下也注陽在下滅于坤故以滅下剝牀以辨未有與也注五失位故未有與剝之无咎失上下也

【注】上下四陰剥牀以膚切近災也【注】觀五坎爻坎爲災消觀及剥四又近之故切近災以宮人寵終无尤也【注】艮爲終變之正故終无尤君子德車民所載也【注】坤爲民爲載小人剥廬終不可用也【注】坤爲用【疏】陽在至滅下○乾初九象傳曰潛龍勿用陽在下也陽在下爲坤所滅故以滅下○五失至有與○陰陽相得爲與故鄭注咸彖傳曰與猶親也二應五五蔑貞是失位也兩陰无應故未有與也○上下四陰○上謂四五下謂初二剥不得言无咎四陰皆欲剥陽三獨應上此剥之所以无咎由與上下四陰違失故也○觀五至近災○凡言災者坎也觀五坎爻故爲災繫下云四多懼近也近之謂近於五故云切近災也○艮爲至无尤○艮成始成終故爲終五失位動成觀是變之正故終无尤尤過也○坤爲民爲載○坤爲民說卦文坤爲地地萬物載焉又爲大轝轝所以載物故爲載荀子曰馬駭輿則君子不安輿庶民駭政則君子不安位民載於德車厚下安宅君民俱

安故曰民所載也○坤爲用○消艮爲坤故坤爲用小人勿用故終不可用

雷在地中復先王以至日閉關商旅不行后不省方【注】先王謂乾初至日冬至之日坤闔爲閉關巽爲商旅爲近利市三倍遘巽伏初故商旅不行遘象曰后以施命誥四方今隱復下故后不省方復爲陽始遘則陰始天地之始陰陽之首已言先王又更言后后君也六十四卦唯此重耳【疏】此虞義也乾息於初乾爲先爲王故先王謂乾初復十一月卦故云至日冬至之日闔戶謂之坤故坤爲閉關謂復坤也巽爲遘巽也考工記曰通四方之珍異以資之謂之商旅虞於兑九四注云巽爲近利市三倍故稱商爲近利市三倍說卦文復震在上故遘巽伏初巽爲商旅而伏震初故商旅不行夏至之日后以施命誥四方今遘巽隱在下故后不省方也復一陽生故爲陽始遘一陰生故爲陰始復一陽乾也

謂一陰坤也乾爲天坤爲地故云天地之始首亦始也故云陰陽之首后君也釋詁文乾坤消息之卦消息君也故已言先王又更言后六十四卦言先王則不言后言后則不言先王故云唯此重耳

不遠之復以修身也注坤爲身以乾通坤故以修身休復之吉以下仁也注初爲仁謂下於初頻復之厲義无咎也

中行獨復以從道也注震爲從乾初爲道敦復无悔中以自考也注五爲中考成也變之正體艮成故中以自考迷復之凶反君道也注臣行君事故反君道

疏坤爲至修身○坤爲身虞義也乾息初故以乾通坤初爲本身亦爲本故以乾通坤謂之修身也○初爲至於初○初爲元文言曰元者善之長也又曰君子體仁足以長人故知初爲仁初體震震春亦爲仁也二休復爲下於初初爲仁故以下仁也○震爲至爲道○震爲從義見前乾息初故曰乾初初復自道故爲道初體震震

爲大塗亦爲道四獨應初故以從道謂從初也○五爲至自考○五爲上中故爲中考成釋詁文鄭義也五失位變之正體艮說卦曰成言乎艮故體艮成也○臣行至君道○上體坤爲臣君謂初也臣奉君命而行事順君道也專君命而行事是臣行君事故云反君道也

天下雷行物與无妄**注**天下雷行无雲而雷京氏以爲大旱之卦萬物皆死無所復望故云物與无妄先王以茂對句時育萬物**注**先王謂乾乾盈爲茂對配也艮爲時體頤養爲育四之正三上易位天地位萬物育故以茂對時育萬物湯遭七年之旱終成既濟禮記王制鄭氏以爲殷法也其言曰冢宰以三十年之通制國用量入以爲出三年耕必有一年之食九年耕必有三年之食

以三十年之通雖有凶旱水溢民無菜色是其事矣【疏】天下至无妄○天下雷行是无雲而雷詩雲漢所謂藴隆蟲蟲隆隆而雷非雨雷也四已正上動體屯九五屯膏雨不下施故京氏以爲大旱之卦百穀草木咸就枯槁故萬物皆死无所復望漢書谷永曰遭无妄之卦運應劭曰天必先雲而後雷雷而後雨而今无雲而雷无妄者无所望也萬物无所望於天災異之大者也○先王至事矣○乾爲先爲王故先王謂乾乾盈爲茂虞義也十五乾盈甲茂者盈盛故云乾盈爲茂對配馬義也詩皇矣云帝作邦作對毛傳云對配也茂對者德盛配天地也艮爲時虞義也初至四體頤頤者養也故云體頤養爲育育亦養也四之正三上易位成既濟則中和之化行天地位謂二五得位所謂中也萬物育謂六爻相應所謂和也以人事明之先王當指湯湯遭七年之旱以六事自責言未已而天大雨故云終成既濟謚法雲行雨施曰湯雲行雨施既濟之事而以爲謚明湯當既濟也禮記王制一篇不與周官合故鄭氏注王者之祿爵云此地殷所因夏爵三等之制是王制一篇皆殷法故云鄭氏以爲殷法也冢宰以三十年之通制國用

量入以爲出至民無菜色皆王制文鄭彼注云通三十年之率當有九年之蓄出謂諸當給爲三年耕必有一年之食九年耕必有三年之食大率四分留一以三十年之通則有九年之蓄故云雖有凶旱水溢民無菜色鄭彼注云菜色食菜之色民無食菜之飢色即是時育萬物之事故云是其事矣

无妄之往得志也〔注〕四變應初故往得志不耕穫未富也〔注〕四動坤虛故未富有无妄然後可畜也行人得牛邑人災也　可貞无咎固有之也〔注〕已事故云固有之无妄之藥不可試也〔注〕坎爲多眚故藥不可試无妄之行窮之災也〔注〕動而有眚故災與乾上九同義〔疏〕四變至得志○此虞義也上動四體坎坎爲志初往應之故往得志○四動至畜也○四動體坤坤虛故未富此虞義也有无妄然後可畜序卦文王制曰國無九年之蓄曰不足無六年之蓄曰急無三年之蓄曰國非其國也坤虛未富

謂無蓄也有无妄然後可畜謂三年六年九年之蓄也○已事至有之○四已之正故云已事固有之亦謂已事也○坎爲至可試○此虞義也○動而至同義○易緯曰陽无德則旱郎顗曰陽无德者人君恩澤不施於人也上動體屯膏澤不下坎爲多眚爲災上爲窮故云窮之災乾上九忼龍動而有悔故云同義

天在山中大畜君子以多志前言往行以畜其德注君子謂乾三艮爲多坎爲志乾爲言震爲行乾知大始震在乾前故多志前言往行乾爲德有頤養象故以畜其德

疏此虞義也乾鑿度乾三爲君子艮爲多節故爲多坎爲心故爲志志古文識也乾爲言九家說卦文乾爲古說文曰古从十口識前言者也震爲足故爲行乾知大始繫上文大始乾初也震初即乾初故震在乾前乾初爲積善自一乾以至三乾成積善成德故乾爲德三之上有頤象頤者養也畜養同義故多志前言往行以畜其德也天在山中而取義於畜德者德者積累而成中庸論積曰今夫天斯昭昭之多及其無窮也日月星

辰繫焉萬物載焉又曰今夫山一卷石之多及其廣大草木生之禽獸居之寶藏興焉鄭彼注云天之高明本生昭昭山之廣大本起卷石皆合少成多自小致大爲至誠者亦如此乎是言畜德之事與易合也

有厲利已不犯災也注坎稱災輿說腹中无尤也注得中得正故无尤利有攸往上合志也注五已變上動成坎坎爲志故三往與上合志六四元吉有喜也注喜謂五六五之吉有慶也注五變得正故有慶何天之衢道大行也注乾爲道震爲行故道大行疏坎稱災○此虞義也二變四體坎坎爲多眚故稱災四利已故不犯災○得中至无尤○二中而不正變之正故得中得正无咎者善補過故无尤也○五已至合志○此虞義也三應在上五變上動成坎爲志三往應之剛上而尚賢故與上合志也○喜謂五○此虞義也陽稱喜五之正四上承之故有喜○五變至有慶○此虞義也五失位變得正陽稱慶故有慶

也○乾爲至大行○此虞義也象曰天衢傳曰道道謂天衢也彼注云乾爲天艮爲徑路天衢象今不取象於艮者衢者九交之道天有九行亦得稱衢不言艮者略之也

山下有雷頤君子以慎言語節飲食注君子謂三已正艮爲慎震爲言語故慎言語坎水爲飲兑爲口實艮爲止故節飲食疏三失位爲小人今已養正故稱君子也艮爲慎震爲言語皆虞義也艮吉人之辭寡故慎言語坎爲水故爲飲虞氏謂兑爲口實口實者頤中物故爲食艮爲止節有止義故以節飲食也

觀我朵頤亦不足貴也注陽爲貴飲食之人則人賤之矣故不足貴六二征凶行失類也注震爲行類謂五十年勿用道大悖也注弑父弑君故大悖顛頤之吉上施光也注陽主施离爲光居貞之吉順以從上也注坤爲順

由頤厲吉大有慶也注變陽得位故大有慶疏陽爲至足貴○易例陽爲貴陰爲賤初陽而云不足貴者以其求養於上飲食之人養其小者故人賤之而言不足貴也○震爲至謂五○二體震爲行二正應五五二之類也二養於上而失五故行失類謂五爲類者文言論二五相應之理云亦各從其類故二與五爲類也○弑父至大悖○此虞義也○陽主至爲光○上陽爻陽主施离謂晉离也或以三五之正四體离義亦通耳四求養於上而得所欲由上施之而下皆得其欲离爲光故上施光也○坤爲順○五體坤爲順五養於上與上易位故順以從上彖六五順以巽亦是二五易位之事義並同也○變陽至有慶○此虞義也五上易位三五皆正故云變陽得位養道既成六爻皆正故大有慶陰以陽爲主陽稱大稱慶也

澤滅木大過君子以獨立不懼遯世无悶注君子謂乾初陽伏巽中體復一爻潛龍之德故稱獨立不懼憂則違

之乾初同義故遯世无悶疏此虞義也傳言獨立不懼初稱獨故君子謂乾初初本巽也巽其究爲躁卦故陽伏巽下乾之初九即復也入坤出震故云體復一爻乾初九潛龍勿用故云潛龍之德龍德而隱故獨立不懼隱藏坤中坤亂於上憂則違之遯世无悶皆乾初文言傳文故云乾初同義君子處大過之時過不失中亦有此義也

藉用白茅柔在下也注柔在下非其正老夫女妻過以相與也注二過過與初故過以相與虞氏謂二過初與五五過上與二獨大過之爻得過其應故過以相與棟橈之凶不可以有輔也注輔之益橈故不可以有輔陽以陰爲輔也棟隆之吉不橈乎下也注初爲下與四易位故不橈枯楊生華何可久也老婦士夫亦可醜也注乾爲

久華在上故不可久頤坤爲醜虞氏謂婦體遘淫故可醜過涉之凶不可咎也注得位而凶故不可咎以喻伏節死義之臣疏柔在至其正○柔在下失位故非其正與四易位則无咎也○二過至相與○二已老故過而與初初稊尚少故云過以相與虞氏謂二過過二也初與五初過二與五也五過過五也上與二上過五與二也易乾鑿度初與四二與五三與上謂之應今初應五上應二故云獨大過之爻得過其應若然比初有它吉臨上敦臨復五敦復亦是過應以非例之常故稱它稱敦其違常而過應者如頤九二拂經於丘中孚初九有它不燕及此經有它吝之類皆以過應而著其失也○輔之至輔也○此虞義也輔之謂初上初上皆弱故輔之益橈比彖傳曰比輔也下順從也是陰比陽而謂之輔故云陽以陰爲輔也○初爲至不橈○易倒初爲下初弱故橈與四易位故不橈也○乾爲至可醜○乾爲天天行不息故久兑反巽巽爲楊楊枯於下華發於上故不久頤坤謂旁通也坤爲夜太元曰夜以醜之故爲醜詩墻有茨曰中冓之言不可道也所

可道也言之醜也薛君章句云中冓中夜也虞氏以初爲老婦初體遘遘女壯鄭氏謂壯健以淫故婦體遘淫亦可醜也○得位至之臣○上得位而稱凶者君子濡跡以救時過涉猶濡跡志在救時誰得而咎以喻伏節死義之臣行雖過而有濟也

水洊至習坎君子以常德行習教事注洊再也君子謂乾五在乾稱大人在坎爲君子坎爲習爲常乾爲德震爲行巽爲教令坤爲事故以常德行習教事疏洊再也釋言文君子以下虞義也三繫徽纆故君子謂乾五乾二五之坤成坎二五在乾稱大人而在坎稱君子者五坎不盈德盛而業未大故稱君子坎稱習坎水性有常故坎爲習爲常巽謂觀巽也巽申令故爲教令水之洊至不舍晝夜君子進德修業亦如之故以常德行習教事也

習坎入坎失道凶也注上无其應初二失正故失道凶求

小得未出中也注變應五則出今據初故未出中來之坎坎終无功也注三失位不與五同功故終无功尊酒簋剛柔際也注乾剛坤柔震爲交故曰剛柔際坎不盈中未大也注五爲大中陽陷陰中故未大上六失道凶三歲也注三應在上故云上六失道疏上无至失道○此虞義也初與四敵應故无其應言初而及二者坎内三爻失正象言失道指此三爻二據初故兼言之也○變應至出中○二變應五往有功則出險今求小得而據初是未變也故虞注既濟彖傳未出中謂二未變而在坎中是也○三失至无功○三五同功三失位不與五同功上爲終終无功言當繫徽纆也○乾剛至柔際○此虞義也屯彖傳曰剛柔始交而難生謂乾剛坤柔交而成坎也際接也四體震爲交上與五接故剛柔際俗本尊酒簋下羨貳字此誤從王弼讀耳簋與缶牖韻不當有貳字○五爲至未大○陽稱大五陽位而居中故爲大中乾五

之坤陽陷陰中故未大經言禔既平美其德也傳言中未大舉其象也○三應至失道○三失道而云上六者三應在上凶禍至上而成故云上六失道凶在三年之後故云凶三歲也俗以失道謂上非易例也

明兩作离 注 兩謂日與月也乾五之坤成坎坤二之乾成离离坎日月之象故明兩作离作成也日月在天動成萬物故稱作矣或以日與火爲明兩作也

大人以繼明照于四方 注 陽氣稱大人則乾五大人也乾二五之光繼日之明坤爲方二五之乾震東兑西离南坎北故曰照于四方書曰照臨四方曰明 疏 兩謂至作也○此虞義也嫌謂二日故云兩謂日與月也乾五之坤成坎坎爲月坤二之乾成离离爲日故云离坎日月之象明兩作之義也繫上曰坤化成物姚信云化當爲作故云作成也日月在天動成萬物亦是旣濟之事也或以日與火爲明兩作者离爲

日爲火故以日與火爲明兩作也孟子曰天無二日俗說以明兩作皆指日者非其義故竝著之○陽氣至曰明○此虞義也陽氣稱大人謂五伏陽故云則乾五大人也乾二五之坤爲坎坎月爲光日月代明以月繼日故云繼日之明坤爲方九家說卦文乾二五之坤成震坎坤二五之乾成离兌故云震東兌西离南坎北照於四方也俗以日繼日爲繼明者非也書曰者周書謚法也

履錯之敬以辟咎也【注】咎謂四春秋傳曰原屏咎之徒也

黄离元吉得中道也【注】中謂二乾爲道日昊之离何可久也【注】日中則昊故不可久焚如其來如无所容也【注】不容於內六五之吉離王公也【注】王謂五公謂三王用出征以正邦也【注】坤爲邦五之坤故以正邦【疏】咎謂至徒也○四來犯初故咎謂四春秋傳者宣十二年左傳文彼謂咎爲彘子彘子小人以喻四爻○中謂至爲道○五變

二上承之故得中道二得中故中謂二上承乾五故乾爲道○日中至可久○日中則昃豐彖傳文日之中前中後皆日昃逸周書曰日之中也昃周禮司市朝市於東昃市於中夕市於西日中正在天心之一線未及一線已過一線謂之昳中則日之正中頃刻而已呂氏春秋云趙襄子曰日中不須臾故云日昃之离何可久也

○不容於内○說文曰㐬如其來如不孝子㐬出不容於内也四與初敵應初辟四咎而在内卦故不容於内震爲容也○王謂至謂三○五爲王位三爲三公五上易位麗五應三故離王公離讀爲麗也○坤爲至正邦

○离自坤來故坤爲邦征之爲言正也出离爲坎五來之坤得正故以正邦也

周易述卷十二

周易述卷十三

元和惠棟集注并疏

象下傳

山上有澤咸君子以虛受人【注】君子謂否乾乾爲人坤爲虛艮爲手謂坤虛三受上故以虛受人艮山在地上爲嗛在澤下爲虛【疏】此虞義也乾三爲君子乾上之三故君子謂否乾乾爲人坤爲虛亦謂否乾反坤也受以手故艮爲手三本坤也坤爲虛上之三是虛三受上故以虛受人也嗛咸二卦皆乾上之三嗛指乾上虧盈之義虛指坤三虛受之義故艮山在地下爲嗛在澤下爲虛也

咸其拇志在外也【注】外謂四失位遠應之四得正故志在外雖凶居吉順不害也【注】坤爲順爲害二本坤也故順

上之三坤體壞故順不害咸其股亦不處也志在隨人所執下也注巽爲處女男已下女故不處也凡士與女未用皆稱處矣志在於二故所執下也貞吉悔亡未感害也憧憧往來未光大也注坤爲害初四易位故未感害初往弁三故未光四來居初故未大咸其脢志末也注末謂上五比上故志末咸其輔頰舌滕口說也注滕送也不得之三故滕口說疏外謂至在外○此虞義也四在外卦故外謂四六居初而應又遠故失位遠應之四得正謂與四易位則皆得其正初利之四故志在外也○坤爲至不害○坤順說卦文坤爲害虞義也坤柔順承天故順陰體賊害故又爲害也二在否家體坤故本坤也順於三故順乾上之三坤體壞故不害也凡爻之情近而不相得遠而不相應者則言害咸家取女吉二氣感應以相與故二曰

順不害四曰未感害也○巽爲至下也○此虞義也巽陽藏室故爲處爲長女故爲處女女未嫁稱處荀子曰處女莫不願得以爲士今男已下女故不處也士未見於君亦稱處士故士與女未用皆稱處矣二隨人者也三志在二故志在隨人二又在下故所執下也○坤爲至未大○初四不當位而相應乾鑿度謂之失義失義則有害悔且吝是也初四易位爻皆得正貞吉而悔亡故未感害也初往弇三三爲四弇故未光四來居初初陽尚小故未大也○末謂至志末○爻例初爲本上爲末五比上上爲末故志末坎爲志也○媵送至口説○此虞義也媵送釋言文媵讀爲騰燕禮曰媵觚於賓鄭彼注云媵送也今文媵皆作騰是媵爲古文騰也淮南子曰子產騰辭上與五比而不應三故云不得之三鄭氏謂徒送口語相感而已故媵口説本今作滕釋詁曰滕虛也言以虛辭相感義亦得通

雷風恒君子以立不易方【注】君子謂乾三坤爲方初四二五復位三正不動故立不易方【疏】三本乾也故君子謂乾三坤爲方謂益互

坤也方其義也終變成益則初四二五復位三正不動故立不易方若然九三言不恒其德易其方矣而象言不易者震巽特變故三不恒君子贊化育故不易不易則成既濟定也此兼虞義虞以乾初之坤四三不易方義稍乖耳

濬恒之凶始求深也注初爲始深謂陽四之初故始求深

九二悔亡能久中也注乾爲久變之正故能久行中和

不恒其德无所容也注諸爻皆正三獨失位故无所容

久非其位安得禽也注四五皆失位故非其位五已之正故不得禽

婦人貞吉從一而終也注一謂初終變成益以巽應初震故從一而終

夫子制義從婦凶也注巽爲制坤爲義震沒從巽入坤故從婦凶震恒在上大无

功也注終在益上乘五遠應故大无功疏初爲至求深○爻在初爲始深謂陽虞義也虞謂乾初爲淵故深太元曰夫一一所以摹始而測深知深亦謂初矣四陰之初非深而求深故云始求深也○乾爲至中和○此荀虞義也天行不息故乾爲久二失位變之正乃能久行中和之道久猶恒也○諸爻至所容○虞云終變成益則初四二五皆得正故諸爻皆正三變失位爲匪人故无所容○四五至得禽○四五在恒家稱久而皆失位故久非其位非謂常久失位也五已之正四當變承之故云安得禽也○一謂至而終○此虞義也初九爲元元即一也故一謂初終變成益巽四正應震初故云以巽應初震郊特牲曰壹與之齊終身不改故夫死不嫁是從一而終之義所謂恒也○巽爲至婦凶○巽德之制故爲制管子曰天仁地義乾鑿度曰地靜而理曰義故坤爲義以乾制坤是制義也終變成益震變爲巽故震没從巽中互坤故入坤坤爲死故從婦凶巽爲婦也○終在至无功○此虞義也終變成益故終在益上五多功五動上乘五遠應在三故大无功也

天下有山遯君子以遠小人不惡而嚴【注】乾三爲君子爲遠爲嚴坤爲惡消陽及三爲小人故以遠小人不惡而嚴也【疏】遯三爲君子卦本乾也故曰乾三乾爲遠爲嚴虞義也否三爲小人遯陰消陽及三君子道消小人道長天地閉賢人隱故以遠小人不惡而嚴也

遯尾之厲不往何災也【注】坎爲災艮體宜靜若不往於四則无災也執用黃牛固志也【注】固者貞固坎爲志故曰固志係遯之厲有疾備也【注】備讀爲憊畜臣妾吉不可大事也【注】三動入坤陽稱大坤爲事故不可大事也君子好遯小人否也　嘉遯貞吉以正志也【注】三已變上來之三成坎故曰以正志飛遯无不利无所疑也【注】坎

心爲疑【疏】坎爲至災也○此虞義也艮止故靜遂者退也故不往於四則无災也○固者至固志○釋詁曰鞏固也彖辭小利貞正指二文言曰貞固足以幹事故固者貞固坎心爲志二志固故遂不爲否也○以備讀爲僃○讀從公羊嘻甚矣僃之僃鄭注云備困也故讀從之○三動至事也○此虞義也陽稱大坤陰小故不可大事荀氏謂但可畜養臣妾不可任國家之大事也○三已至正志○四之初三已變上又之三則五體坎坎心爲志五正應二故以正志也○坎心爲疑○上之三體坎故坎心爲疑

雷在天上大壯君子以非禮弗履【注】夬履兩象易體夬故非禮初爲履四之正應初故非禮弗履【疏】夬履兩象易虞義也澤天爲夬天澤爲履故兩象易初至五體夬柔乘剛故非禮履者禮也初足爲履四之正應初得所履矣故非禮弗履

壯于止其孚窮也【注】應在乾終故其孚窮九二貞吉以中

也【注】中而不正之正則吉小人用壯君子罔也　藩決不羸尚往也【注】尚往者謂上之五喪羊于易位不當也【注】四五失位故不當不能退不能遂不詳也【注】乾善爲詳不得三應故不詳也艱則吉咎不長也【注】巽爲長動失位爲咎不變之巽故咎不長【疏】應在至孚窮○此虞義也卦有兩乾故應乾四爲乾之終故其孚窮也○中而至則吉○謂九二中而不正其言貞吉者以其變之正故吉也乾鑿度曰九二陽不正是也○尚往至之五○此虞義也尚與上通○四五至不當○四五皆失位故不當四之五動各得正故无悔也○乾善至詳也○此虞義也詳古文祥釋詁云詳善也乾元善之長一乾以至三乾成爲積善故云乾善爲詳上隔於四不得三應故不詳三體乾也○巽爲至不長○此虞義也巽爲長說卦文上動失位故爲咎藩決難解守正應三不變之巽故咎不長也

明出地上晉君子以自照明德注君子謂觀乾乾爲德坤爲自离爲明乾五動以离日自照故以自照明德也疏此虞義也觀九五觀我生君子无咎故君子謂觀乾乾爲照五動體离以离日自照故以自照明德

晉如摧如獨行正也注初一稱獨動體震爲行故獨行正裕无咎未受命也注五未之巽故未受命受茲介福以中正也注五動得正中故二受大福矣衆允之志上行也注坎爲志三之上成震故曰上行碩鼠貞厲位不當也

矢得勿恤往有慶也注二往應五陽稱慶維用伐邑道未光也注乾爲道离爲光動入冥豫故道未光疏初一至行正○此虞義也初即一也故曰初一一即獨也方言曰一蜀也南楚謂之獨郭注云蜀猶獨也初爲

微爲隱隱微獨也故初一稱獨四之初體震震爲行故獨行正言變之正也○五未至受命○此虞義也四之五五體巽巽爲命五未之巽故初未受命卦辭言錫初言未受命者命錫自上五未之正故初未受命也○五動至福矣○此九家義也二受介福於五故中正謂五○坎爲至上行○此虞義也○二往至稱慶○二往應五故云往五正陽位故往有慶○乾爲至未光○上體乾爲道离日爲光豫上曰冥豫動入冥豫乾离象毀故道未光此兼荀義

明入地中明夷君子以莅衆用晦而明注君子謂三莅臨也坤爲衆爲晦离爲明三上莅坤故以莅衆用晦而明

疏君子謂三虞義也莅俗字說文作𥩟臨也臨者以上臨下臨卦取象於二升五以臨衆陰坤爲衆三升五是莅衆也坤爲晦离爲明三體离而上臨坤其子之貞明不可息是用晦而明也言而明者宣八年公羊傳曰而者何難也明夷之世不可疾貞故言用晦而明也

君子于行義不食也【注】暗昧在上有明德者義不食祿六二之吉順以則也【注】坤爲順二得位應五故順以則南守之志乃大得也【注】三居五據有羣陰故大得入于左腹獲心意也【注】坎爲亟心其子之貞明不可息也【注】明謂乾陽道不絕故不可息初登于天照四國也後入于地失則也【注】离日爲照坤爲四國坤五失位不可疾貞故失則【疏】暗昧至食祿○此荀義也暗昧謂坤明德謂离坤二之乾乾爲德离爲明初得位故有明德也○坤爲至以則○應在坤故坤爲順三上居五二得位應五而行中和故順以則凡爻得位皆稱則也○三居至大得○陽稱大三陽居五據有羣陰故云乃大得也言乃者宣八年公羊傳曰乃難乎而亦不可疾貞之義也○坎爲亟心○坎爲亟心說卦文荀氏云亟中也三升五居中坎爲中心故獲心意也○明謂至可息

○乾爲大明故明謂乾不言离而言乾者其子之貞謂乾也陽道不絶白虎通文雜卦曰明夷誅也馬融注云誅滅也鄭注中庸云息猶滅也陽道不滅息而復明故云明不可息也○离日至失則○离日爲照虞義也离象傳曰大人以繼明照於四方故爲照也坤爲國乾鑿度曰陽三陰四故坤爲四國离日在上故照四國明夷反晉坤五失位九三升五不可卒正故失則謂爻失正也

風自火出家人君子以言有物而行有恒注君子謂乾三三動震爲言爲行乾爲物恒常也三動上反身故以言有物而行有恒疏逯三本乾故君子謂乾三三動體震震爲言爲行乾純粹精故爲物恒常也釋詁文三動上反身身修而后家齊故言有物而行有恒也

閑有家志未變也注坎爲志剛來閑初故志未變六二之吉順以巽也注巽順於五家人嗃嗃未失也婦子嘻嘻

失家節也注得位故未失動失正故失家節富家大吉順在位也注順於五王假有家交相愛也注震爲交乾爲愛三動受上六交和會故交相愛威如之吉反身之謂也注謂三動坤爲身上之三成既濟定故反身之謂此家道正正家而天下定矣疏坎爲至未變○應在四四體坎爲志四剛閑初初志未變故悔亡易傳所謂正其本是也○巽順於五○此九家義也九家謂二居貞巽順於五故吉矣○得位至家節○三雖嚴而得位故未失動失正家人體壞故失家節上來之三則終吉矣○順於五○此虞義也四得位而順於五故云順在位也○震爲至相愛○震爲交乾爲愛皆虞義也三動受上六交和會而父子兄弟夫婦各得其正人人親其親長其長而天下平是交相愛之義也○謂三至定矣○此虞義也三動體坤爲身上之三言物行恒成既濟定故反身之謂蹇觀上反三亦云反身也上反三身正而正人故云此家道正正

家而天下定矣皆是既濟之事也

上火下澤睽君子以同而異【注】君子謂初巽為同二五易位故以同而異【疏】初得位故君子謂初巽為同謂无妄巽也二五易位无妄為睽故以同而異也

見惡人以辟咎也【注】四復正故見惡人以辟咎遇主于巷未失道也【注】動得正故未失道見輿曳位不當也【注】三失位故不當无初有終遇剛也【注】動正成乾故遇剛交孚无咎志行也【注】坎動成震故志行厥宗噬膚往有慶也【注】乾為慶五變成乾故二往有慶遇雨之吉羣疑亡也【注】物三稱羣坎為疑三變坎敗故羣疑亡【疏】四復至辟咎○

此虞義也初應在四四復正初得无咎无咎者善補過亦得兼四言也○動得至失道○此虞義也二失位動得正故未失道廣雅曰巷道也故經言巷傳言道○三失至不當○曰曳曰掣皆不正之象三失位故云位不當也○動正至遇剛○此以下皆虞義也動正成乾乾爲剛故遇剛謂與上易位上遇三也○坎動至志行○坎爲志震爲行坎動成震故志行也○乾爲至有慶○虞以五變爲往其義未備故足成之○物三至疑亡○物事也物三稱羣謂見豕載鬼張弧三事也坎心爲疑三變之正坎象敗壞故羣疑亡言睽終則合也

山上有水蹇君子以反身修德**注**君子謂三坤爲身五乾爲德三往蹇來反故反身修德陽在三進德修業故以反身修德虞氏謂觀上反三故反身陸氏謂水在山上終應反下故反身也**疏**三得位故君子謂三升坤爲身則歷坎險故往蹇反上據二故反身乾三進德修業故以反身修德三在蹇家修德以待時也虞氏以卦自觀

來觀上反三故反身陸績以水在山上失流通之性水無不下終應反下故反身虞說與彖傳不合陸說近之亦未得也

往蹇來譽宜待時也注艮爲時謂變之正以待四也王臣蹇蹇終无尤也注尤過也二自五降退思補過故終无尤往蹇來反内喜之也注内謂二陽稱喜往蹇來連當位實也注陽稱實應在初初之正故當位實大蹇朋來以中節也注五中和故中節往蹇來碩志在内也利見大人以從貴也注坎爲志内謂三五乾爲貴疏艮爲至四也○此虞義也艮動靜不失其時故爲時初往蹇變之正以待四之應故宜待時也俗本脱時○尤過至无尤○尤過釋言文彼文作郵古文通退思補過孝經文升五降二故云退降二得位繫上曰无咎者善補過也故終无

尤○內謂至稱喜○內謂二虞義也二在內卦三陽稱喜三反據二近而相得故內喜之也○陽稱至位實○易積算曰陽實陰虛故陽稱實四應在初而三間之初變之正終得其應故當位實○五中至中節○鄭氏曰中和也中庸曰喜怒哀樂之未發謂之中發而皆中節謂之和五居中行和故中節五中節故可以正邦也○坎爲至爲貴○上體坎坎爲志三內卦故志在內虞注繫上曰乾高貴五故乾五爲貴三利見五故以從貴

雷雨作解君子以赦過宥罪【注】君子謂三伏陽出成大過坎爲罪入則大過象壞故以赦過二四失位皆在坎獄中三出體乾兩坎不見震喜兑說罪人皆出故以宥罪謂三入則赦過出則宥罪公用射隼以解悖是其義也

【疏】此虞義也據三伏陽當出故稱君子三出體乾成大過卦有兩坎坎爲罪坎有入義入則大過象壞故以赦過二四失位皆在坎獄中三出成乾兩坎象壞外體本震故震喜互體爲兑故兑說罪人出獄之象故以宥

罪六爻之義出乾入坤三入而大過毀故赦過三出而
坎象毀故宥罪卦有赦過而無宥罪之象故引上六爻
辭以證三出坎毀之象故云是其義也又案卦本名解
解者緩也月令挺重囚挺有緩義故以赦過宥罪也
剛柔之際義无咎也注體屯初震剛柔始交故无咎也九
二貞吉得中道也注動得正故得中道負且乘亦可醜
也自我致戎又誰咎也注臨坤爲醜小人而乘君子之
器故可醜坤爲自我以离兵伐三轉寇爲戎艮手招盜
故誰咎也解而母未當位也注初四失位君子有解小
人退也注陰爻皆正故小人退公用射隼以解悖也注
坎爲悖三出成乾而坎象壞故解悖疏體屯至咎也○此虞義也復初
體屯屯彖傳曰剛柔始交謂乾始交坤故无咎也○動
得至中道○此虞義也五乾爲道二上之五動得正而

居中故云得中道也○臨坤至咎也○此虞義也坤爲醜義見上乾爲君子坤爲車乾在坤上稱君子德車三陰乘坤是小人而乘君子之器故可醜也坤爲自我義亦見上說卦曰离爲甲冑爲戈兵故爲戎坎寇离戎經云寇傳言戎五以离兵伐三故轉寇爲戎變體艮艮爲手以艮手招盜故誰咎言无所歸咎也○初四失位○初四失正故未當位四解初母則當位矣○陰爻至入退○五三初皆陰爻五初之正三出解悖陰爻皆正故小人退言小人化爲君子也○坎爲至解悖○此虞義也坎爲獄爲罪有罪入獄以其悖也故坎爲悖三出射隼而去之兩坎象毀故云以解悖象傳赦過宥罪之類是也

山下有澤損君子以徵忿懫欲**注**君子謂泰乾乾陽剛武爲忿坤陰吝嗇爲欲損乾之初成兑說故徵忿懫止也初上據坤艮爲止欲懫欲**疏**此虞鄭劉義也乾爲君子故君子謂泰乾楚語曰天事武韋昭云乾稱剛健故武剛武之象有似於忿故云乾陽剛武爲忿說卦曰坤爲吝嗇說文曰欲貪欲也吝

嗇之義近於貪欲故云坤陰吝嗇爲欲徵讀爲懲古文也震爲懲損乾之初下體成兑兑説也故徵忿鄭劉皆云懫止也乾初據坤體艮艮止也故懫欲繫下曰損德之修也故以徵忿懫欲也

祀事遄往上合志也注終成既濟謂二上合志於五也九二利貞中以爲志也注動體离中故中以爲志一人行三則疑也注坎爲疑疑則不一故云三則疑損其疾亦可喜也注疾不爲害故可喜六五元吉自上右也注兑爲右上右五益三故自上右弗損益之大得志也注离坎體正故大得志疏終成至五也○此虞義也益上之三故終成既濟坎爲志二上合志於五初亦得其應矣○動體至爲志○此虞義也二本坎爻動體离而居中故中以爲志○坎爲至則疑○坎心爲疑三人旅行則不一故三則疑○疾不至可喜○繫下曰損以遠害三上復爲疾六爻得位正陽在上疾

不爲害故可喜也○兊爲至上右○兊爲右右助也五
以二簋享上上右五益三成既濟太平之化行故自上
右也○离坎至得志○此虞義也离上三爻不正坎下
三爻不正既濟坎上离下离坎體正坎爲志故大得志
也

風雷益君子以見善則遷有過則改注君子謂乾也上之
三离爲見乾爲善坤爲過三進之乾四故見善則遷乾
上之坤初改坤之過體復象復以自知故有過則改也
疏此虞義也乾謂否乾陽爲君子故君子謂乾也相見
乎离上失位之三得正體离故离爲見乾元善之長
故乾爲善坤積不善故爲過四本坤三上之初則三進
之乾四故見善則遷初本坤也乾上之初坤體壞故改
坤之過初至四體復復初有不善未嘗
不知知之未嘗復行故有過則改也

元吉无咎下不厚事也注坤爲厚事下謂初上之初損上

益下故下不厚事或益之自外來也注乾上稱外來益初也益用凶事固有之矣注三上失正當變是固有之告公從以益志也注坎爲志三之正有兩坎象故以益志有孚惠心勿問之矣惠我德大得志也注上之三成既濟定故大得志與損上九同義莫益之偏辭也注偏周帀也民所不與故云偏辭或擊之自外來也注剥艮在上故自外來疏坤爲至厚事○坤厚德載物故爲厚陽在下故下謂初上之初損上之惠以益下故下不厚事也○乾上至初也○此虞義也繫下云爻象動乎內吉凶見乎外虞彼注云外謂上故云乾上稱外謂否乾也自外曰來故云來益初也○三上至有之○此虞義也三本陽位以柔居之則危而凶上之三其剛勝故云是固有之○坎爲至益志○此虞義也坎心爲志三之正成既濟故有兩坎象同心共濟故

以益志也○上之至得志○卦成於五上有惠心下惠我德孚信著於上下既濟之功成故大得志也○徧周至徧辭○徧周帀也者孟氏義也虞氏傳五世孟氏之易義與之同上不之初坤民否閉同辭不與故云徧辭

○剥艮至外來○陰消至五爲剥剥體艮艮在上故自外來

澤上於天夬【注】水氣上天決降成雨故曰夬君子以施禄及下居德則忌【注】君子謂乾乾爲施禄下謂剥坤坤爲衆臣以乾應坤故施禄及下乾爲德剥艮爲居故居德則忌陽極陰生謂陽忌陰【疏】水氣至曰夬○此陸績義也兑爲澤兑體坎象半見坎爲水故水氣上天兑澤在上故決降成雨以陽決陰故曰夬也○君子至忌陰○此虞義也乾陽爲君子天施地生故乾爲施乾爲福故爲禄旁通剥剥伏夬下故謂剥坤坤爲衆爲臣以乾應坤謂應剥坤禄所以逮衆臣者是施禄及下也乾爲龍德故爲德艮爲居故居德剛長乃終陽極於上則遘陰生於下故陽極陰生德不

久居陽當忌陰故居德則忌也

不勝而往咎也【注】往失位應陽故咎也有戎勿恤得中道也【注】動得正應五故得中道君子夬夬終无咎也【注】上爲終能慍不說故終无咎其行次且位不當也聞言不信聰不明也【注】以陽居陰故位不當四變坎爲聰离爲明不變應初故聰不明也中行无咎中未光也【注】爲上所弇故未光與屯五萃五同義无號之凶終不可長也【注】遘時巽爲長至此陰道消滅倒長爲亡故終不可長

【疏】往失至咎也○此虞義也初四敵剛初往應四是失位應陽故有咎也○動得至中道○此虞義也四失位動得正應五二五爲中故得中道乾爲道也○上爲至无咎○應在上故上爲終三能慍不說不與上應故

終无咎也○以陽至明也○四變有坎离象故坎為聽离為明不變無坎象故聽不明言聽不聽則視亦不明也○為上至同義○五弇於上陽為陰弇故未光五所以未光者三五同決上三有慍故有凶而終无咎五莧陸雖无咎而中未光三體乾五體兊故也屯五萃五亦皆為陰所弇故同義也○遘時至可長○遘彖傳曰勿用取女不可與長也但遘時巽始用事消丙滅坤至復出震巽始无號息至夬陰道消滅終不可長與遘不可與長相應說文長从亾亾倒亡也遘時巽為長夬反遘也至此消亡故云倒長為亡也

天下有風遘后以施命誥四方注后繼體之君遘陰在下故稱后乾為施巽為命為誥復震二月東方遘五月南方巽八月西方復十一月北方皆總在初故以誥四方

疏此虞義也后繼體之君謂夏后氏也陽稱先王稱君子陰稱后泰坤女主故稱后此遘陰在下故亦稱后也乾陽為施巽申命為命為誥震方伯卦在二月故東方消息遘五月卦故南方巽八月卦故西方復十一月

故北方震謂復震巽謂遘巽故總在初虞氏謂孔子行夏之時經用周家之月夫子傳彖象以下皆用夏家月是故復爲十一月遘爲五月矣誥鄭作詰云止也漢司徒魯恭釋此傳云言君以夏至之日施命令止四方行者所以助微陰也此言助微陰與易例有違令不用也尋復象傳曰先王以至日閉關商旅不行后不省方遘傳云后以施命誥四方但復陽息之卦遘陰消之卦復閉關不省方所以助微陽之息也遘施命誥四方所以布盛陽之德也

其諸易之例與

係于金鑈柔道牽也注陰道柔巽爲繩牽於二也苞有魚義不及賓也注義讀曰宜初係於二宜不及賓也其行次且行未牽也注在夬失位故牽羊在遘得正故未牽也无魚之凶遠民也注復坤爲民乾爲遠遘時坤伏乾下故遠民九五含章中正也有隕自天志不舍命也注

中謂五正謂四巽爲命欲初之四承已故不舍命遘其角上窮吝也【注】位極於上无應於下故上窮吝也【疏】陰道至二也○此虞義也初陰爲柔爲二所牽故云柔道牽也○義讀至賓也○中庸曰義者宜也義宜同物同音故義讀曰宜初係於二陰不消陽故云義不及賓也○在夬至牽也○此虞義也三在夬爲四故失位爲初所牽故牽羊在遘得正故行未牽也○復坤至遠民○旁通復復坤爲民坤伏乾下失位无應民衆不與故遠民也○中謂至舍命○九五得中故中謂五初之四得正故正謂四五欲初之四承已故不舍命初體巽爲命也此兼虞義○位極至吝也○九居上故位極於上三上敵剛无應於下故上窮吝也

澤上于地萃君子以除戎器戒不虞【注】君子謂五除修戎兵也詩曰修爾車馬弓矢戎兵陽在三四爲修坤爲器三四之正離爲戎兵甲冑飛矢坎爲弓弧巽爲繩艮爲

石謂穀甲冑鍛厲矛矢故除戎器戒備也坎爲寇初坤爲亂故戒不虞也**疏**此虞義也卦唯五陽得正故君子謂五案虞注卦辭云乾五爲王謂觀乾也又虞注坎象傳云在乾爲大人在坎爲君子今以乾五爲君子者但三四易位五在坎中故以君子謂五也姚信陸績王肅皆云除猶修治故云除修戎兵也詩曰修爾車馬弓矢戎兵者大雅抑篇文證治軍實亦云修也乾之九三九四皆云進德修業故云陽在三四爲修乾三不中四不正故云修萃之三四當之正故亦云修也坤形爲器三四之正體离离爲甲冑爲戎兵又爲飛爲矢故爲戎兵甲冑飛矢坎爲弓故爲弓弧弨爲繩直故爲繩艮爲小石故爲石尚書棐誓曰善穀乃甲冑又曰鍛乃戈矛厲乃鋒刃故爲穀甲鍛厲矛矢也鄭氏彼注云穀謂穿徹之謂甲繩有斷絶當使穀理穿治之謂离之甲冑以弨繩穿治之故弨爲繩矛矢以离火鍛之以艮石厲之故艮爲石皆是修治之義故除戎器也戒備方言文坎爲盜故爲寇初乃亂乃萃坤反君道爲亂故以戒不虞虞度也

乃亂乃萃其志亂也【注】坎爲志初不之四故其志亂也引吉无咎中未變也【注】二得正故不變也往无咎上巽也【注】動之四故上巽大吉无咎位不當也【注】以陽居陰故位不當萃有位志未光也【注】爲上所弇故未光齎咨涕洟未安上也【注】乘剛遠應故未安上【疏】坎爲至亂也○此虞義也初應在四三之四體坎爲志初失位不變故不之四相聚爲亂故其志亂也○二得至變也○此虞義也初三失位二獨得正居中應五故不變也○動之至上巽○此虞義也四在巽體三動之四故上巽也○以陽至不當○此虞義也凡言无咎者皆宜有咎也四以陽居陰故位不當動之正故大吉而无咎也○爲上至未光○四以下皆承五上獨乘剛三之四體离爲光五爲上弇故未光與屯五夬五同義也○乘剛至安上○此虞義也以陰乘陽故乘剛三上敵應故遠應乘應皆失故未安上也

地中生木升注地謂坤木謂巽地中生木以微至著升之象君子以慎德積小以成高大注君子謂三小謂陽息復時復小爲德之本至二成臨臨者大也臨初之三巽爲高二之五艮爲慎坤爲積故慎德積小以成高大疏地謂至象也○此荀義也枚乘曰十圍之木始生如蘖又曰種樹畜養不見其益有時而大乾鑿度曰天道三微而成著故云地中生木以微至著升之象也○君子至高大○此虞義也三在巽體三陽爲君子故君子謂三升自臨來臨息於復故云小謂陽息復時繫下曰復小而辨於物又云復德之本也故云復小爲德之本陽息初至二成臨臨者大也序卦文臨初之三成升體巽故巽爲高二之五下體艮艮爲慎上體坤故坤爲積地中生木以微至著故順德積小以成高大也中庸言至誠無息始於積云天地之道可壹言而盡也其爲物不貳則其生物不測不貳者一也故荀子曰并一而不貳所以爲積也其下叙積義云今夫天斯昭昭之多及其

無窮也日月星辰繫焉萬物覆焉今夫地一撮土之多及其廣厚載華嶽而不重振河海而不息今夫山一卷石之多及其廣大草木生之禽獸居之寶藏興焉今夫水一勺之多及其不測黿鼉蛟龍魚鼈生焉貨財殖焉鄭氏彼注云此言天之高明本生昭昭地之博厚本由撮土山之廣大本起卷石水之不測本從一勺皆合少成多積小至大爲至誠者亦如此乎又曰詩云惟天之命於穆不已蓋曰天之所以爲天也於乎不顯文王之德之純蓋曰文王之所以爲文也純亦不已鄭彼注云天所以爲天文王所以爲文皆由行之無已爲之不止如天地山川之云也易曰君子以慎德積小以成高大是與蓋天道與聖人始於一所謂不貳也漸於積所謂昭昭撮土卷石一勺也成於不息所謂於穆不已純亦不已也上六云利於不息之貞二升五積小以成高大故云不息之貞此皆聖人微言七十子之大義也

允升大吉上合志也注上謂五二升五坎爲志初變應四同心承五故上合志也

九二之孚有喜也注升五得位

故有喜升虛邑无所疑也注坎爲疑二上得中故无所疑王用亨于岐山順事也注坤爲順事五受命告祭四以陰承陽故曰順事也貞吉升階大得志也注陽稱大坎爲志五下降二與陽相應故大得志冥升在上消不富也注陰升失實故消不富疏上謂至志也○五居尊位故上謂五二升五體坎爲志初變之正進與四應同心承五故上合志也○升五至有喜○此虞義也陽稱喜二升五得位故有喜也○坎爲至疑也○此虞義也坎心爲疑二上得中位乎天位故无所疑也○坤爲至事也○坤順也又爲事故爲順事五亨於岐山受命告祭四體坤爲臣道承事五陽故順事也○陽稱至得志○陽大陰小故陽稱大五下降二二上居五二正應五故與陽相應二五得正故大得志也此兼荀義○陰升至不富○此荀義也荀云陽用事爲息陰用事爲消陽實陰虛陰升失實故消不富也

周易述卷十三

周易述卷十四

元和惠棟集注并疏

象下傳二

澤无水困注水在澤下故无水君子以致命遂志注君子謂三伏陽也否坤爲致巽爲命坎爲志三入陰中故致命遂志也疏水在至无水○此王弼義也○君子至志也○此虞義也三陽爲君子故君子謂三伏陽三陽入陰中故致命遂志六三旣辱且危此君子小人之别也故曰困德之辨也

入于幽谷幽不明也注爲陰所弇故不明困于酒食中有慶也注陽稱慶中謂五二變應五故中有慶據于蒺藜乘剛也注經言據傳言乘正名之義入于其宮不見其

妻不詳也注乾爲詳應在上二之上乾體壞故不詳來徐徐志在下也注下謂初坎爲志雖不當位有與也注初四失位故不當易而得位故有與劓刖志未得也注坎爲志无據无應故志未得乃徐有說以中直也注中謂二五乾爲直書曰平康正直利用祭祀受福也注乾爲福二受五福故受福傳曰祭則受福困于葛藟未當也注謂三未當位應上動悔有悔吉行也注謂三變乃得當位之應故吉行者也疏○爲陰至不明○此荀義也○陽稱至有慶○陽稱慶謂五也二在下中故中謂二二變受五福故中有慶也○經言至之義○易例陰在下爲陽所據稱據陽在下爲陰所乘稱乘今三陰乘二陽稱據非所據也故傳曰乘剛扶陽抑陰故曰正名之義也○乾爲至不詳○

乾善爲詳三應上上本乾也二之上乾體壞故不詳○下謂至爲志○初在下故下謂初初體坎故坎爲志○初四至有與○初四皆失位故不當易而得位陰陽相與故有與也○坎爲至未得○坎爲志虞義也无據无應而倪仉不安故志未得此陸義也○中謂至正直○二變應五故中謂二五乾五爲直中直猶中正書曰者鴻範文證二五爲中正也○乾爲至受福○乾爲福德故乾爲福謂五也二言享祀五言祭祀是五主祭而二受福故云二受五福傳曰者□□文○謂三至應上○此虞義也應在三三失位故謂三未當位應上○謂三至者也○此虞義也上乘陽故動悔變應三故有悔唯三變得當位之應故吉行而无咎也

木上有水井**注**木上有水上水之象君子以勞民勸相**注**君子謂泰乾也坤爲民初上成坎爲勞故勞民勸相相助也謂以陽助坤**疏**木上至之象○此王弼義也巽乎水而上水故云上水之象○君子至助坤○此虞義也泰乾三君子道長故君子謂泰乾也泰五虛无君初之五故以陽助坤矣

井泥不食下也舊井无禽時舍也注下謂初時舍於初非其位也與乾二同義井谷射鮒无與也注五不應二故无與井渫不食行惻也求王明受福也注噬嗑震爲行艮爲求井甃无咎脩井也注脩治也四來脩初故脩井寒泉之食中正也注中正謂二五元吉在上大成也注初二已變成既濟定故大成也疏下謂至同義○在下无應故不食初失位當與二易位故云時舍於初非其位也乾九二亦失位當升九五時舍於二故云同義也此兼虞義○五不至无與○陰陽相感應曰與二五皆陽五不應二故无與物細微不能動天地爻失正不能相感應故云井谷射鮒无與也○噬嗑至爲求○據旁通也○脩治至脩井○脩治虞義也虞謂坤爲土离火燒土爲甃治象初爲舊井四來脩初故云脩井也○中正至二五○二已與初易位得中得正故中正謂二五二五相應井爲人用

故云寒泉之食中正也○初二至成也○此虞義也既濟之功至上而成故云元吉在上大成也

澤中有火革君子以治歷明時**注**君子遯乾也歷象謂日月星辰也离爲明坎爲月离爲日𧰼艮爲星四動成坎离日月得正天地革而四時成故君子以治歷明時**疏**此虞義也遯九三君子故君子謂遯乾尚書堯典曰乃命義和欽若昊天歷象日月星辰敬授民時故云歷象謂日月星辰也四動成既濟有兩坎兩离象故云四動成坎离𧰼艮爲時乾爲治天地革而四時成故君子以治歷明時尋彖辭言湯武革命改正朔亦革命之一事故取義於治歷明時也

鞏用黃牛不可以有爲也**注**動而必凶故不可以有爲巳

日革之行有嘉也**注**嘉謂五乾爲嘉四動二正應五故有嘉

革言三就又何之矣**注**言尚未可革也改命之吉

信志也【注】四動成坎故信志也大人虎變其文炳也【注】乾爲大明四動成离故其文炳也君子豹變其文蔚也【注】蔚蔇也兌小故其文蔚也小人革面順以從君也【注】蒙坤爲順五乾爲君初之上順從五故順以從君【疏】動而至有爲○此虞義也初得位无應四未之正故動而必凶言革而未當故未可以有爲也○嘉謂至有嘉○乾文言曰亨者嘉之會也又云嘉會足以合禮故乾爲嘉傳不言乃革之明四已之正四動二正應五陰陽相應爲嘉二往應五故行有嘉也○言尚至革也○二已日乃革之天道應矣三革言三就人事至矣然改命之吉在四一爻此時尚未可以革故云又何之矣○四動至志也○此虞義也四動成坎坎孚爲信爲志故信志也○乾爲至炳也○此虞義也說文曰炳明也五體乾故乾爲大明四動體离离爲文明故其文炳也○蔚蔇至蔚也○此虞義也倉頡篇曰蔚草木盛皃廣雅曰茂也說文曰蔇草多皃蔚與蔇皆取茂盛之義故云蔚蔇也

九五陽稱大故其文炳上體兑兑小故其文蔚○蒙坤至從君○五陽上陰陰當順五故順以從君虞氏謂四變順五以四爲小人尋四變陰得位爲君子而云小人非也

周易述卷十四

山東省立圖書館
SHANTUNG PROVINCIAL LIBRARY

周易述卷十五

元和惠棟集註并疏

繫辭上傳

天尊地卑乾坤定矣卑高以陳貴賤位矣動靜有常剛柔斷矣方以類聚物以羣分吉凶生矣在天成象在地成形變化見矣**注**天地既分乾升坤降故乾坤定矣卑坤高乾也乾二升五坤五降二列貴賤者存乎位故貴賤位矣斷分也乾剛常動坤柔常靜分陰分陽故剛柔斷矣坤爲方西南坤類故以類聚乾爲物物三稱羣乾三爻別于坤故以羣分乾生故吉坤殺故凶則吉凶生矣

天有八卦之象地有八卦之形在天爲變在地爲化故變化見矣此天地之別也是故剛柔相摩八卦相蕩鼓之以雷霆潤之以風雨日月運行一寒一暑乾道成男坤道成女乾知大始坤化成物【注】旋轉稱摩摩薄也蕩動也乾以二五摩坤成震坎艮坤以二五摩乾成巽離兑故剛柔相摩八卦相蕩鼓動潤澤也雷震霆艮風巽雨兑日離月坎寒乾暑坤也男震坎艮女巽離兑大始元也復以自知故知大始坤稱化承乾而成物故化成物此天地之合也乾以易知坤以簡能易則易知簡則易從易知則有親易從則有功有親則可久有功則可

大可久則賢人之德可大則賢人之業【注】隺然无爲曰易閱藏萬物曰簡從謂從陽坤二承乾故有親乾五據坤故有功陰承陽故可久陽據陰故可大上賢人謂乾五下賢人謂坤二也乾以日新爲德坤以富有爲業此天地之德也易說易一名而含三義易也變易也不易也易者以言其德也通精无門藏神无内光明四通佼易立節虛无感動至誠專密此其易也變易者其氣也天地不變不能通氣五行迭終四時更廢此其變易也不易者其位也天在上地在下君南面臣北面父坐子伏此其不易也易簡而天下之理得矣天下之理得而

易成位乎其中矣【注】易簡所以立中和之本故天下之理得矣易謂坎離陽成位於五五爲上中陰成位於二二爲下中故易成位乎其中矣此天地之中和也傳首陳三義而終之以既濟易之大義舉矣【疏】天地至别也○廣雅曰太初氣之始也生于酉仲清濁未分也太始形之始也生於戌仲清者爲精濁者爲形也太素質之始也生于亥仲已有素朴而未散也三氣相接至于子仲剖判分離輕清者上爲天濁重者下爲地傳首言天尊地卑是天地既分之後輕清者上爲天故乾升也濁重者下爲地故坤降也乾鑿度曰乾坤相並俱生天地既分乾升坤降故乾坤定矣卑坤高乾者下傳云崇效天卑法地故知卑謂坤高謂乾坤自上降乾自下升故先言卑而後言高也虞註云乾高貴五故乾二升五坤卑賤二故坤五降二下傳云列貴賤者存乎位故貴賤位矣必知乾二升五坤五降二者案乾鑿度曰陽爻者制於天也陰爻者繫於地也天動而施曰仁地靜而理曰義仁成

而上義成而下上者專制下者順從故荀虞說易乾二例升五坤五例降二也若然乾升坤降為天地之合而云別者卑高陳貴賤位仍是天地之別也斷分虞義也乾剛坤柔乾動坤靜故乾剛常動坤柔常靜動為陽靜為陰動靜有常分陰分陽故剛柔斷矣坤為方說卦文西南得朋乃與類行故西南坤類方以類聚也乾純粹精故為物物三稱羣虞義也乾三爻皆陽物而與坤別物以羣分也乾生故吉坤殺故凶亦虞義也陽生陰殺陽吉陰凶故乾為生為吉坤為殺為凶也天有八卦之象者虞氏謂日月在天成八卦象震象出庚兑象見丁乾象盈甲巽象伏辛艮象消丙坤象喪乙坎象流戊离象就已故在天成象也地有八卦之形者九家義也虞氏謂震竹巽木坎水离火艮山兑澤乾金坤土故在地成形也震雷巽風皆在天者离傳曰百穀草木麗于地故震舉竹巽舉木也周禮攷工曰天時變故在天為變下傳曰坤化成物故在地為化此亦虞義也樂記樂禮章引此傳曰天地之別也是言尊卑貴賤動靜類聚羣分在天在地之別異先王法之以制禮故云天地之別也○旋轉至合也○剛柔謂乾坤十二爻乾左旋坤右轉故云旋轉稱摩鄭注樂記云摩猶迫也薄有迫義故

云摩薄一云薄入也謂陰陽相薄也鄭注樂記云蕩猶動也月令曰諸生蕩是也乾以二五摩坤成坎而互震艮故云成震坎艮坤以二五摩乾成离而互巽兑故云成巽离兑二五相摩而成八卦故剛柔相摩八卦相蕩也蕩俗作盪六經无盪字蓋始于後漢韓伯以爲推盪俗訓也鼓者鼓動潤者潤澤震爲雷艮爲廷廷與霆通巽爲風兑爲雨謂兑澤爲雨祭義云天時雨澤是也知兑爲雨者昭元年春秋傳曰天有六氣降生五味六氣陰陽風雨晦明也賈服之義以雨屬西方兑正秋西方之卦虞註小畜自我西郊云兑爲西雨生于西故知兑爲雨也离爲日坎爲月乾爲寒坤爲暑鼓之潤之日月往來寒暑相推皆八卦相蕩之義此上虞義也荀氏云男謂乾初適坤爲震二適坤爲坎三適坤爲艮以成三男也女謂坤初適乾爲巽二適乾爲离三適乾爲兑以成三女也八卦相摩而成者變化之義天之道也相索而得者父母之義人之道也乾彖傳曰大哉乾元萬物資始釋詁云元始也董子對策曰謂一爲元者視大始而欲正本故知大始元也元初九也繫下曰復以自知故知大始大戴禮天圓云曾子曰吐氣者施而含氣者化陽施而陰化故知坤稱化謂遘時也地道无成而代

有終承乾而成物故化成物也樂記云地氣上齊天氣下降陰陽相摩天地相蕩鼓之以雷霆奮之以風雨動之以四時煖之以日月而百化興焉蓋據此傳爲言而云天地之和也先王法之以作樂天地訢合故和爲天地之合也○隺然至易也○繫下曰夫乾隺然示人易矣虞彼注云陽在初弗用隺然無爲不易世不成名故示人易矣是隺然无爲故以易知也廣雅曰簡閱也桓六年春秋傳曰大閱簡車馬也是簡閱同義又高誘注淮南云閱總也越語范子曰唯地能包萬物以爲一說卦云坤以藏之是閱藏萬物故以簡能也陽用其精故曰知陰用其形故曰能也陽唱陰和故從謂從陽隱以之顯故易知靜而從陽故易從親謂陰陽相應乾易知則坤來承乾故有親五多功坤易從故乾五據坤則有功陰承陽則順故可久坤用六利永貞是也陽據陰則盛故可大陽稱大也乾鑿度坤二爲君子乾五爲聖人今皆稱賢人者乾二升坤五坤五降乾二由不正而變之正故稱賢人也乾以日新爲德坤以富有爲業姚信義也繫下云富有之謂大業日新之謂盛德彼注云乾爲德兼坤則盛矣坤爲業承乾則大矣窮神知化謂之盛德陽吉陰凶謂之大業而皆屬之二五故云賢人之

德賢人之業也天地之德謂易簡也易說者乾鑿度文一名者一字也古曰名今曰字鄭易贊曰易一名而含三義易簡一也變易二也不易三也易者易簡也變易者天地之合也不易者天地之別也易簡天地之德故云易者以言其德也精精微也无門言尚渾淪未有門可出也下傳云藏諸用翼奉解云露之則不神故藏神藏于內无內言小也光明虛无也道无不通故光明四通佼健也乾健而易故佼易立節也无思无爲感而遂通天下之故是虛无感動也誠者天之道故至誠乾其靜也專坤退藏于密是專密之義皆易簡之德故云此其易也太易者未見氣也太初者氣之始也故云變易者其氣乾二五之坤坤二五之乾始而亨也亨者通也故天氣不變不能通氣五行謂五氣也迭更也更相終始故云迭終五行休王論曰立春乾廢立夏艮廢立秋巽廢立冬坤廢故四時更廢也此變易之義也不易者其位謂陰陽貴賤之位天在上地在下此陰陽之位也君南面臣北面父坐子伏此貴賤之位也皆不易之義是易有此三義也○易簡至舉矣○易簡一也亦中也以一持萬故立中和之本天下之理得之爲德也易謂坎离參同契文謂坎五离二也陽成位于五五爲上中

陰成位于二二爲下中荀義也一卽中也坎离天地之心二五天地之中坎五离二成位于上下之中故云而易成位乎其中矣二五爲中相應爲和故云天地之中和中庸曰致中和天地位焉萬物育焉此既濟之事三義謂天地之别天地之合天地之德也首陳三義而終之以既濟既濟卽天地之中和此皆易之大義故云易之大義舉矣

聖人設卦**注**聖人謂庖犧觀象繫辭焉而明吉凶悔吝**注**謂文王也八卦以象告故觀象而繫辭剛柔相推而生變化**注**六爻之剛柔也一往一來曰推剛推柔生變柔推剛生化是故吉凶者失得之象也**注**吉則象得凶則象失悔吝者憂虞之象也**注**悔則象憂吝則象虞變化者進退之象也**注**陽變爲進陰化爲退剛柔者晝夜之

象也注乾剛爲晝坤柔爲夜六爻之動三極之道也注極中也三極謂天地人民受天地之中以生故稱三極六爻兼三才而兩之者故六爻之動三極之道是故君子所居而安者易之象也注君子謂文王謂乾五之坤成坎月离日日月爲象大有通比比艮爲居坤爲安故居而安者易之象也舊讀象誤作厚或作序非也所變而翫者爻之辭也注爻者言乎變者也翫習也謂乾五之坤坤五動則觀其變舊作樂字之誤是故君子居則觀其象而翫其辭注謂乾五動成大有以离之目觀天之象兌口翫習所繫之辭故翫其辭動則觀其變而翫

其占注謂觀爻動也以動者尚其變占事知來故翫其占是以自天右之吉无不利注謂乾五變之坤成大有有天地日月之象文王則庖犧亦與天地合德日月合明天道助順人道助信履信思順故自天右之吉无不利也聖人謂庖犧○庖犧作八卦故聖人謂庖犧○謂文至繫辭○繫下曰易之興也其當殷之末世周之盛德邪當文王與紂之事邪帝王世紀曰文王在羑里演六十四卦著七八九六之爻謂之周易八卦以象告下繫文觀卦之象而繫之辭謂六十四卦之辭也俗本脫悔吝今從虞氏○六爻至生化○上言象謂三才之象此言剛柔相推發揮于剛柔而生爻故知六爻之剛柔也一往一來曰推何休義也繫下曰日往則月來月往則日來日月相推而明生焉寒往則暑來暑往則寒來寒暑相推而歲成焉故知一往一來曰推也陽稱變陰稱化陽來陰往則剛推柔生變陰來陽往則柔推剛生化也此虞義也文王觀爻之變化而繫之辭亦謂

吉凶悔吝之辭也○吉則至象失○此虞義也失得謂得位失位也○悔則至象虞○此虞義也悔者憂之象既憂之則悔亡矣吝者虞之象不虞度則吝生矣○陽變至爲退○此荀義也乾鑿度曰陽動而進陰動而退故陽變爲進陰化爲退也○乾剛至爲夜○此荀義也乾剛坤柔襍卦文乾陽爲晝坤陰爲夜在納甲十五乾盈甲爲晝三十陽滅藏爲夜在消息復至乾爲晝姤至坤爲夜也○極中至之道○鴻範曰建用王極周禮設官分職以爲民極鄭氏皆訓爲中三極鄭陸謂三才故云天地人也知三極爲天地人者周書小開武曰三極一維天九星二維地九州三維人四虞亦以三極爲三才也民受天地之中以生成十三年春秋傳文以五行言則五六爲天地之中以遘復言則二至爲天地之中以四時言則春秋爲天地之中以爻位言則二五爲天地之中民受之以生故稱三極天有三才以地兩之爲六晝故云六爻兼三才而兩之者也陸績曰天有陰陽二氣地有剛柔二性人有仁義二行故六爻之動三極之道此據說卦爲言義亦同也○君子至非也○此虞義也君子通于聖人文王演易故君子謂文王乾五變之坤成大有大有通比有坎离象故坎月离日日月在

天成八卦象故日月爲象文王演易而繫象辭故居而安者易之象也舊讀象作厚厚字無說俗本作序虞皆不用故云非也○爻者至之誤○此虞義也爻謂九六九六相變故爻者言乎變者也謂三百八十四爻之辭也說文曰翫習厭也故云翫習也乾五之坤失位當變故坤五動則觀其變舉一爻而三百八十四爻之辭可知也俗本變作樂虞所不用故云字之誤也○謂乾至其辭○此虞義也乾五之坤成大有大有上离下乾离爲目乾爲天故以离目觀天之象謂天三爻之象五又體兑兑爲口又兑以朋友講習故以兑口翫習所繫之辭也○謂觀至其占○此虞義也乾五之坤坤五動故謂觀爻動也九六發動揮變故以動者尚其變乾以知來乾動成离占事知來故翫其占謂翫三百六十四爻吉凶悔吝之占辭也○謂乾至利也○此虞義也乾五之坤成大有大有乾爲天离爲日比坤爲地坎爲月故有天地日月之象文王則庖犧亦有聰明睿知神武之德故與天地合德日月合明乾坤坎离反復不衰故自天右之吉无不利天道助順以下上繫文也

彖者言乎象者也注在天成象彖說三才故言乎象者也

爻者言乎變者也注爻有六畫謂九六相變故言乎變者也吉凶者言乎其失得也注得正言吉失正言凶悔吝者言乎其小疵也注疵瑕也小猶介也无咎者善補過也注失位爲咎變之正故善補過孔子曰退思補過是故列貴賤者存乎位注五貴二賤齊小大者存乎卦注齊猶正也陽卦大陰卦小卦列則小大分故曰齊小大者存乎卦辯吉凶者存乎辭注辯別也陽吉陰凶繫辭焉而明吉凶故辯吉凶者存乎辭憂悔吝者存乎介注介纖也纖介不正悔吝爲賊故憂悔吝者存乎介震无咎者存乎悔注震動也有不善未嘗不知知之未嘗

復行无咎者善補過故震无咎者存乎悔是故卦有小大辭有險易辭也者各指其所之【注】陽易指天陰險指地聖人之情見乎辭故各指其所之【疏】在天至者也○此虞義也象說三才謂天三爻○爻有至者也○此虞義也六畫稱爻爻之九六陰陽相變故言乎變○得正至言凶○此虞義也○疵瑕至介也○疵瑕馬義也下云憂悔吝者存乎介介纖介故云小猶介也疵雖小猶當慎之故云悔吝者憂虞之象也○失位至補過○此虞義也王弼略例曰凡言无咎者本皆有咎者也防得其道故得无咎咎在失位故云失位爲咎變而之正猶過而能改故云善補過孔子曰退思補過孝經及宣十二年春秋傳文○五貴二賤○上傳卑高以陳貴賤位矣虞注云乾高貴五坤卑賤二謂九五六二也貴賤之義不一若陽貴陰賤則爻在下者亦得言貴如屯初九傳曰以貴下賤大得民也謂初得坤民是以陽爻爲貴也若陽而无應雖居正位翻蒙賤稱故頤初九傳曰觀我朶頤亦不足是也若本皆陽位則上貴下賤如三爲下體之君皆合

而言亦爲賤故下傳云三多凶五多功貴賤之等是也今傳云存乎位則不專指爻之貴賤但卦以二五爲主五陽爲貴又在君位二陰爲賤又在臣位故云五貴二賤也○齊猶至乎卦○此王肅義也詩小宛曰人之齊聖毛傳云齊正也陽大陰小故陽卦大陰卦小陳列卦象有小有大以六十四卦言之則陽息爲大陰消爲小如臨陽息之卦臨者大也是臨爲大卦也遯陰消之卦遯小利貞是遯爲小卦也泰小往大來泰爲大卦否大往小來否爲小卦如此之類不可悉舉又小畜大畜小過大過大有大壯諸卦皆以大爲陽小爲陰正其小大截然不紊故云齊小大者存乎卦也○辯別至乎辭○辯別虞董姚義也陽生故吉陰殺故凶聖人繫辭于各爻之下以明吉凶故云辯吉凶者存乎辭也○介纖至乎介○介纖虞義也纖介不正悔吝爲賊參同契文彼正用傳義故引之○震動至乎悔○此虞義也復時坤亂于上故有不善復以自知故未嘗不知知之未嘗復行也○陽易至所之○此虞義也卦有大小承上齊大小者存乎卦言也辭有險易承上辯吉凶者存乎辭言也京氏云易善也險惡也乾爲善故陽易指天坤爲惡故陰險指地聖人之情見乎辭下傳文太元曰辭以觀

乎情謂善惡之辭也之謂升降往來指天辭易指地辭險故各指其所之也

易與天地準故能彌綸天下之道【注】準同也彌大綸絡也謂易在天下包絡萬物以言乎天地之間則備矣故與天地準也仰以觀於天文俯以察於地理【注】陽動于上以成天文陰動于下以成地理是故知幽明之故原始及終故知死生之說精氣爲物游魂爲變【注】幽明雌雄也雄生酉仲雌生戌仲始謂乾初終謂坤上原者元也原始及終謂隨天地終始也死命生性說舍也精氣生舍游魂死舍此鬼神之本也是故知鬼神之情狀與天地相似故不違【注】乾神似天坤鬼似地聖人與天地合

德鬼神合吉凶故不違知周乎萬物而道濟天下故不過【注】坤爲知謂土爰稼穡萬物致養德博而化食穀者知惠而巧故知周乎萬物乾爲道乾制坤化陽升陰降成既濟定故道濟天下六爻皆正故不過也旁行而不留【注】旁行周六十四卦月主五卦爻主一日歲既周而復始故不留也樂天知命故不憂【注】震爲樂乾爲大巽爲命謂從復至遘也坎爲憂出乾入坤不見坎象故不憂安土敦乎仁故能愛【注】坤爲安爲土乾爲仁爲愛謂從遘至復也以坤厚乾仁道博施故能愛範圍天地之化而不過【注】範法也圍周也言乾坤消息法周天地而

不過十二辰也辰日月所會之宿謂諏訾降婁大梁實沈鶉首鶉火鶉尾壽星大火析木星紀元枵之屬是也

曲成萬物而不遺【注】二篇之策萬有一千五百二十曲成萬物无遺失也通乎晝夜之道而知【注】晝乾夜坤也通于乾坤之道无所不知也故神无方而易无體【注】乾爲神爲易坤爲方爲體乾在坤初故无方隱初入微故无體

【疏】準同至準也○此虞義也京云準等也等有同義故云準同也京云彌徧也揚子解難曰天麗且彌故云彌大也解難又云宓犧氏之作易也緜絡天地經以八卦故云綸絡也乾鑿度曰易爲道苞籥故云易在天下包絡萬物以言乎天地之間則備矣下傳文易之爲書廣大悉備言該備三才故云備矣是與天地準之義也○陽動至地理○吳君高越紐文也陽動于上謂乾三畫也陰動于下謂坤三畫也乾三畫成天文坤三

晝成地理呂氏春秋曰陰陽變化一上一下合而成章章即天文地理也〇幽明至本也〇幽明雌雄也三朝記文彼文云虞史伯夷曰明孟也幽幼也明幽雌雄也詩推度災及乾鑿度曰雄生酉仲號曰太初雌生戌仲號曰太始雄生物魂號曰太素俱行三節宋均注云節猶氣也俱行自酉戌行至亥雌雄俱行故能含物魂而生物也推度災又曰陽本爲雄陰本爲雌物本爲魂宋均注云本即原也變陰陽爲雄雌魂也乾知大始故始謂乾初坤道代終故終謂坤上元原同義故云原者元也隨天地爲終始董子繁露文彼文云元者原也其義隨天地爲終始也死命生性呂氏春秋恃君覽文性者生之始命者人之終故死生爲性命太元曰一生一死性命瑩矣又曰察性知命原始見終說舍宋衷義也說讀爲稅故云舍越紐錄曰神主生氣之精魂主死氣之舍故云精氣生舍游魂死舍虞氏云乾純睟精故主爲物夏小正曰魂者動也乾流坤體變成萬物故游魂爲變鄭氏云精氣謂七八游魂謂九六七八木火之數九六金水之數水火用事而物生故曰精氣爲物金水用事而物變故曰游魂爲變義並同也云此鬼神之本者鬼神之本即易之本易之本即道之本也史記賈生傳

曰孝文帝方受釐坐宣室上因感鬼神事而問鬼神之本賈生具道所以然之狀至夜半文帝前席既罷曰吾久不見賈生自以爲過之今不及也何休案禮天子爲卿前席大夫興席士式几賈生大夫也孝文以卿禮禮之重其言也漢之賈生董子能明道本故劉向别録稱此兩人有王佐之才雖伊呂無以加筦晏之屬相者之佐殆不及也其言甚當使文武二君能用賈董漢家治道必無襍霸之譏子歆及曾孫龔猥以向言爲過豈爲篤論乎○乾神至不違○此虞義也乾爲神爲天故乾神似天坤爲鬼爲地故坤鬼似地聖人即大人也故王肅曰大人聖人在位之目是也與天合德謂居五與地合德謂居二乾神合吉坤鬼合凶故與鬼神合吉凶天且弗違而況于鬼神是不違之義也○坤爲至過也○坤爲知虞義也坤爲土故土爰稼穡稼穡所以養人故萬物致養越紐録曰地生長五穀持養萬物功盈德博故德博而化謂坤受乾施養物故德博也食穀者知惠而巧大戴禮易本命文坤以五穀養萬物食穀者知故知周乎萬物也乾爲道亦虞義也陽道制命坤化成物故乾制坤化乾二升坤坤五降乾陽升陰降成既濟定故道濟天下也過過失六爻皆正而无過失故不過也

○旁行至留也○此九家義也消息六十卦合四正爲六十四卦謂如十一月未濟蹇頤中孚復是月主五卦也一卦六日七分七分閏餘是爻主一日也六十而一周六六三百六十日故云歲既周而復始不留者運不止也俗本流今從京氏○震爲至不憂○荀云坤下有伏乾爲樂天謂乾伏坤初爲震震爲樂初九乾也故乾爲天是樂天也荀又云乾下有伏巽爲知命謂巽伏乾初巽爲命故知命乾初出子復時也巽陰消乾謂遘時故云謂從復至遘也坎加憂故爲憂出乾爲復入坤爲遘十二消息无坎象故不憂猶言出入无疾也○坤爲至能愛○坤陰爲安故月令仲夏稱晏陰當遘時遘坤消之月故云土復乾息之卦故云仁敦厚也以坤厚乾故云敦仁乾仁博施故能愛也○範法至是也○此九家義也釋詁云法範常也法範同訓故云範法也圍古作□見己酉戌命彝說文曰□回也象回帀之形故云周也乾坤消息謂消息十二爻十二爻而朞一歲故法周天地十二爻主十二辰故不過十二辰也昭七年春秋傳曰日月之會是謂辰杜預云一歲日月十二會所會謂之辰皇甫謐帝王世紀曰自危十七度至奎四度曰諏訾之次於辰在亥謂之大淵獻斗建在寅自奎五

度至胃六度曰降婁之次於辰在戌謂之闒茂斗建在卯自胃七度至畢十一度曰大梁之次於辰在酉謂之作噩斗建在辰自畢十二度至東井十五度曰實沈之次於辰在申謂之涒灘斗建在巳自井十六度至柳八度曰鶉首之次於辰在未謂之叶洽斗建在午自柳九度至張十七度曰鶉火之次於辰在午謂之敦牂斗建在未自張十八度至軫十一度曰鶉尾之次於辰在巳謂之大荒落斗建在申自軫十二度至氐四度曰壽星之次於辰在辰謂之執徐斗建在酉自氐五度至尾九度曰大火之次於辰在卯謂之單閼斗建在戌自尾十度至斗十度曰析木之次於辰在寅謂之攝提格斗建在亥自斗十一度至婺女七度曰星紀之次於辰在丑謂之赤奮若斗建在子自婺女八度至危十六度曰元枵之次於辰在子謂之困敦斗建在丑凡天有十二次日月之所躔鄭氏謂辰與建交錯貿處如表裏然漢書律歷志曰玉衡杓建天之綱也日月初躔星之紀也綱紀之交以原始造設合樂用焉案斗柄所建十二辰而左旋日體十二月與月合宿而右轉表裏言合也郎合辰合聲之法也子丑之等十二辰在地娵訾之等十二次在天此言天地之化故舉十二次也○二篇至失也

○此荀義也二篇謂上下經六十四卦之筴共萬有一千五百二十當萬物之數曲成萬物謂易曲成之无遺失也易卽道也越紐録曰道者天地先生不知老曲成萬物不名巧故謂之道是也○晝乾至知也○此荀義也乾陽爲晝坤陰爲夜故云晝乾夜坤兼知天地則契道之全故云通于乾坤之道无所不知也○乾爲至无體○坤與易皆謂乾初方方隅也乾神圓故无方太元曰終始連屬上下无隅是无方之義也乾鑿度曰三微而成著三著而成體易隱初入微故无體也

一陰一陽之謂道注易說一陰一陽合于十五之謂道七八九六合天地之數乃謂之道繼之者善也成之者性也注乾爲善三氣相成合于一元元者善之長也故繼之者善也坤合乾性養化成之故成之者性也仁者見之謂之仁知者見之謂之知百姓日用而不知故君子

之道尟矣【注】乾爲仁坤爲知乾爲百坤爲姓見仁見知賢知之過日用而不知愚不肖之不及也知仁合乃爲君子之道顯諸仁藏諸用鼓萬物而不與聖人同憂盛德大業至矣哉【注】乾爲仁离日麗乾故顯諸仁坤爲用巽陽藏室故藏諸用萬物出乎震震爲鼓故鼓萬物乾五爲聖人體坎爲憂震初獨行故不與聖人同憂乾爲德兼坤則盛矣坤爲業承乾則大矣窮神知化謂之盛德陽吉陰凶謂之大業至哉坤元故至矣哉【疏】易說至之道○易說者乾鑿度文彼文云陽以七陰以八易一陰一陽合于十五之謂道陽變七之八陰變八之六亦合于十五參同契曰七八數十五九六亦相應四十合三十陽氣索滅藏又曰日合五行精月受六律紀五六三十度

度竟復更始三統歷曰十一而天地之數畢十一者五
六也五六三十而天地之數畢故云七八九六合天地
之數乃謂之道太元曰陰陽該極乃道之合是也○乾
爲至性也○乾爲善乃乾元也三統歷曰太極元氣函
三爲一三謂酉戌亥故云三氣相承合于一元謂太初
太始太素之氣也三統歷又云元者善之長也共養三
德爲善孟康漢書注云謂三統之微氣也當施育萬物
故謂之德德三統歷又云元體之長合三體而爲之原故
曰元三統合于一元是其義也坤合乾性以下虞義也
乾爲性坤化成物故云坤合乾性養化成之天生之而
地成之坤成乾性故云成之者性也○乾爲至之道○
中庸曰子曰道之不行也我知之矣知者過之愚者不
及也道之不明也我知之矣賢者過之不肖者不及也
人莫不飲食也鮮能知味也乾爲仁仁者見之謂之仁
是過乎仁也坤爲知知者見之謂之知是過乎知也故
曰賢知之過也百姓日用而不知是不及仁不及知者
故曰愚不肖之不及也日用而不知猶飲食鮮知其味
也一陰一陽者道之全也仁陽知陰仁知合乃爲君子
之道故大戴禮誥志曰子曰知仁合而天地成天地成
而庶物生是也尟與鮮同說文曰尟是少也尟俱存也

从足少賈侍中說○乾爲至矣哉○必知顯爲离者比八五曰顯比虞彼注云初三以變體重明故顯比謂顯諸仁故知顯爲离也古文顯作㬎說文曰从日中視絲离爲日坤二五之乾爲离故云离曰麗乾顯諸仁也巽一索而得坤坤初坤爲用初陽伏巽下故巽陽藏室藏諸用也翼奉引此傳云露之則不神獨行則自然是也萬物出乎震震雷爲鼓動萬物者莫疾乎雷故鼓萬物乾五爲聖人五坎爻故體坎爲憂震初爲道本初微獨行樂則行之故不與聖人同憂一陰一陽乃道之全故陽不兼坤則微兼坤則盛矣謂二升五也陰不承乾則小承乾則大矣謂五降二也以坤變乾謂之窮神以乾通坤謂之知化窮神知化德之盛故謂之盛德天道有吉而有凶聖人順天而制作故謂之大業而盛德大業之本則藏於坤之元中庸引詩所謂上天之載无聲无臭至矣是也此論道之全而並舉坎离震巽者易謂坎离坎离者既濟也震巽者既濟之本也乾初一陽震也震伏巽下藏諸用所謂誠也誠不可揜故出乎震而鼓萬物顯諸仁而同民患盛德大業本乎元故至矣哉此聖人微言也故荀子曰積微月不勝日時不勝月歲不勝

凡人好敖慢小事大事至然後興之務之如是則常

不勝夫敦比於小事者矣是何也則小事之至也數其縣日也博其爲積也大大事之至也希其縣日也淺其爲積也小故善日者王善時者霸補漏者危大荒者亡故王者敬日霸者敬時僅存之國危而戚之霸者之善著可以時託也王者之功名不可勝日志也財物貨寶以大爲重政教功名反是能積微者速成詩曰德輶如毛民鮮克舉之此之謂也此言盛德大業本于元之義也

富有之謂大業日新之謂盛德生生之謂易成象之謂乾爻法之謂坤極數知來之謂占通變之謂事陰陽不測之謂神

注 此四十六字後師所訓坤爲富一消一息萬物豐殖故謂之大業乾五動之坤成离离爲日以坤變乾以乾化坤窮神知化故謂之盛德易謂太極太極生兩儀兩儀生四象四象生八卦故生生之謂易三才成八卦之象故成象之謂

乾效三才爲六畫故爻法之謂坤極六畫之數占事知來故謂之占變通趣時以盡利天下之民謂之事業故謂之事陰陽在初深不可測故謂之神**疏**此一章皆聖人微言上義已盡故知此下四十六字後師所訓也上云盛德大業故云富有之謂大業日新之謂盛德上云所居而安者易之象也故云成象之謂乾所變而翫者爻之辭也故云爻法之謂坤上云動則觀其變而翫其占故云極數知來之謂占通變之謂事上云神无方而易无體故云生生之謂易陰陽不測之謂神

夫易廣矣大矣**注**乾象動直故大坤形動闢故廣以言乎遠則不禦**注**禦止也遠謂乾天高不禦也以言乎邇則靜而正**注**邇謂坤坤至靜而德方故正也以言乎天地之閒則備矣**注**謂易廣大悉備有天地人道焉故稱備

矣夫乾其靜也專其動也直是以大生焉注專謂初直謂二二動升坤五直方大是以大生焉夫坤其靜也脅其動也辟是以廣生焉注脅閉謂上也以坤脅乾閉塞而成冬故其靜也脅辟開謂五也動降乾二坤道廣布是以廣生焉廣大配天地注乾天坤地故配天地變通配四時注變通趣時謂十二消息也泰大壯夬配春乾遘遯配夏否觀剥配秋坤復臨配冬謂十二消息相變通而周于四時也陰陽之義配日月注復七日來復陽之義配日臨八月有凶陰之義配月荀氏謂乾舍于离配日而居坤舍于坎配月而居也易簡之善配至德注

易簡元也於人爲至德坤爲至乾爲德故以配至德疏乾象至故廣○此虞義也在天成象故曰乾象在地成形故曰坤形義見下也○禦止至禦也○此虞義也釋言曰禦禁也禁有止義故曰止也虞注嗛象曰天道遠故遠謂乾天形穹隆其色蒼蒼故云天高不禦也○迩謂至正也○此虞義也迩古文邇近也揚子法言曰聖人之言遠如天賢人之言近如地地卑故迩謂坤至靜而德方卽下靜翕而動闢陰開爲方辨方正位故正也○謂易至備矣○此虞義也易有三才故云天地之間樂記樂禮章曰樂著大始而禮居成物著不息者天也著不動者地也一動一靜者天地之間也鄭彼注云間謂百物并天地之間謂人物也云易廣大悉備有天地人道焉消息約下繫文言之以證天地之間爲三才也易備三才故云備矣○專謂至生焉○說卦曰震爲專虞彼注云陽在初隱靜未出觸坤故專則乾靜也專是專謂初也坤六二直方大虞彼注云謂二陽稱直乾其動也直故曰直是直謂二也乾二敬以直內而升坤五敬義立而德不孤是以大生也○脅閉至生焉○脅古文翕脅閉宋衷義也坤義以方外故知脅謂上也坤上六

消乾至亥故以坤脅乾月令孟冬曰天地不通閉塞而成冬故其靜也脅辟古文闢虞注坤六二云方謂辟陰開爲方五降乾二以乾闢坤其道廣布是以廣生也○乾天至天地○乾大坤廣乾爲天坤爲地易與天地準故配天地也○變通至時也○下繫云變通者趣時者也時謂四時變通謂乾坤通變十二消息卽十二辟卦也泰大壯夬春時卦故配春乾遘遯夏時卦故配夏否觀剝秋時卦故配秋坤復臨冬時卦故配冬以卦氣言之四正爲四時震主春离主夏兌主秋坎主冬故十二消息相變通而周于四時也○復七至居也○陽息稱日陰消稱月詩七月一之日二之日三之日四之日皆陽息之月故稱日五月斯螽動股六月莎雞振羽七月在野八月在户皆陰消之月故稱月復七日來復陽息稱日臨八月有凶八月謂遯陰消稱月故陰陽之義配日月也荀氏據鬼易乾歸合离故云乾舍于离离爲日故配日而居坤歸合坎故云坤舍于坎坎爲月故配月而居也○易簡至至德○乾以易知坤以簡能皆謂乾坤之元故云易簡元也在天爲至道在人爲至德故禮運曰天道至教聖人至德中庸曰苟不至德至道不凝焉是也坤爲至乾爲德虞義也有至德以凝至道故易

簡之善配
至德也
子曰易其至矣乎注易謂坎离坎上离下六爻得位而行
中和故其至矣乎子曰中庸其至矣乎夫易聖人所以
崇德而廣業也注崇高也乾爲崇坤爲廣乾二居五爲
崇德坤五居二爲廣業知崇體卑崇效天卑法地注乾
以易知故知崇正位居體故體卑崇效天五卑法地二
天地設位而易行乎其中矣注位謂六畫之位乾坤各
三爻故天地設位易出乾入坤上下无常周流六虛故
易行乎其中矣成性存存道義之門注成之者性故曰
成性成性存存謂久于中正而弗失也乾坤易之門易

出乾爲道門入坤爲義門故道義之門【疏】○易謂至矣乎易謂坎离謂既濟也既濟剛柔正而位當故坎上离下六爻得位二五爲中和故行中和周禮師氏曰至德以爲道本鄭彼注云至德中和之德覆燾持載含容者也子曰中庸其至矣乎亦謂中和爲至德故鄭注周禮引此爲證也○崇高至廣業○崇高釋詁文鬼谷子曰與陽言者依崇高與陰言者依卑小故云乾爲崇坤廣生故爲廣乾爲德故乾二居坤五爲崇德坤爲業故坤五居乾二爲廣業乾五坎也坤二离也易謂坎离故聖人以崇德廣業爻在二五爲中故曰崇廣在三四爲不中故曰進脩○乾以至地二○知讀如字乾以易知積善成德故知崇坤爲體二正陰位而居下體故體卑四畫以上爲天故崇效天五三畫以下爲地故卑法地二○位謂至中矣○此虞義也參同契曰天地者乾坤之象也設位者列陰陽配合之位卽六畫之位也乾天坤地乾坤各三爻故天地設位參同契又曰易謂坎离坎离者乾坤二用二用无爻位周流行六虛往來既不定上下亦无常魏伯陽釋此傳皆易先師之義故虞氏用其說出乾爲息入坤爲消乾坤六爻獨无坎离故无爻位坎戊离已

居中央王四方故易行乎其中也○成之至之門○成之者性故曰成性虞義也成性性之合于中和者也中庸曰中庸其至矣乎民鮮能久矣鄭氏謂人罕能久行又曰回之爲人也擇乎中庸得一善則拳拳服膺而弗失之矣是久于中正而弗失存存之義也乾坤易之門下傳文乾爲道門坤爲義門亦虞義出乾爲道門入坤爲義門言道義從乾坤出也

聖人有以見天下之嘖而儗諸其形容注乾稱聖人謂庖犧也嘖謂初自上儗下稱儗形容謂陰在地成形者也

象其物宜是故謂之象注物宜謂陽遠取諸物在天成象故象其物宜謂三才八卦在天也庖犧重爲六畫也

聖人有以見天下之動注重言聖人謂文王也動謂六爻而觀其會通以行其等禮注六爻發揮乾坤交而亨

亨者通也亨者嘉之會也故觀其會通嘉會足以合禮故以行其等禮禮立言曰聖人等之以禮春秋傳曰講禮于等繫辭焉以斷其吉凶是故謂之爻注辯吉凶者存乎辭故繫辭焉以斷其吉凶定之以吉凶所以斷也

言天下之至嘖而不可惡也注惡讀爲亞亞次也至嘖无情故不可次

言天下之至嘖而不可亂也注嘖當爲動亂治也至動故不可治

擬之而後言儀之而後動擬儀以成其變化注初辭擬之問焉而以言故擬之而後言儀度也將舉事必先于此儀之故儀之而後動擬儀者變化之所由出也故以成其變化疏乾稱至者也○此虞義也乾五

爲聖人文王書經繫庖犧于九五故謂庖犧也下傳曰
探嘖索隱虞彼注云嘖初也初隱未見故探嘖太元曰
陰陽所以抽嘖嘖情也京氏訓同易之屯太元準爲礥
初一曰黄純于潛測曰化在嘖也范望注云陽氣潛在
地下養萬物之根荄故云化在嘖若然嘖訓爲情乃情
之未動者故知嘖謂初乾上坤下以乾凝坤故云自上
凝下稱凝易之大義上經終坎离下經終既濟未濟上
繫終乾坤下繫終六子則上下經與上下繫相表裏上
經象陽下經法陰復爲陽初姤爲陰初六日七分之法
陽起中孚陰起咸乾元坤元天地之心爲易之本故上
繫七爻起于中孚鳴鶴在陰下繫十一爻起於咸憧憧
往來此傳發端言聖人見天下之嘖謂中孚咸也易彰
往而察來而微顯闡幽故凝諸其形容也以乾凝坤陰
在地成形地形有高下故稱容周禮函人曰凡爲甲必
先爲容鄭衆注云容謂象式甲有大小長短猶地形有
高下故云形容謂陰在地成形者也○物宜至畫也○
此虞義也物宜爲陽陽卽乾也下傳云遠取諸物乾爲
遠爲物象謂三才在天成象故象其物宜日月在天成
八卦象謂天三爻故云三才八卦在天也以地兩之爲
六畫故云庖犧重爲六畫也○重言至六爻○此虞義

也庖犧畫卦文王書經傳兩稱聖人故知庖犧及文王也上言象謂三才八卦之象此言爻道有變動故曰爻知動謂六爻也○六爻至於等○動謂六爻之動則會通乃六爻發動揮變也乾坤交而亨天地交而萬物通也亨者通子夏義也陰陽相應爲嘉故亨者嘉之會也嘉屬五禮嘉會禮通故以行其等禮鄭注樂記云等階級也爻有等如禮之有階級故曰等禮禮立言者大戴記立言篇也春秋傳者昭十三年傳文晉語曰從其等禮也韋昭云從尊卑之等謂之禮是等禮之義也○惡讀至可次○惡讀爲亞荀義也古惡亞字通說文曰亞醜也是亞即惡也又云賈侍中以爲次弟也故釋言云亞次也尚書大傳曰王升舟入水鼓鍾惡觀臺惡將舟惡鄭彼注云惡讀爲亞亞訓次次猶仲也漢時有玉印曰周惡父印識者以爲條侯亞父條侯爲勃少子故稱亞魯文公子惡衞臣有石惡皆讀爲亞伯仲之稱也史記盧綰孫他之封惡谷侯漢書作亞知惡亞同物惡訓爲次京房曰嘖情也賈逵注左傳曰嘖至也至嘖无情情之未動如喜怒哀樂之未發其道微妙故不可次儗之其形容象其物宜所以次之也○嘖當至可治○嘖當爲動鄭義也虞本作動云舊誤作嘖也亂治釋詁文

論語曰予有亂十人馬融注云亂治也六爻發揮變動不拘故不可治觀其會通以行其等禮繫辭焉以斷其吉凶所以治之也故下繫云極天下之賾者存乎卦鼓天下之動者存乎辭○初辭至變化○初辭擬之下繫文問焉而以言謂問于易而後言以言者尚其辭故擬之而後言儀度許慎義也鄭注尚書大傳曰射王極之度也射人將發矢必先于此儀之發矢則必中于彼矣君將出政亦先于朝廷度之出則應于民心射其象者也以易爲度先于此儀之而後舉事則動无不中故儀之而後動擬之儀之變化從此而出故以成其變化通志成務之謂也

鳴鶴在陰其子和之我有好爵吾與爾靡之子曰君子居其室注二變體復君子謂復初陰消入坤艮爲居巽陽隱室故居其室出其言善則千里之外應之況其邇者乎注復初出震震爲出爲言元者善之長故曰善坤數十震爲百里十之千里也外謂震巽同聲

同聲者相應故千里之外應之迩謂坤坤爲順二變順初故況其迩者乎居其室出其言不善則千里之外違之況其迩者乎注坤初爲不善消二成遯弑父弑君故千里之外違之況其迩者乎上繫首中孚陽之始也聖人愼其幾故以善不善言之下繫首咸陰之始也聖人知其化故以屈信往來言之言出乎身加乎民注震爲出爲言坤爲身爲民也行發乎迩見乎遠注震爲行坤爲迩乾爲遠兌爲見謂二發應五則千里之外故行發乎迩見乎遠也言行君子之樞機樞機之發榮辱之主也注震爲春門故爲樞又爲動故爲機陽息爲榮陰消

爲辱震爲主故榮辱之主言行君子之所以動天地也可不慎乎注巽以風動天震以雷動地艮爲慎故可不慎乎易曰正其始萬物理君子慎始差以毫釐繆以千里此之謂也疏二變至其室○君子謂陽中孚二失位變體復故君子謂復初復自坤來陰消剥上入坤剥艮爲居坤初巽爻陽復巽初巽陽隱室故居其室言微陽應卦中孚時也○復初至者乎○復之初震也故震爲出爲言復初元也元者善之長也故出其言善坤數十以下虞義也天九地十故坤數十震驚百里十之故千里巽反震故言外震雷巽風同聲相應故千里之外應之坤爲近故迩謂二變體坤而順於初故況其迩者乎○坤初至言之○文言曰積不善之家必有餘殃虞彼注云坤積不善故知坤初爲不善謂遘時也遘消二成遯艮子弑父至三成否坤臣弑君故千里之外違之況其迩者乎陽稱幾慎其幾謂隱惡而揚善辯之早也陰稱化知其化謂窮神知化德之盛也淮南齊俗曰唯聖人知其化高誘注云其化視陰入陽從

陽入陰唯聖人知之也○震爲至遠也○此虞義也陽自下升而臨坤故加乎民二發應五據中孚二五相應言言出乎身行言發乎迩者大戴禮曾子疾病篇曰言不遠身言之主也行不遠身行之本也是其義也○震爲至之主○鄭注云樞戶樞也機弩牙也震爲卯卯爲開門故爲樞鄭注大學曰機發動所由震爲動故爲機此荀義也荀以艮爲門今不用也乾陽息卦乾初積善有餘慶故陽息爲榮坤陰消卦坤初積不善有餘殃故陰消爲辱震主器故榮辱之主○巽以至謂也○巽爲風乾爲天巽伏乾初故以風動天震爲雷坤爲地震伏坤初故以雷動地此上虞義也虞唯以五體巽爲風動天今不用也呂氏春秋曰今室閉戶牖動天地一室也言一室脩德可以動天地中孚互艮艮爲愼故可不愼乎易曰以下十翼之逸文始謂初也正陽在下爲聖人故正其始萬物理陽息則正謂復初陰消則不正謂遘初故君子愼始毫氂謂纖介也不正在纖介之閒而違之在千里之外故云繆以千里也參同契述此義云君子居其室出其言善則千里之外應之謂萬乘之主處九重之位發號出令順陰陽節藏器俟時勿違卦月謹候日辰審察消息纖介不正悔吝爲賊二至改度乖錯

山東省立圖書館
SHANTUNG PROVINCIAL LIBRARY

委曲隆冬大暑盛夏霜雪二分縱横不應漏刻水旱相伐風雨不節蝗蟲湧沸羣異旁出言卦氣不效也董子亦云君人者國之元發言動作萬物之樞機樞機之發榮辱之端失之毫釐駟不及追故爲人君者謹本詳始敬小慎微皆發明此傳之義也

同人先號咷而後笑子曰君子之道或出或處或默或語**注**乾爲道爲君子故稱君子之道同人反師震爲出爲語坤爲默巽爲處故或出或處或默或語也

二人同心其利斷金**注**乾爲人二人謂二五坎爲心巽爲同故二人同心巽爲利乾爲金以离斷金故其利斷金

同心之言其臭如蘭**注**臭氣也蘭香草震爲言巽爲蘭离曰燥之故其臭如蘭二五同姓故言臭春秋傳曰辟諸草木吾臭味也

疏乾爲至語也○此虞義也同人卦辭曰利君子

貞注云君子謂二五二五得正乾爲道爲君子故云君子之道虞注同人云旁通師卦而稱反師者否泰反其類亦得言反也同人反師師震爲出爲語鬼谷子曰捭之者開也言也陽也闔之者閉也默也陰也故坤爲默二體巽爲處巽陽藏室故爲處也○乾爲至斷金○卦名同人同人體乾故乾爲人五正應二故二人謂二五坎爲心巽爲同二五同性同性則同德同德則同心故二人同心巽近利市故爲利乾爲金二體离以离火斷金故其利斷金此虞義也虞以二人爲夫婦震爲夫巽爲婦今不用也○臭氣至味也○說卦曰巽爲臭虞彼注云臭氣也風至知氣巽二入艮鼻故爲臭引此傳爲証故知臭氣指巽也詩溱洧曰方秉蕑兮毛傳云蕑蘭也陸璣疏云蕑卽蘭香草也荀子宥坐篇曰芷蘭生於深林非以无人而不芳故云蘭香草巽柔爻爲草又爲臭故爲蘭燥萬物者莫熯乎火离曰燥之芳臭發越故其臭如蘭此上虞義也同人天在上火炎上其性同故二五同姓春秋傳者襄二十二年傳文彼鄭公孫僑對晉君語晉鄭同姓故云辟諸草木吾臭味也同姓則同德同德合義異德合姓二五同姓合義不合姓故比諸臭味也

初六藉用白茅无咎注其

初難知陰又失正故獨舉初六子曰苟錯諸地而可矣

藉之用茅何咎之有慎之至也**注**苟或錯置也頤坤爲地故苟錯諸地初爲四藉與四易位故藉之用茅何咎之有頤艮爲慎坤爲至故慎之至也夫茅之爲物薄而

用可重也**注**陰道柔賤故薄香絜可貴故可重慎斯術

也以往其无所失矣**注**術道也乾爲道初往四下體成乾故慎斯術也以往得位故无所失矣**疏**○其初至初六○此虞義也

其初難知陰陽之微故難知六居初爲失位上繫七爻下繫十一爻獨此舉初六者言當辯之早也○苟或至至也○初在下故言地旁通頤頤坤爲地錯諸地則安故苟錯諸地而可矣此上虞義也初以柔藉四故初爲四藉初四失正與四易位則无咎故藉之用茅何咎之有頤艮爲慎坤爲至君子慎始初變之正故慎之至也

○陰道至可重○此虞義也陰爲柔爲賤故陰道柔賤用以藉四與四易位則可以薦鬼神羞王公故云香絜可貴也○術道至失矣○說文曰術邑中道也故云術道也艮爲愼初往居四四來居初則下體成乾故云愼斯術也以往陰陽得位故云其无所失矣勞嗛君子有終吉子曰勞而不伐有功而不置厚之至也注坎爲勞五多功置當爲德乾爲德以上之貴下居三賤故勞而不伐有功而不德艮爲厚坤爲至故厚之至也語以其功下人者也注震爲語五多功下居三故以其功下人者也德言盛禮言恭嗛也者致恭以存其位者也注乾爲盛德旁通履履者禮也嗛以制禮三從上來體坎坎折坤體故恭震爲言故德言盛禮言恭上无位知存而不知亡降之三得位

故致恭以存其位者也【疏】坎爲至至也○此虞鄭義也三互坎坎勞卦故爲勞上據五故五多功置古文德字從直心傳寫訛爲置故云置當爲德上本乾故乾爲德上九貴而无位三多凶貴賤之等故云以上之貴下居三賤三體艮艮爲厚應在坤坤爲至故厚之至也○震爲至者也○此虞義也三自上降故曰下人○乾爲至者也○乾三積善成德虞注下繫云盛德乾三故乾爲盛德嗛以制禮下繫文虞彼注云陰稱禮嗛三以一陽制五陰萬民服故以制禮鴻範曰貌曰恭三從上來互體坎坎折坤體磬折之容故云恭三互震爲言故德言盛禮言恭也乾上以陽居陰故无位陽爲存陰爲亡上知存而不知亡之三得位謂以陽居陽故致恭以存其位者也

亢龍有悔子曰貴而无位高而无民賢人在下位而无輔是以動而有悔也【注】義具文言傳

不出戶庭无咎子曰亂之所生也則言語以爲階【注】節本泰卦坤爲亂震爲生爲言語坤稱階故亂之所生則

言語爲之階也君不密則失臣臣不密則失身注泰乾爲君坤爲臣爲閉故稱密乾三之坤五君臣毀賊故君不密則失臣坤五之乾三坤體毀壞故臣不密則失身坤爲身也幾事不密則害成注幾初也二已變成坤坤爲事初不密動體剝故幾事不密初辭擬之卒成之終故害成也是以君子愼密而不出也注君子謂初二動坤爲密故君子愼密初利居貞故不出也疏節本至階也○此虞義也節泰三之五故云節本泰卦坤反君道故爲亂震春爲生震善鳴故爲言語坤土故爲階也○泰乾至身也○此虞義也乾以君之故乾爲君陰臣道故坤爲臣鄭注云密靜也坤靜也翕又爲闔户故爲閉退藏于密故爲密也三之五乾坤體壞故君臣毀賊五之乾坤體壞故失身坤躬爲身也○幾初至成也○鄭注云幾微

也幾者動之微故幾謂初二失位變互坤臣道知事故坤爲事初利居貞動體剝故幾事不密初辭擬之卒成之終坤爲害故害成此兼虞義也○君子至出也○此虞義也初得位故君子謂初二動互坤坤爲密艮爲愼故君子愼密初利居貞而應四故不出也子曰爲易者其知盜乎注爲易者謂文王否上之二成困三暴嫚以陰乘陽二變入宮爲萃五之二奪之成解坎爲盜故爲易者其知盜乎易曰負且乘致寇至負也者小人之事也注陰稱小人坤爲事以賤倍貴違禮悖義故小人之事也乘也者君子之器也注君子謂五器坤也坤爲大轝故乘君子之器小人而乘君子之器盜思奪之矣注小人謂三旣違禮倍五復乘其車五來之二成坎坎爲盜思奪之矣爲易者

其知盜乎此之謂也上嫚下暴盜思伐之矣注三倍五上嫚乾君而乘其器下暴于二二藏于坤五來寇三以离戈兵故稱伐之坎爲暴也嫚藏悔盜野容悔淫注坎心爲悔坤爲藏兑爲見故嫚藏三動成乾爲野坎水爲淫二變藏坤則五奪之故嫚藏悔盜野容悔淫易曰負且乘致寇至盜之招也注二藏坤時艮手招盜故盜之招疏爲易至盜乎○此虞義也釋解三爻辭故知爲易者謂文王虞注困卦曰否二之上故云否上之二成困困三不正上嫚於五下暴于二故三暴嫚困三傳曰據於蒺藜乘剛也故以陰乘陽經云入于其宮虞彼注云二動艮爲宮故二變入宮爲萃萃五之二奪三成解五之二體坎坎爲盜故爲易者其知盜乎案虞注萃卦云觀上之四注解卦云臨初之四今言萃自困來解自萃來者彼從四陰二陽之例此從爻例故也○陰稱

至事也○此虞義也下註云小人謂三此小人亦謂困三而云陰稱小人者以對下君子言陽稱君子故陰稱小人也負讀爲倍三以四艮倍五故云以賤倍貴賤倍貴猶下倍上故云違禮悖義小人之事也○君子至之器○五謂困五五得正稱君子坤形而下者故云器坤也坤爲大車三在坤上故乘君子之器○小人至謂也○此虞義也三失位故小人謂三三違事君之禮而倍五乾在坤上稱君子德車三乘其車非其人也五之二成解解二體坎坎爲盜爲思故盜思奪之矣五之二失正若然乘君子之器者盜也奪之者亦盜也故云爲易者其知盜乎此之謂也○三倍至暴也○此虞義也上謂五下謂二三倍五上嫚乾五之君而竊乘其器下乘剛而暴於二故上嫚下暴二變入宮體坤坤以藏之故藏於坤五之二寇三故云五來寇三解互离故以离戈兵聲罪致討故稱伐之三傳曰自我致戎虞氏謂以离兵伐三故轉寇言戎以成三惡坎盜故爲暴也○坎心至悔淫○此虞義也二體坎坎心爲悔困萃皆有兑象故兑爲見藏而見是嫚藏也野容鄭氏謂飾其容而見於外曰野謂婦人出无擁蔽猶野處也列女傳載華孟姬曰車奔姬墮使侍御者舒幃以自障蔽曰妾聞野處

則幃裳擁蔽所以正心一意自歛制也頌曰孟姬好禮執節甚公避嫌遠别終不野容是其義也三動成乾乾爲野坎爲欲爲水故云坎水爲淫二變藏坤則五來奪之奪之謂奪三三爲盜爲淫而爲五所奪故嫚藏悔盜野容悔淫王弼本野作治悔作誨非虞義也○二藏至之招○此虞義也二謂萃二二藏坤時四體艮艮爲手艮手招盜故盜之招也

周易述卷十五終

周易述卷十六

元和惠棟集注并疏

繫辭上傳

大衍之數五十其用四十有九【注】衍演也合天地之數演而用之故曰大衍書曰占用二衍貣衍數所以立卦天地之數五十有五五行也而五爲虚故大衍之數五十三才也太極元氣函三爲一故一不用其用四十有九三才五行備焉分而爲二以象兩【注】太極生兩儀故分而爲二以象兩掛一以象三【注】易有三才故掛一以象三揲之以四以象四時【注】易説文王推爻四乃術數故

揲之以四播五行於四時故以象四時歸奇於扐以象閏【注】奇所掛一筴扐所揲之餘不一則二不三則四也取奇以歸扐則以閏月定四時成歲故歸奇於扐以象閏五歲再閏故再扐而後掛【注】一掛兩揲兩扐爲五歲再閏再扐之後然後別起一掛故再阞而後掛【疏】衍演至備焉○此章言聖人創大衍四象以作八卦之事太元曰夫作者貴其有循而體自然聖人幽贊于神明而生蓍因創爲大衍四象之法以作八卦循四象以立卦皆體自然而不虛造也衍演鄭義也周語伯陽父曰夫水土演而民用也韋昭注云水土氣通爲演演則生物民得用之彼據傳文而云水土氣通其陰陽二氣之通亦得爲演衍演同物故云衍演也天地之數五十有五演而用之故曰大衍書曰占用二衍貣者尚書鴻範文鄭彼注云卦象多變故言衍貣下傳云十有八變而成卦故衍數所以立卦繫下云易之爲書也廣大悉備有天道

焉有地道焉有人道焉說卦曰立天之道曰陰與陽立地之道曰柔與剛立人之道曰仁與義故卦有三才大衍之數卽天地之數天地之數五十有五而大衍之數五十者明堂月令曰春其數八夏其數七秋其數九冬其數六中央土其數五一水二火三木四金五土水火木金得土而成故一二三四得五爲六七八九土生數五成數五五五五爲十故有地十故太元曰一六爲水二七爲火三八爲木四九爲金五五爲土天地之數五十有五而五在地十之中故大衍之數五十五爲虛也五五爲十而五爲虛故伏羲衍易數止五十五五爲十而十爲虛故箕子陳範數止于九易乾鑿度曰大衍之數五十日十辰十二星二十八凡五十京氏于此傳之注亦云五十者謂十日十二辰二十八宿據乾鑿度先師之法也星主斗三統歷曰日合于天統月合于地統斗合于人統故大衍之數五十三才也三統歷又曰太極元氣函三爲一一太極也京氏云其一不用者天之主氣將欲以虛來實故用四十九天之主氣謂北辰也故馬氏云北辰居位不動其餘四十九轉運而用但天地之數虛五而數可演大衍之數虛一而蓍可用虛者道之舍也故三統歷曰道據其一必知數備三才五行

者天有三才地有五行下傳云分而爲二以象兩掛一以象三是備有三才也揲之以四以象四時是備有五行也行數所以立卦故云三才五行備焉若然大衍合三才五行則兼有合義故干寶注云衍合也○太極至象兩○此馬義也兩儀天地以四十九筴分置左右兩手左象天右象地是象兩也○易有至象三○三才天地人掛猶縣也就兩儀之閒于天數之中分掛其一而配兩儀以象三才虞氏謂掛左手之小指若然則于右手之中掛其一于左手小指也○易說至四時○易說者乾鑿度文天有四時地有四方人有四德无非四也推爻之法亦以四求之故揲之以四揲五行於四時禮運文大衍五行之數播散水火木金土之氣于春夏秋冬之四時故播五行于四時謂分揲其蓍皆以四四爲數以象四時也○奇所至象閏○此虞義也奇與扐爲二事奇所掛之一也故云所掛一筴扐左右手四揲之餘也王制曰祭用數之扐又曰喪用三年之仂皆謂數之餘也故云所揲之餘既數兩手之筴則其四四之後必有零數或一或二或三或四故云不一則二不三則四也取所掛之一而歸之兩手所揲之餘故云取奇以歸扐以閏月定四時成歲堯典文素問曰日行一度月

行十三度而有奇焉故大小月三百六十五日而成歲積氣餘而盈閏矣立端於始表正於中推餘於終而天度畢故以閏月定四時成歲積餘分而成閏月故歸奇於扐以象閏也○一掛至後掛○凡前後閏相去大較三十二月在五歲之中此掛一揲四歸奇之法亦一變之閒凡一掛兩揲兩扐合爲五者故五歲再閏五者之中凡有再仂以象再閏然後置前掛扐之筴復以見存之筴分二掛一而爲第二變矣虞注參五以變曰五歲再閏再扐而後掛以成一爻之變蓋參其五而後成一爻也

天數五地數五五位相得而各有合

注 天數五謂一三五七九地數五謂二四六八十五位五行之位相得謂一得五爲六二得五爲七三得五爲八四得五爲九五得五爲十有合謂一與二合丁壬也三與十合甲己也五與六合戊癸也七與四合丙辛也九與八合乙庚也天數二十有五地數三

十凡天地之數五十有五此所以成變化而行鬼神也

注一三五七九故二十有五也二四六八十故三十也天二十有五地三十故五十有五也五五爲十故有地十而大衍之數五十故所以成變化而行鬼神也

疏天數至庚也○下傳云天一地二天三地四天五地六天七地八天九地十一三五七九奇也故天數五二四六八十偶也故地數五鄭氏曰天地之氣各有五行故五位謂五行之位此上虞義也昭八年春秋傳曰妃以五成皇侃以爲金木水火得土而成太元曰一六爲水二七爲火三八爲木四九爲金五五爲土又云一與六共宗二與七共朋三與八成友四與九同道五與五相守天地之數止有天五而云五五與五相守者五五十也故五得五爲十也春秋傳又曰火水妃也妃卽合也陰陽書有五行妃合之說甲乙木也丙丁火也戊己土也庚辛金也壬癸水也木克土土克水水克火火克金金克木火畏水以丁爲壬妃故一與二合丁壬也土畏木以己

爲甲妃故三與十合甲已也水畏土以癸爲戊妃故五與六合戊癸也金畏火以辛爲丙妃故七與四合丙辛也木畏金以乙爲庚妃故九與八合乙庚也其一與二三與十五與六七與四九與八相合之義則昭十七年春秋傳曰水火之牡也劉歆說云水以天一爲火二牡木以天三爲土十牡土以天五爲水六牡火以天七爲金四牡金以天九爲木八牡陽奇爲牡陰偶爲妃故曰水火之牡也又曰火水妃也是以鄭注鴻範星有好風星有好雨云中央土氣爲風東方木氣爲雨箕屬東方木木克土是土十爲木三妃尚妃之所好故箕星好風也西方金氣爲陰克東方木木八爲金九妃畢屬西方尚妃之所好故好雨推此而往南宮好暘北宮好燠中宮四季好寒是由己所克而得其妃從其妃之所好是天地五行相合之義也○一三至神也○一三五七九奇數之積二十有五二四六八十偶數之積三十也合天地之數故五十有五也此上虞義也太元曰五五爲土五五十也故有地十而五爲虛故大衍之數五十著數卦爻皆于此衍焉故所以成變化而行鬼神也乾之筴二百一十有六坤之筴百四十有四注陽爻之筴

三十有六乾六爻皆陽三六一百八十六六三十六合二百一十有六也陰爻之筴二十有四坤六爻皆陰二六一百二十四六二十四合一百四十有四也陽爻九合四時四九三十六陰爻六合二十四氣四六二十四是其義也凡三百有六十當期之日注易説二卦十二爻而期一歲故云當期之日又云歷以三百六十五日四分度之一爲一歲易以三百六十析當期之日此律歷數也五歲再閏故再扐而後掛以應律歷之數二篇之筴萬有一千五百二十當萬物之數也注二篇上下經共六十四卦三百八十四爻陰陽各半陽爻一百九

十二一爻三十六策合六千九百一十二策陰爻一百九十二一爻二十四策合四千六百八策故二篇之策萬一千五百二十易以類萬物之情故當萬物之數也

疏 陽爻至義也○此荀義也蓋據乾坤九六之策云爾其七八之數亦然四七二十八六爻一百六十有八四八三十二六爻一百九十有二三十六合二十四六十也二十八合三十二亦六十也二百一十有六百四十有四凡三百有六十當期之日百六十有八百九十有二凡三百有六十亦當期之日二篇之策萬一千五百二十七八之數四七二十有八凡一百九十二爻爲五千三百七十六策四八三十有二凡一百九十二爻爲六千一百四十四策二篇之策合之亦萬有一千五百二十當萬物之數言九六而七八舉矣○易說至之數○皆乾鑿度文二卦十二爻而期一歲卽上乾坤之策也其消息之月亦十二爻而期一歲歷以三百六十五日四分度之一爲一歲易以三百六十析當期之日舉大數而言而揲蓍之法有扐數以象閏故五歲再閏

故再扐而後掛也消息則以七分爲閏餘矣○二篇至數也○乾鑿度孔子曰陽三陰四位之正也故易卦六十四分而爲上下陽道純而奇故上篇三十陰道不純而偶故下篇三十四乾坤者陰陽之本始故爲上篇之始坎离終始萬物故爲上篇之終也咸恒者男女之始故爲下篇之始既濟未濟爲最終是上下二篇文王所定故知二篇爲上下經也繫下云庖犧始作八卦以類萬物之情九家注云六十四卦凡有萬一千五百二十筴筴類一物故曰類萬物之情說苑孔子曰察變之動莫著於五星天之五星運氣於五行其初猶發於陰陽而化極于萬一千五百二十蓋萬物之精上爲列星故天有萬一千五百二十星地有萬一千五百二十物聖人仰觀俯察幽贊于神明而生蓍觀變于陰陽而立卦發揮於剛柔而生爻故卦爻之筴亦萬有一千五百二十乾元萬物資始坤元萬物資生乾爲天坤爲地艮爲人艮主星星主斗斗合于人統三才之義天之五星運氣於五行而化極于萬一千五百二十大衍之數五十三才五行之合得有此數也

是故四營而成易

注 四營謂分二掛一揲四歸奇也易變而爲一故

四營而成易謂成一變也言易者象氣變十有八變而成卦八卦而小成【注】一變而爲七七變而爲九九者氣變之究乃復變而爲一則三揲蓍而成一爻也六爻三變十有八變具而成卦八卦而小成則觀變于陰陽而立卦也引而信之觸類而長之【注】引謂庖犧引信三才兼而兩之爲六畫觸動也謂六畫以成六十四卦故引而信之觸類而長之則發揮于剛柔而生爻也天下之能事畢矣【注】觸長爻策至萬一千五百二十聖人成能故天下之能事畢矣顯道神德行是故可與酬酢可與右神矣【注】道大極也分爲兩儀故顯道德行人也列爲

三才故神德行酬酢往來也變而爲四時故可與酬酢神謂天神大一也助天神變化故可與右神矣子曰知變化之道者其知神之所爲乎【注】在陽稱變乾二之坤在陰稱化坤五之乾陰陽不測之謂神知變化之道者故知神之所爲諸儒皆上子曰爲章首而荀馬又從之甚非者矣【疏】四營至氣變○陸績曰分而爲二以象兩一營也掛一以象三二營也揲之以四以象四時三營也歸奇于扐以象閏四營也易變而爲一乾鑿度文易有太易有太初有太始有太素易變而爲一當太初時易无形畔太易者未見氣太初者氣之始寒温始生故云易也三變成爻四營者止一變耳而云易者易本乎氣故不言變而言易象天地之始故云象氣變也若鄭氏之義以文王推爻四乃術數則以四營爲七八九六單則七也坼則八也重則九也交則六也四營而成由是而生四七四八四九四六之數如是備

爲一爻七八九六皆三變而成故十有八變而成卦八卦而小成也○一變至卦也○一變而爲七七變而爲九九者氣變之究乃復變而爲一者皆乾鑿度文物有始有壯有究一始也七壯也九究也一七九三氣相承太極元氣函三爲一故乃復變而爲一則三揲蓍而成一爻也六爻三變已下虞義也乾鑿度曰三畫而成乾乾坤相並俱生鄭彼注云夫陽則言乾成陰則言坤成可知謂乾坤各三爻故云六爻三六十八故十有八變而成卦乾坤與六子俱名八卦而小成謂天三爻故云小成也陽變成震坎艮陰變成巽離兌故云觀變于陰陽而立卦也○引謂至爻也○此虞義也上云十有八變而成卦八卦而小成止據三才庖犧引信三才謂兼三才而兩之乾坤各三爻而成六畫之數是重卦之義觸動謂六爻變動以成六十四卦故引而信之觸類而長之也發動揮變變剛生柔爻變柔生剛爻以三爲六是發揮于剛柔而生爻也○觸長至畢矣○此陸績義也陸氏謂引信八卦重爲六十四則有三百八十四爻故云觸長爻筴至萬一千五百二十天地設位聖人成能故天下之能事畢矣言易義已備也○道大至神矣○太極一也道據其一故道謂太極也一尚微太極生

兩儀剖判分離故顯也虞注引下傳云默而成不言而信存乎德行易簡之善配至德故云德行人也掛一以象三列爲三才神而明之存乎其人故神德行也九家曰陽往曰酬陰來曰酢故曰酬酢往來也此申易四象之義不言閏者從可知也神謂天神太一者天之主氣卽其一不用者是也右助也言易四象之作能右太一之神而助其變化故可與右神矣右荀作侑謂如祭祀而侑神也○在陽至者矣○此虞義也子曰已下孔子歎美大衍四象之作也陽變之坤五故云在陽稱變乾二之坤陰化降乾二故云在陰稱化坤五之乾一陰一陽變化无窮故不測說卦曰神也者妙萬物而爲言者也又曰然後能變化旣成萬物也變化神也故云知變化之道者其知神之所爲乎先儒以此爲下章之首荀馬皆然故虞氏駁之案虞別傳云仲翔奏上易注曰經之大者莫過於易自漢初以來其讀易者解之率少至孝靈之際穎川荀諝號爲知易臣得其注有愈俗儒至所謂西南得朋東北喪朋顛倒反覆了不可知孔子歎易曰知變化之道其知神之所爲乎以美大衍四象之作而上爲章首尤可怪笑又南郡太守馬融名有俊才其所解復不及諝孔子曰可與共學未可與適道豈不

其然是其事矣爽一名諝

易有聖人之道四焉以言者尚其辭注聖人之情見乎辭繫辭焉以盡言也動者尚其變注謂爻之變儀之而後動故尚其變制器者尚其象注十二蓋取之類是卜筮者尚其占注乾蓍稱筮動离爲龜龜稱卜動則玩其占故尚其占是故君子將有爲也將有行也問焉而以言注有爲謂建侯有行謂行師凡應九筮之法則筮之謂問於蓍龜以言其吉凶爻象動内吉凶見外蓍德圓神卦德方知故史擬神知以斷吉凶也其受命也如嚮注不言善應故受命如嚮无有遠近幽深遂知來物注遠

謂天近謂地幽謂陰深謂陽神以知來故遂知來物謂幽贊神明而生蓍也非天下之至精其孰能與於此注至精謂乾純粹精也參五以變錯綜其數注逆上曰錯綜理也謂五歲再閏再扐而後掛以成一爻之變而倚六畫之數卦從下升故錯綜其數則參天兩地而倚數也通其變遂成天地之文注變而通之觀變陰陽始立卦乾坤相親故成天地之文物相襍故曰文極其數遂定天下之象注數謂六畫之數六爻之動三極之道故定天下吉凶之象也非天下之至變其孰能與於此注謂參五以變故能成六爻之義六爻之義易以工也易

无思也无爲也注天下何思何慮同歸而殊塗一致而百慮故无所爲謂其靜也專寂然不動注謂隱藏坤初機息矣專故不動者也感而遂通天下之故注感動也以陽變陰通天下之故謂發揮剛柔而生爻者也非天下之至神其孰能與於此注至神謂易隱初入微知幾其神乎夫易聖人之所以極深而揅機也注極深謂幽贊神明機當爲幾幾微也揅幾謂參五以成一爻之變也唯深也故能通天下之志注无有遠近幽深遂知來物故通天下之志謂著也唯機也故能成天下之務注務事也謂易揅幾開物故成天下之務謂卦者也唯神也

故不疾而速不行而至【注】神謂易也謂日月斗在天日行一度月行十三度從天西轉故不疾而速星寂然不動隨天右周感而遂通故不行而至者也子曰易有聖人之道四焉者此之謂也【疏】聖人至言也○此虞義也太元曰辭以睹乎情故聖人之情見乎辭繫辭謂彖象九六之辭書不盡言故繫辭焉以盡其言儗之而後言故尚其辭也○謂爻至其變○此陸績義也動謂爻也爻者言乎變者故變謂爻之變以易爲度先于此儀之而後舉事則動无不中是儀之而後動故尚其變也○十二至類是○荀氏謂結繩爲罔罟蓋取諸离乃指十二蓋取爲言是尚其象也○乾蓍至其占○此虞義也白虎通引禮襍記曰蓍陽之老也蓍數百乾爲百蓍所以筮者故乾蓍爲筮乾五動體离离爲龜龜所以卜故龜稱卜占事知來動則翫其占故尚其占也○有爲至凶也○此虞義也屯豫諸卦皆云利建侯故有爲謂建侯卦有師謙豫諸卦皆有行師之象故有行謂行師周禮春官筮人掌三易以辨

九筮之名一曰筮更二曰筮咸三曰筮式四曰筮目五曰筮易六曰筮比七曰筮祠八曰筮參九曰筮環故云凡應九筮之法則筮之謂應此九筮則加之筮也上云卜筮故謂問于蓍龜言謂吉凶之辭故云以言其吉凶内謂初外謂上陽象動内則吉見外陰爻動内則凶見外故云爻象動内吉凶見外蓍德圓神卦德方知此節專言蓍而兼及卦者以卦由蓍而成也史謂筮史筮史擬蓍卦之神知以斷吉凶也○不言至如嚮○此虞義也命謂命蓍命龜之辭蓍龜不言而示諸占兆故云不言善應虞氏謂不疾而速不行而至故受命如嚮也○遠謂至蓍也○此虞義也乾爲遠故遠謂天坤爲近故近謂地幽謂坤深謂乾釋言曰幽深也幽深同訓以屬坤者爲幽屬乾者爲深故幽謂陰深謂陽也不言乾坤而言天地陰陽者謂幽贊神明而生蓍之時未有乾坤之象也物謂乾乾神知來故遂知來物此爲下蓍之德張本故云幽贊神明而生蓍也○至精至精也○此虞義也繫下云定天下之吉凶成天下之娓娓者莫善乎蓍龜太元曰抽天下之蔓蔓散天下之混混者非至精其孰能之故云非天下之至精其孰能與於此乾爲蓍乾伏坤初精微而无形故云至精謂乾純粹精也○逆

上至數也○此虞義也上下爲順下上爲逆故曰逆上稱錯易以順性命之理八卦而小成卽有陰陽剛柔仁義之分故曰綜理也參讀爲三一掛兩揲兩扐爲五歲再閏再扐而後掛凡三變而成一爻言三其五以成一爻之變也分天象爲三才以地兩之故云而倚六畫之數易氣從下生以下爻爲始故云卦從下升乾鑿度曰易始于一分于二通于三口于四盛于五終于上是從下升故錯綜其數錯爲六畫綜爲三才六畫數之所倚故云則參天兩地而倚數者也口于四于上闕或作壯于四○變而至曰文○此虞義也化而裁之謂之變推而行之謂之通通其變謂變而通之也卦謂八卦陽變成震坎艮陰變成巽离兑故觀變陰陽始立卦也純乾純坤之時未有文章乾坤相親故成天地之文陰陽錯居稱襍陽物入坤陰物入乾更相襍成六十四卦乃有文章故曰文也○數謂至象也○此虞義也數卽參兩所倚之數故云六畫之數六爻兼三才而兩之者故云三極之道八卦定吉凶故定天下吉凶之象也○謂參至工也○此虞義也六畫稱爻爻從變始參其五以成一爻之變參重三才故能成六爻之義引而信之觸類而長之則變之至者也六爻之義易以工工讀爲功義

見下也○天下至也專○此虞義也天下何思何慮同歸而殊塗一致而百慮者皆下繫文何思何慮謂乾伏坤初時塗雖殊其歸則同故曰同歸而殊塗慮雖百其致則一故一致而百慮荀子天論篇曰大巧在所不爲大智在所不慮故无思也无爲也乾伏坤初藏神无内故其靜也專○謂隱至者也○此虞義也乾隱藏坤初佼易立節寂然无爲之時故其機息矣其靜也專故不動者也○感動至者也○此虞義也乾鑿度曰虛无感動鄭氏謂惟虛无也故能感天下之動乾出坤初以陽變陰清淨炤哲故能通天下之故發動也揮變也變剛生柔爻變柔生剛爻以三爲六則發揮剛柔而生爻者也○至神至神乎○此虞義也易隱初入微謂无思无爲時也乾初稱幾幾者動之微君子知微故知幾其神也○極深至變也○極深謂幽贊神明虞義也繫下云精義入神姚信注云陰陽在初深不可測故謂之神陰陽在初故曰深幽贊神明極深之義也機當爲幾鄭義也古文作機鄭讀爲幾幾謂初爻初爻尚微故曰幾微也聖人參五以成一爻之變是揅幾之義也○无有至著也○此虞義也聖人幽贊于神明而生著著之德圓而神神以知來故无有遠近幽深遂知來物此承上至

變以起下蓍之德也○務事至者也○務事謂事業以
陽闢坤是擘幾開物以陰翕乾故能成天下之務卦之
德方以知故云謂卦者也○神謂至者也○此虞義也
乾鑿度曰易者以言其德也藏神无內天下之至神卽
无思无爲之易也故云神謂易也易有天道焉有地道
焉有人道焉日合于天統月合于地統斗合于人統六
爻之動三極之道故日月斗以言神之用也賈逵論歷
曰五紀論日月循黃道南至牽牛北至東井率日日行
一度月行十三度十九分度七也周書武順曰天道尚
左日月西移故從天西轉續漢書律歷志曰天之動也
一晝一夜而運過周日之所行與運周日月相推日舒
月速案漢法天一日一夜過周一度日亦一日一夜起
度端終度端月又速于日故不疾而速也星寂然不動
謂斗也太元曰斗振天而進范望注云振動也斗衡隨
天左回故言進又曰斗之南左行而右還故隨天右周
也漢書天文志曰斗爲帝車運于中央臨制四海分陰
陽建四時均五行移節度定諸紀皆
繫於斗故感而遂通不行而至也

天一地二天三地四天五地六天七地八天九地十【注】一

二三四得五爲六七八九十者二五也五爲虛故大衍之數五十聖人用蓍之數以作八卦蓍爲七卦爲八爻爲九六九六與七八相應二者合三十而天地之數畢矣子曰夫易何爲者也【注】問易何爲取天地之數也開物成務冒天下之道如斯而已者也【注】以陽辟陰謂之開物以陰脅乾謂之成務冒觸也觸類而長之如此也是故聖人以通天下之志【注】聖人謂庖犧開物故以通天下之志以定天下之業【注】成務故以定天下之業以斷天下之疑【注】三百八十四爻冒天下之道觸類而長之故以斷天下之疑是故蓍之德圓而神【注】蓍數七七

七四十九乾爲蓍爲圓爲神故蓍之德圓而神所以通天下之志也卦之德方以知注卦數八八八六十四坤爲方爲知故卦之德方以知所以定天下之業也六爻之義易以工注六爻九六相變工讀爲功功業見乎變故六爻之義易以工所以斷天下之疑也聖人以此先心退藏於密吉凶與民同患注以蓍神知來故先心陽動入巽巽爲退伏坤爲閉戸故藏密謂齊於巽以神明其德陽吉陰凶坤爲民故吉凶與民同患神以知來知以藏往注乾神知來坤知藏往來謂先心往謂藏密也其孰能與此哉注謂誰能爲此哉謂古之聰明睿知之

君也古之聰明睿知神武而不殺者夫注謂大人也庖犧在乾五動而之坤與天地合聰明在坎爲聰在离爲明神武謂乾睿知謂坤乾坤坎离反復不衰故而不殺者夫是以明於天之道而察於民之故注乾五之坤以离日照天故明天之道以坎月照坤故察民之故是興神物以前民用注震爲興乾爲神物坤爲民用神物謂蓍龜爲萬物先故前民用聖人以此齊戒以神明其德夫注巽爲齊乾爲神明爲德聖人幽贊於神明而生蓍故以此齊戒以神明其德夫是故盍戶謂之坤辟戶謂之乾注盍閉翕也謂從巽之坤坤柔象夜故以閉戶辟

開也謂震之乾乾剛象晝故以開户一盍一辟謂之變注陽變盍陰陰變辟陽剛柔相推而生變化也往來不窮謂之通注十二消息陰陽往來无窮巳推而行之故謂之通也見乃謂之象形乃謂之器注在天成象天垂象見吉凶故見乃謂之象在地成形形而下者謂之器故形乃謂之器制而用之謂之法注陽道制命陰道致用故制而用之爻法之謂坤故謂之法利用出入民咸用之謂之神注乾爲利坤爲用出乾入坤故利用出入坤爲民乾爲神乾伏坤中息震消巽鼓之舞之故謂之神也疏一二至畢矣○水火木金得土而成故一二三四得五爲六七八九土生數五成數五二五爲

十故有地十十者二五也天地之數五十有五而天五
爲虛故大衍之數止有五十五十又虛一聖人用以作
八卦七七四十九故蓍爲七八八六十四故卦爲八六
十四卦有三百八十四爻九六相變故爻爲九六九六
者十五也七與八亦合于十五故九六與七八相應合
二者爲三十五六三十三統歷所云十一而天地之數
畢是也天地之數盡于七八九六易之所取以此故先
陳此數下傳乃發問也○問易至數也○此虞義也上
陳天地之數蓋欲明七八九六取法于天地而先發問
以起義故云問易何爲取天地之數也○以陽至此也
○此虞義也○乾爲物其動也闢以陽闢陰故謂之開
物務事也坤爲事其靜也翕以陰翕乾故謂之成務周
語曰宜觸冒人故云冒觸也觸動也觸類而長之以成
六十四卦天下之能事畢矣故如斯而已者也○聖人
至之疑○此言庖犧創立用蓍之法以立卦生爻故知
聖人謂庖犧上云通天下之志注云謂蓍也成天下之
務注云謂卦者也聖人幽贊于神明而生蓍是開物之
義故云開物謂通天下之志也八卦定吉凶吉凶生大
業故成務謂定天下之業三百八十四爻皆觸類而成
冒與觸同義觸類而長之發揮于剛柔而生爻故以斷

天下之疑也○蓍數至志也○大衍之數五十其用四十有九故蓍數七七四十九也乾爲百蓍數百故爲蓍天道曰圓故曰圓下云神以知來故蓍之德圓而神也鄭氏謂蓍形圓可以主變化之數故謂之神也○卦數至業也○四營而成易十有八變而成卦八卦而小成故卦數八八六十四也陽三陰四陰開爲方故坤爲方下云知以藏往故卦之德方以知鬼谷子曰未見形圓以道之既形方以事之是圓與方之義也○六爻至疑也○蓍七卦八爻者言乎變者也故云六爻九六相變謂陽變七之九陰變八之六陰陽相易故相變也周禮肆師云凡師不功則助牽主車鄭彼注云故書功爲工鄭司農云工讀爲功古者工與功同字陰陽相變功業乃成故六爻之義易以工也韓伯俗本作貢○以蓍至同患○此虞義也此聖人亦謂庖犧祭義曰昔者聖人建陰陽天地之情立以爲易易抱龜南面天子卷冕北面雖有明知之心必進斷其志焉示不敢專以尊天也是聖人以此先心之義下云神以知來故云以蓍神知來也先王肅韓伯讀爲洗謂洗濯萬物之心尋古洗濯字皆作洒无作洗者蔡邕石經及京荀虞董遇張璠蜀才並作先心當從之陽動入巽謂乾初入陰襍卦

曰兌見而巽伏巽象退辛故爲退伏盍戶之謂坤故坤爲閉戶伏閉者藏密之象也巽爲齊巽陽藏室神明在內故齊于巽以神明其德也乾陽爲吉坤陰爲凶聖人先知吉凶興利遠害故與民同患也○乾神至密也○此虞義也著之德圓而神故乾神知來卦之德方以知故坤知藏往聖人取此七八九六天地之數知來而藏往以此先心故來謂先心退藏于密故往謂藏密易之例以未來者屬乾已往者屬坤也○謂誰至君也○此虞義也孰誰也○謂大至者夫○此虞義也大人謂九五之大人也文王書經繫庖犧于九五故庖犧在乾五聖人心通乎造化故動而之坤乾爲天坤爲地故與天地合聰明也乾動之坤成大有大有坎爲聰大有通比比离爲明乾爲神乾陽剛武故神武謂乾說文曰叡深明也古文作睿陽伏坤下深不可測乾鑿度以中央爲知故睿知謂坤殺讀爲衰士冠禮曰以官爵人德之殺也鄭彼注云殺猶衰也卦有反復如泰反爲否否反爲泰故襍卦云否泰反其類也乾坤坎离反復不衰謂反復皆此卦也荀子王制篇曰以類行襍以一行萬始則終終則始若環之無端也舍是而天下以衰矣又成相篇曰精神相反一而不二爲聖人皆反復不衰之義也

故而不殺者夫陸績韓伯讀殺如字失其義矣先儒馬鄭王肅干寶皆讀所戒反也○乾五至之故○此虞義也乾爲天道乾五之坤成坎坤五之乾成离以离日照天故明天之道坤爲民以坎月照坤故察民之故繫下曰又明于憂患與故虞彼注云知以藏往故知事故是其義也○震爲至民用○興起也震起故爲興乾爲神爲物故爲神物坤爲民爲用故爲民用下傳云天生神物亦謂蓍龜故神物謂蓍龜管子曰能存能亡者蓍龜與龍也爲萬物先爲禍福正爲萬物先故前民用也○巽爲至德夫○説卦曰齊乎巽故巽爲齊乾爲神爲大明故爲神明聖人興神物以前民用創卜筮之法以通神明之德是幽贊于神明之事也○盍閉至開戶○此虞義也此下至往來不窮謂之通皆據消息言也月令孟冬之月閉塞而成冬坤其靜也翕故云盍閉翕也從巽之坤謂從午至亥也剛柔者晝夜之道故坤柔象夜閉戶之義也坤其動也辟故云辟開也從震之乾謂從子至巳也乾剛爲晝故象晝開戶之義也○陽變至化也○此虞義也陽變爲陰故盍陰陰變爲陽故辟陽剛推柔生變柔推剛生化故剛柔相推而生變化也○十二至通也○此虞義也復臨泰大壯夬乾陽息之卦遘

遂否觀剥坤陰消之卦是爲十二消息卽乾坤十二畫也否大往小來泰小往大來故陰陽往來无窮已一往一來推而行之故謂之通也○在天至之器○天有八卦之象故在天成象天垂象見吉凶故見乃謂之象地有八卦之形故在地成形地形而下者坤爲器故形乃謂之器也○陽道至之法○陽道制命董子繁露文陽剛故制命坤爲用故陰道致用制而用之爻法之謂坤效三才爲六畫法象莫大乎天地故謂之法也○乾爲至神也○乾以美利利天下故爲利出乾爲復時入坤爲遘時也民咸用之者坤也乾伏坤中神在中也陽息震爲鼓陰消巽爲舞鼓之舞之不見其事而見其功故謂之神也

是故易有大極是生兩儀注大極大一也分爲天地故生兩儀儀匹也陰陽氣交人生其中三才具焉**兩儀生四象**注四象謂分二掛一揲四歸奇也兩儀爲四象之一而云生四象者四象由分二而生也言四象故不言掛一歸奇也一說四

象七八九六也鄭氏謂布六于北方以象水布七于南方以象火布八于東方以象木布九于西方以象金四營而成由是而生四六四七四八四九之數大衍之數五十三才五行之合也舉兩儀而三才在其中舉四象而土在其中四象生八卦注四營而成易十有八變而成卦是生八卦而小成也八卦定吉凶注引信三才通爲六十四卦觸類而長之陽生則吉陰殺則凶定之以吉凶所以斷也吉凶生大業注一消一息萬物豐殖富有之謂大業唐虞秩宗周代大宗伯掌天神人鬼地示之禮吉爲先凶次之賓軍嘉諸禮次第布之謂之大業

也是故法象莫大乎天地注法象乾坤也仰觀象于天俯觀法于地故法象莫大乎天地也變通莫大乎四時注變通配四時故莫大乎四時唐虞三代建官法天地四時順時行令其政詳於明堂月令縣象著明莫大乎日月注謂日月縣天成八卦象三日暮震象出庚八日兌象見丁十五日乾象盈甲十七日旦巽象退辛二十三日艮象消丙三十日坤象滅乙晦夕朔旦坎象流戊日中則離離象就已戊已土位象見于中日月相推而明生焉故縣象著明莫大乎日月王者向明而治縣六官之象于象魏重明麗正化成天下是其事矣崇高莫

大乎富貴注乾正位于五五貴坤富以乾通坤故高大富貴也中庸說雖有其德苟无其位不敢作禮樂焉鄭氏謂作禮樂者必聖人在天子之位故富貴稱大也備物致用立成器以爲天下利莫大乎聖人注神農黃帝堯舜也民多否閉取乾之坤謂之備物以坤之乾謂之致用乾爲物坤爲器用否四之初耕稼之利否五之初市井之利否二之四舟檝之利否上之初牛馬之利謂十二蓋取以利天下聖人作而萬物覩故莫大乎聖人也探嘖索隱鉤深致遠以定天下之吉凶成天下之娓娓者莫善乎蓍龜注探取也嘖初也初隱未見故探嘖

索隱則幽贊于神明而生蓍初深故曰鉤深致遠謂乾乾生知吉坤殺知凶故定天下之吉凶娓娓者陰陽之微能存能亡乾爲蓍离爲龜月生震初故成天下之娓娓者莫善乎蓍龜陰陽之微乾坤之元故稱善也是故天生神物聖人則之注神物謂蓍龜蓍龜定天下之吉凶成天下之娓娓者聖人則之知存知亡而不失其正也天地變化聖人效之注春夏爲變秋冬爲化聖人南面而聽天下順時布令是效天地之變化天垂象見吉凶聖人象之注天有八卦之象乾象盈甲是吉也坤象喪乙是凶也見乃謂之象故見吉凶乾爲德坤爲刑聖

人在上象天制作故云聖人象之也河出圖洛出書聖人則之【注】天不愛其道故河出圖地不愛其寶故洛出書聖人則之體信以達順遂致太平也易有四象所以示也【注】覆述大衍四象也四象生八卦卦者掛也掛示萬物故所以示也繫辭焉所以告也【注】繫彖象之辭八卦以象告故所以告也定之以吉凶所以斷也【注】繫辭焉以斷其吉凶八卦定吉凶以斷天下之疑也易曰自天右之吉无不利子曰右者助也【注】大有兌爲口口助稱右天之所助者順也【注】乾爲天比坤爲順人之所助者信也【注】乾爲人爲信履信思乎順有以尚賢也【注】五

履信應二故思乎順賢謂三乾爲賢人三享于天子禮行之宗廟故以尚賢是以自天右之吉无不利也【注】聖人明天道察民故獲天人之助故吉无不利也【疏】太極至具焉○太極太一者馬氏云易有太極謂北辰也乾鑿度曰大一取七八九六之數以行九宮鄭彼注云太一者北辰之神名也居其所曰太一主氣之神京氏注大衍之數云其一不用者天之主氣將欲以虛來實故用四十九禮運曰夫禮必本于太一分而爲天地呂氏春秋曰太一出兩儀太一者極大曰太未分曰一太極者極中也未分曰一故謂之太一未發爲中故謂之太極在人爲皇極其實一也兩儀天地也分而爲天地故生兩儀此上虞義也儀匹也釋詁文天地相匹故稱兩儀乾鑿度曰易始于一分于二通于三鄭氏謂陰陽氣交人生其中故爲三才太極函三爲一相並俱生故太極生兩儀三才具焉卽上傳所云分而爲二以象兩掛一以象三義具下也○四象至其中○四象謂大衍四象分而爲二以象兩掛一以象三揲之以四以象四時歸奇

于扐以象閏故謂之四象也兩儀爲四象之一則在四象之中而云生四象者由分二而生此四象故云兩儀生四象也掛一歸奇在四象之中言四象故不言掛一歸奇也一說四象七八九六也者此先儒之說也鄭氏已下言揲蓍之法六在北方象水故布六于北方以象水七在南方象火故布七于南方以象火八在東方象木故布八于東方以象木九在西方象金故布九于西方以象金文王推爻四乃術數故四營而成由是而生四六四七四八四九之數四六二十四爻也四七二十八單也四八三十二圻也四九三十六重也鄭氏以交單圻重爲四象爲少異也太衍揲蓍之法中函三才五行故云三才五行之合義見上也此言兩儀而不言三才言四象水火木金而不言土太極函有三五故云舉兩儀而三才在其中舉四象而土在其中也○四營至成也○分二掛一揲四歸奇爲四象經此四者而成一變故四營而成易三揲蓍而成一爻六爻三變十有八變而成卦乾坤與六子俱名八卦而小成是四象生八卦若鄭氏之義四營爲七八九六四營而成一爻七八九六皆三變而成故十有八變而成卦八卦而小成也○引信至斷也○三才八卦之象引而信之故引信三

才八八六十四故通爲六十四卦觸長爻筴至三百八
十四爻故觸類而長之陽生則趨于吉陰殺則趨于凶
定之以吉凶以斷天下之疑故所以斷也○一消至業
也○乾息爲吉坤消爲凶春夏生物秋冬成物故一消
一息萬物豐殖消息盈虛无所不備故云富有之謂大
業此上荀義也臯陶謨曰有能典朕三禮張衡云三禮
天地人之禮也鄭六藝論云唐虞有三禮至周分爲五
禮若然唐虞止有三禮无五禮之名故鄭注堯典脩五
禮云公侯伯子男之禮其吉凶賓軍嘉之禮則始于周
唐虞三禮秩宗掌之周之五禮大宗伯掌之故云唐虞
秩宗周代大宗伯掌天神人鬼地示之禮其五禮之次
首吉禮次凶禮次賓禮次軍禮次嘉禮故云吉爲先凶
次之賓軍嘉諸禮次第布之也安上治民莫善于禮故
謂之大業蓋八卦定吉凶之後備有六十四卦三百八
十四爻之義故上傳云聖人有以見天下之動而觀其
會通以行其等禮繫辭以斷其吉凶是故謂之爻彼文
行等禮此言生大業其義一也○法象至地也○成象
之謂乾爻法之謂坤故云法象乾坤也乾爲天坤爲地
天有八卦之象故仰觀象于天地有八卦之形故俯觀
法于地庖犧作八卦先觀法象故云法象莫大乎天地

也○變通至月令○變通趨時故配四時荀氏謂四時相變終而復始故莫大乎四時也唐虞建官羲和掌天地仲叔巳下掌四時四時之官分宅四方謂之四岳位在稷契之上堯舜求禪命官則咨之周官六篇亦分天地四時夏書甘誓乃名六卿曲禮載殷之官制曰天子建天官先六大次五官次六府六大司天五官司地六府主四時故知唐虞三代建官法天地四時也順時行令月令之事行之明堂故云其政詳于明堂月令此承上吉凶生大業而言故歷引唐虞三代之法以明之也○謂日至事矣○日月之晦朔弦望有八卦象故謂日月縣天成八卦象三日震象出庚八日兌象見丁十五日乾象盈甲皆在暮也十七日巽象退辛二十三日艮象消丙三十日坤象滅乙皆在旦也二十九日三十日爲晦夕一日爲朔旦晝爲日中故坎象盈戊离象就巳戊巳中央土故象見于中參同契所謂晦朔之閒合符行中此天地襍保太和日月戰陰陽合德之時也明兩作日月相推而明生故縣象著明莫大乎日月此上虞義也庖犧畫八卦以贊化育其道在明堂月令說卦言之詳矣离爲明堂故王者向明而治周禮太宰云正月之吉始和布治于邦國都鄙乃縣治象之法于象魏使

萬民觀治象浹日而歛之六官皆縣象故云六官之象
先鄭司農云象魏闕也坎月离日二五正中故重明麗
正成既濟定天地位萬物育故化成天下是縣象著明
取義于日月故云是其事矣○乾正至大也○五乾也
故乾正位于五五天位坤爲富故五貴坤富以五之貴
據坤之富以乾通坤故莫大乎富貴此上虞義也中庸
言雖有其德苟无其位不敢作禮樂者乾元爲天德乾
五爲天位有天德而居天位所謂聖人在天子之位然
後可以制禮作樂成既濟定故富貴稱大中庸言大德
必得其位必得其祿荀子亦言仁之所亡無富貴是直
以富貴屬諸聖人故云大也○神農至人也○此虞義
也庖犧始作八卦神農黃帝堯舜繼作皆有既濟之功
故知聖人謂神農巳下也中古之世未知興利遠害不
行禮義故民多否閉謂其象爲否天地不交也乾爲物
取乾之坤故謂之備物坤爲用以坤之乾故謂之致用
牛馬爲物故乾爲物耒耨舟檝爲器故坤爲器益否四
之初利用大作故云耕稼之利噬嗑否五之初日中爲
市故云市井之利風俗通曰謹案古者二十畝爲一井
因爲市交易故稱市井也渙否二之四挎木爲舟掞木
爲檝故云舟檝之利隨否上之初服牛乘馬故云牛馬

之利十二蓋取謂自离已下凡十二也耕稼市井舟檝牛馬皆利天下之事故云以利天下神農已下聖人皆有制作聖人作而萬物覩天下之所利見故莫大乎聖人中庸所謂雖有其位苟无其德不敢作禮樂聖人有其德故稱大也○探取至善也○此虞荀義也探取釋詁文嘖初謂乾初也索亦取也初情未動隱而未見故探嘖索隱則幽贊于神明而生蓍乾爲神明爲蓍乾伏坤初故幽贊于神明而生蓍陽在初爲潛爲淵皆深也初深故曰鉤深說文曰鉤曲也陽曲初致曲以取之故曰鉤深也乾爲遠故致遠謂乾乾陽生物故乾生知吉坤陰殺物故坤殺知凶是定天下之吉凶也娓从尾尾微同物同音王弼曰娓娓微妙之意故云陰陽之微管子曰龘濁蹇能存而不能亡者也伏闇能存而能亡者蓍龜與龍是也存故定天下之吉凶亡故成天下之娓娓乾爲蓍者蓍數百乾爻三十六三爻一百八略其奇五故乾爲百數與蓍合故乾爲蓍乾五變之坤成大有體离离爲龜月生震初初尚微故成天下之娓娓者白虎通曰聖人獨見先睹必問蓍龜何或曰清微無端緒非聖人所及聖人亦疑之尚書曰女則有疑謂武王也是成天下娓娓之事也上皆言大此獨稱善者陰陽之

微卽乾坤之元元者善之長故莫善乎蓍龜也娓娓鄭氏作亹亹云猶没没也凡天下之善惡及没没之衆事皆成定之言其廣大无不包也訓亹亹爲没没者釋詁曰亹亹蠠没勉也郭氏云蠠没猶黽勉尋黽勉古作密勿詩黽勉從事韓詩作密勿密蠠没勿古今字亹没同訓故云亹亹猶没没也○神物至正也○上云莫善乎蓍龜故神物謂蓍龜蓍龜能存能亡故定吉凶成娓娓爲禍福正爲萬物先聖人則之有盛德有大業知存知亡而不失其正也○春夏至變化○春夏爲變秋冬爲化荀義也乾鑿度云八卦成列天地之道立雷風水火山澤之象定其布散用事也震生物于東方巽散之于東南方離長之于南方坤養之于西南方兌收之于西方乾制之于西北方坎藏之于北方艮終始之于東北方八卦之氣終則四正四維之分明生長收藏之道備聖人法之以立明堂离在南方故南面而聽天下明堂月令順時布令所以效天地之變化故云聖人效之也○天有至之也○天有八卦之象謂納甲也十五日乾象盈甲陽息則吉也三十日坤象喪乙陰消則凶也乾爲龍德故爲德坤爲虎刑故爲刑聖人在上亦用刑德故皐陶謨曰天命有德五服五章哉天討有罪五刑五

用哉是象天制作之事故云聖人象之論語曰爲政以德辟如北辰居其所而衆星共之是德象也堯典曰象以典刑皋陶謨曰方施象刑維明周官大司寇縣刑象之法于象魏是刑象也○天不至平也○天不愛其道地不愛其寶禮運文鄭氏易注據春秋緯云河以通乾出天苞是天不愛其道故河出圖也又云洛以流坤吐地符是地不愛其寶故洛出書也河圖洛書爲帝王受命之符聖人則象天地以順人情故體信以達順而致太平爲既濟定也○覆述至示也○此覆述大衍四象而及吉凶爲下聖人獲天人之助張本也大衍之數象兩象三象四時象閏故謂大衍四象四營而成一變十有八變而成卦故四象生八卦卦者掛也掛示萬物者乾鑿度文縣掛物象以示于人故云所以示也四象鄭氏謂七八九六義具上也○繫象至告也○此虞義也彖象之辭文王所作彖辭象辭也八卦以象告下繫文虞彼注云在天成象乾二五之坤則八卦象成兌口震言故以象告也○繫辭至疑也○此虞義也繫辭爲繫九六之辭辯吉凶者存乎辭故繫辭焉斷其吉凶陽吉陰凶故八卦定吉凶易以斷天下之疑故所以斷也○大有至稱右○此虞義也大有上九爻辭五體兌兌爲

口說文曰右手口相助也故曰口助稱右○乾爲至爲順○大有體乾乾爲天二五相應故順謂二五陰降二大有與比旁通故比坤爲順○乾爲人爲信○三于三才爲人道故爲人二陽升五故信謂五得正體乾體信足以長人故乾爲信○五履至尚賢○五正位體信故履信應在二二爲順故思乎順三得正故賢謂三三體乾故乾爲賢人天子謂五三爲三公公用亨于天子上宗廟爻故禮行于宗廟尚賢之象宗廟于天子爲明堂也○聖人至利也○聖人明于天之道察于民之故合天人者也故獲天人之助此結通篇之義繫上下凡三引大有上九爻辭以見列聖用易皆獲天人之助致既濟之功是所謂易之道也

子曰書不盡言言不盡意【注】謂書易之動九六之變不足以盡易之所言言之不足以盡庖犧之意也然則聖人之意其不可見乎【注】設詞而問子曰聖人立象以盡意【注】易道在天三爻足矣故以盡意設卦以盡情僞【注】情

陽僞陰也陳設六十四卦而情僞盡在其中矣繫辭焉以盡其言注觀象繫辭而明吉凶悔吝故以盡其言也變而通之以盡利注變三百八十四爻使相交通以盡天下之利鼓之舞之以盡神注神易也陽息震爲鼓陰消巽爲舞故鼓之舞之以盡神荀氏云鼓者動也舞者行也謂三百八十四爻動行相反其卦所以盡易之神乾坤其易之緼邪注緼藏也易麗乾藏坤故爲易之緼乾坤成列而易立乎其中矣注乾息坤消六位時成故成列坎月离日居中央王四方故易立乎其中矣乾坤毀則无以見易注乾成則坤毀謂四月也坤成則乾毀

謂十月也乾坤毁則无以見易謂六日七分也易不可見則乾坤或幾乎息矣注幾近息生也謂中孚至復咸至遘也是故形而上者謂之道形而下者謂之器注易説易无形畔易變而爲一一變而爲七七變而爲九九者氣變之究也乃復變而爲一一者形變之始清輕者上爲天故形而上者謂之道濁重者下爲地故形而下者謂之器也化而裁之謂之變推而行之謂之通舉而措之天下之民謂之事業注乾六爻二四上不正坤六爻初三五不正故化而裁之謂之變唯變所適故推而行之謂之通通變之謂事通其變使民不倦六爻皆正

成既濟定故舉而措之天下之民謂之事業也是故夫象聖人有以見天下之賾而擬諸其形容象其物宜是故謂之象聖人有以見天下之動而觀其會通以行其等禮繫辭焉以斷其吉凶是故謂之爻極天下之賾者存乎卦鼓天下之動者存乎辭注言卦象極天下之深情爻辭鼓天下之至動覆述上以見聖人幽贊之功化而裁之存乎變推而行之存乎通注易窮則變變則通故存乎變存乎通也神而明之存乎其人注聖人幽贊于神明而生蓍故神而明之存乎其人荀氏謂苟非其人道不虛行也默而成不言而信存乎德行注坤為默

默而成獨也震爲言乾爲信不言而信信在言前也易簡之善配至德乾爲德震爲行故存乎德行九家謂默而成陰陽相處也不言而信陰陽相應也德者有實行者相應也

【疏】謂書至意也○此虙羲也下傳云易之爲書也故知書爲書易動謂爻也書易所載六爻之動九六相變不足以盡易之所言即言之亦不足以盡庖犧爲易之意也○設詞而問○設疑詞而問欲明立象設卦可以盡聖人之言與意也○易道至盡意○易道在天三爻足矣虙羲也謂納甲之法五六三十十十一而天地之數畢故以盡意也○情陽至中矣○情陽僞陰虙羲也裏十八年春秋傳曰左實右僞情僞猶虛實也陽實陰虛故知情陽僞陰也設陳也陳設六十四卦而易之情僞盡在其中故以盡情僞也○觀象至言也○立象設卦皆庖犧時事繫辭焉已下乃文王也庖犧立象設卦文王觀六十四卦之象而繫之辭吉凶悔吝无所不有故盡其言也○變三至之利○此陸績義也六十四卦卦有六爻共三百八十四爻變動使

相交通所謂六爻發揮旁通情也變通趣時故盡利也○神易至之神○上傳云易无思也无爲也寂然不動感而遂通天下之故非天下之至神其孰能與于此故謂神爲易也揚子曰鼓舞萬物者其雷風乎鼓震也舞巽也故知震爲鼓巽爲舞陽息震爲鼓復時也陰消巽爲舞遘時也故鼓之舞之以盡神謂盡易之神也此上虞義也荀氏之義以鼓舞爲反卦三百六十四爻動行相反其卦如否反泰觀反臨之類王氏略例曰卦有反對是也言卦及反對始盡易之神○緼藏至之緼○此虞義也論語曰韞匵而藏諸馬融云韞藏也韞與緼古今字耳通作藴方言曰藴包也包藏同義易謂坎离离麗乾坎藏坤爲乾坤二用故爲易之緼○乾息至中矣○復臨泰大壯夬乾陽息之卦遘遯否觀剝坤陰消之卦復已上乾之六位遘已上坤之六位列貴賤者存乎位故成列也消息无坎离坎爲月晦夕朔旦坎象流戊日中則离离象就己戊己土位象見于中故居中央參同契曰土王四季羅絡始終青赤黑白各居一方皆稟中宮戊己之功故王四方也○乾成至分也○乾坤无毁道經詁曰虧壞毁也天道虧盈故言毁謂消息也陽息陰故乾成則坤毁乾成于巳故謂四月陰消陽故坤

成則乾毀坤成于亥故謂十月坎离爲乾坤二用四月
无坤十月无乾乾坤毀故无以見易六日七分謂中孚
咸也〇幾近至遘也〇幾近釋詁文乾息坤消而皆謂
之息者息生也陽生于子陰生于午故皆云生也中孚
至復則陽生咸至遘則陰生故近乎息矣〇易説至器
也〇此承上乾坤近乎息而言易説易无形畔易變而
爲一一變而爲七七變而爲九九者氣變之究也乃復
變而爲一一者形變之始者皆乾鑿度文易无形畔者
謂太易也易變而爲一者謂太初也一變而爲七者七
主南方謂太始也七變而爲九者九主西方謂太素也
九者氣變之究也者鄭氏謂西方陽氣所終究之始也
乃復變而爲一者鄭氏謂此一則元氣形見而未分者
一者形變之始者卽乾之初也清輕者上爲天濁重者
下爲地亦乾鑿度文乾息至二則升坤五故清輕者上
爲天乾爲道故形而上者謂之道坤消至五則降乾二
故濁重者下爲地坤爲器故形而下者謂之器也〇乾
六至業也〇乾六爻三四上不正坤六爻初三五不正
虞義也變之正故化而裁之謂之變陽變陰化變化互
言也唯變所適下繫文適之也謂乾之坤坤之乾也乾
坤氣通故推而行之謂之通通事業皆從通變而出故通

變之謂事化裁推行六爻皆正君臣上下內外各得其位成既濟定舉而措之天下之民民安物阜故謂之事業也○言卦至之功○嘖情之未動者也在初爲深故曰深情聖人見其嘖而擬諸其形容象其物宜而情始見故咸恒萃諸彖傳云觀其所感所恒所聚而天地萬物之情可見矣大壯傳云正大而天地之情可見矣是卦象極天下之深情也吉凶悔吝者生乎動三百八十四爻吉凶悔吝之辭皆所謂鼓天下之至動也上言不可亞不可治此言極之鼓之是以言盡爲易之意也下傳神而明之是聖人幽贊之事覆述以起下也○易窮至通也○此亦覆述上傳而歸功于其人易窮則變變則通通亦是黄帝堯舜通變之事也○聖人至行也○幽贊于神明而生蓍聖人作易之本也管子曰獨則明明則神神由明而神賢人之學反之者也神而明之聖人之德性之者也其人謂聖人也荀氏謂苟非其人道不虛行謂待其人而後行也○坤爲至應也○乾伏坤初故坤爲默不誠則不能獨成天下之娓娓者故云默而成獨也乾初震也故震爲言乾爲信而伏坤初故不言而信中庸曰故君子不動而敬不言而信詩曰奏假無言時靡有爭信在言前故不言而人信之陰陽之微乾坤

之元卽易簡也在人爲至德故易簡之善配至德存乎德行有至德以凝至道易之所以重三才也九家謂默而成陰陽相處也者謂姤時復時也不言而信陰陽相應也者謂初應四二應五三應上也陰陽相處是德迆陰陽相應是行也故云德者有實行者相應也

周易述卷十六終

周易述卷十六

山東省立圖書館
SHANTUNG PROVINCIAL

周易述卷十七

元和惠棟集注并疏

繫辭下傳

八卦成列象在其中矣【注】象謂三才成八卦之象乾坤列東艮兑列南震巽列西坎离在中故八卦成列則象在其中矣天垂象見吉凶聖人象之是也因而重之爻在其中矣【注】謂參重三才爲六爻發揮剛柔則爻在其中六畫稱爻六爻之動三極之道也剛柔相推變在其中矣【注】謂十二消息九六相變剛柔相推而生變化故變在其中矣繫辭焉而明之動在其中矣【注】謂繫彖象九

六之辭而明其情故動在其中鼓天下之動者存乎辭也明或作命謂命吉凶吉凶悔吝者生乎動者也注動謂爻也爻也者效天下之動者也爻象動內吉凶見外吉凶生而悔吝著故生乎動者也剛柔者立本者也注乾剛坤柔爲六子父母乾天稱父坤地稱母本天親上本地親下故立本者也變通者趣時者也注變通配四時故趣時者也吉凶者貞勝者也注貞正也勝讀爲稱稱好也陽吉陰凶爲禍福正故吉凶者貞稱者也天地之道貞觀者也注天地謂二五二五中正以觀天下故天地之道貞觀者也日月之道貞明者也注日月謂坎

离未濟當晦既濟當望日月雙明故日月之道貞明者也天下之動貞夫一者也【注】一謂乾元爻之動一則正兩則惑故天下之動貞夫一者也夫乾隺然示人易矣【注】陽在初弗用隺然无爲潛龍時也不易世不成名故示人易者也夫坤退然示人簡矣【注】陰動而退故曰退然簡閱也坤以簡能閱內萬物故示人簡者也爻也者效此者也象也者象此者也【注】此謂易簡易簡一也天下之動貞夫一故效此者也三才合于一元故象此者也爻象動乎內吉凶見乎外【注】內初外上也陽象動內則吉見外陰爻動內則凶見外也功業見乎變【注】吉凶

生大業故功業見乎變變謂所動之一爻聖人之情見乎辭【注】乾爲聖人爻彖以情言辭以睹乎情故聖人之情見乎辭天地之大德曰生【注】天地爻也乾天稱父坤地稱母乾爲大德爲生天降感而生聖人故天地之大德曰生聖人之大保曰位【注】福德爻也亦曰寶爻淮南王說母生子曰保乾爲聖人陽稱大乾爲金爲玉故爲大保位謂乾五何以守位曰仁【注】專爻也震爲守乾爲仁專爻助福德者故曰守位何以聚人曰財【注】財爻也與人同制之爻故以聚人坤爲聚爲財乾爲人故聚人曰財理財正辭禁民爲非曰義【注】繫爻也坤爲理財乾

爲正辭坤爲民爲義坤陰爲非以乾制坤故禁民爲非
曰義繫爻財所生者靈寶經說下克上曰伐猶民爲非
當禁之禁之者保爻聖人在上位詰姦慝刑暴亂是也
天地福德父子也專爻兄弟也財爻夫婦保繫二爻君
臣也是爲六戚家人一卦義備矣**疏**象謂至是也○此虞義也在天成象
聖人則天之象分爲三才觀變于陰陽而立卦故謂三
才成八卦之象甲乙在東故乾坤列東丙丁在南故艮
兌列南庚辛在西故震巽列西戊己居中故坎离在中
此八卦之象故云八卦成列象在其中矣○謂參至道
也○此虞義也分天象爲三才以地兩之爲六畫故云
參重三才爲六爻參重即參兩也立地之道曰柔與剛
發動揮變變剛生柔爻變柔生剛爻故發揮剛柔則爻
在其中以三爲六故六畫稱爻六畫乃兼三才而兩之
者故云六爻之動三極之道也○謂十至中矣○此虞
義也乾坤各六爻乾息坤消故謂十二消息九六相變

一往一來曰推剛推柔生變柔推剛生化故剛柔相推而生變化言爻之變在其中矣○謂繫至吉凶○此虞義也謂文王繫六十四卦三百八十四爻之辭爻彖以情言因其動而明其情故動在其中矣陽息震爲鼓故鼓天下之動者存乎辭也明或作命者謂今本有作命者命吉凶周書召誥文下云吉凶悔吝生乎動故以命之也○動謂至者也○此虞義也道有變動故曰爻故動謂爻也動發也兩三才爲六畫則發揮剛柔而生爻故爻也者效天下之動者也爻象動內吉凶見外吉凶由動而生悔吝由動而著故吉凶生而悔吝著也○乾剛至者也○此虞義也乾陽金堅故剛坤陰和順故柔六子索于乾坤而得者故爲六子父母乾天稱父坤地稱母約說卦文震坎艮皆出乎乾而與乾親故曰本天親上巽离兌皆出乎坤而與坤親故曰本地親下天尊故上地卑故下此亦約文言而言乾坤立六子之本故立本者也○變通至者也○此虞義也謂泰大壯夬配春乾遘遯配夏否觀剝配秋坤復臨配冬十二消息相變通而周於四時故趣時者也○貞正至者也○貞正師彖傳文勝讀爲稱姚信義也古勝與稱通攷工記曰角不勝幹幹不勝筋謂之不參注云故書勝或作稱晉

語曰中不勝貎韋昭云勝當爲稱是古文通也稱好也釋言文陽吉陰凶道之常也管子論著龜曰爲萬物先爲禍福正吉凶以貞爲稱故貞稱者也孟子曰莫非命也順受其正曾子曰吾得正而斃焉斯已矣知進退存亡而不失其正是貞稱之義也○天地至者也○乾五爲天坤二爲地故天地謂二五二五得正得中故中正以觀天下是貞觀之義也○日月至者也○坎月离日故日月謂坎离未濟月晦虞義也未濟主月晦則既濟主月望也故荀氏曰离爲日日中之時正當离位然後明也月者坎也坎正位衝离衝謂十五日月當日衝正值坎位亦大圓明故曰日月之道貞明者也參同契曰十五乾體就盛滿甲東方蟾蜍與月兎日月氣雙明是貞明之義也○一謂至者也○一謂乾元虞義也繫下曰天地壹壹萬物化醕男女覯精萬物化生言致一也故爻之發動所之之卦一則正兩則惑京氏筮法一爻變者爲九六二爻以上變者爲八故晉語重耳得貞屯悔豫皆八乃三爻變不稱屯之豫而稱八左傳穆姜遇艮之八乃五爻變不稱艮之隨而稱八皆是貞夫一之義也又左傳莊廿二年遇觀之否閔元年昭七年遇屯之比又閔二年遇大有之乾僖十五年遇歸妹之睽廿

五年遇大有之睽襄廿五年遇困之大過昭五年遇明夷之謙十二年遇坤之比凡九占皆一爻變其蔡墨所稱乾之遘等乃隨舉各爻之辭猶言初九初六之類非謂乾變遘學者當共審也○陽在至者也○此虞義也乾初九潛龍勿用故在初弗用文言曰隺乎其不可拔潛龍也故曰隺然无爲潛龍時也坤亂于上故不易世行而未成故不成名是示人易者也○陰動至者也○退馬氏作隤陸董姚作妥音相近故有異同孟喜作退今從之陰動而退乾鑿度文陰體卑柔故動而退退然之象臣道也簡閱也以下虞義也簡閱也廣雅文桓六年春秋傳曰大閱簡車馬也簡閱同義故云簡閱也坤以藏之故閱藏萬物示人簡者也○此謂至者也○此陳易簡而及爻象故知效此象此爲易簡也易簡即乾坤之元故云一也爻之動貞夫一故云效此者也聖人則天之象分爲三才八卦是也太極元氣函三爲一三才合于一元故云象此者也○內初至外也○此虞義也內謂初爻外謂上爻其初難知其上易知陽爲吉故陽象動內則吉見外陰爲凶故陰象動內則凶見外也○吉凶至一爻○上言吉凶此言功業是吉凶生大業荀氏謂陰陽相變功業乃成是也天下之動貞夫一動

亦變也故變謂所動之一爻○乾爲至乎辭○乾爲聖人虞義也乾六爻發揮變動旁通于坤坤來入乾以成六十四卦全體爲彖析體爲爻乾坤旁通而天地之情可見故爻彖以情言辭以睹乎情太元文辭也者各指其所之故情見乎辭也○天地至是也○此章皆言爻之變動是節兼言爻物下傳云道有變動故曰爻爻有等故曰物干氏謂六親九族福德衆形萬象皆來發于爻故曰物京房易積算法曰孔子曰八卦鬼爲繫爻財爲制爻天地爲義爻福德爲寶爻同氣爲專爻陸績注云天地即父母也故云乾天稱父坤地稱母天帝在太微之中降感以生聖人商詩玄鳥曰天命玄鳥降而生商周詩生民曰履帝武敏歆是其事也天感生聖人而兼言地者聖人謂乾五有君而爲之貳則坤二是也詩崧高云維岳降神生甫及申故兼言地也聖人之大保曰位福德爲寶爻保與寶通抱朴子引靈寶經曰支干上生下曰寶甲午乙巳是也淮南王說者在天文篇若然天地所生當是專爻而云福德者八純宗廟爲太祖天之感生猶商之契周之后稷故以福德爲乾五專爻爲助福德守位者也淮南天文云子母相得曰專靈寶經曰上下同日故曰專爻震守器故曰守乾五爲仁兄

弟同氣助福德而守位者故云守位曰仁也八卦財爲制爻淮南天文曰母勝子曰制如火爲水妃之類是也與兄弟同制之爻故以聚人也淮南天文曰子勝母曰困鬼爲繫爻鬼者鬼吏也繫即困也坤爲理爲財故爲理財繫下曰初師其辭而揆其方虞彼注云師正也謂修辭立誠方謂坤也以乾通坤故初師其辭而揆其方亦是乾正坤之義故曰乾爲正辭乾謂五也坤積惡故坤陰爲非繫下云辨是與非虞彼注云非謂陰是也承上財爻而言故云繫爻財所生者靈寶經曰下克上曰伐是也靈寶經者葛洪所據先秦之書也伐亦作罰故趙曄吳越春秋范蠡據玉門第一篇謂戊寅爲罰日也下之克上猶民犯上爲非爲上者當治財而正上下之辭而禁其非聖人在大保之位故曰禁之者保爻謂福德能制鬼吏也詰姦慝刑暴亂周禮大司寇文以義正民故曰義也○天地至備矣○一卦備有六戚謂父子兄弟夫婦君臣也天地父母爻福德子爻故云天地福德父子也同氣爲兄弟故云專爻兄弟也五行以受制者爲其妃故云財爻夫婦福德爲君鬼爻爲吏故云保繫二爻君臣也卦家合是四者爲六戚即六親也序卦曰有天地然後有萬物有萬物然後有男女有男女然後

有夫婦有夫婦然後有父子有父子然後有君臣家人一卦遂乾爲父艮爲子是父子也三動震爲兄艮爲弟是兄弟也震爲夫巽爲婦是夫婦也故彖傳曰家人有嚴君焉父母之謂也是君臣也又曰父父子子兄兄弟弟夫夫婦婦而家道正正家而天下定矣但父子兄弟夫婦君臣各得其正所謂既濟定也此一卦所以取義于六戚具于家人卦中

故云家人一卦義備矣

古者庖犧氏之王天下也注庖犧古文作伏戲伏服也戲化也伏戲畫八卦以治天下天下服而化之故稱伏戲伏戲太昊氏以木德王天下位乎乾五五動見离离南方卦南面而聽天下嚮明而治也仰則觀象于天注天有八卦之象俯則觀法于地注地有八卦之形觀鳥獸之文注謂朱鳥白虎蒼龍元武四方二十八宿經緯之

文與地之宜注謂四方四維八卦之位山澤高卑五土之宜近取諸身注坤爲近爲身故近取諸身遠取諸物注乾爲遠爲物故遠取諸物於是始作八卦以通神明之德注幽贊于神明而生蓍演之爲數三才五行備焉顯道神德行可與酬酢可與右神故以通神明之德以類萬物之情注六十四卦凡萬有一千五百二十筴筴類一物故以類萬物之情疏庖犧至治也○此孟京虞義也庖犧孟京作伏戲許愼以易孟氏爲古文故知古文作伏戲伏讀爲服戲讀爲化古訓音與義並舉故云伏服也戲化也伏戲爲太昊有天下之號伏戲畫八卦以治天下始于幽贊終于贊化育故天下伏而化之說卦曰帝出乎震故知太昊氏以木德王天下虞氏謂文王書經系庖犧于乾五故位乎乾五昭廿九年蔡墨稱周易曰在乾之大有曰飛

龍在天大有體离說卦曰相見乎离故五動見离离南方卦南面而朝諸侯天子當陽諸侯用命故南面而聽天下嚮明而治也其後神農因之遂立明堂爲歷世治天下之大法也○天有至之情○此虞陸績九家等義也在天成象故天有八卦之象謂震象出庚兑象見丁之類是也在地成形故地有八卦之形謂震竹巽木之類是也法象莫大乎天地故天稱象地稱法也南方朱鳥西方白虎東方蒼龍北方元武每方七宿分主春秋冬夏故四方二十八宿五星爲緯二十八宿爲經故云經緯之文坎离震兑爲四方乾坤艮巽爲四維故云八卦之位山林川澤爲山澤邱陵墳衍原隰爲高卑周禮大司徒以土會之法辨五地之物生故云五土之宜也法言曰近如地故坤爲近坤爲自爲我爲躬釋詁曰身我也又曰躬身也故坤爲身虞注嗛彖傳曰天道遠故乾爲遠乾純粹精精氣爲物故爲物上陳天地此言人物乃三才也觀鳥獸之文與地之宜乃五行也合三才五行而大衍之數備矣故於是始作八卦也伏戲用蓍而作八卦著者聖人幽贊于神明而生伏戲演其數爲五十太極者道也分爲兩儀故顯道德行者人也列爲三才故神德行酬酢往來也變而爲四時故可與酬酢作

八卦以助天神變化故可與右神是通神明之德之事也二篇之筴當萬物之數九家易曰聖人有以見天下之冊而擬諸其形容象其物宜冊古文筴故云筴類一物也

作結繩而爲罟以田以魚蓋取諸离注罟讀爲网古离爲目巽爲繩目之重者唯古故結繩爲网古坤二五之乾成离巽爲魚坤二稱田以古取獸曰田取魚曰魚故取諸离疏此以下十二蓋取皆制器尚象之事上傳云備物致用立成器以爲天下利莫大乎聖人聖人謂庖犧以下也罟讀爲网古者古文二字併故誤也鍾鼎文皆然离爲目以下虞義也說文曰罟網也罟多目故云目之重者唯罟田讀爲畋魚讀爲漁故以罟取獸曰田取魚曰魚

庖犧氏沒神農氏作注沒終作造也神農以火德王火生土故知土則利民播種號神農氏也

斲木爲耜揉木爲耒耒耨之利以教天下蓋取諸益注

否四之初也巽爲木爲入艮爲手乾爲金手持金以入
木故斵木爲耜耜止所蹈因名曰耜艮爲小木手以橈
之故揉木爲耒耒耜⿱艹好器也巽爲號令乾爲天故以教
天下坤爲田巽爲股進退震足動耜艮手持耒進退田
中耕之象也益萬物者莫若雷風故法風雷而作耒耜

疏 没終至是也○此虞義也没本作歿說文曰歿終也經傳通用没大學曰没世而不妄是也作造釋言文樂記曰作者之謂聖文言曰聖人作而萬物覩皆謂造作後人不識古訓改作爲起妄易虞義令不從也○否四至耒耜○此虞義也案益卦虞彼注云否上之初此云四之初誤也卦互艮乾謂否乾也攷工匠人曰耜廣五寸二耜爲耦一耦之伐廣尺深尺鄭彼注云古者耜一金兩人併發之京氏曰耜耒下耓三倉曰耒頭鐵也若然耜爲耒金金廣五寸耒面謂之庇鄭氏讀棘刺之刺刺耒下前曲接耜者說文相从木故斵木爲耜庇隨

耜入地弦工車人云車人爲耒庇長尺有一寸自其庇緣其外以至于首以弦其内六尺有六寸與步相中步六尺耒與步相中亦六尺故云耜止所踰因名曰耜耒有直者有句者中地之耒倨句磬折皆須揉木爲之艮爲小木手以橈之故揉木爲耒耨與芓同詩大田曰或芸或芓班固謂芓附根每耨輒附根皆用耒耜爲之故云耒耜耨器也上之初利用爲大作虞彼注云大作謂耕播故耒耨之利取諸此也震雷巽風損上益下民說无疆故云益萬物者莫若雷風法風雷而作耒耜也

日中爲市致天下之民聚天下之貨交易而退各得其所蓋取諸噬嗑

注 否五之初也离象正上故稱日中否巽近市故爲市艮爲徑路震爲足又爲大塗否乾爲天坤爲民故致天下之民坎水艮山羣珍所出坤爲聚爲化故聚天下之貨震爲交乾爲易否巽爲退故交易而退各得其所噬嗑食也市井

交易飲食之道故取諸此也【疏】此虞氏翟元義也离爲日居五故离象正上日之中也日有三時朝市于東厢市于中夕市于西舉日中以見朝夕也巽近利市三倍故爲市中庸曰今夫山及其廣大寶藏興焉今夫水及其不測貨財殖焉故云坎水艮山羣珍所出坤西南方以類聚故爲聚坤化成物故爲化古貨字止作化書臯陶謨曰懋遷有無化居是也鄭注儀禮云天地所化生取積而能化之義震初交坤故爲交乾易知故爲易巽爲進退故爲退噬嗑頤中有物故爲食也尋耕市皆始于神農故許由爲神農之言有並耕一價之說如楊朱之託于黃帝墨子之託于禹皆他技也

神農氏没黃帝堯舜氏作通其變使民不倦【注】乾爲變坤爲民聖人南面而治天下改正朔易服色與民變革故通其變使民不倦神而化之使民宜之【注】神謂乾化謂坤乾動之坤化成萬物以利天下坤爲民故使民宜之詩曰宜民宜人

受祿于天易窮則變變則通通則久是以自天右之吉无不利注化而裁之存乎變故窮則變推而行之存乎通故變則通與天終始則可久故通則久王者通三統立三正若循連環周則復始窮則反本是其義也黃帝堯舜亦位乾五五動之大有故自天右之吉无不利黃帝堯舜垂衣裳而天下治蓋取諸乾坤注乾爲衣坤爲裳取乾坤用九用六之義以治天下而君臣上下各得其正故天下治世本亦曰黃帝臣伯余作衣裳蓋法始于伏戲而成于堯舜舜曰予欲觀古人之象日月星辰山龍華蟲作會宗彝藻火粉米黼黻絺繡以五采章施

于五色作服女明衣用會裳用繡凡十二章是取象乾
坤之事易者象也古人之象謂易象也春秋傳曰見易
象【疏】乾爲至不倦○乾變坤化改乾爲變聖人南面而治天下改正朔易服色與民變革者禮記大傳文漢書元朔元年詔曰朕聞天地不變不成施化陰陽不變物不暢茂引此傳通其變使民不倦爲證是其義也○神謂至於天○此虞義也○化而至不利○與天終始則可久此陸績義也王者通三統立三正若循連環周則復始窮則反本者書傳略說文黃帝堯舜繼伏羲神農有天下者故亦位乾五五動之坤成大有有天地日月之象古之聰明睿知神武反復而不衰者故自天右之吉无不利也○乾爲至易象○乾爲衣坤爲裳九家說卦文文言傳曰乾元用九天下治也乾用九坤用六成兩既濟故君臣上下各得其正而天下治也世本十五篇其一曰作篇言制作之事彼文云伯余作衣裳宋衷注云黃帝臣也揚子法言曰法始于伏羲而成于堯黃帝作衣裳衣裳之制取諸乾坤故云法始于伏羲而成于堯舜堯舜之治天下與伏羲同禹湯文武皆然

故荀子曰文武之道同伏羲也舜曰已下至女明尚書皋陶謨文鄭彼注云會讀爲繪宗彝宗廟之鬱鬯尊也虞夏以上蓋取虎彝蜼彝而已粉米白米也絺讀爲黹黹紩也凡畫者爲繪刺者爲繡此繡與繪各六衣用繪裳用繡性曰采施曰色此十二章爲五服天子備有焉以飾祭服乾爲衣坤爲裳乾坤各六畫繡與繪亦各六乾坤十二爻衣裳亦十二章是取象乾坤之事八卦成列象在其中故曰易者象也謂今之易古之象也伏羲作八卦而名象故五帝之書皆象象名堯典歷象日月星辰此歷書也又曰象以典刑皋陶謨曰方施象刑惟明此刑書也古人之象此易書也聖人因天故治天下之書皆名象周禮六官稱六象縣于象魏故哀三年春秋傳曰命藏象魏曰舊章不可亡也是古名書爲象之事春秋傳曰見易象昭二年傳文引之以驗彼時猶襲古名稱爲易象也

刳木爲舟掞木爲楫舟楫之利以濟不通致遠以利天下蓋取諸渙**注**否四之二也木在水上乘風舟楫之象刳判也掞銳也巽爲長木艮爲手乾爲金艮

手持金故挎木爲舟掞木爲楫也否時天地不通四之
二坎爲通故以濟不通乾爲遠爲利故致遠以利天下
蓋取諸渙也【疏】此虞九家義也虞氏謂神農黄帝堯舜之時民多否閉故聖人有作取乾之坤
以坤之乾備物致用立成器以爲天下利也渙自否來
九四之二體巽坎巽爲木爲風坎爲水木在水上乘風
舟楫之象也挎判說文文掞銳字林文艮互艮乾否乾
也否時天地閉故不通四之二成坎坎爲通故以濟不
通也
犕牛乘馬引重致遠以利天下蓋取諸隨【注】否上之
初也否乾爲馬爲遠坤爲牛爲重坤初之上爲引重乾
上之初爲致遠巽爲繩繩束縛物在牛背上故服牛艮
爲背巽爲股在馬上故乘馬出否之隨引重致遠以利
天下故取諸隨【疏】此虞義也犕古服字孟喜作犕今從之春秋僖廿四年傳王使伯服史記

作伯備後漢書皇甫嵩傳董卓謂嵩曰義眞犕未乎義作服字亦作備史記趙世家武靈王云騎射之備戰國策備作服特牲饋食禮云備荅拜焉鄭彼注云古備爲復說文絥車絥也或作鞴古音通也否上九之坤初爲隨艮巽皆據互體否上之初故云出否之隨也

重門擊柝以待虣客蓋取諸豫

注 復四之初也下有艮象從外示之震復爲艮兩艮對合重門之象也艮爲手震爲木初巽爻也應在四皆木也手持二木以相敲是爲擊柝擊柝爲守備警戒也四體坎坎爲盜五离爻爲甲胄戈兵盜持兵是暴客也震爲足爲行坤爲夜手持柝木夜行之象其卦爲豫備豫不虞故取諸豫也

疏 此虞鄭九家義也復六四之初爲豫豫互艮外體震震反艮也故云從外示之震復爲艮示古視字也艮爲門闕故云兩艮對合重門之象荀氏解中孚曰兩巽對合外實中虛九

家主荀此説當出于荀氏耳上古明堂之法外户而不閉盗竊亂賊不作今有重門者豈黄帝堯舜之時大道有時而隱乎虞注上繫云坎爲暴坎盗持兵是暴客也斷木爲杵闕地爲臼臼杵之利萬民以濟蓋取諸小過【注】晉上之三也艮爲小木上來之三斷艮故斷木爲杵坤爲地艮手持木以闕坤三故闕地爲臼艮止於下臼之象也震動而上杵之象也震出巽入艮手持杵出入臼中舂之象也坤爲萬民故萬民以濟蓋取諸小過也本无乾象故不言以利天下【疏】此虞義也艮爲小其于木也爲堅多節故爲小木晉三體艮上之三斷艮木故爲杵世本曰雍父作杵臼宋衷云黄帝臣古者闕地故云艮手持木以闕坤三後世始穿木石爲之也乾爲天下爲利小過无乾象故不云以利天下也弦木爲弧掞木爲矢弧矢之利以威天下蓋

取諸睽【注】无妄五之二也巽爲繩爲木坎爲弧离爲矢故弦木爲弧乾爲金艮爲小木五之二以金揉艮故揉木爲矢乾爲威五之二故以威天下弓發矢應而坎雨集故取諸睽也【疏】此虞義也无妄六二之乾五爲睽坎爲弓故爲弧說文曰弧木弓也故弦木爲弧坎爲雨矢集如雨故坎雨集也

上古穴居而野處後世聖人易之以宮室上棟下宇以待風雨蓋取諸大壯【注】无妄雨象易也无妄乾在上故稱上古艮爲穴居乾爲野巽爲處无妄乾人在路故穴居野處震爲後世乾爲聖人後世聖人謂黃帝也艮爲宮室變成大壯乾人入宮故易以宮室艮爲待巽爲風兑爲雨乾爲高巽爲長木反在上

爲棟震雷動起爲上棟宇謂屋邊也兌澤動下爲下宇无妄之大壯巽風不見兌雨隔震與乾絶體故上棟下宇以待風雨蓋取諸大壯者也

疏 此虞義也傳先言上古下言易之故取兩象易之例謂一卦上下兩象易也无妄與大壯兩象易故云无妄兩象易也无妄外乾乾爲上爲古故稱上古乾稱古者乾爲天周書周祝曰天爲古古文尚書堯典曰粵若稽古帝堯鄭彼注云稽同也古天也言能順天而行與之同功詩商頌元鳥曰古帝命武湯鄭箋云古帝天也故知乾爲古也艮山爲穴艮又爲居故爲穴居乾位西北故爲野巽陽藏室故爲處无妄乾爲行人故云乾人在路震長子繼世故爲後爲世乾五爲聖人取諸乾坤以下凡有九事案皇甫謐帝王世紀載此九事皆爲黃帝之功故後世聖人謂黃帝也艮爲山山有圍繞之象爾雅釋山曰大山宮小山霍故艮爲宮爾雅釋宮曰宮謂之室室謂之宮故宮室連言也无妄體艮變成大壯乾體在下是乾人入宮之象故易以宮室艮止故爲待兌澤爲雨崇效天故乾爲高巽爲長木大壯外

象震震反巽也故反在上雜卦曰震起也无妄震陽在下動起成大壯故上棟宇屋邊也說文文倉頡篇曰邊也大壯體兌兌澤動下故下宇无妄體巽變之大壯故巽風不見大壯五互兌四體震乾別體在下故兌雨隔震與乾絕體也

古之葬者厚衣之以薪葬之中野不封不樹喪期无數後世聖人易之以棺槨蓋取諸大過

注 中孚上下象易也本无乾象故不言上古大過乾在中故但言古者巽爲薪艮爲厚乾爲衣爲野乾象在中故厚衣之以薪葬之中野穿土稱封封古窆字也聚土爲樹中孚无坤坎象故不封不樹坤爲喪期謂從斬衰至緦麻日月之期數无坎离日月坤象故喪期无數无妄之大過初在巽體巽爲木上六位在巳巳當巽位巽又爲木二

木夾四陽四陽互體爲二乾乾爲君爲父二木夾君父是棺斂之象中孚艮爲山丘巽木在裏棺藏山陵椁之象也故取諸大過

【疏】此虞鄭義也大過與中孚上下兩象易也中孚无乾象故不言上古大過乾在中乾爲古故但言古者巽柔爻爲草故爲薪艮止坤上坤厚載物故爲厚乾爲衣大過乾在中巽在下故厚衣之以薪葬之中野葬有作藏者檀弓曰葬也者藏也欲人之弗得見古葬藏同音故有作藏也周禮冢人曰以爵等爲丘封之度與其樹數鄭彼注云別尊卑也王公曰丘諸臣曰封丘者丘隧故王公曰丘封者葬下棺故諸臣曰封檀弓曰縣棺而封鄭彼注云封當爲窆窆下棺也周禮遂人曰及窆陳役先鄭司農云窆謂下棺時禮記謂之封春秋謂之堋皆葬下棺也聲相似說文曰堋葬下土也从土朋聲春秋傳曰朝而堋禮記謂之封周官謂之窆是封與窆同物故云穿土稱封封古窆字也檀弓曰衣足以飾身棺周於衣椁周於棺土周於椁反壤樹之哉故云聚土爲樹穿土象坎聚土象坤中孚无坤坎象故不封不樹坤喪于乙故爲喪喪

服斬衰齊衰大功小功緦從斬衰至緦麻喪多而服止五也其期數斬衰三年齊衰有三年者有期者有三月者其大功以下則以九月五月三月爲數也日謂三日而斂三日而食粥及祥禫之日也月謂三月而沐期十三月而練冠三年而祥中月而禫之月數也若然古者喪期无數當是心喪終身者後世淳朴漸虧故聖人爲之立中制節耳坤爲喪坎爲月离爲日中孚无坎离日月坤象故喪期无數也大過初體巽故初在巽體上六爻辰位在巳巽四月卦故巳當巽位本末皆巽故云二木四陽在内故夾四陽中五二乾上乾爲君下乾爲父木夾君父棺斂之象王公曰止故艮爲山止荀氏注中孚曰兩巽對合故巽木在裏漢時天子故爲君爲父釋名曰衣尸棺曰斂斂藏不復見故云二所葬曰山陵故云棺藏山陵椁之象也

上古結繩而治後世聖人易之以書契百官以治萬民以察蓋取諸夬

注 履上下象易也乾象在上故復言上古上古无文字結繩爲約事大大其繩事小小其繩各執以相考亦足

以治巽爲繩乾爲治故結繩而治後世聖人謂黄帝堯舜也契刻也書之於木刻其側爲契各持其一以相考合夬本坤世坤爲書乾金爲契故易之以書契乾爲百剥艮爲官坤爲衆臣爲萬民爲迷暗乾爲治反剥以乾照坤故百官以治萬民以察乾金決竹木爲書契故取諸夬也

疏 此虞鄭九家義也履與夬上下易履乾在上故復云上古春秋桓三年曰夏齊侯衛侯胥命于蒲公羊傳云古者不盟結言而退穀梁傳云胥之爲言猶相也相命而信諭謹書而退以是爲近古也荀子大略曰春秋善胥命若然結言猶有文字當在結繩以後故范甯注云古謂五帝時也九家謂結之多少隨物衆寡各執以相考亦足以相治故云結繩而治也列子曰宋人有遊于道得人遺契者密數其齒張湛注云刻處似齒故云契刻也書契猶周禮小宰之質劑鄭氏謂兩書一札同而别之故云各持其一以相考合夬坤

五世卦故云坤世坤爲文故爲書刻之于木刻以刀故云乾金爲契虞氏謂兑爲契義亦通也夬旁通剥故云剥艮爲官坤爲地爲民民生于地上故爲萬民坤先迷又爲冥爲晦故爲迷暗夬剥亦爲反其類故反剥以乾照坤大壯震爲竹木乾爲金進而成夬夬決也故乾金決竹木爲書契也

是故易者象也注今之易古之象象也者象也注象天制作彖者才也注彖說三才則三分天象以爲三才謂天地人道也爻也者效天下之動者也注動發也謂兩三才爲六畫則發揮于剛柔而生爻也是故吉凶生而悔吝著也注爻象動內則吉凶見外吉凶悔吝者生乎動者也故曰著疏今之至之象○舜曰予欲觀古人之象象即今易書故云今之易古之象○象天制作○古之所以名象者正以在天成象聖人造爻象以象天卦象天制作故云象者象也○彖說至道也

○此虞義也此承彖來繫上云彖者言乎象者也謂天象三才故云彖說三才下傳云易之爲書也廣大悉備有天道焉有地道焉有人道焉故云三分天象爲三才謂天地人道也虞氏述道士之言謂易象在天三爻足矣是也○動發至爻也○此虞義也九六爻之變動者故云動發也分天象爲三才以地兩之爲六畫故云兩三才爲六畫以三爲六因而重之爻在其中故發揮于剛柔而生爻也○爻象至曰著○此虞義也義見上

陽卦多陰陰卦多陽注陽卦一陽而二陰故多陰陰卦一陰而二陽故多陽其故何也陽卦奇陰卦耦其德行何也陽一君而二民君子之道也陰二君而一民小人之道也注陽奇陰耦道之常也故曰陽卦奇陰卦耦德行謂人以人道言之陽爲君陰爲臣陽卦一陽而二陰在人爲一君而二民二民共事一君故君子之道陰卦一

陰而二陽在人爲二君而一民一民兼事二君故小人之道春秋傳曰諺曰臣一主二【疏】陽卦至多陽○此明陽爲君子陰爲小人之義自乾來者曰陽卦皆一陽二陰故多陰自坤來者曰陰卦皆一陰二陽故多陽○陽奇至主二○設問以起下意故云其故何也但陽爲奇陰爲耦六耦承奇陰陽得正故云道之常也繫上曰顯道神德行又云默而成不言而信存乎德行皆指人道故德行謂人鄭注益卦云陰陽之義陽稱爲君陰稱爲臣故知陽爲君陰爲臣也二民共事一君是純臣之義故云君子之道一民兼事二君是懷二心于君者故云小人之道春秋傳者昭十三年子服惠伯之言彼謂主不能撫其臣故有是語實非事君之正也

易曰憧憧往來朋從爾思【注】咸九四爻辭六自七分時也

子曰天下何思何慮【注】易无思也既濟定六位得正故何思何慮天下同歸而殊塗一致而百慮天下何思何

慮【注】遘巽爲同震爲塗故同歸而殊塗乾爲百坎爲慮復初爲一故一致而百慮言神化之事非思慮所及日往則月來【注】謂咸初往之四與五成离离爲日與二成坎坎爲月月來謂震也三日月出震八日兑見丁皆在暮故日往則月來月往則日來【注】初變之四與上成坎故月往四變之初與三成离故日來月往謂巽也十六日巽退辛二十三日艮消丙皆在旦故月往則日來日月相推而明生焉【注】一往一來曰推五六三十和而後月生故明生虞氏謂既濟體兩离坎象故明生焉寒往則暑來【注】乾爲寒坤爲暑謂陰息陽消從遘至否故寒

往則暑來暑往則寒來注陰詘陽信從復至泰故暑往則寒來寒暑相推而歲成焉注消息十二爻而期一歲故歲成往者詘也來者信也詘信相感而利生焉注利和也詘信謂復遘時也復遘元也相感亨也咸感象故相感天地感而萬物化生聖人感人心而天下和平各正性命保合太和故利生焉尺蠖之詘以求信也注遘初體巽巽蟲爲尺蠖詘謂復時也巽伏震下故詘信謂遘時也巽爲進退故尺蠖之詘以求信也龍蛇之蟄以存身也注蟄潛藏也龍潛而蛇藏陽息初震爲龍陰息初巽爲蛇十月坤成十一月復生遘巽在下龍蛇俱蟄

初坤爲身故龍蛇之蟄以存身也精義入神以致用也

注 陽稱精陰爲義入在初也陰陽在初深不可測故謂之神變爲遘復故曰致用初坤爲致用也利用安身以崇德也

注 乾爲利坤爲用爲安身陰道用事謂遘時也陰升上究則乾伏坤中安身默處也乾爲崇德時既潛藏故利用安身以崇德謂復時也崇德體卑而德高過此以往未之或知也

注 此謂中孚咸也出此之外未能有知也窮神知化德之盛也

注 以坤變乾謂之窮神以乾通坤謂之知化乾爲盛德故德之盛

疏 咸九至時也○易通卦驗曰甲子卦氣起中孚案孟喜卦氣中孚至復六日七分咸至遘亦六日七分故云六日七分時也○易无至何

慮○此虞義也乾爲易隱藏坤初其靜也專故无思也虞注咸彖傳曰初四易位成既濟故既濟定既濟剛柔正而位當故六位得正乾元用九而天下治故何思何慮也○遘巽至所及○上繫七爻首中孚下繫十一爻首咸皆復遘時也故兼震巽言之震巽同聲相應故巽爲同震爲大塗故爲塗塗乾三爻三十六略其奇五故百咸初變之四體坎故坎爲慮復初元也故爲一乾爲神坤爲化從陰入陽從陽入陰神化之事唯聖人能知之非思慮所及也○謂咸至月來○咸卦初四易位成既濟故云初往之四四與五皆體离故與五成离离爲日初往之四二體坎故與二成坎坎爲月此上虞義也三日月出震在庚八日兑見丁皆于暮見之日暮而月生故日往則月來也○初變至日來○初變之四有坎象坎爲月故月往四變之初有离象离爲日故日來此上虞義也月三五而闕故月往謂巽參同契曰十六轉受統巽辛見平明艮直于丙南下弦二十三平明謂旦故十六日巽退辛二十三日艮消丙皆在旦也坎陽离陰坎月离日震出庚兑見丁乾盈甲爲七八巽退辛艮消丙坤滅乙爲九六一月之往來亦如歲也○一往至生焉○一往一來曰推何休説也上云往來此云相推故

知一往一來曰推也參同契曰七八數十五九六亦相應四者合三十陽氣索滅藏是言一月之數周語曰天六地五數之常也三統歷曰夫五六者天地之中合而民所受生故日有六甲辰有五子十一而天地之道畢言終而復始參同契又云坤乙三十日東北喪其朋節盡相禪與繼體復生明所謂終而復始也十一即五六五六三十而月一周天故云天地之道畢禮運曰播五行于四時和而後月生也是以三五而盈三五而闕謂日月戰天地雜保太和陰陽合德之時故云和而後月生虞氏謂既濟體兩离坎象者謂初往之四成既濟既濟當望有兩离坎象日月雙明故明生義亦通也○乾爲至暑來○此虞義也○陰詘至寒來○此虞義也○消息至歲成○虞上注云陰息陽消從遘至否陰詘陽信從復至泰此言寒暑往來故止據內卦其坤消乾當從遘至剥乾息坤當從復至夬乾鑿度曰乾坤二卦十二爻而朞一歲乾息坤消故消息十二爻而朞一歲孟喜章句曰自冬至初中孚用事一月之策九六七八是爲三十而卦以地六候以天五五六相承消息一變十有十二變而歲復初是其義也孟唯以五六爲天五地六非漢法疑唐時僧一行之徒飾成之學者所當審也

○利和至生焉○利和子夏義也陰消陽從遘陽息陰從復故詘信謂復遘時也復遘乾坤之初故云元也息初至二乾坤交故云相感亨也咸感象以下虞義也咸感也故相感天地感而萬物化生聖人感人心而天下和平者案虞彖傳注云乾爲聖人初四易位成既濟坎爲心爲平故聖人感人心而天下和平既濟六爻皆正故各正性命六爻皆應故保合太和剛柔正而位當故利貞是言咸初四易位成既濟之事也○遘初至信也○說卦曰巽爲雞九家易云應八風也二九十八主風大戴禮易本命曰二九十八八主風風主蟲故蟲八日而化王充論衡曰夫蟲風氣所生倉頡知之故凡蟲爲風之字取氣于風故八日而化生遘內體巽故遘初體巽巽爲風風主蟲故巽蟲爲尺蠖說文云尺蠖詘信蟲也方言云蠀蠾謂之尺蠖郭注云即踧二音蠖烏郭反又呼步屈尺蠖先詘而後信故云尺蠖之詘復時剛反震在上巽在下故詘遘時巽在上故信也巽爲進退似尺蠖之詘信故尺蠖之詘以求信也○蟄潛至身也○此虞義也月令孟春曰其蟲鱗鄭氏謂龍蛇之屬又曰蟄蟲始振則十一月時龍蛇皆蟄至正月而始振也說文曰蟄藏也文言曰潛龍勿用陽氣潛藏龍亦得稱藏

今言龍潛而蛇藏者說卦曰坤以藏之繫上曰藏諸用謂巽陽藏室故陽言潛陰言藏也巽四月卦值巳故陰息初巽爲蛇震爲龍故陽息初震爲龍坤成于亥故十月坤成陽息于子故十一月復生復時震潛初巽又伏震下故遘巽在下龍蛇俱蟄之時也遘初爲坤故初坤爲身陽爲存故龍蛇之蟄以存身也○陽稱至用也○此姚信義也乾純粹精故陽稱精周書曰地道曰義乾鑿度曰地靜而理曰義故陰爲義巽爲入入在初謂中孚咸時也初爲深陰陽不測之謂神故云陰陽在初深不可測故謂之神也六日七分中孚至復咸至遘故變爲遘復坤爲致爲用故坤初爲致用據時咸至遘故專言致用也○乾爲至德高○此虞九家義也咸至遘六日七分故云陰道用事謂遘時也乾鑿度曰物有始有壯有究坤消至上故陰升上究戌亥乾之都故乾伏坤中繫上曰默而成九家云謂陰陽相處故知安身默處也繫上又云夫易聖人所以崇德而廣業知崇體卑崇效天卑法地陽伏坤中坤爲體故體卑滅出復震故德高此因遘初消乾而究言之也○此謂至知也○尺蠖之詘以下皆申明中孚咸之義故知此者謂中孚咸也知者知此而已而又非思慮所及過此以往變爲遘復

乾坤致用天何言哉四時行焉百物生焉故未能有知也○以坤至之盛○此虞義也乾爲神故以坤變乾謂之窮神坤爲化故以乾通坤謂之知化變爲邇復富有日新盛德大業皆于此出陽統陰功故止言盛德也

易曰困于石據于蒺藜入于其宮不見其妻凶子曰非所困而困焉名必辱注困本咸咸三入宮以陽之陰則二制坤故以次咸爲四所困四失位惡人故非所困而困焉陽稱名陰爲辱以陽之陰下故名必辱非所據而據焉身必危注謂據二二失位故非所據而據焉二變時坤爲身二折坤體故身必危既辱且危死其將至妻其可得見邪注三隱坤中坤爲死兌爲妻三上无應故死其將至妻其可得見邪疏困本至必辱○此虞義也虞注困卦謂否二之上今

云困本咸者此承咸來據爻變所值之卦也咸下體艮艮爲宮咸三之二入艮宮三陽爻而居二陰位故云以陽之陰三之二成坎制坤制猶折也古文通論語子曰片言可以折獄者鄭氏注云魯讀折爲制是也咸三之二爲困故以次咸三之二爲四所困四以陽居陰爲失位虞氏以四爲惡人故云四失位惡人咸三得位非四所困今之二失位故非所困而困焉陽成于三爲成名故陽稱名陰賤故爲辱三之二故以陽之陰下名必辱也○謂據至必危○此虞義也陽據陰陰承陽易之大義也三二失位三以陰據陽故非所據而據焉二變入宮爲萃萃下體坤坤爲身二困時折坤體故身必危也○三隱至見邪○二變入宮三隱坤中坤喪于乙爲既死霸故爲死兌少女爲艮妻三上俱陰兩陰无應故死其將至妻其可得見邪陸續謂三從困辱之家變之大過爲棺椁死喪之象故死其將至妻不可得而見義亦通也

易曰公用射隼于高墉之上獲之无不利子曰隼者禽也注离爲隼故稱禽言其行野容如禽獸焉弓矢者器也注离爲矢坎爲弓坤

爲器射之者人也注人賢人也謂乾三伏陽出而成乾故曰射之者人人則公三應上故上令三出而射隼也君子藏器於身待時而動何不利之有注三伏陽爲君子二變時坤爲身爲藏器謂藏弓矢以待射隼艮爲待爲時三待五來之二弓張矢發動出成乾貫隼入大過死兩坎象壞故何不利之有傳曰以解悖三陰小人乘君子器故上觀三出射去隼也動而不栝是以出而有獲語成器而動者也注不讀曰柎古柎不同字故誤作不柎栝猶省栝也震爲語乾五之坤二成坎弓离矢動以貫隼故語成器而動者也疏离爲至獸焉○此虞義也釋鳥曰二足而羽謂

之禽故曰隼者禽也繫上曰野容悔淫謂解三也管子曰道路無行禽三有鳥獸行故云其行野容如禽獸焉○离爲至爲器○此虞義也射禮有射器謂弓矢決拾旌中籌楅豐故曰弓矢者器也○人賢至隼也○此虞義也乾爲賢人故曰人賢人也六三匪人故曰禽下有伏陽出而成乾謂與二成乾乾爲人故曰射之者人三爲三公而與上應故云人則公三應上上令三射隼也○三伏至隼也○此虞義也三伏陽陽爲君子二變成坤坤以藏之在地成形形乃謂之器故云二變時坤爲身爲藏器艮爲待爲時爻以時而動故待時而動五失位當之二故三待五來之二二上之五三發得正與五成乾體大過棺椁死象卦本有兩坎五來之二三出成乾故兩坎象壞坎爲悖故以解悖乾鑿度曰二陰之精射三陽當卦是埽知陰陽動出皆爲射也○不讀至者也○詩常棣曰鄂不韡韡鄭氏讀不爲拊拊與拊相似故誤爲不括本作栝說文曰矢栝築弦處禮記緇衣引太甲曰若虞機張往省栝于厥度則釋鄭氏注云弩已張從機閒視栝與所射參相得乃後釋弦發矢故云拊栝猶省栝也震爲語以下虞義也

子曰小人不恥不仁不畏不義

注 謂

否也以坤滅乾爲不仁不義坤爲恥爲義乾爲仁爲畏者也不見利不動不威不懲注否乾爲威爲利巽爲近利謂否五之初成噬嗑市离日見乾爲見利震爲動故不見利不動五之初以乾威坤故不威不懲震爲懲也

小懲而大誡此小人之福也注艮爲小乾爲大五下威初坤殺不行震懼虩虩故小懲大誡坤爲小人乾爲福以陽下陰民説无疆故小人之福也易曰屨校滅止无咎此之謂也疏謂否至者也○此以下皆虞義也噬嗑否五之初否小人道長故小人謂否也否消卦故以坤滅乾爲不仁不義坤辱爲恥畏與威通乾爲威故爲畏也○否乾至懲也○乾爲君君道威嚴故爲威利四德之一乾以美利利天下故爲利巽近利市三倍利者義之和後世不以義爲利而以利爲利否

坤小人之見利巽之近利市三倍皆以利爲利者也神農日中爲市取諸噬嗑故成噬嗑市离爲日相見乎离乾五之初外體离故离日見乾爲見利說卦曰震動也動萬物者莫疾乎雷故震爲動樂緯動聲儀曰風雨動魚龍仁義動君子財色動小人故不見利不動俗本動作勸非也徵古文懲震恐懼虩虩故爲懲也○艮爲至福也○艮爲少男故爲小陽稱大故乾爲大五之初體震故坤殺不行坤爲虎刑春生秋殺故坤爲殺震來虩虩又恐懼脩省故震懼虩虩否五之初巽象半見有益象故以陽下陰民說无疆震恐懼致福故小人之福也

善不積不足以成名惡不積不足以滅身【注】乾爲積善陽稱名坤爲積惡爲身以乾滅坤故滅身者也**小人以小善爲无益而弗爲也以小惡爲无傷而弗去也**【注】小善謂復初小惡謂遘初**故惡積而不可弇辠大而不可解**【注】謂陰息遘至遯子弒其父故惡積而不可弇息遯

成否以臣弑君故辠大而不可解易曰何校滅耳凶【疏】乾爲至者也○此以下皆虞義也噬嗑自否來否陰消陽弑父弑君噬嗑明罰敕法之家五來滅初小懲大誠所以絕惡于未萌而起教于微眇上六迷復辠大惡積故發其義于上九爻也乾爲善自一乾以至三乾成故爲積善初不成名陽立于三故成名也坤爲惡坤初消乾成遯及否故爲積惡坤消至上窮上反下乾來滅坤故滅身者也○小善至遘初○陽始見尚小故小善謂復初遘初消陽故小惡謂遘初易大傳逸篇曰正其本萬事理君子愼始差以豪氂謬以千里小善弗爲小惡弗去由辨之不早辨也○謂陰至可解○陰生亦稱息息遘至遯艮子弑父其初難知息遘及遯則著矣誠中形外故惡積而不可弇也息遯成否坤臣弑君故辠大而不可解乾爲君爲父內體爲父外體爲君艮消乾三坤消乾五艮子道坤臣道故有此象也子曰危者安其位者也亡者保其存者也亂者有其治者也【注】否上爲危坤爲安爲亡爲亂乾爲治陽爲存否泰反其

類故危者安其位亡者保其存亂者有其治者也是故君子安而不忘危存而不忘亡治而不忘亂注君子大人謂否五也安者危之漸存者亡之機治者亂之萌唯君子知之故不忘也是以身安而國家可保也注坤爲身謂否反爲泰君定位于内而臣忠于外故身安而國家可保也易曰其亡其亡繫于苞桑疏否上至者也○否上爲危虞義也上九以陽居陰體乾亢龍盈不可久故危文言曰知進退存亡而不失其正者其唯聖人乎荀氏注云存謂五爲陽位故知陽爲存泰反爲否否反爲泰故反其類○君子至忘也○君子大人謂否五虞義也九五休否大人吉故云君子大人謂否五陸績謂五在否家雖得中正常自懼以危亡之事是不忘之義也○坤爲至保也○此虞義也否終則傾故否反成泰君定位于内則國可保臣忠于外則家可保也下繫十一爻首咸咸至

遘六日七分陰始消陽陸績謂自此以上皆否陰滅陽之卦舉之以示愼始之義也子曰德薄而位尊注鼎四也离九四凶惡小人故德薄四在乾位故位尊知少而謀大注兌爲少知乾爲大謀四在乾體故謀大力少而任重注五至初體大過本末弱故力少乾爲仁故任重以爲已任不亦重乎尟不及矣注尟少也及及于刑易曰鼎折足覆公餗其刑屋凶言不勝其任也疏鼎四至位尊○此以下皆虞義也鼎四爻辭故云鼎四也四體离离四𠫓如其來如不孝子𠫓出不容于內故爲凶惡小人二至四體乾乾爲德繫上曰天尊地卑乾坤定矣虞彼注云天貴故尊四在乾位乾體不正故德薄而位尊也○兌爲至謀大○兌爲少女故爲少坤爲知本地親下故兌爲少知乾爲大坎爲謀本天親上故乾爲大謀○五至至重乎○論語曰仁以爲已任不亦重乎禮表記曰子曰仁之爲器重舉者莫能

山東省立圖書館
SHANTUNG PROVINCIAL LIBRARY

勝也又曰中心安仁者天下一人而已矣大雅曰德輶如毛民鮮克舉之我儀圖之惟仲山甫舉之愛莫助之毛萇詩傳云愛隱也言隱微之閒人莫能助故大學謂之誠荀子謂之獨乾元為仁隱在初德輕而莫舉故曰重也○尟少至于刑○尟亦作尠釋詁曰尠寡也郭注云謂少故云少也俗作鮮刑謂屋中之刑周禮之屋誅也義詳鼎卦

子曰知幾其神乎注幾謂陽也陽在復初稱幾此謂豫四也惡鼎四折足故以此次言豫四知幾而反復初也君子上交不諂下交不瀆其知幾乎注震為交為笑言笑言諂也坎為瀆三盱豫上交諂也上冥豫下交瀆也二欲四復初得正元吉故其知幾乎幾者動之微吉之先見者也注陽見初成震故動之微復初元吉吉之先見者也君子見幾而作不俟終日易曰介于石

不終日貞吉介如石焉寧用終日斷可識矣【注】小畜离爲見震爲作艮待爲竢故見幾而作不竢終日坤爲用終變成离离爲日憂悔吝者存乎介能識小疵故介如石焉寧用終日斷可識矣君子知微知章知柔知剛萬夫之望【注】微謂初隱以之顯故知微知章柔謂豫初剛謂豫四四當之初故知柔知剛坤爲萬震爲夫四之初以一持萬乾元用九而天下治故萬夫之望【疏】幾謂至初也○此虞義也豫二爻辭二欲四復初故云此謂豫四四與初應鼎四不知幾故折足豫四知幾而反初故以此次言也○震爲至幾乎○二欲四復初是不諂也已得休之是不瀆也論語曰巧言令色足恭孟子曰脅肩諂笑故云笑言諂也坎爲溝瀆故爲瀆三諂上瀆唯知幾之君子不諂不瀆復初元吉四之初得正元吉故其知幾

乎○陽見至者也○此虞義也陽見初成震震爲動故動之微初即一也一即元也呂氏春秋曰元者吉之始也古文一與壹通天地壹壹从壺吉天壹地壹天先而地後陽稱幾故幾有吉而无凶復初九云不遠復无祇悔元吉故吉之先見者也○小畜至識矣○豫旁通小畜小畜體离离爲見震爲作足故爲作釋言曰竢待也艮爲待故艮待爲竢俗作俟也豫體震小畜體巽震巽特變故終變成离謂變小畜也○微謂至之望○初尚微故微謂初漢書贊曰司馬遷稱易本隱以之顯易氣從下生自微及著隱以之顯誠不可弇故知微知章豫初陰不正四陽不正四之初剛柔相易各得其正故知柔知剛以一持萬荀子文復初乾元也元一也一以貫之故以一持萬乾元用九成既濟定故天下治乃萬夫之望也

子曰顏氏之子其殆庶幾乎【注】幾者神妙也顏子知微故殆庶幾孔子曰回也其庶幾也

有不善未嘗不知知之未嘗復行也【注】復以自知謂顏回不遷怒不貳過克己復禮天下歸仁易

曰不遠復无祇悔元吉疏幾者至幾也○此以下皆虞義也上曰知幾其神乎說卦曰神也者妙萬物而爲言者也故云幾者神妙也幾者勤之微顏子知幾故殆庶幾乎言庶乎知幾微之道也孔子曰回也其庶幾也者論語文今論語無幾字也作乎蓋虞所見本異也○復以至歸仁○卦本純坤坤積不善復亨剛反窮上反下知不善而反于善故復以自知復初乾也乾知大始故云知也顏淵不遷怒不貳過者論語文遷怒貳過皆不善之事中庸曰子曰回之爲人也擇乎中庸得一善則拳拳服膺而不失之矣復之初中也即一善也得而守之即是不遷怒不貳過之事克己復禮天下歸仁者亦論語文說文曰克之象肩也其義任也曾子曰仁以爲己任詩敬之曰佛時仔肩毛傳云仔肩克也鄭箋云任也克己復禮以身任中道禮中也孟子曰湯武反之也又曰湯武身之也反之者復以自知得善弗失之謂也身之者克己復禮之謂也春秋昭十二年傳云仲尼曰古也有志克己復禮仁也則古有是言天下歸仁爲仁之效也引之以證顏子知幾之事也

天地壹壺萬物化醇注謂泰上也先說否否反成

泰故不說泰天地之元吉凶未形故曰壹壹泰初之上成損天地交萬物通故化醇男女覯精萬物化生注艮爲男兑爲女故男女覯精乾爲精損反成益萬物出震故萬物化生易曰三人行則損一人一人行則得其友言致一也注陰陽合德故致一疏謂泰至化醇○泰初之上故謂泰上上說否五故先說否否反成泰否泰反其類故不說泰而說損也此虞義也廣雅曰壹壹元氣也故云天地之元說文云壹从壺吉聲又云壹壹壹也从凶从壺若然天地壹壹吉凶藏于內故未形魏伯陽以天地壹壹爲復之一爻交坤故參同契曰易有三百八十四爻據爻摘符符謂六十四卦晦至朔旦震來受符當斯之際天地覯其精日月相撢持雄陽播玄施雌陰化黃包混沌相交接權輿樹根基經營養鄞鄂凝神以成軀衆夫蹈以出蝡動莫不由是言天地合德萬物化醇化生之義泰初之上以下亦虞義也泰者通也泰初之上乾交于坤故

云天地交萬物通○艮爲至化生○此虞義也乾純粹精故爲精管子曰一氣能變曰精蓋一則精貳則惑天地壹壹男女覯精皆有致一之義損反益也故云損反成益益下體震故萬物出震也○陰陽至致一○陰陽合德謂天地雜保太和日月戰之時陰陽合德一也一乃化端故云言致一也

子曰君子安其身而後動注謂反損成益君子益初也坤爲安身震爲後動易其心而後語注乾爲易益初體復心震爲後語定其交而後求注震專爲定爲交謂剛柔始交艮爲求君子脩此三者故全也注否上之初損上益下其道大光自上下下民說无疆故全也危以動則民不與也注謂否上九高而无位故危坤民否閉故不與懼以語則民不應也注否上窮災故懼上不之初故民不應坤爲

民震爲應也无交而求則民不與也【注】上不交初故无交震爲交莫之與則傷之者至矣【注】上不之初否消滅乾則體剥傷故傷之者至矣易曰莫益之或擊之立心勿恒凶【疏】謂反至後動○此以下皆虞義也承上損六三來故云損反成益益自否來坤民否閉上來益初得位故稱君子益初脩此三者故全也危以動以下皆指否也○乾爲至後語○乾謂否乾益初互復復其見天地之心故體復心也○震專至爲求○說卦曰震爲專乾其靜也專故爲定上之初故云剛柔始交也○否上至全也○虞注否上九曰下反於初成益體震故後喜否上之初有此三者損上益下以下益彖傳文釋全義也○謂否至不與○否上與乾上同義故高而无位孝經曰高而不危說文曰危在高而懼也上九高而无位故危天地不交故坤民否閉上九无民故民不與也○否上至應也○文言釋乾上九曰忼龍有悔窮志災也否上義同故懼也○上不至爲交○上交初以貴下賤大得民上不交初是无交也故民不與○上不

至至矣○益本否卦故上不之初則否消滅乾消四至五體剥剥六四云剥牀以膚凶故體剥傷之者至矣

周易述卷十七

清雅雨堂本周易述

第三册

清 惠棟撰

山東省圖書館藏清乾隆二十五年德州盧氏雅雨堂刻本

山東人民出版社·濟南

周易述卷十八

元和惠棟集注并疏

繫辭下傳

子曰乾坤其易之門邪注陰陽相易出入乾坤故曰門乾陽物也坤陰物也注陽物天陰物地陰陽合德而剛柔有體注合德謂天地雜保太和日月戰乾剛以體天坤柔以體地以體天地之撰以通神明之德注撰數也天地之數五十有五演之爲五十用之爲四十九蓍者幽贊于神明而生故以體天地之撰以通神明之德其稱名也雜而不越注名謂卦名陰陽雖錯而卦象各有次

第不相踰越於稽其類其衰世之意邪注於嗟也稽考也類者雜之反也三稱盛德上稱末世乾終上九動則入坤坤爲亂震爲世陽出復震入坤出坤故衰世之意邪夫易章往而察來而微顯闡幽開而當名注神以知來知以藏往微者顯之謂從復成乾是察來也闡者幽之謂從遘之坤是章往也陽息出初故開而當名辯物正言斷辭則備矣注復小而辯于物故辯物震爲言正陽在下初帥其辭故正言繫辭焉以斷其吉凶故斷辭原始要終故備矣其稱名也小注謂乾坤與六子俱名八卦而小成故小其取類也大注謂乾陽也爲天爲父

觸類而長之故大其旨遠其辭文【注】遠謂乾文謂坤其言曲而中其事肆而隱【注】曲詘肆直中得也陽曲初震爲言故其言曲而中坤爲事隱未見故肆而隱也因貳以濟民行以明失得之報【注】貳當爲式謂乾與坤也坤爲民乾爲行行得則乾報以吉行失則坤報以凶也【疏】陰陽至曰門○此虞義也以陰易陽以陽易陰故云陰陽相易陽息震爲出陰消巽爲入故云出入乾坤門所以出入者故云易之門也○陽物至物地○此荀義也謂純乾純坤時也○合德至體地○此虞義也文言曰夫玄黄者天地之雜也謂乾坤合居也乾彖傳曰乾道變化各正性命保合大和乃利貞六爻皆正爲各正性命六爻皆應爲保合大和應亦有合義也坎月离日三十日一會于壬虞注師彖傳曰以离日坎月戰陰陽是日月戰也皆陰陽合德之事乾剛坤柔乾天坤地言陰陽同處則合德分之則剛柔各有體也○撰數至之德

○撰數九家義也天地之數五十有五而五爲虛故演之爲五十大衍之數五十而一不用故用之爲四十九是體天地之撰也所用四十九蓍也蓍者聖人幽贊于神明而生用以作易者是通神明之德也但陰陽合德之時聖人探嘖索隱幽贊于神明于是取天地之數演之爲五十用四十有九以作易蓍以七也卦以八也爻以九六也故以體天地之撰以通神明之德也○名謂至踰迭○此九家義也周禮太卜三易其經卦皆八其別皆六十四名謂六十四卦之名故云名謂卦名虞注下傳六爻相雜云陰陽錯居曰雜六十四卦陰陽雖錯各有次序如屯坎二之初蒙艮之二此之卦之次序也如中孚爲十一月升爲十二月此卦氣之次序也如復爲乾世遘爲坤世此八宮之次序也如上篇天道下篇人事此二篇之次序也故云卦象各有次第不相踰迭也○於嗟至意邪○上云雜而不迭是類也荀子曰以類行雜故云類者雜之反也三稱盛德已下虞義也乾爲積德陽成于三故三稱盛德上爲末故上稱末世乾盈動傾故乾終上九動則入坤坤反君道故爲亂震繼世故爲世乾終上九爲入坤陽出復震爲出坤神農氏繼庖犧而作者神農氏衰而黃帝作少昊氏衰而顓頊

作高辛氏衰而堯舜作黃帝堯舜通其變使民不倦易窮則變變通則久入坤出坤以類行雜皆承衰世之後窮變通久易之道也故云其衰世之意邪○神以至當名○此虞義也乾神知來坤知藏往復初爲微至三成乾隱以之顯故曰微者顯之以乾照坤故謂從復成乾是察來也倉頡篇曰闡開也幽隱也幽者闡之反呂氏春秋曰隱則勝闡是也乾終上九動而入坤故闡者幽之幽謂坤也坤消乾自遘故謂從遘至坤是章往也坤終于亥則乾出于子故陽息出初闢戶謂之乾陽稱名故開而當名也○復小至備矣○辯別也陽出復初尚小始于坤別故復小而辯于物震爲言乾鑿度曰坤變初六復正陽在下爲聖人初帥其辭下傳文帥亦正也故云正言繫辭焉所以告也定之以吉凶所以斷也故斷辭以乾原始以坤要終故備矣○謂乾至故小○此虞義也庖犧觀變于陰陽而立卦乾坤各三爻共有六爻陽變成震坎艮陰變成巽离兑六爻三變三六十八十有八變而成卦名成于三故名八卦而小成三微成著三著成體之時故小也○謂乾至故大○此虞義也庖犧引信三才兼而兩之爲六畫三才謂乾三爻故乾爲天爲父觸動也謂六畫以成六十四卦故觸類而長之

陽稱大爲天爲父故大也○遠謂至謂坤○此虞義也○曲詘至隱也○此虞義也曲詘同義故云曲詘下傳云失其守者其辭詘虞彼注云巽詰詘陽在初守巽初陽入伏陰下故其辭詘若然陽曲初亦謂陽伏巽下也三倉曰中得也周禮師氏云掌國中失之事注云故書中爲得杜子春云當爲得記君得失史記封禪書康后與王不相中周勃傳勃子勝尚公主不相中皆訓爲得呂氏春秋曰禹爲司空以中帝心高誘注云中猶得是中得同義故云中得也陽爲得震初得位又爲言故其言曲而中樂記曰肆直而慈愛故肆爲直直謂陽也巽初坤也坤爲事初隱未見巽稱而隱故其事肆而隱也○貳當至凶也○此鄭虞義也貳从弍弍爲古文二故云貳當爲弍大極分而爲二故弍謂乾與坤也坤爲民天行健故乾爲行失謂坤得謂乾乾吉坤凶故行得則乾報以吉行失則坤報以凶也

易之興也其於中古乎**注**中古謂文王作易者其有憂患乎**注**文王蒙大難而演易故作易者其有憂患乎傳曰

作者之謂聖是故履德之基也注履二幽人之貞中不自亂四履虎尾虩虩終吉故德之基春秋傳曰郤子无基凡言德皆陽爻嗛德之柄也注坤爲柄乾上降三天道下濟故德之柄復德之本也注復初乾之元中行獨復故德之本恒德之固也注立不易方故德之固損德之脩也注懲忿窒欲所以脩德益德之裕也注見善則遷有過則改德之優裕者也困德之辯也注辯别也遭困之時君子小人之德于是别也井德之地也注改邑不改井故德之地巽德之制也注君子制義故德之制履和而至注嗛與履通嗛坤柔和故履和而至嗛尊而

光注九三升五故尊而光復小而辯于物注復初小善故云小辯之早故辯于物恒雜而不厭注乾初之四坤四之初故雜震巽特變震究爲蕃鮮巽究爲躁卦故不厭損先難而後易注損初之上失正故先難終反成益得位于初故後易易其心而後語益長裕而不設注巽爲長益德之裕故長裕設大也攷工記曰中其莖設其後坤三進之乾乾上之坤初遷善改過陰稱小上之初體復小故不設困窮而通注陽窮否上變之坤二成坎坎爲通故困窮而通井居其所而遷注井德之地故居其所能遷其施故遷也巽稱而隱注巽德之制故稱巽

陽隱初故隱履以和行注禮之用和爲貴嗛震爲行故以和行嗛以制禮注陰稱禮旁通履履者禮也九三升五以一陽制五陰萬民服故以制禮復以自知注有不善未嘗不知故自知也恒以一德注一謂初終變成益從一而終故以一德損以遠害注坤爲害泰以初止坤上故遠害乾爲遠益以興利注震爲興乾爲利上之初利用大作耒耨之利故以興利困以寡怨注坤爲怨否弑父與君乾來上折坤二故寡怨坎水性通故不怨也井以辯義注坤爲義以乾別坤故辯義也巽以行權注巽制義故行權春秋傳曰權者反于經然後有善者也

疏中古謂文王○漢書藝文志曰易道深矣人更三聖世歷三古孟康云伏羲爲上古文王爲中古孔子爲下古故云中古謂文王若虞氏之義以爲文王書經系庖犧于乾五乾爲古五在乾中故興于中古則庖犧以前爲上古今知不然者下傳云易之興也其當殷之末世周之盛德邪當文王與紂之事邪與此傳皆言易之興但易有興有廢庖犧氏没而易廢神農氏作而易興則神農以前爲上古神農氏没而易廢黄帝堯舜氏作而易興歷夏商周皆然則文王以前爲中古春秋之世世衰道微孔子作十翊而易道復興則孔子之時爲下古明夷彖傳云内文明而外柔順以蒙大難文王以之傳謂作易者其有憂患乎正謂文王庖犧之時世尚淳樸不得以憂患目之馬氏荀氏鄭氏皆以文王爲中古義當然也○文王至謂聖○春秋襄三十年傳云紂囚文王七年史記周本紀謂西伯囚羑里益易之八卦漢書司馬遷謂西伯拘而演周易尋西伯亦述庖犧之易而云作者繫上云庖犧氏没神農氏作神農氏没黄帝堯舜氏作神農黄帝堯舜皆述庖犧之易而亦云作樂記曰作者之謂聖庖犧作易文王繫辭今所作二篇是也聖人制作皆云作故亦云作易者也○履二至陽爻

○履通嗛嗛之坤土爲基文王幽于羑里演易明道文致太平履之九二失位在坎獄中而不失其常終免于難九四變得位履虎尾而虩虩多懼終行其志春秋成十三年傳云禮人之幹也敬身之基也郤子无基言郤錡不敬故无基明履爲德之基也凡言德皆陽爻虞義也乾爲德故凡言德皆陽爻言此九卦之德皆指陽爻也○坤爲至之柄○此虞義也坤爲柄說卦文嗛從乾來乾上降坤三乾爲天天道下濟致恭以存其位故德之柄也○復初至之本○此虞義也復之初九乾元也即太極也太極爲中初九爲獨中行獨復故德之本初爲本也○立不至之固○此虞義也恒唯九三一爻得正不動故立不易方貞固足以幹事故德之固○徵忿至脩德○此荀義也徵忿窒欲損象傳文虞氏云乾陽剛武爲忿坤陰吝嗇爲欲損乾之初成兑說故徵忿初上據坤艮爲山故窒欲徵忿窒欲脩德之事故德之脩○見善至者也○此荀義也見善則遷有過則改益象傳文虞氏云乾爲善坤爲過坤三進之乾四故見善則遷乾上之坤初改坤之過故有過則改周語曰布施優裕故爲德之優裕若然虞注晉初六曰坤弱曰裕此以裕爲美德者韋昭注周語云裕緩也馬融注蠱六四云

裕寬也文王處憂患之地長裕不設獨行自然故以裕爲美德也○辯别至别也○此鄭義也九二困而不失其所其唯君子六三困于石據于蒺藜失其所矣故云君子小人之德于是别也○改邑至之地○經曰改邑不改井虞彼注云乾初之五折坤故改邑初爲舊井四應甃之故不改井井法也下傳云井居其所爲不改其井之法故德之地坤爲地也○君子至之制○說文制作𠛐云裁也从刀从未未物成有滋味可裁斷是制爲裁斷也成八年傳云大國制義下傳云巽稱而隱又云巽以行權是制義之事故德之制○嗛與至而至○此虞義也嗛與履旁通嗛體坤坤至柔又爲和順故嗛坤柔和坤爲至故履和而至○九三至而光○嗛彖傳云嗛尊而光謂三升五尊位故尊而光也○復初至于物○上傳曰小人以小善爲无益而弗爲也虞彼注云小善謂復初故云復初小善故云小乾陽物爲善辨之早坤陰物爲不善由辨之不早辨也有不善未嘗不知辨之早故辨于物也○乾初至不厭○恒自泰來故云乾初之四坤四之初虞下注云陰陽錯居稱雜故云雜也震雷巽風故特變震究爲巽巽爲白故爲蕃鮮巽究爲震震爲決躁故爲躁卦是不厭之義也○損初至後語

○此虞義也損泰初之上以陽居陰失正故先難損極則益故終反成益益初得正故後易易其心而後語上傳文虞彼注云乾爲易益初體復心震爲後語也○巽爲至不設○設大也至設其後鄭義也攷工記桃氏曰中其莖設其後鄭彼注云從中以卻稍大之也後大則於把易制知設訓爲大坤三進之乾爲遷善乾上之坤初爲改過初至四體復象陽息復時尚小故不設○陽窮至而通○此虞義也困否二之上否時陽窮于上故變之坤二彼經云困亨否上之二體坎乾坤交故窮而通也○井德至遷也○改邑不改井故德之地居其所不遷也井養不窮是遷其施也○巽德至故隱○孟子曰權然後知輕重趙岐注云權銓衡也所以稱輕重巽德之制故爲稱也乾伏巽初龍德而隱故爲隱也○禮之至和行○此虞義也禮之用和爲貴論語文履者禮也論語又云有所不行知和而和不以禮節之亦不行也履以和行謂以禮節之而行也履旁通嗛嗛震爲行故以和行也○陰稱至制禮○此虞義也坤陰爲禮樂記曰大樂必易大禮必簡又云樂由天作禮以地制故云陰稱禮也○有不至知也○此虞義也○一謂至一德○此虞義也恒六五傳曰從一而終虞彼注云一謂

初終變成益以巽應初震故從而終恒德之固故一德也○坤爲至爲遠○此虞義也坤陰爲害泰初之上體艮艮爲止故以初止坤上以乾止坤乾爲遠故遠害也○震爲至興利○震起爲興否上之初初九利用爲大作虞彼注云大作謂耕播耒耨之利萬民以濟故興利也○坤爲至怨也○此虞義也坤陰爲怨困自否來否三弑父與君乾上之二折坤體怨黷不作故寡怨上之坤體坎坎水性通困窮而通故不怨也○坤爲至義也○此虞義也坤爲地地道曰義故爲義辨別也井自泰來泰初之五以乾別坤故辨義也○巽制至者也○巽德之制故以制義巽稱而隱鄭注月令云稱錘曰權故以行權權者反于經然後有善者也公羊桓十一年傳文九家所引以釋行權之義也

易之爲書也不可遠注法象在内故不遠爲道也婁遷注遷徙也日月周流上下无常故婁遷變動不居周流六虛注變易動行六虛六位也日月周流終則復始故周

流六虚謂甲子之旬辰巳虚坎戊爲月离己爲日入在中宫其處空虚故稱六虚五甲如次者也上下无常剛柔相易【注】上謂乾二坤初及三也下謂坤五乾四及上也相易謂二與五初與四三與上乾剛坤柔相易得位也不可爲典要唯變所適【注】典要道也上下无常故不可爲典要適乾爲晝適坤爲夜其出入以度外内使知懼【注】出乾爲外入坤爲内日行一度故出入以度出陽知生入陰懼死故使知懼也又明於憂患與故【注】神以知來故明憂患知以藏往故知事故无有師保如臨父母【注】陰陽之初萬物之始故无有師保乾爲父坤爲母

乾坤之元故如臨父母初帥其辭而揆其方注初始下也帥正也謂修辭立誠方謂坤也以乾通坤故初帥其辭而揆其方既有典常苟非其人道不虛行注其出入以度故有典常曲禮曰假尒泰龜有常假尒泰筮有常令文尚書曰假尒元龜罔敢知吉是无典常也苟誠也其人謂乾爲賢人神而明之存乎其人不言而信存乎德行中庸曰待其人而後行故不虛行也疏法象至不遠○法象在内故不遠大戴禮文王官人文法象莫大乎天地成象之謂乾爻法之謂坤易麗乾藏坤故不遠○遷徙至婁遷○此虞義也遷徙釋詁文日月謂坎离坎离爲乾坤二用周流行于六位之中故婁遷也○變易至者也○此虞義也六虛謂六爻之位故云六位也參同契曰日合五行精月受六律紀五六三十度度竟復更始故

云日月周流終而復始六位謂之六虛者六甲孤虛法也天有六甲地有五子日辰不全故有孤虛裴駰曰甲子旬中无戌亥戌亥爲孤辰巳爲虛坎納戊离納己參同契曰天地設位而易行乎其中矣易謂坎离坎离者乾坤二用二用无爻位周流行六虛往來既不定上下亦无常幽潛淪匿變化于中包囊萬物爲道紀綱以无制有器用者空故推消息坎离滅亡又云坎戊月精离己日光日月爲易剛柔相當土王四季羅絡始終青赤黑白各居一方皆禀中宫戊己之功故云入在中宫其處空虛故稱六虛也五甲如次者謂甲戌旬中无申酉申酉爲孤寅卯爲虛甲申旬中无午未午未爲孤子丑爲虛甲午旬中无辰巳辰巳爲孤戌亥爲虛甲辰旬中无寅卯寅卯爲孤申酉爲虛甲寅旬中无子丑子丑爲孤午未爲虛故云五甲如次者也○上謂至位也○上言坎离周流于六虛此兼言六爻升降易位之事乾二居坤五坤初居乾四坤三居乾上故上謂乾二坤初及三也或如嗛大壯之三四升坤五或如需之上六舉坎以降陽故无常也乾二坤五二五相易也乾初坤四初四相易也乾上坤三三上相易也故云相易謂二與五初與四三與上也或有二爻相比而相易或有爻變受

成而相易也乾剛坤柔以剛易柔以柔易剛各得其位故剛柔相易也○典要至爲夜○此虞義也釋言曰典經也下傳云既有典常故云典要道也其爲道也婁遷故不可爲典要鄭注大學云之適也如乾五動是乾之大有也坤五動是坤之比也又震巽特變如豫終變成小畜恒終變成益也故云唯變所適剛柔者晝夜之道故云適乾爲晝適坤爲夜柔變剛適乾也剛化柔適坤也○出乾至懼也○此虞義也三日出震爲出乾十六日退巽爲入坤以出入爲外内也日一日一夜而周一度乾爲日坤爲夜出乾入坤故出入以度陽主生陰主死故出陽知生入陰懼死知生懼死辨之早也○神以至事故○此虞義也聖人以此先心故神以知來先知吉凶興利遠害故明憂患故謂往故坤智藏往故知事故○陰陽至父母○師保生成皆後起之事陰陽之初萬物之始故无有師保物之始生受之以蒙乃有師保也乾坤之元中孚咸時也中孚至復咸至遘隱以之顯乾坤致用故如臨父母戒愼恐懼之時也○初始至其方○此虞義也初始謂初九也陽在下故云下也正陽在下故初帥其辭息至二當升五二陽不正故脩辭立誠二本陰位故以乾通坤乾當居坤初三五之位故揆

其方也○其出至行也○此虞義也日行一度度有經
常故有典常曲禮云者證易之有常也今文尚書者伏
生尚書西伯戡黎文今作格人俗儒改假爲格訛尒爲
人失其義矣神以知來故吉凶可知网敢知吉是无典
常也郭璞三倉解詁曰苟誠也九二升坤五故爲賢人
聖人幽贊于神明而生蓍故神而明之存乎其人信在
言前故不言而信易簡之善配至德故存乎德
行中庸云者證非其人則既濟之功不行也

易之爲書也原始要終以爲質也注質本也以乾原始以坤要終謂原始及終以知死生之說六爻相雜唯其時物也注陰陽錯居稱雜時陽則陽時陰則陰故唯其時物乾陽物坤陰物其初難知其上易知本末也注本末初上也初尚微故難知爻象動内吉凶見外故易知初辭擬之卒成之終注初帥其辭擬之而後言故初辭擬

之卦成于上上爲終故卒成之終若夫雜物撰德辯是與非則非其中爻不備注撰德謂乾辯别也是謂陽非謂陰也中正也乾六爻二四上匪正坤六爻初三五匪正故非其中爻不備道有變動故曰爻也噫亦要存亡吉凶則居可知矣知者觀其彖辭則思過半矣注存亡吉凶所謂要終者也居辭也彖辭卦辭卦辭猶舉六爻之義故思過半矣二與四同功而異位注乾五爲功二應五四承五故同功二爲大夫四爲諸侯故異位其善不同二多譽四多懼近也注乾爲善二正應五故多譽四近承五故多懼傳曰近而不相得則凶柔之爲道不

利遠者其要无咎其用柔中也注柔當承剛故不利遠傳曰困蒙之吝獨遠實也柔中謂六二三與五同功而異位注三有佐五之功故同功三爲三公五爲天子故異位三多凶五多功貴賤之等也注三過中故多凶功歸于五故五多功五貴三賤爻有等故云貴賤之等其柔危其剛勝邪注謂三勝稱也疏質本至之說○此虞義也廣雅曰素本也質素同義故云質本也乾元萬物資始故以乾原始坤用六以大終故以坤要終原始及終以知死生之說上繫文乾知生坤知死故原始及終以知死生之說說讀爲舍也○陰陽至陰物○此虞義也六爻陰陽錯居故云雜爻之變化有時故云時陽則陽時陰則陰乾陽物坤陰物上傳文○本末至易知○大過彖傳曰棟橈本末弱也謂初上二爻故知本末謂初上也天道三微而成著故初尚微吉凶未定故難知也爻象動內吉凶見

外上傳文內謂初外謂上爻至上而吉凶始見故易知也○初帥至之終○初稱擬擬之而後言擬者未定之辭故初辭擬之一卦吉凶存亡之義至上而具故卦成于上上者一卦之終故卒成之終○撰德至爻也○此虞義也承上六爻相雜來雜物即六爻相雜唯其時物是也乾爲德故撰德謂乾鄭氏曰撰算也是非猶善惡故是謂陽非謂陰也六爻不皆中故中謂正也乾六爻二四上失位故非正坤六爻初三五失位故非正乾鑿度曰陰陽失位皆爲不正鄭彼注云初六陰不正九二陽不正是也若然乾二居坤五乾四居坤初乾上居坤三坤五居乾二坤初居乾四坤三居乾上則六爻得位成兩既濟天地人之道備故非其中則爻辭不備也道有變動故曰爻下傳文○存亡至半矣○此申要終之義也居音基居辭鄭王肅義也陽爲存陰爲亡乾爲吉坤爲凶乾吉則存坤凶則亡知存知亡故居可知矣彖辭卦辭馬義也卦辭猶舉一卦六爻之義言不一一舉故云猶舉如屯卦辭不利有攸往利建侯謂初也蒙卦辭匪我求童蒙童蒙求我我謂二童蒙謂五初筮告再三瀆瀆則不告初筮謂初再三謂三四屯重既濟以初九爲一卦之主故止舉一爻蒙則兼舉五爻故云思過

半矣他卦卦辭皆放此○乾五至巽位○此下陳二四
三五爻之義亦所謂要終者也六爻以二五爲中和卦
二五兩爻又以五爻爲主乾五爲功故凡言功皆指五
或以二四同在陰位三五同在陽位故同功非易之例
也二爲大夫四爲諸侯乾鑿度文言二四皆有承五之
功而位則異也○乾爲至則凶○乾爲善亦謂五也二
四皆承五二居中而應五故多譽四不中而近五故多
懼凡卦相比而不相害則吉近而不相得則凶故引下
傳以爲證也○柔當至六二○此申二多譽之義柔利
承陽遠則不利蒙六四之吝遠于陽也二遠于五所以
多譽而无咎者以其用柔居中而應五也其要者亦要
終之義也○三有至異位○功者五之功而三佐之故
同功三爲三公五爲天子亦乾鑿度文○三過至之等
○揚雄論乾六爻之義云過中則惕三過中故多凶也
六爻之功皆歸于五故五多功易之例陽貴陰賤今三
陽而稱賤者三多凶陽吉陰凶故謂之賤且三對五言
不得云貴繫上云卑高以陳貴賤位矣又云列貴賤者
存乎位又云崇高莫大乎富貴貴皆謂五故五在三不
得言貴也若據陰爻亦得言貴屯初九傳云以貴下賤
大得民是也若爻不善亦不得言貴頤初九傳云觀我

柔頭亦不足貴是也爻有等下傳文乾爲善三多凶故不言其善也○謂三勝稱也○下傳云其辭危虞彼注云危謂三故知其柔其剛皆謂三也勝稱同物故云勝稱也上云非其中爻不備故此傳論二爻之義云其要无咎其用柔中也論三爻之義云其柔危其剛勝邪以陽居陽故稱也

易之爲書也廣大悉備【注】有天地人之道故悉備以言乎天地之閒則備矣有天道焉有人道焉有地道焉【注】道謂陰陽剛柔仁義之道所謂性命之理也兼三才而兩之故六【注】參天兩地爲六畫故六也六者非它也三才之道也【注】六爻之動三極之道故三才之道也道有變動故曰爻【注】爻也者效天下之動者也爻有等故曰物【注】聖人有以見天下之動而觀其會通以行其等禮故

爻有等乾陽物坤陰物故爲物物相雜故曰文【注】純乾純坤之時未有文章陽物入坤陰物入乾更相雜成六十四卦乃有文章故曰文文不當故吉凶生焉【注】不當謂不當位當則生吉不當則生凶故吉凶生也【疏】有天至備

矣○繫上曰夫易廣矣大矣荀彼注云以陰易陽謂之廣以陽易陰謂之大下云以言乎天地之閒則備矣天天道也地地道也天地之閒人道也大衍之數備三才故廣大悉備也○道謂至理也○說卦曰立天之道曰陰與陽立地之道曰柔與剛立人之道曰仁與義六者原本于性命故云性命之理下云兼三才而兩之是順性命之理也○參天至六也○說卦云兼三才而兩之故易六畫而成卦虞彼注云謂參天兩地乾坤各三爻而成六畫之數也○六爻至道也○六爻之動三極之道上繫文三極謂天地人即三才故云三才之道也○爻也至者也○道即三才之道爻也者效天下之動者也上傳文虞彼注云動變也謂兩三才爲六畫則發揮

于剛柔而生爻也○聖人至爲物○聖人有以見天下之動而觀其會通以行其等禮上繫文道有變動故曰爻乾坤交而通故觀其會通以行其等禮禮之有降殺本于爻之有等級故曰等禮乾陽物坤陰物上傳文言爻之陰陽自乾坤來也○純乾至曰文○此虞義也純乾純坤謂乾坤各三爻也其時未有文章鄭語曰物一無文是也乾坤交通故陽物入坤陰物入乾而成六子八卦更相錯而成六十四卦柔文剛剛文柔如五色相雜而成文章故曰文也○不當至生也○陽居陰陰居陽爲不當位乾鑿度曰陽失位爲庸人陰失位爲小人也吉凶者言乎其得失也故得位則生吉失位則生凶

易之興也其當殷之末世周之盛德邪當文王與紂之事邪**注**謂文王書易六爻之辭也末世乾上盛德乾三也

是故其辭危**注**危謂乾三夕惕若夤厲无咎故辭危也

危者使平**注**平謂三天地際故平文王則庖犧合德乾

五故危者使平也易者使傾【注】乾爲易傾謂上乾盈動傾故使傾謂紂也其道甚大百物不廢【注】大謂乾道乾三爻三十六物略其奇五故百物反復不衰故不廢也懼以終始其要无咎此之謂易之道也【注】乾稱易道知至至之可與幾也故懼以始知終終之可與存義也故懼以終終日乾乾故无咎危者使平易者使傾惡盈福嗛故易之道者也【疏】謂文至三也○此虞義也大道之行天下為公選賢與能故庖犧作易創二五升降之法以天德居天位夏商以後大道既隱天下爲家大人世及以爲禮至殷之末世紂爲无道故文王演易昌明大道書易六爻之辭而明吉凶悔吝易道廢而復興屯之六三君子以經論是文王演易文致太平之事故曰易之興也其當殷之末世周之盛德邪當文王與紂之事邪上九忼龍有悔故末世乾上謂

紂也陽成于三九三終日乾乾夕惕若夤窮神知化德之盛故盛德乾三也○危謂至危也○此虞義也承上周之盛德故知危謂乾三三多凶夕惕若夤厲无咎乾九三爻辭文言云雖危无咎故辭危也○平謂至平也○泰九三爻辭曰无平不陂虞彼注云平謂三傳曰天地際也三處天地之會故平也虞上繫注云文王則庖犧亦與天地合德庖犧德合乾五文王則之故德亦合乾五幽而演易文致太平故危者使平也○乾爲至紂也○乾以易知故乾爲易承殷之末世言故傾謂上上九忼龍盈不可久故乾盈動傾紂无道滅亡故易者使傾也○大謂至廢也○此虞義也陽稱大乾道變化故大謂乾道乾陽爻九四九三十六三爻一百八略其奇數故百物乾純粹精故爲物也終日乾乾反復道故反復不衰是不廢之義也○乾稱至者也○此虞義也乾爲易爲道故乾稱易道知至至之至謂初知終終之終謂上此文言傳釋九三義也九三知始知終雖危无咎與此傳懼以終始其要无咎同義故引以爲證天道福嗛故危者使平地道變盈人道惡盈故易者使傾嗛自乾來上九降三乾爲易道故易之道者也

夫乾天下之至健也德行恒易以知險注險謂坎也謂乾二五之坤成坎离日月麗天天險不可升故知險者也

夫坤天下之至順也德行恒簡以知阻注阻險阻也謂坤二五之乾艮爲山陵坎爲水巽高兑下地險山川丘陵故以知阻也能說諸心能揅諸侯之慮注乾五之坤坎爲心兑爲說故能說諸心坎心爲慮乾初之坤爲震震爲諸侯故能揅諸侯之慮定天下之吉凶成天下之娓娓者注謂乾二五之坤成离日坎月則八卦象具八卦定吉凶故能定天下之吉凶娓娓者陰陽之微月生震初故成天下之娓娓者是故變化云爲吉事有詳注

詳善也吉之先見者也陽出變化云爲吉事爲詳謂復初乾元者也象事知器占事知來【注】象事謂坤坤爲器乾五之坤成象故象事知器占事謂乾以知來乾五動成離則翫其占故知來天地設位聖人成能【注】天尊五地卑二故設位乾爲聖人能說諸心能研諸侯之慮故成能也人謀鬼謀百姓與能【注】乾爲人坤爲鬼乾二五之坤坎爲謀乾爲百坤爲姓故人謀鬼謀百姓與能【疏】險謂至者也○此虞義也坎爲險故云險謂坎也乾二五之坤成坎乾二五變之坤成离故云乾二五之坤成坎离坎月离日故日月麗天論語曰仲尼日月也無得而踰焉又云夫子之不可及也猶天之不可階而升也故云天險不可升也是知險之義也天險不可升也坎彖傳文○阻險至阻也○此虞義也坤二五之乾成离

坤二五動之乾成坎互體艮爲山陵坎爲水巽爲高澤
動而下故兑爲下坤爲地地險山川丘陵亦坎彖傳文
地險山川丘陵地險而阻故知阻者也○乾五至之慮
○此虞義也兑滕口説説從坎心説之深也震初獨行
不與聖人同憂擘慮從震擘之微也能説諸心故能定
天下之吉凶能擘諸侯之慮故能成天下之娓娓所謂
聖人成能也○謂乾至娓者○此虞荀義也乾二五之
坤坤二五之乾成离日坎月互有艮巽故八卦象具陽
息則吉陰消則凶故八卦定吉凶娓微同物故云娓娓
者陰陽之微三日月出震故月生震初上傳云定天下
之吉凶成天下之娓娓者莫善乎蓍龜是也知險知阻
其以此耳○詳善至者也○此虞義也乾初爲善故云
詳善也吉之先見者故吉事有詳陽出變化云爲成復
初初爲元元亦善也故復初乾元者也○象事至知來
○此虞義也坤爲事爲器乾五之坤成坎月离日日月
爲象故象事知器乾神知來乾五動之坤成离以离目
翫其占極數知來之謂占故占事知來也○天尊至能
也○此虞義也天尊五謂乾五地卑二謂坤二列貴賤
者存乎位故設位乾五爲聖人謂庖犧也説心擘慮唯
聖者能之故成能也○乾爲至與能○此虞義也人謀

謂謀及乃心也鬼謀謂謀及卜筮也百姓謂謀及卿士也朱仰之以百姓爲謀及庶人非也聖人成能故百姓與能也八卦以象告注在天成象乾二五之坤則八卦象成兌口震言故以象告也爻彖以情言注聖人之情見乎辭故爻彖以情言震爲言剛柔雜居而吉凶可見矣注乾二之坤成坎坤五之乾成离故剛柔雜居艮爲居离有巽兌坎有震艮八卦體備故吉凶可見也變動以利言注乾變之坤成震乾爲利變而通之以盡利震爲言故變動以利言吉凶以情遷注乾吉坤凶六爻發揮旁通情也故以情遷是故㤅惡相攻而吉凶生注攻摩也乾爲愛坤爲惡謂剛柔相摩以愛攻惡生吉以惡攻

愛生凶故吉凶生遠近相取而悔吝生注遠陽謂乾近
陰謂坤陽取陰生悔陰取陽生吝悔吝言小疵情僞相
感而利害生注情陽僞陰也情感僞生利僞感情生害
乾爲利坤爲害凡易之情近而不相得則凶句或害之
悔且吝注坤爲近爲害以陰居陽以陽居陰爲悔且吝
也將叛者其辭慚注坎人之辭也坎爲隱伏將叛坎爲
心故慚也中心疑者其辭枝注离人之辭也火性枝分
故枝疑也吉人之辭寡注艮人之辭也艮其輔言有序
故辭寡躁人之辭多注震人之辭也震爲決躁笑言啞
啞故辭多誣善之人其辭游注兑人之辭也兑爲口舌

誣乾乾爲善人也失其守者其辭詘注巽人之辭也巽詰詘陽在初守巽初陽入伏陰下故其辭詘此六子也离上坎下震起艮止兌見巽伏上經終坎离則下經終既濟未濟上繫終乾坤則下繫終六子此易之大義者也疏在天至告也○此虞義也日月在天成八卦象乾二五之坤成震坎艮坤二五之乾成巽离兌故八卦象成兌爲口震言爲告故以象告也○聖人至情言○乾爲聖人乾坤旁通而天地萬物之情可見辭以觀乎情故聖人之情見乎辭全體爲彖析體爲爻上傳云知者觀其彖辭則思過半矣乾文言曰六爻發揮旁通情也故爻彖以情言也○乾二至見也○此虞義也乾二升五故乾二之坤成坎坤五降二故坤五之乾成离乾剛坤柔故剛柔雜居坤二五之乾成离互有巽兌乾二五之坤成坎互有震艮八卦而小成故八卦體備八卦定吉凶故吉凶可見也○乾變至利言○此虞義也利者義之和也變動則有所適如利見大人利有攸往

之類是也變通所以盡利故以利言也○乾吉至情遷
○此虞義也遷運徙也乾坤旁通成六十四卦故以情
遷也○攻摩至凶生○此虞義也攻有摩義故云攻摩
也乾長人故爲愛惡道屬陰故爲惡乾剛坤柔剛柔相
摩故愛惡相攻以愛攻惡陽生故吉生以惡攻愛陰消
故凶生也○遠陽至小疵○此虞義也本謂爻位之遠
近而云遠陽近陰者陰遠于陽則稱遠陽近于陰則稱
近故遠謂陽近謂陰乾爲遠故遠陽謂乾坤爲近故近
陰謂坤陽居陰位故陽取陰生悔陰居陽位故陰取陽
生吝纖介不正悔吝爲賊故悔吝言小疵○情陽至爲
害○此虞義也陽實爲情陰虛爲僞大元曰離乎情者
必著乎僞離乎僞者必著乎情故知情陽僞陰也乾爲
利故情感僞生利坤爲害故僞感情生害也○坤爲至
吝也○此虞義也凡二爻相比而不相得者皆爲陰陽
失位而凶雖不當位而剛柔相應近爻猶有害之者乃
悔吝小疵矣乾鑿度所云其應實而有之皆失義也○
坎人至慙也○此虞義也六子稱人者乾鑿度十二辟
卦皆稱表鄭彼注謂表者人形體之章識也故復表日
角臨表龍顏稱復人臨人知六子亦稱人也以下敘六
子之辭此爲坎人之辭也坎爲隱伏將叛之象也慙从

心坎心爲憼也○离人至疑也○此虞義也离爲火火性枝分者大元應準离初一曰六幹羅如五枝离如故知火性枝分也枝分不一故枝疑也○艮人至辭寡○此虞義也○震人至辭多○此虞義也巽究爲躁卦謂震也震剛在下而動故爲決躁震爲笑言笑言啞啞故辭多也○兌人至人也○兌爲巫爲口舌氣與乾通故口舌誣乾乾爲善人故誣善也兌爲金太元曰四九爲金爲譖是誣善之義也○巽人至者也○此虞義也上傳云其言曲而中虞彼注云曲詘陽曲初巽詰詘亦謂曲也乾初在下故陽在初守巽陽伏巽下故其辭詘將叛者已下皆謂六子之辭故云此六子也离上坎下震起艮止兌見巽伏皆雜卦文离火枝分故上坎隱伏故下震決躁故起兌誣乾故見巽詰詘故伏乾鑿度曰离爲日坎爲月日月之道陰陽之經所以終始萬物故以坎离爲終既濟未濟亦坎离也故上經終坎离則下經終既濟未濟也上繫乾坤其易之緼邪已下皆叙乾坤六子乾坤所成故上繫終乾坤則下繫終六子

此皆七十子所傳大義故云此易之大義者也

周易述卷十八

周易述卷十九

元和惠棟集註并疏

文言傳【注】文言乾坤卦爻辭也文王所制故謂之文言孔子爲之傳【疏】文言一篇皆夫子所釋乾坤二卦卦爻辭之義故云卦爻辭也梁武帝云文言是文王所制案元者善之長也一節魯穆姜引之在孔子前故以爲文王所制然則初九以下著荅問而稱子曰豈亦文王所制耶是知文言者指卦爻辭也以卦爻辭爲文王制故謂之文言孔子爲之傳故謂之文言傳乃十翼之一也

元者善之長也【注】乾爲善始息于子故曰善之長外傳曰震雷長也故曰元亨者嘉之會也【注】以陽通陰義同昬冓故曰嘉之會利者義之和也【注】陰陽相和各得其宜

故曰義之和貞者事之幹也注陰陽正而位當則可以
幹舉萬事君子體仁足以長人注易有三才故舉君子
初九仁也長君也元爲體之長君子體仁故爲人之長
故書作體信嘉會足以合禮注嘉屬五禮故嘉會足以
合禮繫曰觀其會通以行其等禮利物足以和義注中
和所以育萬物故曰利物外傳曰言義必及利貞固足
以幹事注剛柔皆正物莫能傾故足以幹事君子行此
四德者故曰乾元亨利貞注四者道也人行之則爲德
君子中庸故能行此四者以贊化育與天地合德也疏
乾爲至曰元○乾爲善虞義也初乾爲積善故云善始
息于子謂初九甲子也外傳者晉語文震爲長子稱元

故曰元也韓詩曰元長也○以陽至之會○亨通也六十四卦陰陽相應經文多以昏冓言者故云義同昏冓昏禮稱嘉故曰嘉之會周禮媒氏云仲春令會男女是也○陰陽至之和○此荀義也利和也義宜也荀子王制篇曰義以分則和和則一故序四時裁萬物兼利天下無他故焉得之分義也陰陽相和各得其宜亦是分義義分則和故云義之和也利從禾說文說禾云二月始生八月而孰得時之中是利有中和之義故云陰陽相和各得其宜然後利矣○陰陽至萬事○此荀義也貞正也六爻得正是陰陽正而位當也正其本萬事理可以幹舉萬事鄭注說卦离爲幹卦云陽在外能幹正是幹有正義廣雅及薛君韓詩章句曰幹正也故云貞者事之幹○易有至之長○太極者三才之合也大衍者三才之數也六畫者三才之兼也是易有三才故舉君子以備三才之道也初九震也乾鑿度曰震東方之卦陽氣始生故東方爲仁復六二以下仁謂下於初故知初九仁也周語太子晉曰古之長民者韋昭註長猶君也襄九年春秋傳曰元者體之長也元首也故爲體之長震爲諸侯爲人之長君子體仁故足以長人也○嘉屬至等禮○五禮吉凶軍賓嘉也唐虞三禮至周始有

五禮嘉禮之别有六昏冠其一故大宗伯以嘉禮親萬民以昏冠之禮親成男女有天地然後有萬物有萬物然後有男女天地不交而萬物不興故大宗伯以昏冠之禮親成男女以法天地謂之嘉禮案月令正義據世本伏羲制以儷皮嫁娶之禮則嘉禮始於伏羲也繫曰者上繫文爻者言乎其變者也天地不交不能通氣亨者通也故觀其會通以行其等禮禮有等威故曰等禮昭十三年春秋傳曰講禮於等是也○中和至及利○利貞者中和也中庸曰致中和天地位焉萬物育焉中和以育萬物即是利貞之義也外傳者周語文韋昭註云能利人然後爲義呂氏春秋曰義之大者莫大於利人故利言利物也○剛柔至幹事○貞者剛柔皆正也物莫能傾釋固義也荀子儒效篇曰萬物莫足以傾之之謂固居正不傾動無廢事故足以幹事也○四者至德也○一陰一陽之謂道元亨利貞皆道也中庸曰苟不至德至道不凝焉故云人行之則爲德中庸即中和也易尚中和君子之德合於中和故能行此四者以贊化育與天地合德也

初九曰潛龍勿用何謂也子曰龍德而隱者也注乾爲龍

德隱而未見故隱者也不易世不成名【注】震爲世初剛難拔故不易世行而未成故不成名遯世无悶不見是而无悶【注】乾陽隱初故遯世坤亂于上故不見是震爲樂故无悶樂則行之憂則違之【注】陽出初震爲樂爲行故樂則行之坤死稱憂隱在坤中遯世无悶故憂則違之初辯于物故言違確乎其不可拔潛龍也【注】確堅剛貌初爲本堅樹在始故不可拔潛龍之志也【疏】乾爲至者也○述文言而稱答問者所以起意也京房易傳曰乾爲龍德龍以見爲功今尚隱藏故隱者也中庸曰君子依乎中庸遯世不見知而不悔唯聖者能之揚子曰聖人隱也乾鑿度曰正陽在下爲聖人故曰聖人隱也○震爲至成名○震爲世虞義也震爲長子長子繼世故爲世初剛難拔虞屯象傳義也乾爲善善不積不足以成名

陽成於三立於七初尚微故不成名也○乾陽至无悶○初龍德而隱者也隱遯同義震爲世陽隱初故遯世坤謂復坤坤反君道故稱亂此虞義也京房易傳曰潛龍勿用衆逆同志至德乃潛五陰亂於上一陽潛於下故不見是震爲樂亦虞義也震春也春秋繁露曰春蠢也蠢蠢然喜樂之貌故爲樂說文曰悶懣也煩懣之意震爲樂故无悶也○陽出至言違○此虞義也復初體震故陽出初震韋昭註國語曰震爲作足故爲行震爲樂爲行故樂則行之月滅於坤爲既死魄昭二十六年春秋傳曰死惡物也故曰坤死稱憂陽隱坤中遯世无悶故憂則違之初體復復小而辯於物一陽不亂於五陰是辯於物也○確堅至志也○虞云確剛貌鄭云堅高之貌故云堅剛也六爻初爲本上爲末本弱則橈剛則不拔此初六初九之辨也堅樹在始晉語文彼文云堅樹在始始不固本終必槁落韋昭曰樹木也始本根也九龍初潛堅剛不拔故虞氏以爲潛龍之志也

九二曰見龍在田利見大人何謂也子曰龍德而正中者也【注】九二陽不正上升坤五故曰正中庸言之信庸行

之謹【注】庸用也乾爲言爲信震爲行處和應坤故曰信二非其位故曰謹二者皆用中之義中庸曰庸德之行庸言之謹閑邪存其誠【注】閑防也乾爲誠二失位故以閑邪言之能處中和故以存誠言之善世而不伐【注】陽升坤五始以美德利天下不言所利故曰不伐德博而化【注】處五據坤故德博羣陰順從故物化易曰見龍在田利見大人君德也【注】傳別於經故稱易曰有天德而後可居天位故曰君德【疏】九二至正中○乾鑿度曰陰陽失位皆爲不正鄭注云初六陰不正九二陽不正蓋九二中而不正今升坤五故曰正中謂正上中也隨九五象傳曰孚於嘉吉位正中也虞註云凡五言中正中正皆陽得其正以此爲例是也○庸用至之謹○鄭氏三禮目錄曰名中庸者以其

記中和之可用也庸用也乾爲言九家說卦文乾爲信虞義也上云體信足以長人故乾爲信處和應坤謂處中和之位而應坤二二五相孚是庸言之信也此荀義也九居二爲非其位易者寡過之書也處非其位則悔吝隨之二升坤五復於无過是庸行之謹也此九家義也二者皆用中之義故引中庸以爲證耳○閑防至言之○此宋衷義也說文曰閑闌也廣雅曰闌閑也閑有防閑之義故云防也乾天也中庸曰誠者天之道也故乾爲誠二不正升五居正是閑邪也中和謂五揚子太元曰中和莫尚於五是也二處中和是存誠也○陽升至不伐○此九家義也乾爲善震爲世故曰善世以不言所利爲不伐者九家曰不言所利即是不伐也○處五至物化○此荀義也乾爲德處五據坤坤道廣博故德博也坤承乾施化成萬物故物化也○傳別至君德○孔子十翊與上下經別卷王弼始以文言附乾坤二卦後遂失古意也二升坤五然必有聖人之德而後可居天子之位言君德者兼德位言之

九三曰君子終日乾乾夕惕若夤厲无咎何謂也子曰君子

進德修業【注】乾爲德坤爲業以乾通坤謂爲進德修業忠信所以進德也修辭立其誠所以居業也【注】忠信謂五乾爲言三不中故修辭誠謂二三艮爻艮爲居故居業知至至之可與幾也知終終之可與存義也【注】至謂初陽在初稱幾幾者動之微知微知彰故曰可與幾終謂上陰稱義知存知亡故曰可與存義是故居上位而不驕在下位而不憂【注】下卦之上故曰上位知終終之故不驕居三承五故曰下位知至至之故不憂故乾乾因其時而惕雖危无咎矣【注】終日乾乾以陽動也夕惕若夤以陰息也因日以動因夜以息故云因其時【疏】乾爲

至修業○此虞義也繫上曰夫易聖人所以崇德而廣業也知崇體卑崇效天卑法地故知德屬乾業屬坤也三體泰泰内乾外坤德業者乾坤相輔而成故以乾通坤謂爲進德修業虞氏曰陽在三四爲修三過中四不及中故皆言進德修業也○忠信至居業○五以陽居中故曰忠信凡言進言修者皆謂不中以求中三不中故修辭二存誠故誠謂二立誠所以求中也三艮爻鄭義也艮爲居虞義也五陽二陰故法五以進德法二以居業也○至謂至存義○至從一一地也故謂初繫下曰知幾其神乎虞註云幾謂陽也陽在復初稱幾初尚微故曰動之微君子知微知彰故可與幾也上爲一卦之終故終謂上乾鑿度曰地靜而理曰義故陰稱義亡者保其存者也知存知亡故可與存義也○下卦至不憂○荀註九三曰三居下體之終而爲之君是上位也居上位而不如上九之亢故不驕荀又云三臣於五是下位也在下位而亦如初之无悶故不憂也○終日至其時○此淮南義也班固曰淮南王安聘明易者九人號九師法其書今亡而鴻烈所述者其緒餘也彼文云夕惕若厲蓋今文脱夤字而以厲屬上讀也古文厲屬下讀故傳云雖危无咎漢書多有作若厲者皆據今文也

九四曰或躍在淵无咎何謂也子曰上下无常非爲邪也進退无恒非離羣也君子進德修業及時故无咎

注 或躍爲上在淵爲下進謂居五退謂居初二四不正故皆言邪三四不中故皆言時及時所以求中也中庸曰君子而時中

疏 或之者疑之也無常無恒是釋或義進謂居五退謂居初此荀義也二中而不正故言邪三正而不中故言時四不中不正故兼言之時中者易之大要也孔子於彖傳言時者二十四卦言中者三十六卦於象傳言中者三十九卦言時者六卦蓋時者舉一卦所取之義而言之也中者舉一爻所適之位而言之也時無定而位有定故象多言中少言時子思作中庸述夫子之意曰君子而時中時中之義深矣故文言申用九之義曰知進退存亡而不失其正者其惟聖人乎是時中之義也王弼本欲及時也今從古

九五曰飛龍在天利見大人何謂也子曰同聲相應

注 謂震

巽也庖犧觀變而放八卦雷風相薄故相應同氣相求注謂艮兑也山澤通氣故相求水流溼火就燥注謂坎离也离上而坎下水火不相射雲從龍風從虎注謂乾坤也乾爲龍雲生天故從龍坤爲虎風生地故從虎聖人作而萬物覩注聖人謂庖犧合德乾五造作八卦故聖人作覩見也四變五體离离爲見故萬物覩萬物皆相見利見之象也本乎天者親上本乎地者親下注震坎艮皆出乎乾故曰本乎天而與乾親故曰親上巽离兑皆出乎坤故曰本乎地而與坤親故曰親下天尊故上地卑故下也則各從其類也注二五相應如物類之

相感故下之應上猶子之於父母各從其類疏謂震至從虎○此虞義也傳因二五相應而廣其義明八卦陰陽本有是相應之理也庖犧觀變於陰陽而立八卦震雷巽風相薄而不相悖故同聲相應艮山兊澤高下氣通故同氣相求坎水离火相逮而不相射射厭也内經曰雲出天氣風出地氣乾爲龍坤爲虎故雲從龍風從虎鴻範曰曰風鄭注云風土氣也凡氣非風不行猶金木水火非土不處故土氣爲風虎土物也坤爲土是風從虎亦是從其類也○聖人至象也○此虞義也聖人即大人也文王書辭系庖犧於九五故聖人謂庖犧也庖犧全體中和故合德乾五始作八卦是聖人作樂記曰作者之謂聖是也說卦曰相見乎离故离爲見聖人作而萬物共覩即利見大人之義也○震坎至下也○此虞義也乾道成男故震坎艮皆本乎天而皆陽類故親上坤道成女故巽离兊皆本乎坤而皆陰類故親下天尊地卑故有上下之別表記亦云父尊而不親母親而不尊也○二五至其類○此總結上義也物類相感如聲氣之類是也下應上謂聖人作而萬物覩也言二之應五如子之親上親下以類相從所以釋利見之義也

上九曰忼龍有悔何謂也子曰貴而无位【注】天尊故貴以陽居陰故无位高而无民【注】坤爲民驕亢失位故无民賢人在下位而无輔【注】上應三三陽德正故曰賢人別體在下故曰在下位兩陽无應故无輔是以動而有悔也【注】動於上不應於下故有悔【疏】天尊至无位○此虞義也上於三才爲天道是天尊故貴也上本陰位以陽居之故无位无位猶失位荀云在上故貴失位故无位亦此義也○坤爲至无民○廣雅曰亢高也越語曰天道盈而不溢盛而不驕上九驕亢又處非其位民不與之故无民也○上應至无輔○此荀義也知賢人爲九三者上傳云在下位而不憂故知三也乾鑿度有一聖二庸三君子之目謂復初陽正爲聖人臨二陽不正爲庸人泰三陽正爲君子乾爲賢人故又稱賢人也三在下卦故云別體三上敵應故无輔也○動於至有悔○此淮南義見繆稱篇也

潛龍勿用下也【注】下謂初見龍在田時舍也【注】暫舍於二以時升坤五終日乾乾行事也【注】坤爲事以乾通坤故行事或躍在淵自試也【注】求陽正位而居之故自試飛龍在天上治也【注】畫八卦以治下故曰上治亢龍有悔窮之災也【注】卦窮於上知進忘退故災乾元用九天下治也【注】正元以成化故天下治【疏】下謂至下治○易氣從下生故謂下爲初二非其位故云暫舍虞氏亦云非王位時暫舍也以時升坤五故經云見龍在田田謂坤非謂舍於田也坤爲事謂泰坤震爲行以乾通坤故曰行事進德修業是也四非上居五則當下居初或之故云自試也白虎通曰伏戲仰觀俯察畫八卦以治下下服而化之故謂之伏戲孟喜章句曰伏服也戲化也是畫卦治下之事上對下言故云上治也王肅註上九曰知進忘退故悔蓋卦窮於上當退之三上不知退亢極災至故曰災也春秋

元命包曰天不深正其元不能成其化九者變化之義以元用九六爻皆正王者體元建極一以貫之而君臣上下各得其位故天下治也

潛龍勿用陽氣潛藏注陽息初震下有伏巽故曰潛藏見龍在田天下文明注二升坤五坤爲文坤五降二體离离爲明故天下文明終日乾乾與時偕行注震爲行因時而惕故與時偕行書曰時之徙也勤以行或躍在淵乾道乃革注二上變體革故乾道乃革飛龍在天乃位乎天德注體元居正故位乎天德書曰其惟王位在德元亢龍有悔與時偕極注陽將負其極弱故與時偕極乾元用九乃見天則注六爻皆正天之法也在人則爲

王度易說易六位正王度見矣疏陽息至潛藏○繫下曰龍蛇之蟄以存身也虞彼註云蟄潛藏也龍潛而蛇藏十一月陽息初震爲龍巽爲蛇故曰潛藏也○二升至文明○二升坤五觀乎人文以化成天下坤离皆指在下而言故云天下文明○震爲至以行○息至三體震震爲行書曰者周書周祝文孔晁注云謂與時偕行也○二上至乃革○二升坤五上降坤三是二上變也乾二上變其象爲革故體革而云四體革者革之既濟較九四一爻耳四變成既濟革彖云元亨利貞與乾用九同故發其義於九四爻而云乾道乃革耳○體元至德元○易有天位天德天位九五也天德乾元也中庸曰雖有其位苟無其德不敢作禮樂焉雖有其德苟無其位亦不敢作禮樂焉鄭注云言作禮樂者必聖人在天子之位體元居正者以乾元元之德而居九五之位故云位乎天德也書洛誥文引之者證天德之爲乾元也○陽將至偕極○陽窮於上則陰復於下故云陽將負伏生鴻範五行傳曰王之不極是謂不建厥咎瞀厥罰恒陰厥極弱鄭彼注云天爲剛德剛氣失故於人爲弱易說亢龍之行曰貴而无位高而无民賢人在下位而无輔此之謂弱劉歆

說曰君有南面之尊而亡一人之助故其極弱也廣雅曰亢極也蔡邕月令章句曰極者至而還之辭陽道窮剛反爲弱即與時偕極之義也○六爻至見矣○六爻皆正謂既濟也剛柔正而位當行事皆合於天故曰天之法參同契曰用九翩翩爲道規矩是也易說者乾鑿度文案鴻範五行傳射屬王極鄭氏註云射王極之度也射人將發矢必先於此儀之發矢則必中於彼矣君將出政亦先於朝廷度之出則應於民心故云王度見矣

乾元者始而亨者也【注】乾始開通以陽通陰故始通利貞者情性也【注】推情合性乾始而以美利利天下不言所利大矣哉【注】乾始元也美利謂雲行雨施品物流形故利天下天何言哉四時行焉百物生焉故利之大者也大哉乾乎剛健中正純粹精也【注】剛者天德也健者天行

也中謂居五正謂居初與三也純兼統陰爻也睟不雜也一氣能變曰精繫曰精氣爲物**六爻發揮旁通情也**注發動揮變也乾六爻發揮變動旁通於坤坤來入乾以成六十四卦吉凶以情遷故曰旁通情也**時乘六龍以御天也雲行雨施天下平也**注言乾六爻乘時以居天位坤下承之成既濟定陰陽和均而得其正故天下平

疏乾始至始通〇此虞義也始即元也乾知大始故亦曰始天地不變不能通氣乾始交於坤以陽通陰故始通也〇推情合性〇此魏伯陽義也爻不正以歸於正故曰利貞性中也情者性之發也發而中節是推情合性謂之和也易尚中和故曰利貞者情性聖人體中和天地位萬物育既濟之効也〇乾始至大也〇大哉乾元萬物資始故知乾始元也美利以下虞義也始而亨故雲行雨施品物流形是利天下之事也尋繫

下述咸至遘六日七分之義曰過此以往未之或知也始
而亨成既濟化育之功天不言而歲功成故天何言哉
四時行焉百物生焉所利者大故利者大也俗本作能
以今從古也○剛者至爲物○文五年春秋傳曰天爲
剛德故云剛者天德也象曰天行健故云健者天行也
若然大有彖傳曰其德剛健則健亦德也而云天行者
乾剛坤柔剛柔者立本者也健者運行故曰天行乾六
爻唯五爲中初三爲正二中而不正例居坤五故云中
謂居五四上不正四例居坤初上例居坤三故云正謂
居初與三也乾鑿度曰乾道純而奇鄭彼註云陽道專
斷兼統陰事故曰純純全也陽畫三陰畫六乾兼坤則
九故云全也乾太元準之以睟荀子非相曰睟而能容
雜劉淵林吳都賦註云不雜曰睟雜者睟之反故云睟
不雜也管子心術曰一氣能變曰精一事能變曰智精
者清也天輕清而上者故董子曰氣之清者爲精繫上
曰精氣爲物亦謂乾也○發動至情也○虞註説卦云
發動揮變乾六爻以下陸義也乾精粹氣純故能發揮
變動旁通於坤坤者乾之反也震與巽坎與离艮與兑
及六十四卦皆然故云坤來入乾以成六十四卦各卦
有旁通法言或問行曰旁通厥德李軌註云應萬變而

不失其正者唯旁通乎若然旁通與用九用六同義乾坤純故用九六餘卦六爻相雜謂之旁通也吉凶以情遷下繫文各卦旁通有吉有凶吉凶者易之情故云旁通情也○言乾至下平○義見乾卦及象傳陰陽和均以下荀義也

君子以成德爲行日可見之行也注初善也積善成德震爲行故以爲行終日乾乾行事也故曰可見之行潛之爲言也隱而未見行而未成是以君子弗用也注陽見于二成于三今隱初故未見震爲行行而未成是以弗用疏初善至之行○初元也元者善之長故云善也積積於初成於三故漢議郎元賓碑云乾乾積善三終日乾乾積善成德之象故曰日可見之行也德必三而成者乾鑿度曰易始於一分於二通於三至三而天地人之道備故董子曰天地與人三而成德天之大經也○

陽見至弗用○九二見龍故云陽見於二春秋元命包曰陽起於一成於三今陽在初故隱而未見體震震爲行行而未成謂德未成成十八年古文春秋傳曰服讒蒐慝以誣成德服虔曰成德成就之德初德未成故弗用也此專釋潛義故云潛之爲言

君子學以聚之問以辯之注二陽在二兑爲口震爲言爲講論臨坤爲文故學以聚之問以辯之兑象君子以朋友講習寬以居之仁以行之注震爲寬仁爲行居謂居五謂寬以居上而行仁德也易曰見龍在田利見大人君德也注德成而上故曰君德疏二陽至講習○此虞義也乾自坤來陽在初爲震在二爲兑故兑爲口震爲言爲講論臨坤爲文者博學於文故也兑象朋友講習者虞於彼註云兑兩口相對故朋友講習漢博陵太守孔彪碑曰龍德而學學問所以成君德也周書本典曰王在東宮召周公曰

朕聞武考不知乃問不得乃學俾資不肖永無惑是人
君有學問之事也○震爲至德也○震爲寬仁虞義也
漢書五行志曰傳曰思之不睿是謂不聖睿寬也孔子
曰居上不寬吾何以觀之哉言上不寬大包容臣下則
不能居聖位也○德成至君德○德成而上樂記文皇
侶註云上謂堂也德成謂人君禮樂德成則爲君故居
堂上南面尊之也二德成而升坤五故云
德成而上謂德巳成而居君位故云君德也

九三重剛而不中上不在天下不在田【注】重剛謂乾天謂
乾五田謂坤田**故乾乾因其時而惕雖危无咎矣**【注】過
中則惕【疏】重剛至坤田○乾剛坤柔内外皆乾故曰重
剛虞註云以乾接乾故重剛位非二五故不
中謂上不居乾五而下不居坤田二居坤田龍德而正
中者也○過中則惕○此揚雄義也法言曰立政鼓衆
莫尚於中和又云甄陶天下其在和乎龍之潛亢不獲
其中矣是以過則惕不及中則躍其近於中乎言三四
求中故云
近於中

九四重剛而不中上不在天下不在田中不在人**注**人謂
三故或之或之者疑之也故无咎**注**坎爲疑非其位故
疑之也**疏**人謂三○在人而稱中者繫上曰六爻之動三極之道極中也三不中以三於三才爲人
道得稱中也三猶得正故云中不在人○非其至之也○二四變體坎坎心爲疑以九居四故曰非其位豫九
四亦非其位以一陽據五陰卦之所由以豫者也故曰勿疑與此異也
夫大人者**注**聖明德備曰大人與天地合其德**注**與天合
德謂居五與地合德謂居二與日月合其明**注**坤五之
乾二成离离爲日乾二之坤五爲坎坎爲月與四時合
其序**注**十二消息復加坎大壯加震姤加离觀加兑故
與四時合其序與鬼神合其吉凶**注**乾神合吉坤鬼合

凶以乾之坤故與鬼神合其吉凶先天而天弗違後天而奉天時注乾九二在先故曰先天而居坤五故天弗違坤六五在後故曰後天降居乾二故奉天時天且弗違而況于人乎況于鬼神乎注人謂三知鬼神之情狀與天地相似故不違疏聖明至大人○此易孟京說及乾鑿度文大人謂二五執中含和而成既濟之功者也故淮南泰族曰大人者與天地合德日月合明鬼神合靈四時合信故聖人懷天氣抱天心執中含和不下廟堂而衍四海變習萬物民化而遷善若性諸已能以神化是言既濟之事也○與天至居二○此荀義也二五皆稱大人故兼舉之三才之道五爲天二爲地也○坤五至爲月○此荀義也○十二消息至合其序○十二消息乾坤十二畫也四時四正坎离震兑也劉洪乾象歷曰中孚加坎解加震咸加离賁加兑求次卦復加坎大壯加震姤加离觀加兑卦氣起中孚故以復爲坎卦也○乾神至吉凶○此虞義也

乾陽坤陰陽爲神陰爲鬼故以神屬乾鬼屬坤
也乾神坤鬼以乾之坤故與鬼神合其吉凶○乾九至
天時○内外皆乾乾天也内爲先九二在内故曰先天
而居五五爲天位故天弗違外爲後六五在外故曰後
天而居二二承天時行故奉天時也○人謂至不違○
中庸論君子之道曰建諸天地而不悖質諸鬼神而無
疑百世以俟聖人而不惑質諸鬼神而無疑知天也百
世以俟聖人而不惑知人也鄭彼註云鬼神從天地者
也易曰故知鬼神之情狀與天地相似聖人則百世同
道但不悖於天地斯能質鬼神俟後聖故云而況於人
乎況於鬼神乎易學在孔氏
故中庸所論與文言一也

忼之爲言也知進而不知退注陽位在五今乃在上故曰
知進而不知退**知存而不知亡**注在上當陰今反爲陽
故曰知存而不知亡**知得而不知喪**注得謂陽喪謂陰

疏陽位至謂陰○此荀義也爻自下而上爲進自上而
下爲退九本陽爻當居陽位陽位在五今反在上是

知進而不知退也陽爲存陰爲亡上宜陰爻今九居之是知存而不知亡也乾陽爲得坤陰爲喪知九之爲陽而不知上之爲喪是知得而不知喪也此專釋亢義故云亢之爲言

其惟聖人乎知進退存亡而不失其正者其惟聖人乎【注】進謂居五退謂居二存謂五爲陽位亡謂上爲陰位再言聖人者上聖人謂五下聖人謂二也此申用九之義而用六之義亦在其中矣【疏】進謂至二也○此荀義也豫六五曰貞疾恒不死象曰中未亡也五中陽位故云中未亡五爲存則上爲亡又上爲宗廟故云亡謂上也九五生知之聖故首曰聖人九二學知之聖以時升坤五故云知進退存亡而不失其正言學而後至於聖也○此申至中矣○曰進曰存用九之義曰退曰亡用六之義此兼釋之故坤文言不再申也

坤至柔而動也剛【注】純陰至順故柔陰動生陽故動也剛

至靜而德方【注】其靜也翕故至靜其動也闢故德方虞氏謂陰開爲方也後得主而有常【注】初動成震陽爲先陰爲後後順得常故後得主而有常含萬物而化光【注】坤承乾施含弘光大品物咸亨故化光坤稱化也坤道其順乎承天而時行【注】順者順於乾坤承乾故稱道貞於六月未間時而治六辰故承天而時行也【疏】純陰至故柔○此荀義也雜卦曰乾剛坤柔虞彼註云坤陰和順故柔與荀同義○陰動至也剛○此九家義也陰動生陽謂初三五也說卦曰立地之道曰柔與剛義同於此○其靜至方也○繫上曰其靜也翕翕則靜之至者故云至靜其動也闢闢開也陰動闢而廣生方猶廣也坤六二直方大虞註云方謂闢陰開爲方故云德方坤承乾故云德也○初動至有常○陽先乎陰猶天先乎地男先乎女故云陽爲先陰爲後也○坤承至化也○乾天也

天施地生故曰乾施坤道承天故承乾施繫上曰坤化成物故坤稱化也○順者至行也○說卦曰坤順也虞注云純柔承天時行故順是順者順於乾也乾稱道坤承乾故亦稱道繫上坤道成女亦謂承乾而稱道也貞於六月未間時而治六辰者乾鑿度文彼文云乾貞於十一月子左行陽時六坤貞於六月未右行陰時六以奉順成其歲即承天時行之義也

積善之家必有餘慶積不善之家必有餘殃注初乾爲積善以坤牝陽滅出復震爲餘慶坤積不善以乾通坤極姤生巽爲餘殃臣弑其君子弑其父注坤消至二艮子弑父至三成否坤臣弑君上下不交天下无邦故子弑父臣弑君非一朝一夕之故其所由來者漸矣注剛爻爲朝柔爻爲夕漸積也陽息成泰君子道長陰消成否

小人道長皆非一朝一夕之故由積漸使然故君子慎所積易曰正其本萬物理君子愼始差若豪氂繆以千里謂此爻也由辯之不早辯也注辯別也初動成震體復則別之早矣繫曰復小而辯於物易曰履霜堅冰至蓋言順也注順猶馴也惡惡疾其始疏初乾至餘殃○此虞義也乾爲善自一乾以至三乾成故爲積善乾坤之牡也故云以坤牝陽喪滅於乙至三日而復出震彖曰乃終有慶故曰餘慶陽稱慶也坤爲惡故積不善以乾通坤至十六日爲姤巽象見辛故云極姤生巽巽者坤一索所得之女故曰餘殃此據納甲也書曰三載考績三考黜陟幽明伏生書傳曰積善至於明五福以類升故陟之積不善至於幽六極以類降故黜之考績者日計月計歲計至於三載極而至於三考九載亦言積也五福六極餘慶餘殃之謂鄭注禮運曰殃禍惡也家謂乾家坤家也○坤消至弑君○此虞義也坤本乾也說卦曰乾爲君

爲父上乾爲君下乾爲父坤消至二體艮艮子道至三
乾下體滅故子弑父至三成否體坤坤臣道消至五乾
上體壞故臣弑君上下不交天下无邦否彖傳文否之
匪人无父无君是禽獸也故引彖傳以明之○剛爻至
爻也○剛爻爲朝柔爻爲夕此虞義也虞本繫上曰晝
夜者剛柔之象也故以朝夕屬剛柔王逸註楚辭曰稍
積曰漸何休注公羊曰漸者物事之端先見之辭故云
積漸也乾積善成泰故君子道長坤積惡成否故小人
道長一朝謂初乾一夕謂初坤積之久而泰否成故君
子慎所積易曰者易傳十翊之逸篇也初爻爲本又謂
之元董子對策曰謂一爲元者視太始而欲正本是也
初正則萬事舉故曰正其本萬物理君子慎始亦謂初
爻初最微故曰豪氂詩曰德輶如毛謂初九也初九積
善成名初六積惡滅身故曰差以豪氂繆以千里史記
太史公自叙曰春秋弑君三十六亡國五十二察其所
以皆失其本已故易曰差以豪氂繆以千里故曰臣弑
君子弑父非一旦一夕之故其漸久矣蓋古文周易太
史公猶見其全而大小戴禮察保傅經解及易通卦驗
亦引之或遂以爲緯書之文非也○辯別至於物○辯
别也鄭氏義穀梁傳曰滅而不自知由别之而不別是

辯與別同義也坤別之不早別故惡積而不可弇罪大而不可解復初九不遠復是別之早矣有不善未嘗不知知之未嘗復行是辯於物也物謂陽物陰物○順猶至其始○象曰馴致其道與順同義皆謂陰順陽之性而成堅冰也管子七法曰漸也順也靡也久也服也習也謂之化上言漸下言順象言馴中孚言靡恒彖言久皆謂服習積貫而化其義一也惡惡疾其始僖十七年穀梁傳文易著戒於初爻是疾其始

直其正也方其義也**注**正當爲敬字之誤也乾爲敬故直其敬也坤爲義故方其義也君子敬以直內義以方外敬義立而德不孤**注**乾二在內故直內而居五是敬立也坤五在外故方外而居二是義立也五動二應陰陽合德故德不孤易曰直方大不習无不利則不疑其所行也**注**得位得中故不疑其所行**疏**正當至義也○下云敬以直內故知

正當爲敬乾爲敬虞義也坤爲義義見上也○乾二至不孤○立猶見也五自二往在内故直内進居五是敬之發於外者故敬立也二自五來在外故方外退居二是義之裁於中者故義立也二五相應乾升坤降成既濟定故德不孤也○得位至所行○陰居陰是得位也六居二是得中也得位得中爻之最善者故不疑其所行

陰雖有美含之【注】陽稱美以從王事弗敢成也地道也【注】坤爲地妻道也【注】繫曰天一地二天三地四天五地六天七地八天九地十水一火二木三金四土五妃以五成故水六火七木八金九土十水以天一爲火二牡木以天三爲土十牡土以天五爲水六牡火以天七爲金四牡金以天九爲木八牡陽奇爲牡陰耦爲妃故曰妻

道春秋傳曰水火之牡也又曰火水妃也臣道也【注】天尊地卑乾爲君故坤爲臣虞氏以坤爲臣也地道无成而代有終也【注】坤化成物實終乾事【疏】陽稱美○陽稱美虞義也三下有伏陽故有美含之○繫曰至土十○繫曰者上繫文妃以五成昭九年春秋傳文皇侃禮記義疏曰金木水火得土而成土數五故妃以五成也○水以至妻道○此皆劉氏三統歷文也鄭注鴻範云木克土爲妻金克木爲妻與此義同也陽奇爲牡者牡雄也陰耦爲妃者妃配也陰陽之書有五行妃合之說木畏金乙爲庚妃金畏火辛爲丙妃火畏水丁爲壬妃水畏土癸爲戊妃土畏木己爲甲妃是陽爲牡陰爲妃也○春秋至妃也○水火之牡也昭十七年春秋傳文火水妃也昭九年傳文所以證妃牡之義○天尊至臣也○乾六爻皆有君象說卦曰乾以君之故知乾爲君坤與乾絶體故知坤爲臣虞氏註遯九三蹇六二損上九小過六二皆云坤爲臣也○坤化至乾事○坤化成物上繫文周語單襄公曰成德之終也是成與終同義物始於乾而成於

坤令坤曰弗敢成曰无成者坤奉乾道而成物代
乾終事不居其名董子所謂昌力而辭功是也
天地變化草木蕃【注】在天爲變在地爲化乾息坤成泰天
地交而萬物通故草木蕃天地閉賢人隱【注】泰反成否
乾三稱賢人隱藏坤中以儉德避難不可營以祿故賢
人隱易曰括囊无咎无譽蓋言謹也【注】謹猶慎也【疏】在天
至木蕃○此虞義也陽變陰化故在天爲變在地爲化
坤與乾旁通從旁通變故乾息坤成泰泰彖傳曰天地
交而萬物通萬物出震震爲草木故草木蕃也○泰反
至人隱○此虞義也否泰反其類故泰反成否漢樊毅
修西嶽廟記云泰氣推否是也乾文言曰賢人在下位
而无輔註謂九三故知乾三稱賢人也六三含章是隱
藏坤中否象君子亦謂三也○謹猶慎
也○象曰慎不害也故曰謹猶慎也
君子黄中通理正位居體【注】地色黄坤爲理五之下中故

曰黄中乾來通坤故稱通理正位居體者謂九正陽位而六居下體也一說上體儀禮喪服傳曰正體於上美

在其中而暢於四支發於事業美之至也

注 九正陽位故美在其中四支謂股肱書曰臣作朕股肱六居下體故暢於四支坤爲事爲業故發於事業中美能黄上美爲元下美則裳故曰美之至也乾爲美坤承乾故爲美

疏 地色至於上〇地色黄坤爲理虞義也乾鑿度曰天動而施曰仁地靜而理曰義故知坤爲理也地色黄而居中是下中也乾來通坤故稱通理亦虞義乾來通坤謂乾二居五虞又云五正陽位故曰正位孟子曰立天下之正位趙岐云正位謂男子純乾正陽之位也蓋二升坤五故曰五正陽位坤五降二故居下體九六者謂九二六五也二升五故虞謂五一說上體謂居五上體體指五也引喪服傳證體謂五〇九正至爲美〇乾

爲美二居上中故美在其中四支謂兩股兩肱周書武順曰左右手各握五左右足各履五曰四枝引書者虞夏書皐陶謨文也坤爲臣爲乾之股肱而居下體故暢於四支坤爲事爲業虞義也中美能黄上美爲元下美則裳昭十三年春秋傳文二中也故曰中美能黄元乾元二居五故曰上美爲元五降二故曰下美則裳三美盡備故曰美之至也美謂乾而云坤者坤承乾故也

陰凝於陽必戰【注】初始凝陽至十月而與乾接爲其兼於陽也故稱龍焉【注】陰陽合居故曰兼陽爾雅曰十月爲陽俗作嫌於无陽今從古猶未離其類也故稱血焉【注】坤十月卦故曰未離其類夫玄黄者天地之襍也天玄而地黄【注】乾坤氣合戌亥故曰雜天者陽始於東北色玄地者陰始於西南色黄【疏】初始至乾接○陰凝陽自午始故象曰履霜堅冰陰

始疑也戰者接也建亥之月乾之本位故十月而與乾接也今本疑於陽荀虞姚蜀才本皆作凝故從之○陰陽至從古○消息坤在亥亥乾之位也故曰陰陽合居此荀義也爾雅者釋天文詩杕杜曰日月陽止亦謂十月爲陽月俗作謂王弼作也荀鄭虞陸董皆云兼於陽鄭本費氏故云古也○坤十月至其類○據消息○乾坤至色黃○乾坤氣合戌亥乾鑿度文消息戌亥爲坤之月亥乾本位乾鑿度曰乾漸九月故云氣合戌亥陸績註京易傳曰乾坤併處天地之氣雜稱玄黃也天者陽以下荀義也鄉飲酒義曰天地溫厚之氣始於東北而盛於東南故云天者陽始於東北東北天位故色玄說文曰黑而有赤色者爲玄鄉飲酒義曰天地嚴凝之氣始於西南而盛於西北故云地者陰始於西南西南坤位故色黃考工記曰天謂之玄地謂之黃

周易述卷十九

周易述卷二十

元和惠棟集註并疏

說卦傳

昔者聖人之作易也【注】聖人謂庖犧幽贊於神明而生蓍【注】幽陰贊助也乾爲神明爲蓍謂乾伏坤初聖人作易探嘖索隱鉤深致遠无有遠近幽深遂知來物是幽贊於神明而生蓍也

參天兩地而倚數【注】參三倚立也謂分天象爲三才以地兩之立六畫之數故倚數也

觀變於陰陽而立卦【注】謂立天之道曰陰與陽乾坤剛柔立本者卦謂六爻陽變成震坎艮陰變成巽离兌故立卦

六爻三變三六十八則十有八變而成卦八卦而小成是也繫曰陽一君二民陰二君一民不道乾坤者也發揮於剛柔而生爻注謂立地之道曰柔與剛發動揮變也變剛生柔爻變柔生剛爻以三爲六也因而重之爻在其中故生爻和順於道德而理於義注謂立人之道曰仁與義和順謂坤道德謂乾以乾通坤謂之理義也窮理盡性以至於命注以乾推坤謂之窮理以坤變乾謂之盡性性盡理窮故至於命巽爲命昔者聖人之作易也注重言昔者明謂庖犧將以順性命之理注謂乾道變化各正性命以陽順性以陰順命陰與陽柔與剛

仁與義所謂理也是以立天之道曰陰與陽【注】陰謂坤陽謂乾立地之道曰柔與剛【注】柔謂陰爻剛謂陽爻立人之道曰仁與義【注】乾爲仁坤爲義兼三才而兩之故易六畫而成卦【注】謂參天兩地乾坤各三爻而成六畫之數也分陰分陽迭用柔剛故易六畫而成章【注】陰陽位也柔剛爻也迭遞也章謂文理乾三畫成天文坤三畫成地理【疏】聖人謂庖犧○庖犧始作八卦故聖人謂庖犧聖人作故不言庖犧而言聖人也庖犧時未有易名而稱作易者據後言也猶太卜三易矣○幽陰至著也○此虞義也幽陰謂坤初太元曰幽遇神范望注云一稱幽是也中庸曰可以贊天地之化育鄭彼注云贊助也乾爲神明乾伏坤初太元曰昆侖天地而產著在昆侖之中故曰幽贊以通神明之德故幽贊於神明荀子勸學曰無冥冥之志者無昭昭之明說

文曰冥幽也是幽贊之義也聖人作易探嘖索隱鉤深致遠者嘖初也初隱未見故探嘖索隱初深故曰鉤深致遠謂乾无有遠近幽深遂知來物者遠謂天近謂地幽謂陰深謂陽乾爲物神以知來故知來物褚先生據傳曰天下和平王道得而著莖長丈其叢生滿百莖是幽贊爲贊化育之本庖犧幽贊於神明而生蓍創爲揲蓍之法四營而成易十有八變而成卦八卦而小成引信三才觸長爻筴至萬一千五百二十所謂以通神明之德以類萬物之情也太衍之數五十其用四十有九其一太極以一持萬其初幽贊於神明其極至於贊化育參天地皆是物也〇參三至數也〇此虞義也參讀爲三故云參三也倚立廣雅文虞注繫上極其數云數謂六畫之數揲蓍之法分而爲二以象兩掛一以象三是分天象爲三才也五歲再閏再扐而後掛以成一爻之變耦以承奇故云以地兩之立六畫之數謂乾坤各三爻爲六畫也參兩之說諸儒不同馬融王肅等據天數五地數五五位相得而各有合云五位相合以陰從陽天得三合謂一三與五也地得兩合謂二與四也一三五凡三參之而九二四凡二兩之而六謂參天兩地而立九六之數也鄭氏云天地之數備於十三之以天兩之

以地而倚託大衍之數五十是諸說不同也○謂立至者也○此虞義也三畫稱卦卦有陰陽故云立天之道曰陰與陽下繫云剛柔者立本者也虞彼注云乾剛坤柔爲六子父母乾天稱父坤地稱母本天親上本地親下故立本者也乾坤各三爻合爲六爻而成六子故卦謂六爻陽變成震坎艮謂之陽卦陰變成巽离兑謂之陰卦故觀變於陰陽而立卦也震坎艮乾三索而得巽离兑坤三索而得故六爻三變三六十八所云十有八變而成卦也乾坤與六子俱名八卦而小成謂天三爻故云小成也陽一君二民謂震坎艮陰二君一民謂巽离兑揲蓍之時尚未有畫止稱陰陽故云不道乾坤者也若然天有八卦之象聖人因天制作震巽巳下六子亦從後名之也○謂立至生爻○此虞義也六畫稱爻爻有剛柔故云立地之道曰柔與剛道有變動故曰爻故云發動揮變也剛柔相推變在其中謂九六相變故云變剛生柔爻變柔生剛爻參重三才以爲六爻故云以三爲六謂六畫以成六十四卦爻在重卦之中故生爻也○謂立至義也○此虞義也乾鑿度曰易始於一分於二通於三大衍之數五十三才之合效三才爲六畫爻辭有仁義故立人之道曰仁與義陰陽相應爲和

坤順也故和順謂坤乾爲道爲德故道德謂乾以坤順乾是和順於道德乾鑿度曰天動而施曰仁地靜而理曰義以乾通坤故謂之理義也○以乾至爲命○此虞義也坤爲理以乾推坤故謂之窮理乾爲性以坤變乾故謂之盡性乾伏坤初巽爲命性盡理窮故至於命謂贊天地之化育也繫上曰易簡而天下之理得矣天下之理得而易成位於其中矣虞彼注云乾坤變通窮理以盡性故天下之理得天下之理得而易成位乎其中天地位萬物育此既濟之事蓋爲下陳明堂大道張本也○重言至庖犧○此虞義也○謂乾至理也○坤下有伏乾所謂性也乾下有伏巽所謂命也乾變坤化參天兩地六耦承奇是各正性命乾爲性故以陽順性巽爲命故以陰順命此上虞義也韓非子曰理者方圓短長麤靡堅脆之分也立天之道曰陰與陽不言陰陽而言陰與陽是陰陽之理立地之道曰柔與剛是柔剛之理也立人之道曰仁與義是仁義之理也陰陽柔剛仁義原本於性命所謂性命之理下云兼三才而兩之是順性命之理也○陰謂至爲義○陰謂坤陽謂乾者謂坤三畫爲陰乾三畫爲陽也柔謂陰爻剛謂陽爻者謂以三爲六二四上爲陰爻初三五爲陽爻也管子曰天仁

地義故乾爲仁坤爲義○謂參至數也○此虞義也上云參天兩地而倚數是天地本有兼才之理聖人設卦因而重之以地兩三而成六畫所謂順性命之理也○陰陽至地理○位有陰陽故云陰陽位也爻有剛柔故云柔剛爻也迭遞也已下虞義也釋言曰遞迭也遞迭同訓故云迭遞也剛柔更用事故云迭用柔剛繫上曰仰以觀於天文俯以察於地理故章謂文理文理者間雜之義昭廿五年春秋傳曰五章杜預注云青與赤謂之文赤與白謂之章白與黑謂之黼黑與青謂之黻五色備謂之繡所謂五章是也韓非子曰理者成物之文也天地人各有陰陽剛柔仁義即上文性命之理也

天地定位山澤通氣雷風相薄水火不相射八卦相錯**注**此明二篇之次也天地定位乾坤泰否也山澤通氣雷風相薄咸恒損益也水火不相射坎离既未濟也薄入也射厭也所陳凡八卦相錯而成上下二篇也易說陽

道純而奇故上篇三十所以象陽也陰道不純而偶故下篇三十四所以法陰也上經象陽故以乾爲首坤爲次先泰而後否下經法陰故以咸爲始恒爲次先損而後益又曰離爲日坎爲月日月之道陰陽之經所以終始萬物故以坎離爲終既濟未濟爲下篇終者所以明戒慎而全王道數往者順知來者逆是故易逆數也注坤爲數往乾爲知來坤消從午至亥上下故順乾息從子至巳下上故逆易氣從下生故云易逆數也雷以動之風以散之雨以潤之日以晅之艮以止之兌以說之乾以君之坤以藏之注晅乾也乾坤三索而得六子六

子自下生六子既成各任生物之功乾爲之君坤受而藏之以成十二辟卦也【疏】此明至王道○此承參兩來釋文王分上下二經乾坤泰否坎离咸恒損益既未濟終始相次之義而六十四卦之序亦可知矣故云二篇之次也天地定位天地乾坤也乾下坤上爲泰坤下乾上爲否故云乾坤泰否也山澤通氣雷風相薄山上有澤咸山下有澤損雷風恒風雷益故云咸恒損益也水火不相射水火坎离也水在火上既濟火在水上未濟故云坎离既未濟也薄入馬鄭義射厭虞陸義也射厭釋詁文以上所陳凡八卦耳因參重三才之後故相錯雜而成六十四卦爲上下二篇也易說者乾鑿度文所以釋二篇諸卦之次正與此合故引之彼文云陽三陰四位之正也故易六十四分而爲上下象陰陽也陽道純而奇者鄭注謂陽道專斷兼統陰事故曰純也三法天故上篇三十所以象陽也陰道不純而偶者陰制於陽故不純四法地故下篇三十四所以法陰也上篇象陽乾陽坤陰故乾爲首坤爲次乾鑿度又云乾坤者陰陽之本始萬物之祖宗故爲上篇始者尊之也泰陽息卦否陰消卦故先泰而後否

鄭注謂先尊而後卑先通而後止者所以類陽事也下篇法陰鄭注謂咸則男下女恒則陽上而陰下故以咸爲始恒爲次先陰而後陽者以取類陰事也乾鑿度曰損者陰用事益者陽用事故先損而後益鄭注謂損象陽用事之時陰宜自損以奉陽者所以戒陰道以執其順者也益當陰用事之時陽宜自損以益陰者所以戒陽道以弘其化者也鄭知然者損自泰來故象陽用事之時陰自損以奉陽益自否來故當陰用事之時陽當自損以益陰也日月之道陰陽之經所以終始萬物者五六三十乃天地之數故曰陰陽之經乾彖傳曰大明終始荀注云乾起坎而終於离坤起离而終於坎离坎者乾坤之家而陰陽之府故終始萬物是上篇終坎离之義也云既濟未濟爲下篇終者所以明戒慎而全王道者上篇天道下篇人事王者體中和贊化育而成既濟定既濟象傳曰君子以思患而豫防之荀註云六爻既正必當復亂故君子象之思患而豫防之治不忘亂故云所以戒慎而全王道序卦曰物不可窮也故受之以未濟終焉是下篇終既未濟之義也○坤爲至數也

○繫上曰神以知來知以藏往虞彼注云乾神知來坤知藏往故坤爲數往乾爲知來坤消已下虞義也坤消

自午右行至亥從上而下故順乾息自子左行至巳從下而上故逆易氣從下生乾鑿度文鄭彼注云易本无形自微及著氣從下生以下爻爲始故十二辰之法坤雖自上而下然消遘及遯亦自下生故云易逆數也○晅乾至卦也○晅乾京義也乾道成男一索再索三索而得震坎艮坤道成女一索再索三索而得巽离兑皆自下而上以明易之爲逆數也九家云乾坤交索既生六子各任其才往生物故云六子既成各任生物之功謂動之散之之類是也乾爲之君謂息卦自子至巳坤受而藏之謂消卦自午至亥是謂十二辟卦著此者爲下陳明堂十二月之法也

帝出乎震齊乎巽相見乎离致役乎坤說言乎兑戰乎乾勞乎坎成言乎艮【注】帝上帝也上帝五帝在太微之中迭生子孫更王天下故四時之序五德相次聖人法之以立明堂爲治天下之大法也神農曰天府黃帝曰合

宮唐曰五府虞曰總章夏曰世室殷曰重屋周曰明堂
明堂者有五室四堂二九四七五三六一八四正四維
皆合於十五室以祭天堂以布政王者承天統物各於
其方以聽事謂之明堂月令虞夏商周四代行之今所
傳月令是也古之聖人生有配天之業没有配天之祭
故太皡以下歷代所禘太皡以木德炎帝以火德黃帝
以土德少昊以金德顓頊以水德王者行大享之禮於
明堂謂之禘祖宗其郊則行之於南郊禘郊祖宗四大
祭而總謂之禘者禘其祖之所自出故也一帝配天功
臣從祀故禘禮上遡遠祖旁及毁廟下逮功臣聖人居

天子之位以一德貫三才行配天之祭推人道以接天
天神降地示出人鬼格夫然而陰陽和風雨時五穀孰
草木茂民无鄙惡物无疵厲羣生咸遂各盡其氣威厲
不試刑措不用風俗純美四夷賓服諸福之物可致之
詳无不畢至所謂既濟定也庖犧畫八卦以贊化育其
道如此萬物出乎震震東方也注出生也東方者青陽
太廟也齊乎巽巽東南也齊也者言萬物之絜齊也注
東南者東青陽个南明堂个也巽陽藏室故絜齊离也
者明也萬物皆相見南方之卦也注离爲日爲火故明
日出照物以日相見故萬物皆相見南方者明堂太廟

也聖人南面而聽天下嚮明而治蓋取諸此也注負斧扆南面而立故南面而聽天下聽聽朔也乾爲治天子當陽故嚮明而治蓋取諸此者言明堂之法取諸此也蔡氏謂人君之位莫正於此故雖有五名而主以明堂也坤也者地也萬物皆致養焉故曰致役乎坤注坤位未而王四季故用事於西南而居中央西總章个南明堂个中央太廟太室也明堂月令中央土土爰稼穡故萬物皆致養役事也坤爲事王者四時迎氣於四郊其中央之帝乃方澤也合圜丘之帝爲六天兑正秋也萬物之所說也故曰說言乎兑注兑主酉故正秋總章太

廟也兊爲雨澤故說萬物震爲言震二動成兊言從口出故說言也戰乎乾乾西北之卦也言陰陽相薄也【注】西北者西總章个北元堂个也坤十月卦乾消剥入坤故陰陽相薄也坎者水也正北方之卦也勞卦也萬物之所歸也故曰勞乎坎【注】正北方者元堂太廟也勞動也水性動而不舍故曰勞卦歸藏也艮東北之卦也萬物之所成終而所成始也故曰成言乎艮【注】東北者東青陽个也故曰成始北元堂个也故曰成終神也者妙萬物而爲言者也【注】神謂易即一也妙微也聖人餙明堂以一偶萬明者以爲法微者以是行不見其事而見

其功故妙萬物而爲言動萬物者莫疾乎雷撓萬物者莫疾乎風燥萬物者莫熯乎火說萬物者莫說乎澤潤萬物者莫潤乎水終萬物始萬物者莫盛乎艮注四時分而效職故水火相逮雷風不相悖山澤通氣注六子合而成物然後能變化既成萬物也注變化謂乾坤乾道變化各正性命成既濟定故既成萬物矣不言乾坤而言變化者以見神之所爲疏帝上至如此○此陳明堂之法六子成而生物之功備十二消息具而乾坤之用宏夫然而既濟之治可得而言矣帝即五帝五帝稱上帝者孝經曰周公宗祀文王於明堂以配上帝周以木德謂配木德之帝是五德之帝皆稱上帝也上帝五帝在太微之中迭生子孫更王天下者此何休義也劉歆七略曰王者師天地體天而行是以明堂之制內有太室象紫微南出明堂

象太微援神契亦謂五精之神實在太微故知五帝在
太微之中乾彖傳曰大哉乾元萬物資始乃統天郊特
牲曰萬物本乎天聖人而爲天子尤天所篤生者故云
迭生子孫更王天下如下所云五德相次是也四時之
序木火土金水五行之德用事者王王所生相故王廢勝
王囚王所勝死故云五德相次家語孔子曰天有五行
木火金水土分時化育以成萬物其神謂之五帝又曰
五行用事先起於木木東方萬物之初皆出焉是故王
者則之而首以木德王天下其次則以所生之行轉相
承也大戴禮盛德云明堂天法故聖人法之以立明堂
謂庖犧作八卦聖人法之故宇文愷據黃圖曰堂方百
四十四尺法坤之筴也方象地屋圓楣徑二百一十六
尺法乾之筴也圓象天室九宮法九州太室方六丈法
陰之變也十二堂法十二月三十六户法極陰之變數
七十二牖法五行所行日數八達象八風法八卦通天
臺徑九尺法乾以九覆六高八十一尺法黃鍾九九之
數二十八柱象二十八宿堂高三尺土階三等法三統
堂四向五色法四時五行水四周於外象四海圓法陽
也水闊二十四丈象二十四氣水内徑三丈應觀禮經
是言所法之事蔡氏明堂月令論其説略同尋明堂之

制備於冬官冬官亡故黃圖月令論所稱不盡與古合
爲袞準所駁然其取法於易則同也又先儒戴德戴聖
韓嬰孔牢馬宮劉歆賈逵許慎服虔盧植潁容蔡雍高
誘諸人皆以明堂上有靈臺下有辟雍四門有太學故
蔡氏論云謹承天順時之令昭令德宗祀之禮明前功
百辟之勞起養老敬長之義順教幼誨稚之學明諸侯
選造士於其中以明制度生者乘其能而至死者論其
功而祭故爲大教之宮周書大匡曰明堂所以明道明
道惟法是言治天下之大法也大戴禮盛德曰明堂者
古有之也盧辯注云案淮南子言神農之世祀於明堂
明堂有蓋四方蓋始於此尸子曰黃帝曰合宮有虞曰
總章周人曰明堂皆所以明休其善又曰欲觀黃帝之
行於合宮觀堯舜之行於總章故知黃帝曰合宮虞曰
總章尚書帝命驗曰帝者承天立五府以尊天重象注
云象五精之神也天有五帝集居太微降精以生聖人
故帝者承天立五帝之府是爲天府桓譚新論曰明堂
堯謂之五府府聚也言五帝之神聚於此古文尚書堯
典曰正月上日受終於文祖鄭彼注云文祖五府之大
名如周之明堂故知唐曰五府皆明堂異名也考工記
曰夏后氏世室殷人重屋周人明堂是三代明堂亦異

名也五室謂中太室東青陽南明堂西總章北元堂四
堂各有室兼中央爲五故有五室四堂也二九四七五
三六一八者大戴禮盛德文坤二离九巽四故云二九
四兊七中央五震三故云七五三乾六坎一艮八故云
六一八凡九謂之九宮一二三四得五爲六七八九故
乾鑿度曰太一取其數以行九宮四正四維皆合於十
五鄭彼注云太一主氣之神四正四維以八卦神所居
故亦名之曰宮太一下行猶天子出巡狩省方岳之事
每率則復太一下行八卦之宮每四乃還於中央中央
者北辰之所居故因謂之九宮始坎次坤次震次巽次
中央次乾次兊次艮次离行則周矣乃反於紫宮出從
中男入從中女亦因陰陽男女之偶爲終始云坎离震
兊爲四正乾坤艮巽爲四維一九六四二八七三乘五
皆爲十五故云皆合於十五室以祭天堂以布政者後
魏封軌明堂議文軌又云依行而祭故室不過五依時
布政故堂不踰四是也王者承天統物各於其方以聽
事者禮記明堂陰陽錄文彼文云明堂之制周旋以水
水左旋以象天内有太室象紫垣南出明堂象太微西
出總章象五潢北出元堂象營室東出青陽象天市上
帝四時各治其室故王者法之也統物統萬物也蔡氏

章句曰月令所以順陰陽奉四時效氣物行王政也成法具備各從時月藏之明堂所以示承祖考神明明不敢泄瀆之義故以明堂冠月令虞夏商周四代行之故禮記明堂位兼陳四代之服器其文在周書五十三大戴采以爲明堂月令馬氏附月令於小戴而删明堂字故止謂之月令也中庸言唯天下至聖爲能聰明睿知足以有臨也下云凡有血氣者莫不尊親故曰配天是生有配天之業也古文尚書伊訓篇曰惟大甲元年十有二月乙丑朔伊尹祀於先王誕資有牧方明劉歆釋之曰言太甲雖有成湯太丁外丙之服以冬至越茀祀先王於方明以配上帝方明者放明堂之制太甲行吉禘之禮宗祀成湯於明堂以配上帝是没有配天之祭也夏少康中興伍員亦云祀夏配天三代受命中興之主及繼世有德之君没皆行配天之祭禹湯文武受命之主也夏之少康周之宣王中興之主也殷之三宗周之成康繼世有德之君也云太皞以下歷代所禘者禮運云大道之行也天下爲公鄭注祭法云有虞氏以上尚德禘郊祖宗配用有德者而已自夏已下稍用其姓氏代之禮運所謂大道既隱天下爲家禹湯文武成王周公由此其選言禹湯以下雖用明堂之法而大道稍隱也

若然太皥炎帝當亦黃帝以下所禘其黃帝以下乃四代所禘見於魯語及祭法也蔡氏獨斷曰易曰帝出乎震震者木也言宓犧氏始以木德王天下也木生火故宓犧氏沒神農氏又以火德繼之火生土故神農氏沒黃帝以土德繼之土生金故黃帝氏沒少昊氏以金德繼之金生水故少昊氏沒顓頊氏以水德繼之是言五德相次自太皥以下也獨斷又云水生木故顓頊氏沒帝嚳以木德繼之木生火故帝嚳氏沒帝堯以火德繼之火生土故帝舜氏以土德繼之土生金故夏禹氏以金德繼之金生水故殷湯氏以水德繼之亦皆五德相次故帝嚳雖不列五帝商周以下禘之堯舜禹湯文武咸列祖宗之祭也若明堂月令以太皥相次者蓋唐虞已前之制其實歷代皆有損益也禮器曰大饗其王事與三牲魚腊四海九州之美味也籩豆之薦四時之和氣也内金示和也束帛加璧尊德也龜爲前列先知也金次之見情也丹漆絲纊竹箭與衆共財也其餘無常貨各以其國之所有則致遠物也禮器云大饗其王事大饗者明堂之大禘也王者行大饗之禮於明堂謂之禘祖宗禘者圜丘之大禘與春夏之時禘及喪畢之吉禘也祖者如周之祖文王也宗者如周之宗武王也皆配

天之祭又皆嘗禘之名謂禘其祖之所自出故也后稷之祀在南郊郊特牲曰兆於南郊就陽位也又云於郊故謂之郊故云唯郊行之於南郊其三大祭皆在明堂也爾雅祭名曰禘大祭也禘郊祖宗四大祭而總謂之禘者楚語禘郊郊也鄭注大傳不王不禘及詩長發大禘箋皆云郊祀天是郊稱禘也周頌雝序云禘大祖也鄭箋云大祖謂文王是祖稱禘也劉歆云大禘則終王是宗稱禘也禘者禘其祖之所自出董子曰天地者先祖之所出也故四大祭皆嘗禘之名也般庚曰茲予大享於先王爾祖其從與享之故云一帝配天功臣從祀禘禮上遡遠祖者謂如周始祖之上又有遠祖嚳虞喜曰終禘及郊宗石室是也旁及毀廟者謂四廟二祧之外又及毀廟皆升合食序昭穆故韓詩內傳曰禘取毀廟之主皆升合食於太祖是也下逮功臣者謂功臣從祀周書大匡曰勇如害上不登於明堂高堂隆釋之云謂有勇而無義死不登堂而配食故蔡氏據禮記太學志曰善人祭於明堂其無位者祭於太學是言禘祭下逮功臣之事也聖人居天子之位謂如文言所云飛龍在天乃位乎天德有天德而居天位者也說文曰董仲舒云古之造文者三畫而連其中謂之王三者天地人也而

參通之者王也孔子曰一貫三為王故云以一德貫三才行配天之祭者謂上四大祭也天道遠故推人道以接天禘禮之灌是也以孫格祖以祖格天故天神降地示出人鬼格即大司樂所云若樂六變則天神皆降八變則地示皆出九變則人鬼可得而禮是也夫然而陰陽和以下既濟之事也民皆仁厚故无鄙惡緇衣所謂禹立三年百姓以仁遂焉是也六沴不作故物无疵厲鴻範五行傳所謂五福乃降用章於下是也羣生咸遂各盡其氣者謂畢其壽命之氣也諸福之物可致之詳无不畢至者此皆董子對策文諸福之物謂如鳳皇麒麟皆在郊棷龜龍在宮沼之類是也可致之詳謂如天降甘露地出醴泉山出器車河出馬圖之類是也既濟則各正性命保合太和中庸曰致中和天地位焉萬物育焉言明堂之大道本於易故云伏羲畫八卦以贊化育其道如此也○出生至廟也○出生虞義也廣雅曰生出也此下言明堂之序首稱萬物出乎震者明堂所以贊化育月令記時候則及草木鳥獸蟲魚之類故下屢言萬物也震東方者青陽太廟在東故曰東方也以下八卦四正四維當明堂十二室知者以鴻範五行傳云孟春之月御青陽右个索祀於艮隅仲春之月御青

陽正室索祀於震正季春之月御青陽右个索祀於巽隅孟夏之月御明堂左个索祀於巽隅仲夏之日御明堂正室索祀於离正季夏之月御明堂右个索祀於坤隅中央之極自崑崙中至太室之野土王之日迎中氣於中室孟秋之月御總章左个索祀於坤隅仲秋之月御總章正室索祀於兊正季秋之月御總章右个索祀於乾隅孟冬之月御元堂左个索祀於乾隅仲冬之月御元堂正室索祀於坎正季冬之月御元堂右个索祀於艮隅隅角也高誘注淮南云四角爲維是四正四維當十二室之事也今唯坤當太廟太室其左明堂个兊當總章太廟其左總章个爲異耳○東南至絜齊○巽言東南者巽之東震也其南离也故曰東青陽个南明堂个也巽陽藏室故絜齊虞義也陽伏巽初故巽陽藏室古人齊戒必於寢而後會於太廟齊之言齊也齊不齊以致齊者也巽陽藏室神明之德在内故繫上云聖人以此齊戒以神明其德祭統亦云專致其精明之德盡性以盡物性故云萬物之絜齊也○离爲至廟也○离爲日爲火火日外景故明离明照於四方故日出照物以日相見故萬物皆相見此上虞義也离言南方者明堂在南故云明堂太廟也○負斧至堂也○負斧扆

南面立周書明堂文其文曰明堂之位天子之位負斧依南面立羣公卿士侍於左右是南面之事也云聽聽朔也者周禮太宰云正月之吉始和布治於邦國都鄙乃縣治象之法於象魏使萬民觀治象挾日而斂之干寶注云周正建子之月告朔日也此即玉藻之聽朔矣案玉藻云天子聽朔於南門之外謂明堂南門之外天子受朔於南郊還於明堂告時帝配祖考縣六象之法於象魏退而居太廟及左右个閏月居門故周禮春官太史云頒告朔於邦國閏月詔王居門終月聽朔之禮當在冬官匠人職冬官亡故明堂之制不詳諸儒鄭元等咸有異說唯二戴馬宮孔牢賈逵盧植潁容許慎服虔蔡雍高誘諸儒知有此制而蔡氏之說尤備具於月令章句今依用之乾爲治虞義也天子當陽文四年春秋傳文彼謂諸侯朝正於王亦是明堂班朔之事天子當陽諸侯用命所謂嚮明而治也言八卦九宮之法明堂太廟正值离位故云蓋取諸此也引蔡氏者明堂月令論也彼文引此傳爲證言人君四時所居之位莫正於明堂故雖有青陽等五名而以明堂爲主因謂之明堂也○坤位至六天○乾鑿度曰坤位在未參同契曰土王四季羅絡始終青黑赤白各居一方皆稟中宮戊

已之功未在西南彖傳曰西南得朋故用事於西南青黑赤白皆禀中中故居中央白虎通謂土王四季居中央不名時也明堂月令中央土當季夏故用事於西南而居中央也坤西南卦故西爲總章个南爲明堂个明堂月令中央土天子居太廟太室故云中央太廟太室也鴻範曰土爰稼穡稼穡所以養人者故萬物皆致養焉僖十五年春秋傳曰此一役也杜預訓役爲事坤爲事故曰役事也王者四時迎氣於郊謂迎蒼帝赤帝白帝黑帝也其黃帝則中央之帝即周禮之方澤也周禮大司樂以日夏至降神於方澤故月令無中央迎氣之文必知中央爲太室者鴻範五行傳曰中央之極自崑崙中至太室之野帝黃帝神后土司之太室之野即中央之土降神於方澤迎之於太廟太室故稱方澤爲太室之野也繫上曰大衍之數五十其用四十有九京氏章句云其一不用者天之主氣鄭注乾鑿度云太一主氣之神太一即北辰北辰即皇天大帝與五帝爲六故明堂有六天謂四郊中央合圜丘之帝爲六天也其神謂之六宗覲禮謂之方明即下傳神也者妙萬物而爲言月令其神句芒等是也周禮大宗伯以玉作六器以禮天地四方以蒼璧禮天謂上帝也以黃琮禮地謂中央

帝也以青圭禮東方蒼帝也以赤璋禮南方赤帝也以白琥禮西方白帝也以玄璜禮北方黑帝也皆有牲幣各放其器之色此六天也其神謂之六宗古文尚書虞夏書曰禋於六宗伏生馬融云萬物非天不覆非地不載非春不生非夏不長非秋不收非冬不藏禋於六宗此之謂也覲禮曰諸侯覲於天子爲宮方三百步四門壇十有二尋深四尺加方明於其上方明者木也方四尺設六色東方青南方赤西方白北方黑上元下黃設六玉與周禮同方明者放乎明堂之制也王者覲諸侯或巡狩四岳則有方明亦謂之明堂荀子所謂築明堂於塞外以朝諸侯是也塞外境外戰國時齊有泰山明堂即方明也周書朝諸侯則於明堂儀禮覲諸侯則設方明故虞禮六宗而覲四岳羣牧周禮方明而覲公侯伯子男六宗方明即明堂六天之神鄭氏謂天之司盟非也其制詳於冬官冬官亡而明堂之制不詳禘禮亦廢鄭氏知圓丘方澤之爲禘而不知爲明堂六帝王肅又誤據春秋魯禘改禘爲宗廟之祭無配天之事故魏明帝謂漢氏四百餘年廢無禘祀也但禘禮行於明堂明堂之法本於易明堂之法亡而後之人遂不知以易贊化育矣○兌主至言也○兌四正卦辰在酉故正秋

於明堂爲總章太廟也兌爲雨澤以下虞義也兌爲澤坎象半見故爲雨澤震爲言陽息震成兌兌爲口言從口出兌又爲說故說言也○西北至薄也○言西北者乾之西兌也其北坎也故曰西總章个北元堂个也坤十月卦以下虞義也薄入也乾位在亥消息坤亦在亥故十月卦乾消剝上入坤故陰陽相入陽言出陰言入不言陰陽相出入者據乾入坤故言入也○正北至藏也○坎位正北故云正北方之卦於明堂爲元堂太廟也坎大元準之以動故云勞動水性動而不舍謂不舍晝夜也鄭氏謂水性勞而不倦義亦同也歸藏虞義也月令言天地閉藏故云歸藏也○東北至成終○艮之東震也故曰青陽个其北坎也故曰元堂个也坎者萬物之所歸故曰成終萬物出乎震故曰成始也○神謂至爲言○神謂易虞義也繫上曰非天下之至神其孰能與於此虞注云至神謂易隱初入微太元曰生神莫先乎一呂氏春秋曰知精則知神知神之謂得一凡彼萬形得一後成下云既成萬物乃神之所爲故云即一也荀悅申鑒曰理微謂之妙字亦作眇曹大家注幽通賦云眇微也眇妙同物耳呂氏春秋曰妙而難見荀子曰精微而無形則微妙亦同義耳聖王餙明堂大戴禮

盛德文彼文爲飾飾古文飭其言曰聖王之盛德人民不疾六畜不疫五穀不災諸侯无兵而正小民无形而治蠻夷懷服明堂者古有之凡九室一室有四户八牖以茅蓋上圓下方外水曰辟雍赤綴户白綴牖堂高三尺東西九仞南北七筵其宫方三百步凡人民疾六畜疫五穀災生於天道不順天道不順生於明堂不飾故有天災則飾明堂是也以一偶萬太元文董子對策曰一者萬物之所從始也故爲人君者正心以正朝廷正朝廷以正百官正百官以正萬民正萬民以正四方所謂以一偶萬即論語吾道一以貫之之義也明者以爲法微者以是行越語文范蠡曰天道皇皇日月以爲常明者以爲法微者以是行聖人建明堂取諸离离者明也大戴盛德曰明堂天法故明者以爲法上文所陳是也微謂獨行時若日月之晦夕朔旦也荀子曰執一如天地行微如日月日月之行人所不見似乎細微無怠止之時猶至誠之無息故微者以是行不見其事而見其功荀子文中庸曰不見而章不動而變無爲而成不見不動無爲不見其事也章變動者見其功也荀子謂之神故云妙萬物而爲言也○四時至成物○承上明堂大法而言六子循四時之序而效職所謂明者以爲

法也水火雷風山澤一陰一陽合而成物所謂微者以是行也○變化至所爲○乾變坤化故變化謂乾坤乾道變化各正性命成既濟定故既成萬物此虞義也四時分而效職六子合而成物皆是乾變坤化之事一陰一陽變化不測子曰知變化之道者其知神之所爲故不言乾坤而言變化者以見神之所爲也此言既濟之功既濟之功始於一造於微成於變化所謂大道也孔子三朝記曰孔子曰所謂聖人者知通乎大道應變而不窮能測萬物之情性者也大道者所以變化而凝成萬物者也情性也者所以理然否取舍者也故其事大配乎天地參乎日月雜於風雲總要萬物穆穆純純其莫之能循若天之司莫之能職百姓淡然不知其善是其事也易之微言盡於是

矣以下皆後師所益也

乾健也坤順也震動也巽入也坎陷也離麗也艮止也兌說也**注**自此而下皆易後師所益此訓彖傳神明之德也乾爲首坤爲腹震爲足巽爲股坎爲耳離爲目艮爲

手兌爲口注訓近取諸身外傳曰平八索以成人故春秋時或名易爲八索乾爲馬坤爲牛震爲龍巽爲雞坎爲豕离爲雉艮爲狗兌爲羊注訓遠取諸物王弼本誤刋乾爲首上今從古乾天也故稱乎父坤地也故稱乎母震一索而得男故謂之長男巽一索而得女故謂之長女坎再索而得男故謂之中男离再索而得女故謂之中女艮三索而得男故謂之少男兌三索而得女故謂之少女注訓乾道成男坤道成女及易逆數之義索數也乾爲天爲圜爲君爲父爲玉爲金爲寒爲冰爲大赤爲良馬爲老馬爲瘠馬爲駁馬爲木果坤爲地爲母

爲布爲釜爲吝嗇爲旬爲子母牛爲大轝爲文爲衆爲
柄其於地也爲黑震爲雷爲駹爲元黄爲專爲大塗爲
長子爲決躁爲蒼筤竹爲萑葦其於馬也爲善鳴爲馵
足爲作足爲的顙其於稼也爲反生其究爲健爲蕃鮮
巽爲木爲風爲長女爲繩直爲工爲白爲長爲高爲進
退爲不果爲臭其於人也爲宣髮爲廣顙爲多白眼爲
近利市三倍其究爲躁卦坎爲水爲溝瀆爲隱伏爲矯
揉爲弓輪其於人也爲加憂爲心病爲耳痛爲血卦爲
赤其於馬也爲美脊爲極心爲下首爲薄蹄爲曳其於
輿也爲多眚爲通爲月爲盜其於木也爲堅多心離爲

火爲日爲電爲中女爲甲胄爲戈兵其於人也爲大腹
爲乾卦爲鼈爲蟹爲蠃爲蚌爲龜其於木也爲折上槀
艮爲山爲徑路爲小石爲門闕爲果蓏爲閽寺爲指爲
拘爲鼠爲黔喙之屬其於木也爲多節兌爲澤爲少女
爲巫爲口舌爲毀折爲附決其於地也爲剛鹵爲妾爲
羔【注】訓二篇卦爻之象九家乾後有四爲龍爲直爲衣
爲言坤後有八爲牝爲迷爲方爲囊爲裳爲黃爲帛爲
漿震後有三爲王爲鵠爲鼓巽後有二爲楊爲鸛坎後
有八爲宮爲律爲可爲棟爲叢棘爲狐爲蒺藜爲桎梏
离後有一爲牝牛艮後有三爲鼻爲虎爲狐兌後有二

爲常爲輔頰虞氏逸象又備焉易者象也其是之謂與

疏 自此至德也○說卦先說蓍數卦爻重卦之義二篇之次及消息六子以明易之爲逆數然後叙明堂之法而終之以既濟聖人作易以贊化育其義已盡故自乾健也已下皆後師所益後師者七十子之徒是也必知非孔子所作者乾健也已下或訓彖傳或訓繫辭或訓上下篇卦爻之象皆爲訓詁之體且上陳大道下厠義訓其文不次又如歸藏易亦云乾爲天爲君爲父爲大赤爲辟爲卿爲馬爲禾爲血卦之類亦是訓卦爻之象與此略同故知非孔子作也云訓彖傳入卦之德者泰彖傳曰内健而外順健順是乾坤也屯傳動乎險中動是震也需傳剛健而不陷陷是坎也离傳重明以麗乎正柔麗乎中正晉傳順而麗乎大明麗是离也蒙傳險而止止是艮也履傳說而應乎乾說是兌也獨巽卦之義彖傳不易其文其訓入者唯見於序卦則巽有入義故不云巽巽也坎或訓險离或訓明易舍萬象言豈一端其所訓之義則虞注云精剛自勝動行不休故健純柔承天時行故順動者陽出動行入者乾初入陰陷者陽陷陰中麗者日麗乾剛陽位在上故止震爲大笑

陽息震成兌震言出口故說也○訓近至八索○繫下
云庖犧氏近取諸身遠取諸物於是始作八卦乾爲首
已下皆近取諸身也故乾鑿度孔子曰八卦之序成立
則五氣變形故人生而應八卦之體得五氣以爲五常
是也周書武順曰元首曰末首謂上也乾陽唱故乾上
爲首腹謂四也坤爲富釋名曰腹富也其中多品似富
者也足謂初也震在下能動故爲足股謂二也下開似
股耳謂五也鴻範坎北方屬聽故爲耳目亦謂五也鴻
範南方屬視故爲目淮南精神曰耳目者日月也离日
坎月离目坎耳故云耳目者日月也手謂三也艮爲拘
以手拘物故爲手口謂上也鄭云上開似口外傳者鄭
語文章昭云八索謂八體以應八卦昭十二年春秋傳
曰左史倚相能讀三墳五典八索九丘馬融注云八索
八卦是當時名易爲八索也○訓遠至從古○鴻範五
行傳曰王之不極時則有馬禍鄭彼注云天行健馬畜
之疾行者也屬王極乾爲王馬屬王極故爲馬又曰思
之不容時則有牛禍鄭注云牛畜之任重者也屬皇極
坤爲土思心曰土牛屬皇極故坤爲牛震爲龍者震初
九也鴻範五行傳曰王之不極時則有龍蛇之孽鄭注
云龍蟲之生於淵行於无形游於天者屬天乾爲龍乾

息自初初九潛龍勿用乾初即震初故震為龍一曰震東方歲星木木為青龍故為龍也巽為雞者巽為木五行傳雞屬木九家據易生人曰巽應八風也風應節而變變不失時雞時至而鳴與風相應也二九十八主風精為雞故雞十八日剖而成雛二九順陽歷故雞知時而鳴也坎為豕者坎為耳主聽五行傳曰聽之不聽時則有豕禍鄭注云豕畜之居閑衞而聽者也屬聽九家曰豕汙辱卑下也六九五十四主時精為豕豕懷胎四月而生宣時理節是其義也离為雉者劉向五行傳說曰書序高宗祭成湯有蜚雉登鼎耳而雊雉雊鳴者以赤色為主於易离為雉雉南方近赤祥也劉歆視傳以為羽蟲之孽又离為文明雉有文章故离為雉艮為狗者鄭氏云艮卦在丑艮為止以能吠守止人則屬艮九家云艮數三七九六十三三主斗斗為犬故犬懷胎三月而生斗運行十三時日出故犬十三日而開目斗屈故犬臥屈也斗運行四帀犬亦夜繞室也犬之精畏水不敢飲但舌舐水耳犬鬬以水灌之則解也斗近奎星故犬淫當路不避人者也兑為羊者兑正秋也易是類謀曰太山失金雞西嶽亡玉羊羊是西方之畜故兑為羊又兑為剛鹵鄭氏謂其畜好剛鹵也此一節王氏部

刋乾爲首上今從鄭氏古文也○訓乾至數也○繫上
曰乾道成男坤道成女荀氏云男謂乾初適坤爲震二
適坤爲坎三適坤爲艮以成三男也女謂坤初適乾
爲巽二適乾爲离三適乾爲兑以成三女也三男即長
男中男少男也三女即長女中女少女也是訓乾道成
男坤道成女之義也震巽一索坎离再索艮兑三索皆
自下而上是又訓易逆數之義也索數馬義也○訓二
至謂與○訓二篇六十四卦三百八十四爻之象卦爻
皆取象於八卦故分屬之八卦也乾爲天者乾健也天
行健故乾爲天爲圜者大戴禮天圓曰夫子曰天道曰
圓地道曰方考工記曰蓋之圜也以象天也吕氏春秋
曰何以説天道之圜也精氣一上一下圜周復匝无所
稽留故曰天道圜爲君者虞氏云貴而嚴也爲父者虞
氏云成三男其取類大故爲父也爲玉爲金者玉取其
剛金取其明鼎上九鼎玉鉉六五金鉉皆謂乾也爲寒
爲氷者乾位西北西北寒氷之地也爲大赤者虞氏云
天陽爲赤釋名曰赤者赫也太陽之色白虎通謂赤者
盛陽之氣故周爲天正色尚赤也爲良馬者乾爲馬虞
氏云乾善故良也爲老馬者四月乾已老也爲瘠馬者
鄭氏云凡骨爲陽肉爲陰乾陽皆骨故爲瘠馬也爲駁

馬者宋衷云天有五行之色故爲駁馬案考工記畫繪之事雜五色東方謂之青南方謂之赤西方謂之白北方謂之黑天謂之元地謂之黄凡五而目有六者元與黑同而異也五方之色單而天之元乃全乎五方之色故云天有五行之色也爲木果者宋衷云羣星著天似果實著木故爲木果○坤爲地者虞云柔道靜也爲母者荀云陰位之尊虞云三女能致養故爲母也爲布者虞云坤道廣布不止一方也爲釜者取其化成物也爲吝嗇者陽吉陰凶以陰化陽吉趣於凶故吝也嗇者啚也啚與鄙同乾爲仁仁主施坤爲鄙鄙主斂故爲嗇也太元曰圜則杌棿方則嗇吝是也一曰坤田爲嗇說文云嗇愛濇也从來从㐭來者㐭而藏之故田夫謂之嗇夫古文作嗇从田故坤爲嗇義亦通也爲旬者說文云十日爲旬坤數十故爲旬釋言曰旬均也今易亦有作均者當讀爲旬也爲子母牛者昭四年春秋傳曰純离爲牛离坤之子也坤离皆牛故爲子母牛也爲大轝者取其載物許慎曰輿地道也漢世有輿地圖其取諸此與爲文者九家云萬物相雜故爲文楚語左史倚相曰地事文逸禮三正記曰質法天文法地白虎通曰天爲質地受而化之養而成之故爲文也爲衆者虞云物三

稱羣陰爲民三陰相隨故爲衆也爲柄者虞氏曰柄本也一說柄當從古文作枋枋與方通乾爲圜故坤爲方彖傳曰至靜而德方是也其於地也爲黑者據消息十月北方之色至十一月一陽生則爲元故說文曰黑而有赤色曰元也○震爲雷者虞云太陽火得水有聲故爲雷也爲駹者虞云駹蒼色震東方故爲駹舊讀作龍上巳爲龍非也案今本作龍鄭讀爲尨云取日出時色雜也爲元黃者虞云天元地黃震天地之雜物故爲元黃爲旉者虞云陽在初隱靜未出觸坤故旉則乾靜也專延叔堅說以旉爲專大布非也案旉古布字故云大布今本作旉干寶注云花之通名鋪爲花皃謂之藪義亦通也爲大塗者鄭云國中三道曰塗上值房心塗而大者取房有三塗焉案王制云道路男子由右婦人由左車從中央是道有三也震在卯卯上值房心鴻範五行傳曰出入不節鄭注云房有三道出入之象三塗卽三道也王廙云大塗萬物所出也爲長子者虞云乾一索故爲長子也爲決躁者變至三體兊兊爲決震外體爲躁故爲決躁也爲蒼筤竹者九家云蒼筤青也震陽在下根長堅剛陰爻在中使外蒼筤也爲萑葦者鄭云竹類其於馬也爲善鳴者乾爲馬震得乾之初虞云爲

雷故善鳴也爲馵足者虞云馬白後左足爲馵震爲左
爲足初陽白故爲馵足爲作足者作起也震足起故爲
作足王劭云馬行先作弄四足也爲的顙者虞云的白
顙額也震反生以初爲顙初陽白故爲的顙其於稼也
爲反生者宋云陰在上陽在下故爲反生謂枲豆之類
戴甲而生一曰震春爲生乾陽反初故曰反生也其究
爲健爲蕃鮮者虞云震巽相薄變而至三則下象究與
四成乾故其究爲健爲蕃鮮巽究爲躁卦躁卦則震震
雷巽風无形故卦特變耳案變至三則成巽故云下象
究二至四體乾故與四成乾乾健也蕃鮮白也巽爲白
故云耳○巽爲木者柔交爲草剛交爲木震爲蒼筤竹
爲萑葦爲稼皆柔交也巽爲木謂剛交也爲風者陸云
風土氣也巽坤之所生故爲風亦取靜於本而動於末
也爲長女者荀云柔在初爲繩直者翟元云上二陽共
正一陰使不得邪辟如繩之直也爲工者荀云以繩木
故爲工爲白者虞云乾陽在上故白也爲長爲高者虞
云乾陽在上長故高爲進退者二陽爲進初陰爲退巽
爲木說文引易曰地可觀者莫可觀於木木於五事屬
貌容止可觀進退可度是其義也爲不果者巽究之反
也兌爲決故巽爲不果爲臭者虞云臭氣也風至知氣

巽二入艮鼻故爲臭其於人也爲宣髮者鄭云頭髮顥落曰宣取四月靡草死髮在人體猶靡草在地虞云爲白故宣髮馬君以宣爲寡髮非也案古宣鮮字皆讀爲斯詩瓠葉云有兎斯首鄭箋云斯白也今俗斯白之字作鮮齊魯之間聲近斯宣二年春秋傳云於思於思賈逵曰頭白貌思斯同音宣讀如斯故訓爲白也爲廣顙者虞云變至三坤爲廣四動成乾爲顙故爲廣顙爲多白眼者虞云爲白離目上向則白眼見故多白眼爲近利市三倍者虞云變至三成坤坤爲近四動成乾乾爲利至五成噬嗑故稱市乾三爻爲三倍故爲近利市三倍其究爲躁卦者虞云震内體爲專外體爲躁變至五成噬嗑動上成震故其究爲躁卦八卦諸爻唯震巽變耳○坎爲水者說文曰水準也北方之行象衆水並流中有微陽之气也爲溝瀆者虞云以陽闢坤水性流通故爲溝瀆也爲隱伏者虞云陽藏陰中故爲隱伏也爲矯揉者宋云使曲者更直爲矯直者更曲爲揉水流有曲直故爲矯揉也爲弓輪者虞云可矯揉故爲弓輪坎爲月月在庚爲弓在甲象輪故爲弓輪也案虞據納甲爲言又坎在丁上弦在丙下弦故參同契曰上弦兌數八下弦艮亦八賈誼新書曰古之爲路輿三十輻以象

月是也其於人也爲加憂者虞云兩陰失心爲多眚故加憂案兩陰謂三初也爲心病者虞云爲勞而加憂故心病亦以坎二折坤爲心病也爲耳痛者坎爲耳爲疾故爲耳痛也爲血卦者血陰類坎流坤故爲血卦爲赤者白虎通曰十一月之時陽氣始養根株黄泉之下萬物皆赤故爲赤也其於馬也爲美脊者宋云陽在中央美脊之象爲極心者荀云極中也乾爲馬坎中爻乾也故爲極心爲下首者乾爲首陽陷坤中故爲下首爲薄蹄者蹄震也薄迫也陽不在初行則迫地故爲薄蹄爲曳者初足不正故爲曳也其於輿也爲多眚者虞云眚敗也坤爲大轝坎折坤體故爲車多眚也爲通者坎爲大川爲溝瀆以達於川故爲通也爲月者虞云坤爲夜以坎陽光坤故爲月也爲盜者虞云水行潛竊故爲盜也其於木也爲堅多心者虞云陽剛在中故堅多心棘屬也○离爲火者說文曰火燬也南方之行炎而上也爲日者荀云陽外光也爲電者鄭云取火明也多明似日暫明似電也爲中女者荀云柔在中也爲甲冑者虞云外剛故爲甲乾爲首巽繩貫甲而在首上故爲冑冑兜鍪也爲戈兵者虞云乾爲金离火斷乾燥而鍊之故爲戈兵也其於人也爲大腹者虞云象日常滿如妊身

婦故爲大腹乾爲大坤爲腹也爲乾卦者虞云火日熯
燥物故爲乾卦鄭云乾當爲幹陽在外能幹正也董遇
作幹列子曰木葉幹殼張湛讀爲乾若然乾幹同物故
讀從之爲鼈爲蟹爲蠃爲蚌爲龜者虞云此五者皆取
外剛内柔也鄭云皆骨在外其於木也爲折上槀者虞
云巽木在离中體大過死巽蟲食心則蠹蟲食木故上
槀或以离火燒巽故折槀案巽蟲者巽爲風易本命曰
二九十八八主風主蟲故蟲八日化王充論衡曰夫蟲
風氣所生倉頡知之故凡蟲爲風之字取氣於風故云
巽蟲也○艮爲山者周語曰山土之聚也坤爲土陽止
坤上故爲山爲徑路者虞云山中徑路震陽在初則爲
大塗艮陽小故爲徑路鄭云田間之道曰徑路艮爲之
者取山間鹿兎之蹊爲小石者陸云剛卦之小故爲小
石也爲門闕者虞云乾爲門艮陽在門外故爲門闕兩
小山闕之象也爲果蓏者果上也蓏二陰也宋云木實
謂之果草實謂之蓏梅李瓜瓞之屬皆出山谷也爲閽
寺者宋云閽人主門寺人主巷艮爲止此職皆掌禁止
者也爲指者虞云艮手多節故爲指爲拘者虞云指屈
信制物故爲拘拘舊作狗上已爲狗字之誤爲鼠者虞
云似狗而小在坎穴中故爲鼠晋九四是也爲黔喙之

屬者馬云黔喙肉食之獸謂豺狼之屬黔黑也陽元在前鄭云取其爲山獸其於木也爲多節者虞云陽剛在外故多節松柏之屬○兌爲澤者虞云坎水半見故爲澤爲少女者虞云坤三索位在末故少也爲巫者乾爲神兌爲通與神通氣女故爲巫案山澤通氣故兌爲通也爲口舌者虞云兌得震聲故爲口舌爲毀折者虞云二折震足故爲毀折爲附決者虞云乾體未圜故附決則果蓏之屬也其於地也爲剛鹵者虞云乾二陽在下故剛澤水潤下故鹹爲妾者虞云三少女位賤故爲妾爲羔者虞云羔女使皆取位賤故爲羔舊讀羔爲羊非也鄭本作陽云此陽讀爲養无家女行賃炊爨今時有之賤於妾也○以上八卦取象猶未備故又取九家及虞氏以該易之象焉九家所載乃說卦之逸象乾六爻稱六龍故爲龍其動也直故爲直黃帝堯舜垂衣裳而天下治蓋取諸乾坤上曰衣下曰裳故乾爲衣坤爲裳震爲言謂乾初也陰陽之義辟諸雌雄牝以合牡猶坤以配乾故坤爲牝經利牝馬之貞是其義也坤先迷故爲迷上已爲枋傳寫訛爲柄故重出方也六四括囊故爲囊天元而地黃故爲黃莊二十二年春秋傳曰庭實旅百奉之以玉帛天地之美具焉杜預注云乾爲玉坤

爲帛是爲帛也酒主陽漿主陰坤陰故爲漿帝出乎震今之王古之帝故震爲王鵠聲之遠聞者故爲鵠考工記曰凡冒鼓必於啓蟄之日鄭彼注云蟄蟲好聞雷聲而動所以取象太元云三八爲木爲東方爲春爲鼓注云如雷聲也震爲雷故爲鼓大過體巽九二枯楊生梯巽爲木故爲楊巽爲風鸛水鳥知風雨者故爲鸛坎十一月律中黄鍾黄鍾爲宫爲聲調之始故坎爲宫釋言曰坎律銓也樊光註云坎卦水水性平律亦平銓亦平也六律爲萬事根本黄鍾又爲六律之本故爲律爲可者可河字磨滅之餘又石鼓文河作可葢古文也坎爲大川故爲河爲棟未詳或云當爲棟大過棟橈謂坎也案虞氏注大過以巽木爲棟疑不能明也爲叢棘者坎於木爲堅多心故爲叢棘坎上六示於叢棘是也坎爲鬼說文曰狐者鬼所乘故爲狐子夏曰坎爲小狐干寶亦云坎爲狐也蒺蔾棘類困六三據於蒺蔾虞氏亦云坎也蒙初六曰用說桎梏虞注云坎爲穿木震足艮手互與坎連故爲桎梏昭四年春秋傳曰純离爲牛坤爲牝坤二五之乾成离故爲牝牛艮爲鼻者管寧曰鼻者艮天中之山裴松之案相書謂鼻之所在爲天中鼻有山象故曰天中之山噬嗑六二噬膚滅鼻鼻謂艮也爲

虎者艮无虎象虎當爲膚字之誤也虞氏亦云艮爲膚也爲狐者未濟卦辭曰小狐訖濟虞注云否艮爲狐僖十四年春秋傳曰其卦遇蠱曰獲其雄狐蠱上體艮爲狐也坎爲狐取其形之隱也艮爲狐取其喙之黔也兌爲常者九家注云常西方之神也輔頰者兌上也咸上曰咸其輔頰舌故爲輔頰也以上逸象凡三十一訛一美一實三十也○虞氏傳其家五世孟氏之學八卦逸象十倍於九家如乾逸象六十一爲王爲神爲人爲聖人爲賢人爲君子爲善人爲武人爲行人爲物爲敬爲威爲嚴爲道爲德爲信爲善爲良爲愛爲忿爲生爲慶爲祥爲嘉爲福爲祿爲積善爲介福爲先爲始爲知爲大爲盈爲肥爲好爲施爲利爲清爲治爲高爲宗爲甲爲舊爲久爲古爲畏爲大明爲晝爲遠爲郊爲野爲門爲大謀爲道門爲百爲歲爲朱爲頂爲圭爲蓍坤象八十一爲妣爲民爲刑人爲小人爲鬼爲尸爲形爲自爲我爲躬爲身爲拇爲至爲安爲康爲富爲財爲積爲重爲厚爲基爲致爲用爲包爲寡爲徐爲營爲下爲裕爲虛爲書爲永爲邇爲近爲思爲默爲惡爲禮爲義爲事爲類爲閉爲密爲恥爲欲爲過爲醜爲惡爲怨爲害爲終爲喪爲死爲殺爲亂爲喪期爲積惡爲冥爲晦

爲夜爲暑爲乙爲年爲十年爲盍爲户爲闔户爲庶政
爲大業爲土爲田爲邑爲國爲邦爲大邦爲鬼方爲器
爲缶爲輻爲虎爲黄牛震象四十九爲帝爲主爲諸侯
爲人爲行人爲士爲兄爲夫爲元夫爲行爲征爲出爲
逐爲作爲興爲奔爲奔走爲驚衛爲百爲言爲講爲議
爲問爲語爲告爲響爲音爲應爲交爲懲爲後爲世爲從爲
守爲左爲生爲緩爲寬仁爲樂爲笑爲大笑爲陵爲祭爲
爲鬯爲草莽爲百穀爲麋鹿爲筐爲趾坎象四十七爲
雲爲元雲爲大川爲志爲謀爲惕爲疑爲恤爲逖爲悔
爲涕洟爲疾爲災爲破爲罪爲悖爲欲爲淫爲獄爲暴
爲毒爲虛爲瀆爲孚爲平爲則爲經爲法爲藂爲聚爲
習爲美爲後爲入爲納爲臀爲腰爲膏爲陰夜爲歲爲
三歲爲酒爲鬼爲校爲穿木爲弧爲弓彈艮象三十七
爲弟爲小子爲賢人爲童爲童僕爲官爲友爲道爲時
爲小狐爲狼爲碩爲碩果爲慎爲順爲待爲執爲厚爲
求爲篤實爲穴居爲城爲宫爲庭爲廬爲牖爲居爲舍
爲宗廟爲社稷爲星爲斗爲沫爲肱爲背爲尾爲皮巽
象二十爲命爲誥爲號爲隨爲處爲利爲商爲同爲歸
爲交爲白茅爲草莽爲草木爲薪爲帛爲墉爲牀爲桑
爲虵爲魚离象十九爲黄爲見爲飛爲明爲光爲甲爲

孚爲戎爲刀爲斧爲資斧爲矢爲黄矢爲罔爲鶴爲鳥
爲飛鳥爲甕爲瓶兌象九爲友爲朋爲刑爲刑人爲小
爲密爲見爲右爲少知以上逸象共
三百二十三義備疏中不復訓也

周易述卷二十

山東省立圖書館
SHANTUNG PROVINCIAL LIBRARY

周易述卷二十二

元和惠棟

易微言上

元

易上經曰乾元亨利貞述曰元始也乾初爲道本故曰元六爻發揮旁通于坤故亨利貞者六爻皆正成既濟定也彖傳曰大哉乾元萬物資始乃統天述云資取統本也大衍之數五十其用四十有九其一元也故六十四卦萬一千五百二十筴皆取始于乾元筴取始于乾猶萬物之生本乎天

又曰至哉坤元萬物資生乃順承天述云乾坤相竝俱生合于一元故萬一千五百二十筴皆受始于乾由坤而生也天地既分陽升陰降坤爲順故順承天

文言曰元者善之長也述云始息于子故曰善之長外傳曰震雷長也故曰元

尚書名誥曰其維王位在德元

公羊元年春王正月元年者何君之始年也何休注云變一爲元元者氣也無形以起有形以分造起天地天地之始也疏云春秋說云元者端也氣泉注云元爲氣之始如水之有泉泉流之原無形以起有形以分窺之不見聽之

不聞宋氏云無形以起在天成象有形以分在地成形也

疏又云春秋說云王不上奉天文以立號則道術無原故先陳春後言王天不深正其元則不能成其化故先起元然後陳春矣是以推元在春上春在王上矣文選注引元命包曰元年者何元宜爲一謂之元何曰君之始年也

公何以不言即位何休注云即位者一國之始政莫大于正始故春秋以元之氣正天之端春秋以下皆元命包文以天之端正王之政以王之政正諸侯之即位以諸侯之即位正竟內之治諸侯不上奉王之政則不得即位故先言正月而後言即位政不由王出則不得爲政故先言王而後言正

月也王者不承天以制號則無法故先言春而後言王天不深正其元則不能成其化故先言元而後言春五者同日竝見相須成體乃天人之大本萬物之所繫不可不察也疏云元年春者天之本王正月公卽位者人之本故曰天人之大本也

呂氏春秋名類曰黃帝曰芒芒昧昧因天之威一作道與元同氣芒芒昧昧廣大之貌天之威無不敬也非同氣不協故曰同氣賢于同義同義賢于同力同力賢于同居同居賢于同名帝者同氣同元氣也王者同義同仁義也霸者同力同武力也勤者同居則薄矣同居于世亡者同名同名則觕矣同名不仁不義觕惡也其智彌觕者其所同彌

觕其智彌精者其所同彌精精微妙也故凡用意不可不精夫精五帝三王之所以成也

又名類曰元者吉之始也案此與幾者動之微吉之先見者也同義

易通卦驗曰天皇之先與乾曜合元

莊子大宗師曰伏戲得之以襲氣母司馬彪云襲入也氣母元氣之母也崔譔云取元氣之本

通典魏侍中繆襲議曰元者一也首也氣之初也是以周文演易以冠四德仲尼作春秋以統三正

春秋命歷序曰元氣正則天地八卦孳也文選注一

元命包曰水者五行始焉元氣之所湊液也同上
說題辭曰元清氣以爲天渾沌無形體宋均注云言元氣之初如此也渾沌未分也言氣在易爲元在老爲道義不殊也文選注卌四
說文无字下云奇字无通于元者案奇字衛宏所撰古文奇字也
老子道經曰道可道非常道河上公注云夫道者一元之至理有經術政教之道有自然長生之道常道當以無爲養神無事安民含光藏曜滅迹匿端不可稱道
董子繁露曰唯聖人能屬萬物于一而繫之元也故不及

本所從來而承之不能遂其功是以春秋變一謂之元元猶原也其義以隨天地終始也繫上曰原始及終故人惟有終始也而生死必應四時之變原始及終故知死生之說說舍也故元者爲萬物之本而人之元在焉

禮統曰天地者元氣之所生萬物之祖後漢書班固傳注及莊子釋文元即太極太極生兩儀故云天地者元氣之所生

三統歷曰太極元氣函三爲一極中也元始也又曰陰陽合德氣鍾于子化生萬物者也又曰元典歷始曰元傳曰元善之長也共養三德爲善孟康注云謂三統之微氣也當施育萬物故謂之德又曰元體之長也合三體而爲之原故曰元於春三月每月

書王元之三統也三統合于一元故因元而九三之以爲法又曰經元一以統始易太極之首也

何休公羊成八年注云王者號也德合元者稱皇孔子曰皇象元逍遥術無文字德明謚德合天者稱帝河洛受瑞可放仁義合者稱王符瑞應天下歸往疏云謂元氣是總三氣之名三氣謂天地人三統歷曰太極元氣函三爲一　三氣謂酉戌亥是故其德與之相合者謂之皇皇者美大之名孔子曰至明謚皆春秋說文宋氏云宋均注言皇之德象合元矣逍遥猶勤動行其德術未有文字之教其德盛明者爲其謚矣天者二儀分散以後之稱子仲故其德與之相合者謂之帝帝者諦也言

審諦如天矣當爾之時河出圖洛出書可以受而行之則施於天下故曰河洛受瑞可放耳二儀既分人乃生焉人之行也正直爲本（正直即中行）行合於仁義者謂之王行合人道者符瑞應之而爲天下所歸往耳是以王字通于三才得爲歸往之義

白虎通曰皇君也美也大也天之總美大稱也時質故總之也號之爲皇者煌煌人莫違也煩一夫擾一士以勞天下不爲皇也不擾匹夫匹婦故爲皇虛無寥廓與天地通靈也

又曰德合天地者稱帝仁義合者稱王别優劣也禮記謚

法曰德象天地稱帝仁義所生稱王帝者天號王者五行之稱也

淮南泰族曰黄帝曰芒芒昧昧因天之威與元同氣故同氣者帝同義者王同力者霸無一焉者亡

易乾鑿度曰易一元以爲元紀鄭注云天地之元萬物所紀

河圖曰元氣闓陽爲天後漢方術傳序云其流又有風角遁甲七政元氣注元氣謂開闢陰陽之書也

體元

文言曰元者善之長也君子體仁足以長人述云乾爲善

始息于子故曰善之長外傳曰震雷長也故曰元易有三才故舉君子初九仁也元爲體之長君子體仁故爲人之長

又曰乾元用九天下治也述云正元以成化故天下治疏云春秋元命苞曰天不深正其元不能成其化九者變化之義以元用九六爻皆正王者體元建極而君臣上下各得其位故天下治也

又曰飛龍在天乃位乎天德述云體元居正故位乎天德

又曰乾元用九乃見天則述云六爻皆正天之法也在人則爲王度易說易六位正王度見矣

書曰其惟王位在德元小民乃惟刑用于天下越王顯

晉語悼公言於諸大夫曰抑人之有元君將禀命焉若禀而棄之是焚穀也穀善也二三子爲令之不從故求元君而訪焉孤之不元廢也其誰怨元而以虐奉之二三子之制也若欲奉元以濟大義將在今日若欲暴虐以離百姓反易民常亦在今日

无

中庸子曰聲色之於以化民末也聲色德之顯者故曰末也詩曰德輶如毛德輶如毛德之微者故詩云民鮮克舉毛猶有倫上天之載無聲無臭至矣

孔子閒居孔子曰以致五至而行三無子夏曰敢問何謂三無孔子曰無聲之樂無體之禮無服之喪此之謂三無子夏曰三無既得略而聞之矣敢問何詩近之孔子曰夙夜其命宥密無聲之樂也威儀逮逮不可選也無體之禮也凡民有喪匍匐救之無服之喪也

六經無有以无言道者唯中庸引詩上天之載無聲無臭及孔子閒居論三無此以无言道也說文无字下引王育說曰天闕西北爲无乾西北之卦西北乾元也天不足西北故言无又引古文奇字曰无通于元者若然則无與元同義也繫上曰易有太極北史梁武帝問李

業興云易有太極極是有無業興對曰所傳太極是有愚謂太極即乾之初九又謂之元故不可言无无通于元故元爲道之本三統歷曰道據其一一即元也知元之爲道本則後世先天無極之說皆可不用也

隱元年公羊傳曰元年者何君之始年也何休注云變一爲元元者氣也無形以起有形以分造起天地天地之始也疏云春秋說云元者端也氣泉無形以起有形以分窺之不見聽之不聞宋氏注云元爲氣之始如水之有泉泉流之原無形以起在天成象有形以分在地成形也然則有形與無形皆生乎元氣而來故言造起天地天地之始

也

劉巘周易義曰自無出有曰生文選六

老子道經曰視之不見名曰夷聽之不聞名曰希王弼注云無象無聲無響無所不通無所不往又曰摶之不得名曰微河上公注云無色曰夷無聲曰希無形曰微又曰此三者不可致詰故混而爲一河上注云混合也故合于三名之而爲一

德經曰天下萬物生于有有生于無河上注云萬物皆從天地生天地有形位故言生於有也天地神明蛸飛蠕動皆從道生道無形故言生於無

淮南說山曰有形出于無形未有天地能生天地者也至深微廣大矣高誘注云未有天地生天地故無形生有形也

孫綽遊天台山賦曰太虛遼廓而無閡運自然之妙有李善注云妙有謂一也言大道運彼自然之妙一而生萬物也謂之爲妙有者欲言有不見其形則非有故謂之妙欲言其無物由之而生則非無故謂之有也斯乃無中之有謂之妙有也文選十一

又曰忽即有而得玄注云王弼以凡有皆以無爲本無以有爲功將欲寤無必資于有故云即有而得玄也同前

繫辭曰一陰一陽之謂道韓伯注云道者何无之稱也詳見本書

王弼老子注云凡有皆始於無又曰有之所始以無爲本

又曰玄冥嘿無有也文選十一

世說文學篇曰王輔嗣弱冠詣裴徽徽問曰夫無者誠萬物之所資聖人莫肯致言而老子申之無已何耶弼曰聖人體無無又不可以訓故言必及有老莊未免於有恒訓其所不足何劭爲弼傳曰老子是有者也故恒言無所不足文章敘錄曰自儒者論以老子非聖人絕禮弃學何晏說與聖人同著論行于世

北史梁武帝問李業興云易有太極極是有無業興對曰

所傳太極是有　案繫辭言易有太極不可言無

潛

乾初九曰潛龍勿用象曰潛龍勿用陽在下也文言曰龍德而隱者也又曰潛之爲言也隱而未見行而未成是以君子弗用也

中庸曰詩云潛雖伏矣亦孔之昭故君子內省不疚無惡於志君子之所不可及者其惟人之所不見乎

釋言曰潛深也潛深測也郭注云測亦水深之别名

法言問神篇曰或問神曰心請聞之曰潛天而天潛地而地天地神明而不測者也心之潛也猶將測之況于人乎

況于事倫乎　案潛天而天潛地而地所謂知情天地卽神也心之潛也猶將測之所謂形不測也天地神明不測而心能測之伏羲文王孔子是也知情天地形不測人與事倫不足言矣

又曰敢問潛心于聖曰昔仲尼潛心于文王矣達之顏淵亦潛心于仲尼矣未達一閒閒當作間耳神在所潛而已矣天神天明照知四方天精天粹萬物作類人心其神矣乎操則存舍則亡能常操而存者其惟聖人乎聖人存神索至至誠如神成天下之大順致天下之大利大和和同天人之際天地位萬物育使之而無間者也此既濟之功能

隱

文言曰初九潛龍勿用何謂也子曰龍德而隱者也潛陽隱初故隱者也又曰潛之爲言也隱而未見行而未成是以君子弗用也初隱二見故隱而未見

繫上曰易无思也无爲也寂然不動感而遂通天下之故非天下之至神其孰能與于此虞注云寂然不動謂隱藏坤初故不動者也至神謂易隱初入微知幾其神乎

又曰探嘖索隱虞注云探取嘖初也初隱未見故探嘖索隱則幽贊神明而生蓍

中庸曰莫見乎隱莫顯乎微故君子愼其獨也言隱必見微必顯誠

中形外故君子慎獨

又曰是故君子不賞而民勸不怒而民威于鈇鉞詩曰不顯維德百辟其刑之　案不顯謂隱也

詩烝民曰人亦有言德輶如毛民鮮克舉之我儀圖之維仲山甫舉之愛莫助之毛傳曰愛隱也　案如毛猶微也民鮮克舉言慎獨者少毛訓愛爲隱謂隱微也隱微之閒非人所能助故愛莫助之荀子曰能積微者速成詩曰德輶如毛民鮮克舉此之謂也荀子毛公之師也故其說與荀同鄭箋不識聖人微言訓愛爲惜失之遠矣

表記曰子言之歸乎君子隱而顯不矜而莊不厲而威不

言而信　案歸乎君子讀歸乎由成子之義言人當以君子爲法也篇名表記而先言隱而顯由内而達外也君子從事于慎獨之功誠中形外故隱而顯誠則不矜而莊不厲而威不言而信也

漢書司馬相如贊曰司馬遷稱春秋推見至隱推見至隱故亂臣賊子懼易本隱以之顯李奇注云隱猶微也

初九初六從下而生自微及著如初潛龍隱也九二見龍則顯矣所謂本隱以之顯也初乾爲積善積善成德故初爲龍德而隱二爲龍德而正中中庸言夫微之顯又云知微之顯繫下云知微之彰皆是義也

楊子太玄曰玄者神之魁也魁首也猶言始天以不見爲玄地以不形爲玄人以心腹爲玄天奥西北鬱化精也地奥黄泉隱魄榮也人奥思慮含至精也

荀子勸學曰昔者瓠巴鼓瑟而流魚出聽伯牙鼓琴而六馬仰秣故聲無小而不聞行無隱而不形玉在山而草木潤淵生珠而岸不枯爲善不積邪安有不聞者乎

說文云幽隱也从山中𢆶𢆶微也

老子德經曰道隱無名注云道潛隱使人無能指名也文言初九曰不成名

愛字義附

烝民詩曰愛莫助之毛傳曰愛隱也言隱微之際已所
獨制人莫能助也詩靜女曰愛而不見韓詩曰愛隱也
釋言曰愛隱也毛韓義本此郭氏不識字攺爲薆

微

繫下曰幾者動之微吉之先見者也虞注云陽見初成震
故動之微復初元吉吉之先見者也　幾即一也一古文
作壹說文壹从壺吉即吉之先見之義朱子據劉向傳作
吉凶之先見失其義矣
又曰君子知微知彰姚信注云二下交初故曰知微上交
于三故曰知彰

又曰子曰顏氏之子其殆庶幾乎虞注云幾微也顏子知微故殆庶幾孔子曰回也其庶幾乎

又曰夫易章往而察來而微顯闡幽虞注云神以知來知以藏往微者顯之謂從復成乾是察來也闡者幽之謂從姤之坤是章往也

又曰其初難知侯果注云初則事微故難知

又曰能說諸心能研諸侯之慮定天下之吉凶成天下之亹亹者荀注曰亹亹者陰陽之微可成可敗也王弼曰亹亹微妙之意也

中庸曰莫見乎隱莫顯乎微故君子慎其獨也在易隱微為乾坤之

初爻

又曰夫微之顯誠之不可揜如此夫誠則形故不可揜

又曰致廣大而盡精微荀子賦篇曰精微而無形

又曰知微之顯可與入德矣夫微之顯誠者天之道也知微之顯誠之者人之道也

又曰子曰聲色之於以化民末也對本故言末詩曰德輶如毛

案毛猶微也

經解曰絜靜精微易教也　案絜靜坤也精微乾也乾元絜靜坤元精微故云易教也

易乾鑿度曰孔子曰乾坤陰陽之主也陽始于亥形于丑乾位在西北陽祖微據始也

又云易氣從下生鄭注云易本無形自微及著故氣從下
生以下爻爲始也
又曰天氣三微而成著三著而成體鄭注云五日爲一微
十五日爲一著故五日有一候十五日成一氣也冬至陽
始生積十五日至小寒爲一著至大寒爲二著至立春爲
三著凡四十五日而成一節故曰三著而成體也正月則
泰卦用事故曰成體而郊也
淮南齊俗曰易曰履霜堅冰至聖人之見終始微言
呂覽有始曰天地有始天微以成地塞以形高注云始初
也天陽也虛而能施故微以生萬物地陰也實而能受故

塞以成形兆也

後漢書魯恭傳恭議奏曰孝章皇帝深惟古人之道助三正之微定律著令注三正三微也前書音義曰言陽氣始施萬物微而未著故曰微

荀子勸學曰春秋之微也　案春秋推見至隱故云微

越語曰天道皇皇日月以爲常皇皇著明也常象也明者以爲法微者則是行陽至而陰陰至而陽日困而還月盈而匡困窮也匡虧也

荀子曰行微如日月微謂晦夕朔旦至謂二至　說文曰徵召也從微省壬爲徵行于微而文達者即徵之荀

山東省立圖書館
SHANTUNG PROVINCIAL LIBRARY

子曰行微如日月忠誠盛于内賁于外形于四海所謂行于微而文達者也

荀子彊國篇曰積微月不勝日時不勝月歲不勝時（言積微從日始）財物貨寶以大爲重政教功名反是能積微者速成詩曰德輶如毛（毛猶微也）民鮮克舉此之謂也

又解蔽篇曰處一之危其榮滿側（韋昭注晉語曰榮者有色貌也）養一之微榮矣而未知（危謂戒懼處心之危有形故其榮滿側可知也養心之微無形故雖榮而未知大學曰富潤屋德潤身此養一之榮也）故道經曰人心之危道心之微危微之幾惟明君子而後能知之（荀子成相曰思之精志乃榮好而一之神以成精神相反一而不二爲聖人）

又曰空石之中有人焉其名曰般其爲人也善射以好思耳目之欲接則敗其思蚊蝱之聲聞則挫其精是以闢耳目之欲而遠蚊蝱之聲閑居靜思則通思仁若是可謂微乎言靜思仁如空石之人思射則可謂微乎假設問之詞也孟子惡敗而出妻可謂能自彊矣有子惡臥而焠掌可謂能自忍矣未及好也未及善射好思闢耳目之欲蚊蝱之聲聞則挫其精可謂危矣未可謂微也愚謂危如乾之九三微如乾之初九夫微者至人也至人也至人即中庸之至誠何彊何忍何危故濁明外景愚謂火爲濁明水爲內景清明內景聖人縱其欲兼其情而制焉者理矣兼猶盡也縱欲盡情而不過制猶縱心所欲不踰矩夫何彊何忍何危故仁者之行道也無爲也聖人之行道

也無彊也仁者之思也恭聖人之思也樂恭謂乾乾夕惕也樂謂性與天道無所不適也

說文曰危在高而懼也

戰國策蘇子謂秦王曰語曰識乎微之爲著者强

大略篇曰雨水漢故潛漢溢爲潛自小至大人盡小者大積微者著

德至者色澤洽澤洽榮也楊注謂德潤身行盡而聲聞遠

董子繁露曰春秋至意有二端小大微著之分也夫覽求微細于無端之處誠知小之爲大也微之將爲著也吉凶未形聖人所獨立也不見不聞故曰獨立雖欲從之末由也已德輶如毛民鮮克舉此之謂也故王者受命改正朔不順數而往必迎迎讀

爲逆來而受之者授受之義也故聖人能繫心于微而致之者也是故春秋之道以元之氣正天之端以天之端正王之政以王之政正諸侯之位五者俱正而化大行

揚子太玄曰思心乎一又云生神莫先乎一夫一者思之微也注云思始于内故微也

後漢書章帝紀元和二年詔曰春秋于春每月書王者重三正愼三微也郎顗七事曰君子遠覽防微慮萌

周書曰愼微以始而敬終乃不困

論語撰攷讖曰子夏等七十二人共撰仲尼微言文選注四十三

淮南子修務曰書傳之微者惟聖人能論之注云微妙論

敘也

韓非子難言曰總微說約

漢書藝文志曰昔仲尼没而微言絕七十子喪而大義乖

李奇注云隱微不顯之言也師古曰精微要妙之言耳

案精微要妙與隱微不顯義同唐人不識字更立一義

又春秋家有左氏微鐸氏微張氏微虞氏微傳師古曰微

謂釋其微指

後漢方術傳秦宓曰董扶襃秋豪之善貶纖介之惡謝承書曰李咸奏曰春秋之義貶纖介之惡采毫末之善

法言問明篇曰或問明曰微或曰微何如其明也曰微而

見之明其誖乎聰明其至矣乎宋咸云言窮微乃聰明至極之美也　子雲識微字
敢問大聰明咸曰既知微義復問大者曰眩眩乎惟天爲聰惟天爲明眩眩幽深也夫能高其目而下其耳者匪天也夫
太玄曰一也者思之微也
老子道經曰搏之不得名曰微無形曰微言一無形體
孫子曰微乎微微至于無形言其微妙所不可見神乎神神至于無聲
韓詩外傳曰至精而妙乎天地之間者德也詩曰德輶如毛民鮮克舉之
慎子曰夫德清疑作精微而不見聰明而不發是故外物不

累其内文選注

淮南本經曰夫至大天地弗能含也至微神明弗能領也

注云領理也

范子計然曰見微知著文選四十二

鶡冠子曰精微者天地之始也又曰遠之近顯乎隱大乎

小衆乎少莫不從微始

說苑敬慎篇曰韓平子問于叔向曰剛與柔孰堅對曰臣

年八十矣齒再墮而舌尚存老聃有言曰天下之至柔馳

騁天下之至堅又曰人之生也柔弱其死也剛强萬物草

木之生也柔脆其死也枯槁因此觀之柔弱者生之徒也

剛强者死之徒也夫生者毀而必復死者破而愈亡吾是以知柔之堅于剛也平子曰善哉然則子之行何從叔向曰臣亦柔耳何以剛爲平子曰柔無乃脆乎叔向曰柔者紐而不折廉而不缺何爲脆也天下之道微者勝是以兩軍相加而柔者克之兩仇爭利而弱者得焉

三統歷曰傳曰元善之長也共養三德爲善孟康注云謂三統之微氣也當施育萬物故謂之德

趙岐孟子注云微小也高誘吕覽注云微要眇覵未萌之萌也

說文曰尾微也易以下爲尾上爲角

說文曰微隱行也春秋傳曰白公其徒微之
又曰𢼸妙也从人从攴豈省聲然則微妙之微當作𢼸
荀子致仕篇曰知微而論可以爲師
詩烝民曰人亦有言德輶如毛民鮮克舉之我儀圖之維
仲山甫舉之愛莫助之（毛傳曰愛隱也隱微之地故人莫能助）
中庸曰是故君子篤恭而天下平詩云予懷明德不大聲以色子曰聲色之于以化民末也詩曰德輶如毛毛猶有倫上天之載無聲無臭至矣
禮器曰禮有以少爲貴者以其內心也德產之致也精微觀天下之物無可以稱其德者如此則得不以少爲貴乎

是故君子慎其獨也　案德産之致也精微所謂德輶如毛也觀天下之物無可以稱其德者故民鮮克舉之也君子慎其獨故愛莫助之也

管子白心曰道之大如天其廣如地其重如石其輕如羽

荀子不苟曰操而得之則輕詩曰德輶如毛輕則獨行愛莫助之

莊子齊物曰天下莫大于秋豪之末而太山爲小

淮南原道曰神托于秋豪之末高注言微妙也而大與宇宙之總高注宇宙諭天地總合也又曰貴虛者以豪末爲宅也高注虛者情無所念慮也以豪末爲宅者言精微也

俶真曰夫秋豪之末淪于無間而復歸于大矣高誘注云

秋豪微妙故能入于無間間孔言道無形以豪末比道猶復爲大也

意林引太公金匱曰（武王問五帝之戒）太公曰道自微而生禍自微而成慎終與始完如金城

三微 附

易乾鑿度曰天氣三微而成著三著而成體鄭注云五日爲一微十五日爲一著故五日有一候十五日成一氣也冬至陽始生積十五日至小寒爲一著至大寒爲二著至立春爲三著凡四十五日而成一節故曰三著而成體也正月則泰卦用事故曰成體而郊也

後漢書魯恭傳恭議奏曰孝章皇帝深惟古人之道助三正之微定律著令注云三正三微也前書音義曰言陽氣始施萬物微而未著故曰微

陳寵傳漢舊事斷獄報重常盡三冬之月是時帝始改用冬初（孝章）十月而已元和二年長水校尉賈宗上言以爲斷獄不盡三冬故陰氣微弱陽氣發泄招致災旱事在于此帝以其言下公卿議寵奏曰夫冬至之節陽氣始萌故十一月有蘭射干芸荔之應（易通卦驗曰十一月廣莫風至則蘭夜干生）時令曰諸生蕩安形體（仲冬一陽爻生草木皆欲萌動）天以爲正周以爲春（正春皆始也十二月萬物微而未著天以爲正而周以爲歲首）十二月陽氣上通雉雊雞乳地

以爲正殷以爲春十二月二陽爻生陽氣上通十三月陽氣已至天地已交萬物皆出蟄蟲始振人以爲正夏以爲春十三月今正月也萬物皆出於地人始初見故曰人以爲正三微成著以通三統統者統一歲之事棟案何休公羊注云統者始也周以天元殷以地元夏以人元若以此時行刑則殷周歲首皆當流血不合人心不稽天意月令曰孟冬之月孟冬當作季秋趣獄刑無留罪明大刑畢在立冬也秦爲虐政四時行刑聖漢初興改從簡易蕭何草律季秋論囚俱避立春之月而不計天地之正二王之春實頗有違言蕭何不論天地之正及殷周之春實乖正道陛下探幽析微允執其中革百載之失建永年之功上有迎承之敬下有奉微之惠三正之月不用斷獄敬承

天意奉順三微也稽春秋之文春秋于春每月書王所以統三統當月令之意聖功美業不宜中疑書奏帝納之白虎通述三微與此略同

白虎通曰正朔有三何本天有三統謂三微之月也明王者當奉順而承之故受命各統一正也敬始重本也朔者蘇也革也言萬物革更於是故統焉

漢書劉向傳向疏曰王者必通三統明天命所授者博非獨一姓也應劭曰二王之後與已爲三統也孟康曰天地人之始也

知微之顯

中庸曰莫見乎隱莫顯乎微故君子愼其獨也又云知

微之顯可與入德矣太史公史記贊曰易本隱以之顯愚謂隱者乾初九也至二則顯矣故云隱以之顯文言釋九二云閑邪存其誠二陽不正故曰閑邪存誠謂愼獨也荀子曰不誠則不能獨獨則形隱猶曲也中庸曰其次致曲曲能有誠誠則形形則著孝經緯天道三微而成著皆是義也唯天下至誠謂九五也其次致曲謂九二也唯天下至誠誠者也其次致曲誠之者也　致曲即孟子思誠二升坤五所謂及其成功一也　乾善九五坤善六二乾二中而不正三正而不中四不中不正二養正三求中兼之四也以中庸言之二三學知利行者也四困知勉行者也五生

知安行者也及其知之及其成功則一也

幾

虞書皋陶謨曰兢兢業業一日二日萬幾注云幾微也言當戒懼萬事之微

又曰安女止惟幾惟康注云念慮幾微以保其安

又曰帝庸作歌曰勑天之命惟時惟幾注云奉正天命以臨民惟在順時惟在慎微

顧命王曰思夫人自亂于威儀爾無以釗冒貢于非幾幾者吉之先見非幾不善也

繫上曰夫易聖人之所以極深而研機也鄭注云機當爲

幾幾微也包咸注論語云幾者微也說文同

又曰子曰知幾其神乎君子上交不諂下交不瀆其知幾乎幾者動之微吉之先見者也君子見幾而作不俟終日

虞注云幾謂陽也陽在復初稱幾　王弼曰幾者去無入有易正義曰幾者去無入有有理而未形之時

文言曰知至至之可與幾也述云至謂初幾者動之微知微知章故可與幾

尚書皐陶謨曰無教佚欲有邦兢兢業業一日二日萬幾僞孔氏注云幾微也言當戒懼萬事之微荀子云善日者王又云王者敬日與書義同

尚書大傳曰在旋機玉衡以齊七政（玉衡斗也）旋機者何也傳曰旋者還也機者幾也微也其變幾微而所動者大謂之旋機是故旋機謂之北極

說文曰幾微也殆也从丝（說文丝微也从二幺）从戍戍兵守也丝而兵守者危也（荀子人心之危與幾同義）

邵子擊壤集詩云何者謂之機天根理極微今年初盡處明日起頭時此際易得意其間難下辭人能知此義何事不能知

孝經鉤命決曰道機合者稱皇（文選注一）

荀子解蔽篇曰道經曰人心之危道心之微危微之幾惟

明君子而後能知之注云幾萌兆也與機同

虛

咸彖傳曰山上有澤咸君子以虛受人

祭義曰孝子將祭慮事不可以不豫比時具物不可以不備虛中以治之

管子心術篇曰虛無無形謂之道又曰虛之與人也無閒唯聖人得虛道注云虛能貫穿人形故曰無閒又曰天之道虛地之道靜虛則不屈靜則不變又曰虛者萬物之始也注云有形生于无形也

賈子新書道術曰道者所從接物也其本者謂之虛其末

者謂之術虛者言其精微也平素而無設施也術也者所從制萬物也動靜之數也凡此皆道也

韓非子外儲說鄭長者有言曰夫虛靜無爲而無見也

太史公自序曰虛者道之常也

荀子解蔽篇曰人何以知道曰心心何以知曰虛壹而靜心未嘗不臧也臧讀爲藏然而有所謂虛心未嘗不滿也滿讀爲兩然而有所謂一心未嘗不動也然而有所謂靜人生而有知知而有志志也者臧藏也然而有所謂虛不以所已臧害所將受謂之虛心生而有知知而有異異也者同時兼知之同時兼知之兩也然而有所謂一夫不以一害此一

謂之壹心臥則夢偷則自行使之則謀故心未嘗不動也然而有所謂静不以夢劇亂知謂之静未得道而求道者謂之虚壹而静知道察知道行體道者也虚壹而静謂之大清明

獨

易履初九素履素始也往无咎象曰素履之往獨行願也述曰初微謂之獨震爲行使四變而已應之故獨行願疏云初爲隱爲微隱微于人爲獨

觀初六曰童觀馬融注云童猶獨也

復六四曰中行獨復虞注云中謂初震爲行初一陽爻故

稱獨

大過象曰君子以獨立不懼虞注云君子謂乾初陽伏巽中體復一爻潛龍之德故稱獨立不懼疏云初爲獨

晉初六晉如摧如貞吉象曰晉如摧如獨行正也虞注云失位故摧如動得位故貞吉初動震爲行初一稱獨也方言曰一蜀也南楚謂之獨郭注云蜀猶獨也是獨即一故云初一稱獨

詩思齊曰不顯亦臨無射亦保朱子曰言文王雖居幽隱亦常若有臨之者雖無厭射亦常有所守焉其純亦不已如是

詩烝民曰人亦有言德輶如毛民鮮克舉之我儀圖之維

仲山甫舉之愛莫助之毛傳曰儀宜也愛隱也正義云毛以爲德輶如毛民寡能舉行之者我以人之此言實得其宜乃圖謀之觀誰能行德維仲山甫獨能舉此德而行之其德深遠而隱莫有能助行之者山甫既無人助獨行之耳　棟謂德輶如毛言微也民鮮克舉言慎獨者少唯仲山甫能慎獨故克舉之隱微之中神明獨運非人所能助故云愛莫助之　荀子曰能積微者速成引此詩爲證又曰操之則得之舍之則失之操而得之則輕輕則獨行獨行而不舍則濟矣棟謂德輶如毛故操而得之則輕愛莫助之故云輕則獨行行而不舍則至誠也故云則濟矣毛

公用師說故訓愛爲隱鄭氏不明古義改訓爲惜七十子喪而大義乖康成大儒猶未免也

禮器曰禮之以少爲貴者以其內心也鄭注內心用心于內其德在內德產之致也精微鄭注致致密也盧注天地之德所生至精至微也觀天下之物無可以稱其德者如此則得不以少爲貴乎故君子慎其獨也獨則象天

中庸曰君子戒慎乎其所不睹恐懼乎其所不聞莫見乎隱莫顯乎微故君子慎其獨也

大學曰欲正其心者先誠其意所謂誠其意者毋自欺也如惡惡臭如好好色此之謂自謙故君子必慎其獨也小

人閒居爲不善無所不至見君子而後厭然弇其不善而著其善人之視己如見其肺肝然則何益矣此謂誠于中形于外故君子必慎其獨也曾子曰十目所視十手所指其嚴乎富潤屋德潤身心廣體胖故君子必誠其意鄭注云嚴乎言可畏敬也胖猶大也三者言實于內顯見于外

大學中庸皆言慎獨荀子曰不誠則不能獨大學釋誠意則言慎獨[illegible]則不能獨此大學義疏也誠實也獨中外一也大學曰此謂誠于中形于外中庸曰誠則形堯舜率天下以仁而民從之桀紂率天下以暴而民從之皆獨之效也故曰其所令反其所好而民不從初疑桀紂之民從暴語及覩王莽魏闇時而其言始驗

荀子不苟篇曰君子養心莫善于誠（即正心先誠意之義）致誠則無他事矣唯仁之為守唯義之為行誠心守仁則形形則神神則能化矣誠心行義則理理則明明則能變矣變化代興謂之天德天不言而人推高焉地不言而人推厚焉四時不言而百姓期焉夫此有常以至其誠者也君子至德嘿然而喻未施而親不怒而威夫此順命（天命）以慎其獨者也善之為道者不誠則不獨（不誠則欺安能獨）不獨則不形（誠則形）不形（信不由中）則雖作于心見于色出于言民猶若未從（其所令反其所好而民不從）雖從必疑天地為大矣不誠則不能化萬物聖人為知矣不誠則不能化萬民父子為親矣不誠則疏君

上爲尊矣不誠則卑夫誠者君子之所守也而政事之本也

韓非子揚權曰道無雙故曰一是故明君貴獨道之容

淮南繆稱曰獨專之意樂哉忽乎日滔滔以自新忘老之及已也始乎叔季歸乎伯孟必此積也（自少至長）不身遁斯亦不遁人（遁隱）故若行獨梁（一木之水橋）不爲無人不競其容故使人信已者易而蒙衣自信者難

莊子庚桑曰爲不善乎顯明之中者人得而誅之爲不善乎幽閒之中者鬼得而誅之明乎人明乎鬼者然後能獨行（注云幽顯無愧于心則獨行而不懼）

法言脩身篇曰天下有三門由于情欲入自禽門由于禮義入自人門由于獨智入自聖門司馬光曰生而知之獨運明智極深研幾非常人所能逮

問神篇曰龍蟠于泥蚖其肆矣龍蟠于泥獨也以況君子肆恣也蚖其肆不慎獨也以況小人閒居爲不善也蚖哉蚖哉惡覩龍之志也歟隺乎不抜潛龍之志

孝至篇曰或曰何以處僞曰有人則作之無人則輟之之謂僞注云道不可須臾離所以君子慎其獨

韓非子揚權曰道無雙故曰一是故明君貴獨道之容注云道以獨爲容　案獨道之容即獨也大戴禮武王踐祚帶之銘云火滅脩容劉子新論云顏回不以夜浴改容所

謂獨道之容

揚子太玄曰陰不極則陽不生亂不極則德不形君子脩德以俟時不先時而起不後時而縮動止微章不失其法者其唯君子乎注云君子謂陽也脩德于黃泉候春而興

案脩德于黃泉即獨也君子慎獨有隱德者必陽報故莫見乎隱莫顯乎微

老子道經曰有物混成先天地生寂兮寞兮獨立而不改河上公注云獨立者無匹雙不改者化有常　案獨即一也道獨行故君子慎獨道不改故不可須臾離

淮南原道曰所謂無形者一之謂也所謂一者無匹合于

天下者也卓然獨立塊然獨處上通九天下貫九野

蜀獨同義

爾疋釋山獨者蜀注云蜀亦孤獨　方言一蜀也南楚謂之獨管子云抱蜀不言而廟堂既脩　半農人云抱蜀即老子抱一

始

恒初六浚恒貞凶無攸利象曰浚恒之凶始求深也虞注云乾爲始故曰始求深也

乾彖傳曰大哉乾元萬物資始荀注云謂分爲六十四卦萬一千五百二十筴皆受始于乾也

繫上曰原始及終故知死生之說說舍也

大學曰物有本末事有終始

乾鑿度曰乾漸九月乾者天也終而爲萬物始北方萬物所始也故乾位在于十月注云乾御戌亥在于十月而漸九月也

又云乾位在西北陽祖微據始也

又云太初者氣之始也太始者形之始也鄭注云形見也天象形見之所本始也始生于戌仲案太太素者質之始也

周書周祝曰天爲古地爲久察彼萬物名于始

爾疋釋詁曰初哉首基肇祖元胎俶落權輿始也

老子道經曰無名天地之始注云無名者謂道道無形故不可名也始者道本也吐氣布化出于虛無爲天地本始也

吳子曰夫道者所以反本復始吳起曾申弟子傳左氏春秋

呂覽召類曰元者吉之始也

揚雄羽獵賦云於是玄冬季月天地隆烈萬物權輿于内徂落于外注爾疋曰權輿始也

昏義曰夫禮始于冠本于昏鄭注云始猶根也本猶幹也

素

乾鑿度曰太素者質之始也鄭注云地質之所本始也又

云太素有質始形也（案太素生于亥仲）
文選注方言曰素本也
履初九曰素履往无咎述云初爲履始故云素疏云乾鑿度曰太素者質之始鄭注尚書大傳云素猶始也初爲履始故云素素亦始也
象上傳曰素履之往獨行願也述云初微謂之獨
張衡靈憲注曰太素之前幽清玄靜寂寞冥默不可爲象厥中惟靈厥外惟無如是者永久焉斯爲冥莖（一作涬）蓋乃道根道根既建由无生有太素始萌萌而未兆并體同色坤屯不分（原注云坤屯音渾沌御覽一）

深

恒初六浚恒貞凶象曰浚恒之凶始求深也虞注云浚深也莊九年公羊傳曰浚之者何深之也初下稱浚故曰浚恒乾初爲淵故深矣失位變之正乾爲始故曰始求深也乾爲始亦據初初爲始爲元大哉乾元萬物資始故乾爲始也

繫上曰无有遠近幽深虞注云遠謂天近謂地深謂陽幽謂陰　又曰夫易聖人之所以極深而硏幾也　又曰鉤深致遠虞注云初深故曰鉤深致遠謂乾　又曰精義入神姚信注云入在初也陰陽在初深不可測故謂之神

論語子貢曰夫子之言性與天道不可得而聞已矣何晏

注云性者人之所受以生也天道者元亨日新之道深微故不可得而聞之

後漢陳忠傳自順帝即位盜賊並起郡縣更相飾匿莫肯糾發更相文飾隱匿盜賊忠上疏曰臣聞輕者重之端小者大之源故隄潰蟻孔氣洩鍼芒揚雄語是以明者慎微智者識幾書曰小不可不殺康誥詩云無縱詭隨以謹無良大雅蓋所以崇本絶末鉤深之慮也棟案慮之初故曰鉤深此與仲翔義合

老子道經曰古之善爲士者微妙玄通深不可識

德經曰玄德深矣遠矣

莊子天地曰視乎冥冥聽乎無聲冥冥之中獨見曉焉無

聲之中獨聞和焉故深之又深而能物焉窮其原而後能物物神之
又神而能精焉
繕性曰當時命而大行乎天下則反一無迹不當時命而
大窮乎天下則深根寧極而待此存身之道也
繫下曰龍蛇之蟄以存身也虞注云潛藏也龍潛而蛇
藏陰息初巽爲蛇陽息初震爲龍十月坤成十一月復
生遘巽在下龍蛇俱蟄初坤爲身故龍蛇之蟄以存身
莊子言存身之義通于易
天下曰以深爲根注云理根爲太初之極不可謂之淺也
釋言曰潛深也初爲深易潛龍勿用亦在初

太玄曰夫一一所以摹始而測深也

初

易上經曰初九潛龍勿用述云易氣從下生故以下爻爲始乾爲龍潛藏在下故曰潛龍其初難知故稱勿用太衍之數虛一不用謂此爻也

又曰初六履霜堅冰至

繫上曰其初難知其上易知本末也初辭擬之卒成之終

繫下曰小人以小善爲無益而弗爲也以小惡爲無傷而弗去也虞注云小善謂復初小惡謂遘初

公羊隱五年傳云初者何始也

參同契曰元精雲布因氣託初

乾鑿度曰太初者氣之始也鄭注云元氣之所本始太易既是寂然無物矣焉能生此太初哉則太初者亦忽然而自生又曰太初之氣寒溫始生也　案太初生于酉仲

京房雜試對後漢律歷志曰宓犧作易紀陽氣之初以爲律法建日冬至之聲以黃鍾爲宮大蔟爲商姑洗爲角林鍾爲徵南呂爲羽應鍾爲變宮蕤賓爲變徵此聲氣之元五音之正也

淮南俶眞曰聖人之學也欲以反性于初高誘注云人受天地之中以生孟子曰性無不善而情欲害之故聖人能

反其性于初

本

易大過棟橈彖傳曰棟橈本末弱也虞注云初上陰柔本末弱故棟橈也

繫下曰復德之本也虞注云復初乾之元故德之本也

又曰其初難知其上易知本末也侯果注云本末初上也

周禮師氏以三德教國子一曰至德以爲道本鄭注云至德中和之德覆燾持載含容者也孔子曰中庸之爲德其至也乎

詩簡兮曰執轡如組毛傳曰組織組也御衆有文章言能

治衆動于近成于遠也正義曰御者執轡于此使馬騁于彼織組者總紕于此而成文于彼皆動于近成于遠呂覽先已曰百仞之松本傷于下而末槁于上商因之困謀失于胸令困于彼詩曰執轡如組孔子曰審此言也可以爲天下子貢曰何其躁也孔子曰非謂其躁也謂其爲之于此而成文于彼也聖人組脩其身而成文于天下矣高誘曰胸猶內彼亦外也

大戴禮保傅曰易曰正其本萬物理本謂初

大學曰物有本末事有終始知所先後則近道矣古之欲明明德于天下者先治其國虞夏書堯典曰克明俊德以親九族九族既睦平章百姓百姓昭明協和萬邦黎民於變時雍由本達末原始及終一以貫之之道也欲治其國者先齊其家欲齊其家者先脩其身欲脩其身者先正其心欲正

其心者先誠其意荀子曰養心莫善于誠欲誠其意者先致其知鄭注云知謂知善惡吉凶之所終始也致知在格物倉頡篇曰格量度之也棟案此謂知所先物格而后知至知至而后意誠意誠而后心正心正而后身脩身脩而后家齊家齊而后國治國治而后天下平棟案此謂知所後自天子以至于庶人壹是皆以脩身爲本朱子曰正心以上皆所以脩身也其本亂而末治者否矣其所厚者薄而其所薄者厚未之有也此謂知本此謂知之至也棟案物有本末事有終始格物之事也知所先後致知之事也此謂知本物格知止之事也

孟子曰人有恒言皆曰天下國家天下之本在國國之本在家家之本在身

又曰徐子曰仲尼亟稱于水曰水哉水哉何取于水也孟子曰原泉混混不舍晝夜盈科而後進放乎四海有本者如是是之取爾苟爲無本七八月之閒雨集溝澮皆盈其涸也可立而待也故聲聞過情君子恥之　又曰有大人者正已而物正者也

仲舒對策曰臣謹案春秋謂一元之意一者萬物之所從始也元者辭之所謂大也謂一爲元者視大始而欲正本也春秋探其本而反自貴者始故爲人君者正心以正朝廷正朝廷以正百官正百官以正萬民正萬民以正四方四方正遠近莫敢不壹于正而亡有邪氣奸其閒者

呂覽孝行曰凡爲天下治國家必務本而後末詹何曰身治而國不治者未之有也故曰必務本所謂本者非耕耘種植之謂務其人也務猶求也務其人非貧而富之寡而衆之也衆多也務其本也務本莫貴于孝孝爲行之本故聖人貴之夫孝三皇五帝之本務而萬事之紀也紀猶貫也夫執一術而百善至百邪去天下從者其惟孝也一術孝術故論人必先以所親而後及所疏先本後末先近後遠必先所重而後及所輕所重謂其親所輕謂他人今有人于此行于親重而不簡慢于輕疏孝于親以及人之親則是篤謹孝道厚愼孝道先王之所以治天下也先王以孝治天下故愛其親不敢惡人敬其親不敢慢人愛敬盡于事親光耀加于百姓加施也究于四海此天子

之孝也　此孝經義疏也聖治章曰聖人因嚴以教敬因親以教愛聖人之教不肅而成其政不嚴而治其所因者本也注本謂孝也

呂覽執一曰楚王問爲國于詹子詹何隱者詹子對曰何聞爲身不聞爲國詹子豈以國可無爲哉以爲爲國之本在于爲身身爲而家爲家爲而國爲國爲而天下爲故曰以身爲家以家爲國以國爲天下此四者異位同本故聖人之事廣之則極宇宙窮日月窮亦極也約之則無出乎身者也老子德經曰善建者不拔文言初九曰隺乎其不可拔屯初九曰利建侯虞仲翔引老子爲證又曰脩之于身其德乃眞　淮南道應曰楚莊王問詹

何曰治國奈何對曰何明于治身而不明于治國楚王曰寡人得立宗廟社稷願學所以守之對曰臣未嘗聞身治而國亂者也未嘗聞身亂而國治者也故本任于身不敢對以末楚王曰善故老子曰脩之身其德乃眞也

徐幹脩本篇曰孔子之制春秋也詳内而略外急已而寛人故于魯也小惡必書於衆國也大惡始筆夫見人而不自見者謂之矇聞人而不自聞者謂之瞶慮人而不自慮者謂之瞀故明莫大乎自見聰莫大乎自聞睿莫大乎自慮此三者舉之甚輕行之甚邇而莫之知也故知者舉甚輕之事以任天下之重行甚邇之路以窮天下之遠故德

彌高而基彌固勝彌衆而愛彌廣易曰復亨出入無疾朋來无咎其斯之謂歟

法言吾子曰請問本曰黃鍾以生之中正以平之確乎鄭衛不能入也以樂喻本堅樹在始故云確乎

法言先知曰或曰齊得夷吾而霸仲尼曰小器請問大器曰大器其猶規矩準繩乎先自治而後治人之謂大器吳祕注云規矩先自方圓準繩先自平直然後能爲器器出于是大器者也管子不知禮安能以禮正國哉

堯舜性之也湯武身之也此先自治而後治人者也五霸假之也故器小此王霸之辨也以大學言之誠意正心脩身規矩準繩也所謂先自治也齊家治國平天下

所謂治人也先誠意正心脩身而後齊家治國平天下

所謂先自治而後治人也由本達末原始及終一以貫之之道也

莊子天地曰以本爲精以物爲粗關尹老聃之學

至

坤文言曰至哉坤元萬物資生乃順承天晉語曰民之疾心固皆至矣韋昭云至深也

繫辭上曰顯諸仁藏諸用鼓萬物而不與聖人同憂盛德大業至矣哉　又曰易其至矣乎

襄二十九年春秋傳曰季札觀樂見舞韶樂者曰德至矣

哉云云

大學曰在止於至善

表記曰道有至至道以王

孔子閒居孔子曰以致五至而行三無子夏曰敢問何謂五至孔子曰志之所至詩亦至焉詩之所至禮亦至焉禮之所至樂亦至焉樂之所至哀亦至焉哀樂相生是故正明目而視之不可得而見也傾耳而聽之不可得而聞也志氣塞乎天地此之謂五至

賈誼新書脩政語曰帝顓頊曰至道不可過也至義不可易也

孝經子曰先王有至德要道以順天下民用和睦上下無怨注云孝者德之至道之要也

周禮師氏以三德教國子一曰至德以爲道本鄭注云至德中和之德覆燾持載含容者也孔子曰中庸之爲德其至矣乎

論語子曰中庸之爲德其至矣乎民鮮久矣（中庸曰子曰中庸其至矣乎民鮮能久矣）

中庸曰苟不至德至道不凝焉

荀子君道曰至道大形百姓易俗小人變心姦怪之屬莫不反慤夫是之謂政教之極故天子不視而見不聽而聰不慮而知不動而功塊然獨坐而天下從之如一體如四

支之從心夫是之謂大形

司馬法有虞氏不賞不罰而民可用至德也

要

孝經子曰先王有至德要道以順天下民用和睦上下無怨殷仲文注云窮理之至以一管衆爲要

老子道經曰常無欲以觀其妙河上公注云妙要也人常無欲則可以觀道之要妙

莊子大宗師曰道可傳而不可受可得而不可見狶韋氏得之以挈天地司馬彪注云挈要也得天地要也

約

論語子曰君子博學于文約之以禮

又顏淵曰夫子循循然善誘人博我以文約我以禮孔安國注云言夫子既以文章開博我又以禮節節約我

孟子曰博學而詳說之將以反說約也趙岐注云博廣詳悉也廣學悉其微言而說之者將以約說其要意不盡知則不能要言之也章指言廣尋道意詳說其事要約至義還反于樸說之美者也

荀子王霸曰人主者守至約而詳事至佚而功垂衣裳不下簟席之上而海內之人莫不願得以爲帝王夫是之謂至約

韓非子難言曰總微說約

後漢范升曰夫學而不約必叛道也顏淵曰博我以文約我以禮孔子謂知教顏淵可謂善學矣老子曰學道日損損猶約也

極

列子黄帝曰機發于踵注郭象曰常在極上起

阮籍通老論曰道者法自然而爲化侯王能守之萬物將自化易謂之太極春秋謂之元老子謂之道

一

一在易爲太極在爻爲初凡物皆有對一者至善不參以惡參以惡則二矣又爲獨獨者至誠也不誠則不能

獨獨者隱也愛莫助之故稱獨　一則貫二則亂故云
其爲物不貳得一善則拳拳服膺并一而不貳所以爲
積也
恒六五象傳曰婦人貞吉從一而終也虞注云一謂初
繫下曰天下之動貞夫一者也虞注云一謂乾元萬物之
動各資天一陽氣以生故天下之動貞夫一者也　又曰
天下同歸而殊途一致而百慮　又曰天地絪緼萬物化
醇男女構精萬物化生易曰三人行則損一人一人行則
得其友言致一也
左傳襄廿一年臧武仲曰夏書曰念茲在茲釋茲在茲名

言茲在茲允出茲在茲惟帝念功將謂由已壹也信由已壹而後功可念也　案茲此也壹即一念釋名言允出皆在于此故云由已壹也

詩曹風云鳲鳩在桑其子七兮淑人君子其儀一兮其儀一兮心如結兮　大戴禮引此詩云君子其結于一也

中庸曰天下之達道五所以行之者三曰君臣也父子也夫婦也昆弟也朋友之交也五者天下之達道也知仁勇三者天下之達德也所以行之者一也朱子曰一則誠而已矣

又曰凡爲天下國家有九經所以行之者一也朱子曰一者誠也

又曰天地之道可壹言而盡也其爲物不貳則其生物不

測荀子曰并一而不貳所以爲積也

孟子曰梁襄王曰天下惡乎定吾對曰定于一孰能一之對曰不嗜殺人者能一之趙岐注云孟子謂仁政爲一也又曰章指言定天下者一道而已不貪殺人則歸之是故文王視民如傷此之謂也　不嗜殺人仁也仁即一也故曰不嗜殺人者能一之

禮器曰禮有大有小有顯有微大者不可損小者不可益顯者不可揜微者不可大也故經禮三百曲禮三千其致一也鄭注致之言至也一謂誠也　未有入室而不由户也鄭注三百三千皆由誠也

正義曰其致一也者致至也一誠也雖三千三百之多

而行之者皆須至誠故云一也若損大益小揜顯大微

皆失至誠也

孟子曰滕文公爲世子將之楚過宋而見孟子孟子道性善言必稱堯舜世子自楚反復見孟子孟子曰世子疑吾言乎夫道一而已矣

荀子儒效曰道出乎一曷謂一曰執神而固曷謂神曰盡善浹洽之謂神萬物莫足以傾之之謂固神固之謂聖人

乾鑿度曰易變而爲一鄭注云一主北方氣漸生之始此即太初之氣所生也

又曰易始于一鄭注云易本無體炁變而爲一故氣從下

生也
春秋元命包曰陽數起于一成于三　又曰元年者何元
宜爲一謂之元何曰君之始年也文選注
揚子太玄曰生神莫先乎一注云玄始于一玄道生神故
生神無先一也
揚子太玄曰常初一戴神墨履靈武以一耦萬終不稷測
曰戴神墨體一形也　案稷側也一中也以一耦萬故不
偏側
老子道經曰少則得多則惑是以聖人抱一爲天下式
老子德經曰道生一王弼注云一數之始而物之極也

又曰一生二二生三三生萬物高誘淮南注云一謂道也三者和氣也或說一者元氣也生二者乾坤也二生三三生萬物天地設位陰陽流通萬物乃生（愚謂一太一天也二陰陽也太一分爲兩儀故一生二二與一爲三故二生三三合然後生故三生萬物）說文曰惟初太始道立于一造分天地化成萬物又丙部云陰氣初起陽氣將虧从一入冂一者陽也　又甘部曰从口含一一道也

三統歷曰太極元氣含三爲一（後漢書郅惲曰含元包一）又曰始于一而三之又曰十一月乾之初九陽氣伏于地下始著爲一又曰經元一以統始易太極之首也春秋二以目歲易兩

儀之中也於春每月書王易三極之統也於四時雖亡事必書時月易四象之節也是故元始有象一也春秋二也三統三也四時四也合而爲十成五體以五乘十大衍之數也而道據其一其餘四十九所當用也

家語本命解曰分于道謂之命形于一謂之性

呂覽論人曰游意于無窮之次事心于自然之塗若此則無以害其天矣無以害其天則知精知精則知神知神之謂得一凡彼萬形得一後成高注云天身也一道也道生萬物萬物得一乃後成也

淮南原道曰道者一立而萬物生矣是故一之理施四海

一之解達也際天地至也　又天文曰道曰規始于一一而不
生故分而爲陰陽陰陽合和而萬物生　又精神曰一生
二二生三三生萬物高誘曰一謂道也二曰神明三曰和
氣也或說一者元氣也生二者乾坤也二生三三生萬物
天地設位陰陽通流萬物乃生　又曰心志專于内通達
耦于一一者道也　又詮言曰一也者萬物之本也無敵之道
也文子敵作適後人訓爲主一者無他適失之
春秋元命包曰陰陽之性以一起人副天道故生一子
春秋保乾圖曰陽起于一天帝爲北辰
韓非子揚權曰用一之道以名爲首名正物定名倚物徙

倚偏倚故聖人執一而靜又曰道無雙故曰一

荀子勸學曰螾無爪牙之利筋骨之彊上食埃土下飲黃泉用心一也蟹六跪而二螯非蛇蟺之穴無所寄托者用心躁也是故無冥冥之志者無昭昭之明無惛惛之事者無赫赫之功行衢道者不至事兩君者不容目不能兩視而明耳不能兩聽而聰螣蛇無足而飛梧鼠五技而窮詩曰鳲鳩在桑其子七兮淑人君子其儀一兮其儀一兮心如結兮故君子結于一也

又解蔽曰故好書者衆矣而倉頡獨傳者一也好稼者衆矣而后稷獨傳者一也好樂者衆矣而夔獨傳者一也好

義者衆矣而舜獨傳者一也倕作弓浮游作矢而羿精于射奚仲作車乘杜作乘馬而造父精于御自古及今未嘗有兩而能精者也荀子言一而後精後出古文云惟精惟一先精後一非古義也

管子兵法曰明一者王察道者帝通德者王

仲舒對策曰春秋大一統者天地之常經古今之通誼也

師古曰一統者萬物之統皆歸于一也

班固述律歷志曰元元本本數始于一産氣黃鍾造計秒忽張晏曰數之元本起于初九之一也

老子道經曰聖人抱一爲天下式河上公注云抱守也守一乃知萬事故能爲天下法式王弼注云一少之極也式

猶則也（文選注）

呂覽大樂曰道也者至精也（精微）不可爲形不可爲名彊爲之謂之太一故一也者制令兩也者從聽（從聽聽從）先聖擇（擇讀爲釋）兩法一（擇棄也法用也）是以知萬物之情故能以一聽政者樂君臣和遠近說黔首合宗親能以一治其身者免于災終其壽全其天（天身）能以一治其國者姦邪去賢者至成大化能以一治天下者寒暑適風雨時爲聖人故知一則明明兩則狂

管子內業曰一物能化謂之神一事能變謂之智化不易氣變不易智惟執一之君子能爲此乎執一不失能君萬

物

莊子天地曰泰初有無無有無名一之所起有一而未形注云一者有之初至妙者也至妙故未有物理之形耳夫一之所起起于至一非起于無也然莊子之所以屢稱無于初者何哉初者未生而得生得生之難而猶上不資于無下不待于知突然而自得此生矣物得以生謂之德天地之大德曰生未形者有分且然無閒謂之命留動而生物物成生理謂之形形體保神各有儀則謂之性注云夫德形性命因變立名其于自爾一也性脩反德德至同于初謂復于初

繕性曰古之人在混芒之中崔譔云混混芒芒未分時也與一世而得澹漠焉當是時也陰陽和靜鬼神不擾四時得節萬物不傷羣生不夭人雖有知無所用之此之謂至一當是時也

莫之爲而常自然

天下曰聖有所生王有所成皆原于一注云使物各得其根抱一而已無飾于外斯聖王所以生成也

又曰以本爲精以物爲粗以有積爲不足澹然獨與神明居古之道術有在于是者關尹老聃聞其風而悅之建之以常無有主之以太一

又曰至大無外謂之大一至小無内謂之小一司馬彪注云無外不可一無内不可分故謂之一也

說文甘字下云美也从口含一一道也

老子德經曰昔之得一者天得一以清地得一以寧神得

一以靈谷得一以盈萬物得一以生侯王得一以爲天下貞王弼注云一者數之始物之極也各是一物所以爲生也各以其一致此清寧貞天地之一即乾坤之元也清輕清上升也寧安貞也神亦乾也谷亦坤也萬物資始于乾元資生于坤元故得一以生侯王得一以爲天下貞乾元用九而天下治也

春秋元命包曰常一不易玉衡正文選注九

文子曰一也者無適之道也　案適讀爲敵一者道之本故云無適論語曰君子之于天下也無適也荀子君子曰天子四海之内無客禮告無適也適皆讀爲敵後儒有主一無適之語讀適如字訓爲之殊非古義淮南詮言曰一者萬物之本也無敵之道也義與文子同

一亦作壹古壹字從壷吉一之初幾也幾者動之微吉之先見者也以此見性之初有善而无惡惡者善之反不與善對故云無敵亦曰獨君子慎獨無惡于志也惡讀如字

幾有善而无惡周子言幾善惡非也

鬼谷子陰符曰道者天地之始一其紀也又曰道者神明之源一其化端

鶡冠子曰有一而有氣陸佃注云一者元氣之始

六韜武王問太公曰兵道何如太公曰凡兵之道莫過乎一一者能獨往獨來黄帝曰一者階于道幾于神用之在于幾顯之在于勢成之在于君故聖王號兵爲凶器不得

已而用之

致一附

易林補遺引京房占變一爻動則變亂動則不變補遺所据當在火珠林易曰三人行則損一人一人行則得其友繫辭曰言致一也又天下之動貞夫一者也故左傳占卦皆一爻變

貫

離騷經曰貫薜荔之落蘂王逸注云貫累也左傳宣六年中行桓子曰使疾其民以盈其貫以盈其貫是其貫將滿所謂惡積而不可弇罪大而不可解也韓非子曰是其貫將滿也貫皆有積義道

積于一論語子謂曾參曰吾道一以貫之釋詁云貫習也習者重習亦有積義荀子曰服習積貫又曰貫日而治詳之

一貫

一貫之道三尺童子皆知之百歲老人行不得宋儒謂唯顏子曾子子貢得聞一貫非也　吾道一以貫之自本達末原始及終老子所謂甚易知甚易行天下莫能知莫能行也下云言有宗事有君即一也　忠即一也恕而行之即一以貫之也韋昭注周語帥意能忠曰循巳之意恕而行之爲忠

論語子曰參乎吾道一以貫之曾子曰唯子出門人問曰何謂也曾子曰夫子之道忠恕而已矣以忠行恕謂之一貫

繫下曰天下之動貞夫一者也虞注云一謂乾元

論語子貢問曰有一言而可以終身行之者乎子曰其恕乎己所不欲勿施于人以忠恕之道終身行之以絜矩之道平天下所謂一以貫之也大學言平天下而云明明德中庸言至誠盡性而可以贊化育皆所謂一以貫之者也

中庸曰忠恕違道不遠施諸己而不願亦勿施於人子曰君子之道四丘未能一焉所求乎子以事父未能也所求乎臣以事君未能也所求乎弟以事兄未能也所求乎朋友先施之未能也

大學曰所惡于上毋以使下所惡于下毋以事上所惡于前毋以先後所惡于後毋以從前所惡于右毋以交于左所惡於左毋以交於右此之謂絜矩之道荀子曰五寸之矩盡天下之方也

右申忠恕之義

堯典曰克明俊德以親九族九族既睦平章百姓孔注百姓百官百姓昭明協和萬邦黎民於變時雍

大學曰知止而後有定定而后能靜靜而后能安安而后能慮慮而后能得物有本末事有終始知所先後則近道矣釋格物古之欲明明德于天下者先治其國欲治其國者

先齊其家欲齊其家者先脩其身欲脩其身者先正其心欲正其心者先誠其意欲誠其意者先致其知致知即中庸之明善致知在格物蒼頡篇格量度之也物格而后知至知至而后意誠意誠而后心正心正而后身脩身脩而后家齊家齊而后國治國治而后天下平自天子以至于庶人壹是皆以脩身爲本天下之動貞夫一其本亂而末治者否矣不明俊德而欲親九族其所厚者薄而其所薄者厚不親九族而欲平章百姓未之有也此謂知本此謂知之至也釋致知

右申一貫之道

堯典之克明俊德大學之欲明明德即一也明俊德以

及九族百姓萬邦黎民明明德以脩身齊家治國平天下即一以貫之也一即本也故云壹是皆以脩身爲本物有本末事有終始由本達末原始及終一貫之義也忠一也以忠行恕即一以貫之也以忠行恕即中庸大學所陳是也

繫下曰天下之動貞夫一者也虞注云一謂乾元萬物之動各資天一陽氣以生故天下之動貞夫一者也

又曰易曰憧憧往來朋從爾思子曰天下何思何慮天下同歸而殊途一致而百慮劉熙曰慮旅也旅衆也一致天百慮慮及衆物以一定之也天下何思何慮韓伯注云夫少則得多則惑塗雖殊其歸則同慮雖百其致不二苟識其要不在博求一

以貫之不慮而盡矣

子曰賜也女以予爲多學而識之者與對曰然多原于一故曰然非與一以貫多故曰非曰非也蒙上非與予一以貫之何晏曰善有元事有會天下殊途而同歸百慮而一致知其元則衆善舉矣

孟子曰博學而詳說之將以反說約也

孝經仲尼曰先王有至德要道以順天下民用和睦上下無怨殷仲文注云孝經疏窮理之至以一管衆爲要

荀子不苟曰君子位尊而志恭心小而道大所聽視者近而所聞見者遠是何耶是操術然也故千人萬人之情一人之情是也是以君子有絜矩之道天地始者今日是也百王之道

後王是也君子審後王之道而論于百王之前若端拜而議百王謂堯舜禹湯後王謂文武端元端朝服也推禮義之統統本分是非之分總天下之要治海內之衆若使一人故操彌約約要而事彌大五寸之矩盡天下之方也大學絜矩義疏故君子不下室堂堂明堂而海內之情舉積此者則操術然也

非相曰以近知遠以一知萬以微知明

儒效曰道出乎一曷謂一曰執神而固曷謂神曰盡善挾洽之謂神萬物莫足以傾之之謂固神固之謂聖人聖人也者道之管也天下之道管是矣百王之道一是矣又曰以淺持博以古持今注云當作以今持古以一持萬云云是大

儒者也

莊子天地曰記曰通于一而萬事畢無心得而鬼神服郭注云一無爲而羣理都舉記書名也云老子所作　案此論一貫與宋儒同與孔子異道家以一爲終故莊子曰得其一而萬事畢聖人以一爲始故夫子曰吾道一以貫之此儒與道之別也

後漢書范升傳升奏曰孔子曰博學約之弗叛矣夫夫學而不約必叛道也顏淵曰博我以文約我以禮孔子可謂知教顏淵可謂善學矣老子曰學道日損損猶約也又曰絕學無憂絕末學也

又曰天下之事所以異者以不一本也易曰天下之動貞夫一也又曰正其本萬事理五經之本自孔子始

說文士字下云數始于一終于十从一从十孔子曰推十合一爲士　案一道也一以貫之故推十得合一也

法言吾子曰多聞則守之以約多見則守之以卓寡聞則無約也寡見則無卓也（此論語義疏即顏子之一貫也）

春秋繁露曰古之造文者三畫而連其中謂之王三畫者天地與人也而連其中通其道也取天地與人之中以爲貫而參通之非王者孰能當是

淮南俶眞曰夫道有經紀條貫得一之道連千枝萬葉高

誘注云一者道之本也得其根本故能連千枝萬葉以少正多也

子

易上經曰乾初九潛龍勿用馬融曰初九建子之月陽氣始動于黃泉故曰潛龍

明夷六五曰其子之明夷利貞象曰其子之貞明不可息也述曰其讀曰亥坤終于亥乾出于子故明不可息

參同契曰含元虛危播精于子

廣雅釋天曰太初氣之始也生于酉仲清濁未分也太始形之始也生于戌仲八月酉仲爲太初屬雄九月戌仲爲太始屬雌清者爲精濁

者爲形太素質之始也生于亥仲巳有素朴而未散也三氣相接至于子仲剖判分離輕清者上爲天重濁者下爲地中和爲萬物

說文巳字下云元氣起于子子人所生也

三統歷曰太極元氣含三爲一孟康曰元氣起于子未分之時天地人混合爲一故子數獨一也

又曰陰陽合德氣鍾于子化生萬物虞注易曰陰陽合德謂天地雜保太和日月戰

又曰天統之正始施于子半蘇林曰子之西亥之東其中間也案子半猶子仲也

易緯稽覽圖曰甲子卦氣起中孚六日八十分日之七鄭注云六以候也八十分爲一日日之七者一卦六日七分也

乾鑿度曰中孚爲陽貞于十一月子

藏

繫上曰坤以簡能虞注云陰藏爲簡簡閱也坤閱藏物故以簡能矣

又曰顯諸仁藏諸用鼓萬物而不與聖人同憂盛德大業至矣哉

又曰聖人以此先心退藏于密虞注云陽動入巽巽爲退

伏坤爲閉戶故藏密謂齊于巽以神明其德

又曰神以知來知以藏往虞注云乾神知來坤知藏往來謂先心往謂藏密也

說卦曰坤以藏之

漢書翼奉對曰詩之爲學情性而已五性不相害六情更興廢觀性以歷（性五行歷甲已之數）觀情以律（情六情律十二律）明主所宜獨用難與二人共也故曰顯諸仁藏諸用露之則不神獨行則自然矣（易之用在坎离而其本在震巽）

說卦曰齊乎巽齊也者言萬物之絜齊也虞注云巽陽藏室故絜齊

列子黃帝曰聖人藏于天注郭象曰不闚性分之外故曰藏也

乾鑿度曰易者以言其德也通精無門藏神無内也神在内故藏神無内有内不可言藏內易正義作穴鄭注云俲易無爲故天下之性莫不自得也俲古文佼鄭氏云佼易也

韓詩外傳曰子夏讀詩已畢夫子問曰爾亦何大于詩矣子夏對曰詩之于事也昭昭乎若日月之光明燎燎乎如星辰之錯行上有堯舜之道下有三王之義尚書大傳作論書事爲是弟子不敢忘雖居蓬户之中彈琴以詠先王之風有人亦樂之無人亦樂之亦可以發憤忘食矣詩曰衡門之下可

以棲遲泌之洋洋可以樂飢夫子造然變容曰嘻吾子始可以言詩已矣然子已見其表未見其裏顯諸仁見其表也藏諸用故未見其裏也顏淵曰其表已見其裏又何有哉孔子曰窺其門不入其中安知其奧藏之所在乎然藏又非難也丘嘗悉心盡志已入其中前有高岸後有深谷泠泠然如此既立而已矣不能見其裏未謂精微者也藏神無內可謂精微

老子德經曰道者萬物之奧注云奧藏也道爲萬物之藏無所不容也文選注引蒼頡篇曰隩藏也

心

復彖傳曰復其見天地之心乎荀注云復者冬至之卦陽起初九爲天地心萬物所

始吉凶之先故曰見天地之心

說卦曰坎爲亟心

乾鑿度曰易歷曰陽紀天心陽當作易

參同契曰天符有進退詘伸以應時故易統天心復卦建始萌

詩桑柔曰君子實維秉心無競鄭箋云君子謂諸侯及卿大夫也其執心不彊于善而好以力爭春秋傳師曠曰臣不心競而力爭

大學曰欲脩其身先正其心又曰所謂脩身云云

孟子曰惟大人爲能格君心之非君仁莫不仁君義莫不義君正莫不正一正君而國定矣

趙岐孟子盡心篇章指曰盡心者人之有心爲精氣主思慮可否然後行之猶人法天天之執持綱維以正二十八舍者北辰也論語曰北辰居其所而衆星拱之心者人之北辰也苟存其心養其性所以事天也

仲舒對策曰爲人君者正心以正朝廷正朝廷以正百官正百官以正萬民正萬民以正四方四方正遠近莫敢不一于正而亡有邪氣奸其閒者

說苑辨物曰易曰仰以觀于天文俯以察于地理是故知幽明之故夫天文地理人情之效存于心則聖智之府

法言問神曰或問神曰心請聞之聞當作問曰潛天而天乾元潛

地而地（坤元）天地神明而不測者也心之潛也猶將測之況于人乎況于事倫乎（心之潛卽神也天地神明而不測潛天而天潛地而地是與天地合德者也故曰猶將測之人與事倫不足言矣伏羲文王孔子其人也）

莊子庚桑曰萬惡不可內于靈臺司馬彪注云心爲神靈之臺也

養心

大學曰欲正其心者先誠其意故荀子曰養心莫善于誠大學釋誠意而歸于愼獨故荀子曰不誠則不獨不獨則不形此大學誠于中形于外中庸誠則形之義也荀子所言見不苟篇七十子之徒所傳之大義與宋儒

旨趣不同　孟子言存心故云養心莫善于寡欲荀子言慎獨故云養心莫善于誠或據孟子以駁荀子之非是駁大學也

周易述卷二十二終

周易述卷二十二

山東省立圖書館
SHANTUNG PROVINCIAL LIBRARY

周易述卷二十三

元和惠棟

易微言下

道

繫上曰一陰一陽之謂道

越紐錄范子曰道者天地先生不知老曲成萬物不名巧故謂之道道生氣氣生陰陰生陽陽生天地天地立然後寒暑燥濕日月星辰四時而萬物備術者天意也

淮南天文曰道曰規始于一一而不生故分而爲陰陽陰陽合和而萬物生

韓非子主道曰道者萬物之始是非之紀也是故明君守始以知萬物之源治紀以知善敗之端故虛靜以待令令名自命也令事自定也虛則知實之情靜則知動者正

解老曰道者萬物之所然也

鄭長者曰體道無爲無見也（漢書藝文志鄭長者二篇在道家）

管子四時曰道生天地

管子白心曰道者一人用之不聞有餘天下行之不聞不足此謂道矣（注云多少皆足者道也）

正篇曰陰陽同度曰道

内業曰夫道者所以充形也而人不能固其往不復其來

不舍謀乎莫聞其音卒乎乃在于心冥冥乎不見其形淫淫乎與我俱生不見其形不聞其聲而序其成謂之道注云雖無形聲常依序而成故謂之道

文選注引管子曰虛而無形謂之道

形勢解曰道者扶持衆物使得生育而各終其性命者也

韓非子揚權曰夫道者弘大而無形德者覈理而普至至于羣生斟酌用之　又曰道無雙故曰一是故明君貴獨道之容　又曰虛靜無爲道之情也參伍比物事之形也參之以比物伍之以合虛喜之則多事惡之則生怨故去喜去惡虛心以爲道舍

又曰道者萬物之所然也萬理之所稽也理者成物之文也道者萬物之所成也故曰道理之者也物有理不可以相薄故理之爲物之制萬物各異理萬物各異理而道盡稽萬物之理故不得不化不得不化故無常操是以生死氣稟焉萬智斟酌焉萬事廢興焉天得之以高地得之以藏維斗得之以成其威日月得之以恒其光五常得之以常其位列星得之以端其行四時得之以御其變氣軒轅得之以擅四方赤松得之與天地統聖人得之以成文章道與堯舜俱智與接輿俱狂與桀紂俱滅與湯武俱昌以爲近乎遊于四極以爲遠乎常在吾側以爲暗乎其光昭

昭以爲明乎其物冥冥而功成天地和光雷霆宇内之物恃之以成凡道之情不制不形柔弱隨時與理相應萬物得之以死得之以生萬物得之以敗得之以成道譬諸若水溺者多飲之即死渴者適飲之即生譬之若劒戟愚人以行忿則禍生聖人以誅暴則福成故得之以死得之以生得之以敗得之以成

莊子天地曰夫子曰夫道覆載萬物者也洋洋乎大哉

賈子新書道術曰道者所從接物也其本者謂之虛其末者謂之術虛者言其精微也平素而無設施也術也者所從制物也動靜之數也凡此皆道也

又道德說曰道口疑而爲德神載于德德者道之澤也道
雖神必載于德
阮籍通老子論曰道者自然易謂之太極春秋謂之元老
子謂之道文選十一

遠

虞注易曰乾爲遠
老子德經曰玄德深矣遠矣

玄

文言曰夫玄黃者天地之襍也天玄而地黃
說卦曰震爲玄黃虞注云天玄地黃震天地之襍物故爲

玄黄

考工記曰天謂之玄地謂之黄廣雅曰乾玄天也

月令曰季冬天子居玄堂右个蔡邕章句曰玄黑也其堂尚玄文選注八

越語曰至于玄月王召范蠡而問焉韋昭注云謂魯哀十六年九月

爾雅月名曰九月爲玄乾鑿度曰乾漸九月注云乾御戌亥在于十月而漸九月天謂之玄故九月爲玄

夏小正傳曰玄也者黑也

說文曰玄幽遠也黑而有赤色者爲玄象幽而入覆之也

漢書郊祀志年始冬十月色外黑内赤服虔曰十月陰氣在外故外黑陽氣尚伏在地故内赤也　朱氏震曰坎北方也其色玄者赤黑也赤者乾陽也黑者坤陰也棟謂乾御戌亥戌亥之月乾坤合居故赤黑爲玄　章懷張衡傳注云玄深也

考工記鍾氏曰三入爲纁五入爲緅七入爲緇鄭注云染纁者三入而成又再染以黑則爲緅緅今禮俗文作爵言如爵頭色也又再染以黑乃成緇矣凡玄色者在緅緇之閒其六入者與賈疏云以緅入黑汁即爲玄六入爲玄但無正文故此注與士冠禮注皆云玄則六入與更以此玄

入黑汁則名七入爲緇矣
文選注引鍾會注老子曰幽冥晦昧故稱爲玄　王弼曰
玄冥嘿無有也文選十一
桓譚新論曰揚雄作玄書以爲玄者天也道也言聖賢制
法作事皆引天道以爲本統而因附續萬類王政人事法
度故宓犧氏謂之易老子謂之道孔子謂之元而揚雄謂
之玄　解嘲曰知玄知默守道之極
老子道經曰無名天地之始有名萬物之母故常無欲以
觀其妙常有欲以觀其徼也小此兩者同出而異名同出于道王弼注云兩者謂始與母也同出于玄也異名所施不同也在首則謂之始終則謂之母也訓暢令盡也同謂

之玄（玄天也）玄之又玄（上天之載無聲無臭）衆妙之門（徼亦妙也故曰衆妙）又曰生而不有爲而不恃長而不宰是謂玄德（王弼注云玄德者皆有德不知其至出于幽冥者也王弼注俱見文選注中）

淮南原道曰舜執玄德于心而化馳若神高注云玄天也馳行也

又覽冥曰夫物類之相感玄妙深微　案陽在地下稱玄坤上六其血玄黃是妙古文眇眇小也猶微也陽在下故言深

太玄曰天以不見爲玄地以不形爲玄人以心腹爲玄天奧西北鬱化精也地奧黃泉隱魄榮也人奧思慮含至精

也

張衡玄圖曰玄者無形之類自然之根作于太始莫之與

先包含道德搆掩乾坤橐籥元氣禀受無原御覽一

老子道經曰古之善爲士者微妙玄通河上公注云玄天

也言其節志精微與天通也文選注精微今作玄妙

神

繫上曰神无方而易无體變化故无方自微及著故无體又曰陰陽不

測之謂神神无方故不測又曰知變化之道者其知神之所爲

乎虞注云在陽稱變乾五之坤在陰稱化坤二之乾陰陽不測之謂神知變化之道故知神之所爲又

曰易无思也无爲也虞注云天下何思何慮同歸而殊途一致而百慮故无爲謂其靜也專

寂然不動謂隱藏坤初機息矣專故不敢動者也感而遂通天下之故感動也以陽變陰通天下之故謂發揮剛柔而生爻者也非天下之至神其孰能與于此至神謂易隱初入微知幾其神乎又曰唯神也故不疾而速不行而至神謂易也謂日月斗在天日行一度月行十三度從天西轉故不疾而速是寂然不動隨天右周感而遂通故不行而至者也又曰利用出入民咸用之謂之神又曰鼓之舞之以盡神虞注云神易也陽息震爲鼓陰消巽爲舞故鼓之舞之以盡神

繫下曰于是始作八卦以通神明之德　漢書贊曰易本隱以之顯張揖曰作八卦以通神明之德是本隱也有天道焉有地道焉有人道焉以類萬物之情是之顯也

又云精義入神以致用也姚信曰陽稱精陰爲義入在初也陰陽在初深不可測故謂之

神變爲姤復故曰致用也

說卦曰神也者妙萬物而爲言者也說文神字下云天神引出萬物者也妙萬物者引出萬物也

孟子曰大而化之謂聖聖而不可知之謂神莊子外物曰聖人之所以駴天下神人未嘗過而問焉郭注云神人即聖人也聖言其外神言其內

又曰所存者神

大戴禮哀公問孔子曰所謂聖人者知通乎大道應變而不窮能測萬物之情性者也大道者所以變化而凝成萬物者也情性也者所以理然不取舍者也

呂覽君守曰至神逍遙倏忽而不見其容至聖變習移俗

而莫知其所從

荀子儒效曰道出乎一曷爲一曰執神而固曷謂神曰盡善浹洽之謂神萬物莫足以傾之之謂固神固之謂聖人

又天論曰萬物各得其和以生各得其養以成不見其事而見其功夫是之謂神

大戴禮勸學曰神莫大于化道

史記律書曰氣始于冬至周而復生神生于無形精微故無形成于有形正義曰天地既分二儀已質萬物之形成于天地之間神在其中然後數形而成聲正義曰數謂天數也聲謂五聲也言天數形則能成其五聲也故曰神使氣氣就形形理如類有可類或未形而未類或同形而同類類而可

班（班別也義與辨同）類而可識聖人知天地識之別故從有以至未有（正義曰從有萬物形質也未有謂天地未形也）以得細若氣微若聲（正義曰氣謂大易之氣聲謂五聲之聲）然聖人因神而存之（因神而存之故謂之神）雖妙必效（妙微眇効猶見也）情核其華道者明矣（華榮華有色貌也道心之微故曰榮道）非其聖心以乘聰明孰能存天地之神而成形之情哉（情核其華道者明故成形之情）神者物受之而不能知（日用而不知）及其去來（夫微之顯故有去來）故聖人畏而欲存之（誠不可弃故畏而欲存之）唯欲存之神之亦存（神其神故神存）其欲存之者故莫貴焉（積微月不勝日時不勝月歲不勝時故莫貴焉孟子曰所存者神管子曰神者至貴也）

詩汜歷樞曰卯酉爲革政午亥爲革命神在天門出入候

聽宋均注云神陽氣君象也天門戌亥之閒乾所據者郎顗傳

墨子公輸曰治于神者衆人不知其功爭于明者衆人知之

法言問神曰或問神曰心請問之（不知神在心故復問）曰潛天而天潛地而地（如乾之初九）天地神明而不測者也心之潛也猶將測之況于人乎況于事倫乎敢問潛心于聖曰昔仲尼潛心于文王矣達之顏淵亦潛心于仲尼矣未達一間耳神在所潛而已矣天神天明照知四方天精天粹萬物作類（乾元用九而天下治）人心其神矣乎操則存捨則亡（中庸其至矣乎民鮮能久）能

常操而存者其惟聖人乎至誠無息聖人存神索至注云存其精神探幽索微成天下之大順致天下之大利和同天人之際使之而無閒者也

先知曰先知其幾于神乎注云神以知來先知近于神

揚雄解嘲曰爰清爰靜游神之庭

班固賓戲曰銳思于豪芒之內潛神默記恒以年歲師古曰豪芒喻纖微也

管子心術曰去欲則宣宣通也宣則靜靜則精精則獨立矣獨則明明則神矣神者至貴也故館不辟除則貴人不舍焉故曰不潔則神不處

内業曰一物能化謂之神一事能變謂之智化不易氣變不易智

荀子不苟曰誠信生神注中庸曰至誠如神

淮南泰族曰故大人者與天地合德日月合明鬼神合靈與四時合信故聖人懷天氣抱天心執中含和不下廟堂而衍四海變習易俗民化而遷善若性諸已能以神化也

後漢書李固上疏曰臣聞氣之清者爲神人之清者爲賢

幽贊

樂記曰明則有禮樂幽則有鬼神聖人作易其始也幽贊于神明其終也明贊于天地幽贊一也贊天地之化

育與天地參一貫三也

幽明 附

繫辭曰知幽明之故幽北方也坎也明南方也離也尚書堯典宅南郊曰明都宅朔方曰幽都檀弓曰葬于北方北首之幽之故也說卦曰離也者明也南方之卦也此幽明之故也

妙

理微謂之妙妙猶眇也自廣雅訓妙爲好而其義始晦繫下曰子曰顔氏之子其殆庶幾乎虞注云幾者神妙也顔子知幾故殆庶幾案妙古文眇眇小也猶微也荀悅申

鑒曰理微謂之妙章懷後漢書訓妙爲美此俗訓說卦曰神也者妙萬物而爲言者也董遇本妙作眇眇小也繫曰非天下之至神其孰能與于此又曰知幾其神乎虞注云至神謂易隱初入微又云陽在復初稱幾隱初入微陰陽不測故神也者妙萬物而爲言者也師古漢書昭帝紀注曰眇微也

中庸曰故君子語大天下莫能載焉語小天下莫能破焉朱子注云其大無外其小無内　案淮南精神曰無外之外至大也無内之内至貴也高誘注云言天無有垠外而能爲之外諭極大也無内言其小小無内而能爲之内道

尚微妙故曰至貴又曰能知大貴何往而不遂高誘注云
大貴謂無内之内言道至微能出入于無間
老子道經曰常無欲以觀其妙注云妙要也人常能無欲
則可以觀道之要要謂一也鍾會注云文選注妙者極之微
也
莊子庚桑曰夫全其形生之人藏其身也不厭深眇而已
矣
淮南時則曰仲夏之月日長至陰陽爭死生分高誘曰至
極也陽盡午中而微陰妙重淵矣此陽陰爭辨之際
漢書張敞傳敞上封事曰夫心之精微口不能言也言之

微眇書不能文也

揚雄解難曰抗辭幽說閎意眇指師古曰眇讀爲妙曹大家幽通賦注云眇微也

又曰聲之眇者不可同于衆人之耳注同前

淮南齊俗曰樸至大者無形狀道至眇者無度量

呂氏春秋謹聽曰賢者之道牟而難知妙而難見高誘云牟猶大也賢者之道磟落不凡惟義所在非不肖所及故難知也其仁愛物本于中心精妙幽微亦非不肖所及故難見也

呂覽用兵曰有巨有微高誘曰巨觕略微要妙覩未萌之

萌也

誠

文言曰閑邪存其誠又曰脩辭立其誠虞注云乾爲誠

大學曰欲正其心者先誠其意又曰所謂誠其意者毋自欺也如惡惡臭如好好色此之謂自謙故君子必慎其獨也小人閒居爲不善無所不至見君子而後厭然揜其不善而著其善人之視己如見其肺肝然則何益矣此謂誠於中形於外故君子必慎其獨也

中庸曰子曰鬼神之爲德其盛矣乎視之而不見聽之而不聞體物而不可遺使天下之人齊明盛服以承祭祀洋

洋乎如在其上如在其左右詩曰神之格思不可度思矧可射思夫微之顯誠之不可揜如此夫

又曰誠者天之道也誠之者人之道也誠者不勉而中不思而得從容中道聖人也誠之者擇善而固執之者也

又曰自誠明謂之性自明誠謂之教誠則明矣明則誠矣

又曰唯天下至誠爲能盡其性能盡其性則能盡人之性能盡人之性則能盡物之性能盡物之性則可以贊天地之化育可以贊天地之化育則可以與天地參矣

又曰故至誠無息不息則久久則徵徵則悠遠悠遠則博厚博厚則高明

又曰唯天下至誠爲能經綸天下之大經立天下之大本知天地之化育夫焉有所倚肫肫其仁淵淵其淵浩浩其天

荀子曰養心莫善於誠又曰不誠則不獨大學言誠意而歸之愼獨則誠猶獨也易乾鑿度論易之義云移物致耀至誠專密鄭注云移動也天確爾至誠故物得以自動寂然專密故物得以自耀也若然則存誠猶愼獨獨即至誠也

乾鑿度曰孔子曰易者易也變易也不易也易者以言其德也虛無感動清淨炤哲移物致耀至誠專密

漢書孔光傳光對策曰書曰天既付命正厥德言正德以順天也又曰天棐諶辭諶誠也諶辭至誠之辭也言有誠道天輔之也明承順天道在于崇德博施加精致誠孳孳而已

孟子曰居下位而不獲于上民不可得而治也獲于上有道不信于友弗獲于上矣信于友有道事親弗悅弗信于友矣悅親有道反身不誠不悅于親矣誠身有道不明乎善不誠其身矣是故誠者天之道也思誠者人之道也此上述其師子思之語至誠而不動者未之有也不誠未有能動者也

韓詩外傳曰唐虞之法可得而考也其喻人心不可及矣詩曰上天之載無聲無臭其孰能及之

山東省立圖書館
SHANTUNG PROVINCIAL LIBRARY

又曰勇士一呼而三軍皆避士之誠也昔者楚熊渠子夜行寢石以爲伏虎彎弓而射之沒金飲羽下視知其爲石石爲之開而況人乎夫倡而不和動而不僨中心有不全者矣夫不降席而匡天下者求之已也孔子曰其身正不令而行其身不正雖令不從先王之所以拱揖指麾而四海徠賓諸誠德之至也絕以形乎外也詩曰王猶允塞徐方既來

呂覽精通曰人或謂兎絲無根兎絲非無根也其根不屬也伏苓是也（屬連）慈石召鐵或引之也（石鐵之母也以有慈石故能引之石之不慈者亦不能引也）樹相近而靡或軵之也聖人南面而立以愛利

民爲心（心在利民）號令未出而天下皆延頸舉踵矣則精通乎民也（精誠通洞于民使之然也）夫賊害于人人亦然今夫攻者砥厲五兵發且有日矣所被攻者不樂非或聞之也神者先告也（非聞將見攻也神先告之令其志意慼慼不樂）身在乎秦所親愛在于齊死而志氣不安精或往來也德也者萬民之宰也（宰主也）月者羣陰之本也月望則蚌蛤實羣陰盈月晦則蚌蛤虛羣陰虧夫月形乎天而羣陰化乎淵聖人形德乎已而四荒咸飭乎仁（所謂誠乎此而諭乎彼）養由基射虎中石矢乃飲羽誠乎虎也伯樂學相馬所見無非馬者誠乎馬也宋之包丁好解牛所見無非死牛者三年而不見生牛用刀十九年刃若新鄭

研鄜砥也順乎理誠乎牛也故君子誠乎此而諭乎彼感乎
已而發乎人
莊子漁父曰孔子愀然曰問漁父請問何謂真客曰真者精
誠之至也不精不誠不能動人故强哭者雖悲不哀强怒
者雖嚴不威强親者雖笑不和真悲無聲而哀真怒未發
而威真親未笑而和真在內者神動于外是所以貴真也
真者所以受于天也真即誠也誠者天之道故真亦受于天自然不可易也
呂覽具備曰三月嬰兒軒冕在前弗知欲也斧鉞在後弗
知惡也慈母之愛諭焉誠也故誠有又誠乃合于情當作精
精有又精乃通于天乃通于天水木石之性皆可動也中乎

信及豚魚梁忠信亦爾　呂又況有血氣者乎故凡說與治之務莫若誠以誠說則信著之以誠治則化行之聽言哀者不若見其哭也聽言怒者不若見其鬬也說與治不誠其動人心不神淮南泰族曰夫蛟龍伏寢于淵而卵割于陵螣蛇雄鳴于上風雌鳴于下風而化成形精之至也故聖人養心莫善于誠至誠而能動化矣又曰聖主在上位廓然無形寂然無聲官府若無事朝廷若無人無隱人無軼民無勞役無寃刑四海之內莫不仰上之德象主之指夷狄之國重譯而至非戶辨而家說之也推其誠心施之天下而已矣詩曰惠此中國以綏四方內順而外寧矣

班固幽通賦曰精通靈而感物兮神動氣而入微曹大家注云言人參于天地有生之最神靈也誠能致其精誠則通于神靈感物動氣而入微者矣養流睇而猿號兮李虎發而石開養由基李廣非精誠其焉通兮苟無實其孰信操末技猶必然兮矧耽躭躬于道真師古曰躬親也射者微技猶能精誠感于猿石況立身種德親躭大道而不倦者乎

仁附

子曰水火吾見蹈而死者矣未見蹈仁而死者也此語合于易理仁乃乾之初生之道也故未見蹈仁而死極其變如求仁得仁殺身成仁乃全而歸之之義不可言死禮記君子曰終小人曰死

中　甲子卦氣起中孚大玄準之爲中

大舜執其兩端用其中于民周公設官分職以爲民極極中也虞周皆既濟之世贊化育之功同也

復彖曰復其見天地之心乎　案冬至復加坎坎爲亟心亟古文極中也然則天地之心即天地之中也董子繁露曰陽之行始于北方之中而止于南方之中陰之行始于南方之中而止于北方之中陰陽之道不同至于盛而皆止于中其所起皆必于中中者天地之太極也日月之所至而卻也長短之隆不得過中天地之制也如董子之言則天地之心兼二至也象至日閉關兼二至

繫上曰易簡而天下之理得矣天下之理得而易成位乎其中矣荀爽注云易謂坎離陽位成于五五爲上中陰位成于二二爲下中故易成位乎其中　案易簡即天地之中也

成十三年左傳劉子曰吾聞之民受天地之中以生所謂命也是以有動作禮義威儀之則以定命也

明道程子曰民受天地之中以生天命之謂性也　荀爽對策曰昔者聖人建天地之中而制禮

中庸曰天命之謂性又曰喜怒哀樂之未發謂之中又曰中也者天下之大本也又曰立天下之大本

周語曰王將鑄無射問律于伶州鳩對曰律所以立均出度也古之神瞽考中聲而量之以制考合也謂合中和之聲而量度之以制樂也度律均鍾百官軌儀紀之以三天地人平之以六六律成于十二律呂天之道也夫六中之色也故名之曰黃鍾十一月曰黃鍾乾初九也六者天地之中天有六氣降生五味天有六甲地有五子十一而天地畢矣而六爲中故六律六呂而成天道黃鍾初九六律之首故以六律正色爲黃鍾之名重元正始之義也所以宣養六氣九德也六氣陰陽風雨晦明也九德九功之德水火金木土穀正德利用厚生也十一月陽伏于下物始萌于五聲爲宮含元處中所以徧養六氣九德之本

三統歷曰四分月法以其一乘章月是爲中法朔不得中是爲閏月言陰陽雖交不得中不生獨陰不生獨陽不生獨天不生天者中也

三合然後生故
云不得中不生

論語堯曰咨爾舜天之歷數在爾躬允執其中四海困窮

天禄永終舜亦以命禹

孟子曰湯執中

善

文言曰元者善之長也　又曰積善之家必有餘慶虞注

云初乾爲積善

繫上曰一陰一陽之謂道繼之者善也成之者性也

又曰子曰顔氏之子其殆庶幾乎有不善未嘗不知知之

未嘗復行也易曰不遠復无祇悔元吉虞注云復以自知

中庸曰子曰回之爲人也擇乎中庸得一善則拳拳服膺而弗失之矣一善謂乾初即復初也復初爲中行故云擇乎中庸得一善與繫辭相發明

大戴禮勸學曰積善成德案初爲善三爲成德故文言曰君子以成德爲行漢議郎元賓碑云乾之積善謂乾三也陽成于三積善成德至三而成

晉語甯莊子曰善德之建也積善成德故爲德之建

純

文言曰大哉乾乎剛健中正純粹精也

中庸曰詩曰維天之命於穆不已蓋曰天之所以爲天也於乎不顯文王之德之純蓋曰文王之所以爲文也純亦不已朱子曰純純一不雜也

鄭語史伯曰建九紀以立純德韋昭曰建立也純純一不
尨駁也賈唐曰九紀九功也
乾鑿度曰易卦六十四分而爲上下象陰陽也陽道純而
奇故上篇三十所以象陽也陰道不純而偶故下篇三十
四所以法陰也鄭注云陽道專斷兼統陰事故曰純也
又曰消息純者爲帝不純者爲王六子上不及帝下有過
王故六子雖純不爲乾坤
楚語觀射父曰先王之祀也以一純二精韋昭注云一純
心一而潔也二精所用玉帛也　又曰聖王正端冕以其
不違心帥其羣臣精物以臨監享祀無有苛慝于神者謂

之一純韋昭注云不違心謂心思端正服則端冕

禮投壺曰二算爲純釋文云純音全鄭注儀禮如字云純全也案純訓全乾爲純者陽兼陰爲一兼故全陽兼陰爲一故又訓爲一

莊子刻意曰純也者謂其不虧其神也

辨精字義

文言曰大哉乾乎剛健中正純粹精也

繫上曰精氣爲物虞注曰乾純粹精故主爲物鄭注云精氣謂七八也精氣謂之神

又曰是故君子將有爲也將有行也問焉而以言其受命

也如嚮无有遠近幽深遂知來物非天下之至精其孰能
與于此虞注云神以知來感而遂通謂幽贊神明而生著
也至精謂乾純粹精也
繫下曰精義入神以致用也姚信曰陽稱精陰爲義入在
初也陰陽在初深不可測故謂之神變爲姤復故曰致用
也
又曰男女構精虞注云乾爲精
中庸曰致廣大而盡精微
禮記禮器曰德產之致也精微鄭注致致密也
經解曰絜靜精微易教也　案絜靜坤也精微乾也

周語內史過曰先王知大事之必以衆濟也故祓除其心又云祓除其心精也（精潔也）然則長衆使民之道非精不和今晉侯以惡實心棄其精也

公羊莊十年傳曰觕者曰侵精者曰伐何休云觕麤也精猶精密也（呂覽愛士曰此兵之精者也高注云言能用兵勝負死生之本所由克敗故曰此兵之精妙矣）荀子成相云大參乎天精微而無形（莊子秋水曰河伯曰世之議者皆曰至精無形）

管子心術曰靜則精精則獨立矣獨則明明則神矣神者至貴也故館不辟除則貴人不舍焉

精靜同義在乾爲精在坤爲靜故經解曰絜靜精微

董子繁露曰氣之清者爲精白虎通曰精者靜也
淮南天文曰天地之襲精爲陰陽陰陽之專精爲四時四時之散精爲萬物高誘曰襲合精氣也
又曰二陰一陽成氣二二陽一陰成氣三高誘注云陰粗确故得氣少陽精微故得氣多
呂覽大樂曰道也者至精也不可爲形不可爲名彊爲之謂之太乙高誘注云精微又云精微妙也
又君守曰天無形而萬物以成至精無象而萬物以化大聖無事而千官盡能此乃謂不教之教無言之詔
又博志曰孔丘墨翟晝日諷誦習業夜親見文王周公旦

而問焉（夜則夢見文王周公而問其道也）用志如此其精也（精微密也）何事而不達何爲而不成故曰精而熟之鬼將告之非鬼告之也精而熟之也（史游曰積學所致無鬼神故曰有鬼告之）

三統歷曰銅爲物之至精不爲燥濕寒暑變其節不爲風雨暴露改其形介然有常有似于士君子之行

淮南本經曰天之精日月星辰雷電風雨也

管子內業曰凡物之精此則爲生（注云精神之至靈者得此則爲生）下生五穀上爲列星流于天地之間謂之鬼神藏于胸中謂之聖人

心術曰世人之所職者精也去欲則宣宣則靜矣（宣通也）靜

則精精則獨立矣又曰形不正者德不來中不精者心不治又曰一氣能變曰精一事能變曰智
大元曰一六爲水爲北方爲冬脩精范望注云精者氣之妙也言微陽始生氣精妙也
莊子天下曰以本爲精以物爲粗
老子道經曰窈兮冥兮其中有精其精甚真
韓詩外傳曰凡治氣養心之術莫徑由禮莫優得師莫慎一好好一則博博則精精則神神則化是以君子務結心乎一也詩曰淑人君子其儀一兮其儀一兮心如結兮
墨子公孟曰公孟子曰實爲善人孰不知譬若良玉處而

不出有餘精公孟子即公明子聖人之徒也實爲善即誠也

馮衍德誥曰沈情幽思引六經之精微文選注四

易簡

繫上曰乾以易知坤以簡能虞注云陽見稱易陰藏爲簡簡閱也乾息昭物天下文明故以易知坤閱藏物故以簡能矣陽見稱易謂初九乾息昭物謂九二

又云易則易知簡則易從虞注云乾縣象著明故易知坤陰陽動闢故易從

又云易簡而天下之理得矣虞注云易爲乾息簡爲坤消乾坤變通窮理以盡性故天下之理得矣

繫下曰夫乾確然示人易矣夫坤隤又作退然示人簡矣虞注云陽在初弗用確然無爲潛龍時也不易世不成名故示人易者也隤安簡閱也坤以簡能閱内萬物故示人簡者也

又曰夫乾天下之至健也德行恒易以知險夫坤天下之至順也德行恒簡以知阻虞注云險謂坎也乾二五之坤成坎離日月麗天天險不可升故知險者也阻險阻也坤二五之乾艮爲山陵坎爲水巽高兑下地險山川邱陵故以知阻也

越語范蠡曰節事者與地與地法地唯地能包萬物以爲一其

事不失爲一不偏也不失不失時也

坤以簡能陰藏爲簡能包萬物以爲一所謂簡能也

乾鑿度曰孔子曰易者易也變易也不易也管三成爲道德苞籥易者以言其德也繫曰德行恒易通情无門藏神无内也簡易无爲故天下之性莫不自得也光明四通簡易立節簡易者寂然無爲之謂也天地爛明日月星辰布設八卦錯序律歷調列五緯順軌四時和栗孳結四瀆通情優游信潔根著浮流氣更相實此皆言易道無爲故天地萬物各得以自通也虛无感動清淨炤哲移物致耀至誠專密不煩不撓淡泊不失此其易也

鄭玄易贊曰即易序易之爲名也一言而函三義簡易一也

變易二也不易三也故繫辭云乾坤其易之緼耶又曰易之門戶耶又曰夫乾隺然示人易矣夫坤隤然示人簡矣易則易知簡則易從此言其簡易之法則也

法言五百曰或問天地簡易而聖人法之何五經之支離曰支離蓋其所以爲簡易也（由博而約）已簡已易焉支焉離（約則）

簡易

易

繫上曰乾以易知鄭注云易佼易也（今本乾鑿度曰俲易立節俲即佼也）

簡 缺

性命

文言曰乾道變化各正性命保合太和乃利貞

說卦曰窮理盡性以至于命虞注云乾爲性

詩烝民曰天生烝民有物有則民之秉彝好是懿德鄭箋曰天之生衆民其性有物象謂五行仁義禮智信也其情有所法謂喜怒哀樂好惡也然而民所執持有常道莫不好有美德之人正義曰因經物則異文故箋分性情爲二性爲五性情爲六情以充之五性本于五行六情本于六氣洪範五行水火金木土禮運曰人者天地之心五行之端是人性法五行也昭元年左傳曰六氣陰陽風雨晦明也昭二十五年左傳民有好惡喜怒哀樂生于六氣是六情法六氣也五行謂仁義禮智信者鄭于禮記之說以爲木行則仁金行則義火行則禮水行則智土行則信是也六情有所法者服虔左傳之注以爲好生于陽惡生于陰喜生于風怒生于雨哀生于晦樂生于明是也棟案翼奉之說以六情通十二律北方之情好也好

行貪狠申子主之東方之情怒也怒行陰賊亥卯主之二陰並行是以王者忌子卯也南方之情惡也惡行廉貞寅午主之西方之情喜也喜行寬大巳酉主之二陽並行是以王者吉午酉也上方之情樂也樂行姦邪辰未主之下方之情哀也哀行公正戌丑主之辰未屬陰戌丑屬陽萬物各以其類應又云詩之爲學情性而已五性不相害六情更興廢觀性以歷觀情以律張晏曰性謂五行也歷謂日也晉灼曰翼氏五性肝性靜靜行仁甲巳主之心性躁躁行禮丙辛主之脾性力力行信戊癸主之肺性堅堅行義乙庚主之腎性智智行敬丁壬主之也

大戴本命曰分于道謂之命形于一謂之性春秋元命包曰陰陽之性以一起人副天道故生一子化于陰陽象形而發謂之生

太玄曰察性知命原始見終　又曰一生一死性命瑩矣瑩明也　又曰考終性命存乎成

呂覽貴當曰治欲者不于欲欲貪欲也于性性者萬物之本也

不可長不可短因其固然而然之此天地之數也

春秋元命包曰陰陽之性以一起人副天道故生一子

性反之辨

堯舜性之也乾元用九一以貫之也湯武反之也不遠復无祗悔元吉也堯舜生知安行也湯武學知利行也及其知之及其成功一也孔子性之也顏淵反之也

三才

繫上曰六爻之動三極之道也陸績注云此三才極至之道　案極中也三極謂天地人之中也

繫下曰易之爲書也廣大悉備有天道焉有人道焉有地

道焉兼三才而兩之故六六者非它也三才之道也說卦曰昔者聖人之作易也將以順性命之理是以立天之道曰陰與陽立地之道曰柔與剛立人之道曰仁與義兼三才而兩之故易六畫而成卦虞注云謂參天兩地乾坤各三爻而成六畫之數也

繫上曰大衍之數五十述曰大衍之數五十三才五行之數也三才者日十辰十二星二十八合五十日合于天統月合于地統星主斗斗合于人統故曰三才五行者天地之數五十有五土生數五成數五本揚子太玄月令五行舉成數中央土其數五與太玄合五十有五減五故五十此五行之數也繫曰參五以

變漢人解參五皆謂三才五行

中庸曰唯天下至誠爲能盡其性能盡其性則能盡人之性能盡人之性則能盡物之性能盡物之性則可以贊天地之化育可以贊天地之化育則可以與天地參矣

越語范蠡曰夫人事必將與天地相參然後乃可以成功韋昭曰參三也天地人事三合乃可以成大功

左傳昭十一年三墳馬融注云三墳三氣陰陽始生天地人之氣也左傳正義

易乾鑿度曰易始于一鄭注云易本无體氣變而爲一故氣從下生分于二清濁分于兩儀通于三陰陽氣交人生其中故爲三才

劉歆三統歴曰三統者天施地化人事之紀也十一月乾之初九陽氣伏于地下始著爲一萬物萌動鍾于太陰故黃鍾爲天統律長九寸九者所以究極中和爲萬物元也易曰立天之道曰陰與陽六月坤之初六陰氣受任于太陽繼養化柔萬物生長楙之于未令種剛彊大故林鍾爲地統律長六寸六者所以含陽之施楙之于六合之内令剛柔有體也立地之道曰柔與剛乾知大始坤作成物正月乾之九二萬物棣通族出于寅人奉而成之仁以養之義以行之令事物各得其理寅木也爲仁其聲商也爲義故太簇爲人統律長八寸象八卦宓戲氏之所以順天地

通神明類萬物之情也立人之道曰仁與義春秋元命包曰天人同度正法相受垂文象人行其事謂之教教之爲言效也道之始也在天成象在地成形后以裁成天地之道輔相天地之宜以左右民此三律之謂矣是爲三統其于三正也黃鍾子爲天正林鍾未之衡丑爲地正太簇寅爲人正三正正始是以地正適其始紐于陽東北丑位易曰東北喪朋迺終有慶荅應之道也論語疏曰統者本也謂天地人之本

又曰太極元氣函三爲一極中也元始也孟康曰元氣始起于子未分之時天地人混合爲一故子數獨一也

又曰三統合于一元王砅元珠密語曰天地人俱生于太初

董子繁露曰古之造文者三畫而連其中謂之王三畫者天地與人也而連其中者通其道也取天地與人之中以爲貫而參通之非王者孰能當是說文曰三者天地人也而參通之者王也孔子曰一貫三爲王　字林曰王者天地人一貫三爲王天下所法也　法言君子曰通天地人曰儒通天地而不通人曰伎

又曰唯人道可以參天

周書小開武曰周公曰三極一維天九星二維地九州三維人四虞

揚子太玄曰夫玄也者天道也地道也人道也兼三道而天名之注云天地人三者俱謂之玄玄天也故以天名也

又曰君臣父子夫妻之道注云此三者人倫之大綱俱行于天也

才

孟子論性而及才才者天之所降故曰降才卽說卦之三才也在天曰陰陽在地曰柔剛在人曰仁義故孟子論爲不善云非才之罪因舉仁義禮智而云或相倍蓰而無算者不能盡其才者也繼而言天之降才繼又言存乎人者有仁義而云牿亡之後未嘗有才知才爲天之所降明矣

情

孟子曰乃若其情則可以爲善矣又云若夫爲不善非才之罪也繼又云人見其禽獸也而以爲未嘗有才焉者是豈人之情也哉孟子言性而及情情猶性也故文言曰利貞者情性也俗本云利貞者性情也王弼注遂有性其情之語是性善而情惡非孟子義也

彖傳屢言天地之情情猶性也中庸曰喜怒哀樂之未發謂之中發而皆中節謂之和情和而性中故利貞者情性也利貞改中和六爻不皆中故云貞

積

易中庸皆言積荀子亦言積學記比年入學一段乃學

之積也記蛾子時術之鄭氏以爲其功乃復成大垤此積之效也

易乾初九上經潛龍勿用干寶注曰初九甲子天正之位而乾元所始也　文言曰元者善之長也

坤初六履霜堅冰至象曰履霜堅冰陰始凝也馴致其道至堅冰也

文言曰積善之家必有餘慶虞注云謂初乾爲積善以坤牝陽滅出復震爲餘慶謂東北喪朋乃終有慶也積不善之家必有餘殃坤積不善以臣弑君以乾通坤極姤生巽爲餘殃臣弑其君子弑其父坤消至二艮子弑父至三成否坤臣弑君非一朝一夕之故其所由來者漸矣剛爻爲朝柔爻爲夕由辨之不早辨也鄭云辨別

也述云復小而辨于物則辨之早矣易曰履霜堅冰至蓋言順也穀梁僖十七年傳曰君子惡惡疾其始

繫上曰鳴鶴在陰其子和之子曰君子居其室出其言善則千里之外應之況其邇者乎居其室出其言不善則千里之外違之況其邇者乎言出乎身加乎民行發乎邇見乎遠言行君子之樞機樞機之發榮辱之主也言行君子之所以動天地也可不慎乎

甲子卦氣起中孚互艮爲居巽陽隱室故居其室震爲出爲言善謂復初震巽同聲相應故千里之外應之邇謂坤不善謂姤復差以豪氂繆以千里故千里之外違

之坤爲身爲民爲邇震爲行乾爲遠樞主闔闢機主發動乾陽爲榮坤陰爲辱故樞機之發榮辱之主中孚二變成益巽風動天震雷動地故云言行君子之所以動天地也艮爲愼故可不愼乎

繫下曰善不積不足以成名虞注云乾爲積善陽稱名惡不積不足以滅身坤爲積惡爲身以乾滅坤故滅身者也小人以小善爲无益而弗爲也小善謂復初以小惡爲无傷而弗去也小惡謂姤初故惡積而不可弇謂陰息姤至遯子弑其父故惡積而不可弇罪大而不可解陰息遯成否以臣弑君故罪大而不可解易曰何校滅耳凶呂覽別類曰義小爲之則小有福大爲之則大有福于禍則不然小有之不若其亡也高注云禍雖微小積小成大故不若亡

揚子太玄曰君子在玄則正在福則沖在禍則反小人在玄則邪在福則驕在禍則窮　案在玄則正慎獨也在易爲乾初九在玄則邪閒居爲不善也在易爲坤初六

賈子新書脩政語曰顓頊曰功莫美于去惡而爲善罪莫大于去善而爲惡故非吾善善而已也善緣善也非吾惡惡而已也惡緣惡也吾日慎一日其此已也

大戴禮保傅曰易曰正其本萬物理本謂初　范升傳正其本萬物理劉向說苑建其本而萬物理失之毫釐初尚微故云毫釐詩云德輶如毛差之千里積善餘慶積惡餘殃故差之千里故君子慎始也辨之早棟案此語本諸日法後漢太史令虞恭曰日法所該通遠無已損益毫釐差以千里是也

禮記經解曰禮之教化也微其止邪也於未形使人日徙善遠罪而不自知也易曰君子慎始差以毫氂繆以千里此之謂也鄭注云始謂其微時也正義曰此易繫辭文也愚謂此繫辭逸文

史記太史公自叙曰春秋弑君三十六亡國五十二察其所以皆失其本矣謂不早辨故易曰差以毫氂繆以千里故曰臣弑君子弑父非一朝一夕之故其漸久矣周易述疏云古文周易太史公猶見其全而大小戴禮察保傅經解及易緯通卦驗亦引之或遂以爲緯書之文非也

韓非子外儲說曰患之可除在子夏之說春秋子夏曰春秋之記臣殺君子殺父者以十數矣皆非一日之積也有漸而至矣凡姦者行久而成積積成而力多力多而能殺

故明主蚤絕之又曰子夏曰善持勢者蚤絕姦之萌

管子權脩曰欲民之正則微邪不可不禁也微邪者大邪之所生也微邪不禁而求大邪之無傷國不可得矣

尚書大傳曰書曰三歲考績三考黜陟幽明其訓曰一之三以至九年天數窮矣陽德終矣積不善至于幽六極以類降故黜之積善至于明五福以類升故陟之皆所自取聖無容心也揚子太玄曰陽推五福以類升陰幽六極以類降升降相關大貞乃通蓋畫卦與衍疇其理一也

淮南繆稱曰易曰剝之不可遂盡也故受之以復積薄爲厚積卑爲高故君子日孳孳以成煇小人日快快以至辱

其消息也離朱弗能見也消息微故離朱弗能見

徐幹中論脩本曰先民有言明出乎幽著生于微故宋井之霜以基昇正之寒黃蘆之萌以兆大中之暑事亦如之故君子脩德始乎笄丱終乎鮐背創乎夷原成乎喬嶽易曰升元亨用見大人勿恤南征吉積小致大之謂也

韓非子喻老曰扁鵲見蔡桓公立有閒扁鵲曰君有疾在腠理不治將恐深故良醫之治病也攻之于腠理此皆爭之于小者也夫事之禍福亦有腠理之地故曰聖人早從事焉

漢書仲舒對策曰冊曰上嘉唐虞下悼桀紂寖微寖滅寖

明寢昌之道虛心以改臣聞衆少成多積小致鉅故聖人莫不以晻暗致明以微致顯是以堯發于諸侯舜興乎深山非一日而顯也蓋有漸以致之矣言出于己舜察邇言不可塞也行發于身不可揜也言行治之大者君子之所以動天地也易卦氣起中孚始著爲一初九是也初九體震與姤旁通震爲言爲行震雷動地巽風動天故動天地乾爲積善初尚微小故盡小者大慎微者著詩云惟此文王小心翼翼故堯兢兢日行其道而舜業業日致其孝善積而名顯德章而身尊此其寢明寢昌之道也積善在身猶長日加益而人不知也積惡在身猶火之銷膏而人不見也非明乎情性察乎流俗者孰能知之又云夫暴逆不仁者非一日而亡也

亦以漸至故桀紂雖亡道然猶享國十餘年此其寖微寖滅之道也

漢書枚乘書曰福生有基禍生有胎納其基絶其胎禍何自來納猶藏也泰山之霤穿石單極之統斷幹孟康曰西方人名屋梁爲極單一也一梁謂井鹿盧也言鹿盧爲綆索久鍥斷井幹也水非石之鑽索非木之鋸漸靡使之然也靡盡也我有好爵我與爾靡之與此靡同夫十圍之木始生如蘖足可搔而絶手可擢而拔據其未生先其未形也磨礱底厲不見其損有時而盡底柔石也厲皂石也種樹畜養不見其益有時而大積德累行不知其善有時而用棄義背理不知其惡有時而亡此當有成文傳自聖人之徒

法言脩身曰君子微慎厥德悔吝不至何元憞之有注云微纖也悔吝小疵也元憞大惡也

賈誼新書審微曰善不可謂小而無益不善不可謂小而無傷非以善爲一足以利天下小不善爲一足以亂國家也當夫輕始而傲微則其流而令于大亂是故子民者謹焉夫事有逐奸勢有名禍老聃曰爲之于未有治之于未亂管仲曰備患于未形上也語曰爝爝弗滅炎炎奈何萌芽不伐且折斧柯智禁于微次也事之適亂如地形之惑人也機漸而往俄而東西易面人不自知也故墨子見衢路而哭之悲一跬而繆千里

老子德經曰爲之于未有治之于未亂合抱之木生于毫末九層之臺起于累土千里之行始于足下

荀子大略曰夫盡小者大積微者著德至者色澤洽德潤身行盡而聲聞遠小人不誠于內而求之于外

文子曰積道德者天與之地助之文選注廿九

張衡東京賦曰堅冰作于履霜尋木起于蘖栽薛綜注云言事皆從微至著不可不慎之于初所以尋木起于牙蘖洪波出于涓泉

呂東萊曰乾之初九曰潛龍勿用坤之初六曰履霜堅冰至陽者善之類也坤者惡之類也善端初發且要涵養惡

念初生便須翦除

天地尚積

京房易傳曰積陽爲天積陰爲地

中庸曰天地之道可一言而盡也其爲物不貳不貳一也荀子曰并一而不貳所以成積也并一而不貳則通于神明參于天地矣　案積善成德而神明自得故通于神明則其生物不測詳下文天地之道博也厚也高也明也悠也久也覆出以起下文今夫天以下言積斯昭昭之多鄭注昭昭猶耿耿小明也及其無窮也日月星辰繫焉萬物覆焉今夫地一撮土之多及其廣厚載華嶽而不重振河海而不洩萬物載焉今夫山一卷石之多及其廣大草木生之禽獸居之寶藏興焉今夫水

一勺之多及其不測黿鼉蛟龍魚鱉生焉貨財殖焉鄭注云此言天之高明本生昭昭地之博厚本由撮土山之廣大本起卷石水之不測本從一勺皆合少成多自小致大爲至誠者亦如此乎詩曰維天之命於穆不已蓋曰天之所以爲天也於乎不顯文王之德之純蓋曰文王之所以爲文也純亦不已鄭注云天所以爲天文王所以爲文皆由行之無已爲之不止如天地山川之云也易曰君子以愼德積小以成高大是與正義曰此一節明至誠不已則能從微至著從小至大

聖學尚積

詩敬之曰日就月將學有緝熙于光明鄭箋云日就月行言當習之以積漸也

學記曰古之教者比年入學中年考校一年視離經辨志

三年視敬業樂羣五年視博習親師七年視論學取友謂之小成九年知類通達强立而不反謂之大成夫然後足以化民易俗近者悅服而遠者懷之此大學之道也記曰蛾子時術之其此之謂乎注云蛾蚍蜉也蚍蜉之子微蟲耳時術蚍蜉之所爲其功乃復成大垤又曰三王之祭川也皆先河而後海或源也或委也此之謂務本鄭注云源泉所出也委流所聚也始出一勺卒成不測正義曰猶言學初爲積漸後成賢聖也

大戴勸學曰積土成山風雨興焉積水成淵蛟龍生焉積善成德在易乾初爲善乾三成德而神明自得聖心循焉故不積蹞步

無以至千里不積小流無以成江河騏驥一躍不能十步駑馬十駕功在不舍鍥而舍之朽木不折鍥而不舍金石可鏤荀子同

荀子儒效曰人無師法則隆情矣有師法則隆性矣而師法者所得乎積原本作情注云當作積非所受乎性不足以獨立而治性也者吾所不能爲也然而可化也積也者非吾所有也然而可爲乎注錯習俗所以化性也并一而不貳所以成積也與中庸其爲物不貳義同習俗移志安久移質并一而不貳則通于神明參于天地矣積善成德而神明自得故通于神明故積土而爲山積水而爲海旦暮積謂之歲至高謂之天至下謂之地宇

中六指謂之極六指上下四方盡六指之遠則爲六極言積近以成遠塗之人百姓積善而全盡謂之聖人彼求之而後得爲之而後成積之而後高盡之而後聖故聖人也者人之所積也性惡曰積善而不息則通于神明參于天地矣故聖人者人之所積而致也

尸子曰水積則生吞舟之魚土積則生豫章之木學積亦有生焉

王者尚積

詩皇矣序曰皇矣美周也天監代殷莫若周周世世脩德莫若文王

家語好生曰周自后稷積行累功以有爵土公劉重之以仁及至大王亶父敦以德讓其樹根置本備豫遠矣漢書婁敬傳敬曰周之先自后稷堯封之邰積德累善十餘世

荀子彊國曰積微月不勝日時不勝月歲不勝時愚謂此言積微自日而月自月而時自時而歲不從微始非積也故曰不勝凡人好敖慢小事大事至然後興之務之如是則常不勝夫敦比于小事者矣以小至大故月不勝日敦原本作熟先子從宋本改是何也則小事之至也數其縣日也博其爲積也大楊注博謂所縣繫時日多也大謂積小以成大若蟻蛭然也大事之至也希其縣日也淺其爲積也小愚按此所謂月不勝日時不勝月歲不勝時也故善日者王善時者霸善日謂敦比于小事者也月不勝日故善日者王善時謂興務于大

事者也時不勝月故善時者霸補漏者危楊注不能累功累業至于弊漏然後補之也大荒者亡楊注都荒廢不治者故王者敬日霸者敬時一日二日萬幾王者敬日也聲色化民霸者敬時也敬日者在隱微幽獨敬時者在政教號令僅存之國危而後戚之亡國至亡而後知亡至死而後知死亡國之禍敗不可勝悔也霸者之善著焉可以時托也王者之功名不可勝日志也善積成名故功名不可勝日志也財物貨寶以大爲重政教功名反是能積微者速成詩曰德輶如毛毛猶微也民鮮克舉之此之謂也楊注引之以明積微至著之功也

以易言之微即乾之初九也初九元也乾元用九而天下治故德輶如毛民鮮克舉

大戴禮禮察曰凡人之知能見已然不能見將然禮者禁于將然之前而法者禁于已然之後禮云禮云貴絕惡於未萌而敬起于微眇（敬起當從治安策作起敬）使民日徙善遠罪而不自知也孔子曰聽訟吾猶人也必也使無訟乎此之謂也爲人主計者莫如安審取舍（所謂辨之早）取舍之極定于内安危之萌應于外也（師古曰極中也萌始生也）安者非一日而安也危者非一日而危也皆以積然（治安策云皆以積漸然）不可不察也善不積不足以成名惡不積不足以滅身而人之所行各在其取舍以禮義治之者積禮義以刑罰治之者積刑罰刑罰積而民怨倍禮義積而民和親故世主欲民之善同而所

以使民之善者異或導之以德教或毆之以法令導之以德教者德教行而民康樂毆之以法令者法令極而民哀戚哀樂之感禍福之應也我以爲秦王之欲尊宗廟而安子孫與湯武同然湯武能廣大其德久長其後行五百歲而不失秦王亦欲至是而不能持天下十餘年卽大敗之此無他故也湯武之定取舍審而秦王之定取舍不審也此卽積善積惡之應而其原皆在于微眇易曰君子愼始差若毫釐繆以千里取舍之謂也

淮南繆稱曰君子不謂小善不足爲也而舍之小善積而爲大善不謂小不善爲無傷也而爲之小不善積而爲大

不善是故積羽沈舟羣輕折軸故君子禁于微壹快不足以成善積快而爲德壹恨不足以成非積恨而成怨故三代之善千歲之積譽也桀紂之謗千歲之積毀也

漢書叔孫通傳魯兩生曰禮樂所由起百年積德而後可興也

孟子言積善

孟子公孫丑篇曰公孫丑問曰敢問何爲浩然之氣云云至而又害之是集義所生者非義襲而取之也朱注集義由言積善此語最當非義襲而取之也襲與習同襲重習也義須積如苗之長義襲而取猶助長也故下

言助長之害必有事焉而勿正心勿忘勿助長也顧氏炎武謂正心心乃忘字之并也謂必有事焉而勿忘申之曰勿忘勿助長也當从其讀　義襲而取猶一蹴而至聖人之域夫子曰非求益者也欲速成者也卽助長之義　集義之功中庸所謂不息也不息則久久則徵徵則悠遠悠遠則博厚博厚則高明維天之命於穆不已天之所以爲天也於乎不顯文王之德之純文王之所以爲文也純亦不已在聖人爲不已在學者爲勿忘

必有事焉而勿正朱注謂正預期也引公羊傳曰戰不正勝此言良是

三五

繫上曰大衍之數五十述云大衍之數五十三才五行之數也三才者日十辰十二星二十八凡五十日合于天統月合于地統星主斗斗合于人統故曰三才之數五行者天地之數五十有五土生數五成數五五五十有五減五故五十此五行之數

又曰參伍以變

尚書大傳曰天地人之道備而三五之運興矣

春秋合誠圖曰至道不遠三五而反宋均注云三三正也五五行也三正五行王者改代之際會也能于此際自新

如初則道無窮也
春秋保乾圖曰陽起于一天帝爲北辰氣成于三以立五神三五展轉機以運動故三百歲斗歷改憲也
應劭風俗通曰三統者天地人之始道之大綱也五行者品物之宗也道以三興德以五成故三皇五帝三王五伯至道不遠三五復反譬若循連鐶順鼎耳窮則反本終則復始也
史記天官書曰爲天數者必通三五索隱云三辰五行
三統歷曰三代各據一統明三統常合而迭爲首登降三統之首周還五行之道也故三五相包而生天統之正始

施于子半蘇林曰子之西亥之東其中間也地統受之于丑初人統受之于寅初孟仲季迭用事爲統首三微之統既著而五行自青始其序亦如之五行與三統相錯傳曰天有三辰地有五行然則三統五星可知也易曰參五以變錯綜其數太極運三辰五星于上而元氣轉三統五行于下其于人皇極統三德五事故三辰之合于三統也日合于天統月合于地統斗合于人統五星之合于五行三辰五星而相經緯也

淮南泰族曰昔者五帝三王之涖政施教必用參五何謂參五仰取象于天俯取度于地中取法于人乃立明堂之

朝行明堂之令明堂布令之宮有十二月之政令以調陰陽之氣以和四時之節以辟疾病之菑俯視地理以制度量察陵陸水澤肥墩高下之宜立事生財以除饑寒之患中考乎人德以制禮樂行仁義之道以治人倫而除暴亂之禍乃澄列金木水火土之性故立父子之親而成家别清濁五音六律相生之數以立君臣之義而成國察四時季孟之序以立長幼之禮而成官此之謂參制君臣之義父子之親夫婦之辨長幼之序朋友之際此之謂五

乾元用九天下治義

周易述疏云易者五經之原也孔子脩春秋書元年春王

正月蓋用乾元用九之義故董子繁露曰春秋何貴乎元而言之元者始也言本正也道王道也王者人之始也王正則元氣和順風雨時景星見黃龍見王不正則上變天賊並見五帝三皇之治天下不敢有君民之心什一而稅教以愛使以忠敬長老親親而尊尊不奪民時使民不過歲三日民家給人足無怨望忿怒之患強弱之難無強賊妬疾之人民脩德而美好被髮銜哺而游不慕富貴恥惡不犯父不哭子兄不哭弟毒蟲不螫猛獸不搏抵不觸蟲故天爲之下甘露朱草生醴泉出風雨時嘉禾興鳳皇麒麟遊于郊囹圄空虛畫衣裳而民不犯四夷傳譯而朝民

情至朴而不文郊天祀地秩山川以時至封于泰山禪于梁父立明堂宗祀先帝以祖配天天下諸侯各以其職來祭貢土地所有先以入宗廟端冕盛服而後見先德恩之報奉元之應也

董子對策曰臣謹案春秋謂一元之意一者萬物之所從始也元者辭之所謂大也謂一爲元者視大始而欲正本也春秋深探其本而反自貴者始故爲人君者正心以正朝廷正朝廷以正百官正百官以正萬民正萬民以正四方四方正遠近莫敢不一于正而亡有邪氣奸其閒者是以陰陽調而風雨時羣生和而萬民殖五穀熟而草木茂

天地之間被潤澤而大豐美四海之内聞盛德而皆徠臣諸福之物可致之祥莫不畢至而王道終矣孔子曰鳳鳥不至河不出圖吾已矣夫自悲可致此物而身卑賤不得致也

大

乾彖傳曰大哉乾元萬物資始乃統天

老子道經曰有物混成先天地生不知其名字之曰道强爲之名曰大

一　理

理字之義兼兩之謂也人之性稟于天性必兼兩在天

曰陰與陽在地曰柔與剛在人曰仁與義兼三才而兩之故曰性命之理樂記言天理謂好與惡也好近仁惡近義好惡得其正謂之天理好惡失其正謂之滅天理大學謂之拂人性天命之謂性性有陰陽剛柔仁義故曰天理後人以天人理欲爲對待且曰天即理也尤謬

格物致知窮理之事正心誠意盡性之事性盡理窮乃天下至誠也故至于命上天之載無聲無臭至矣是也

繫辭上曰易簡而天下之理得矣天下之理得而易成位乎其中矣又曰仰以觀于天文俯以察于地理

說卦曰窮理盡性以至于命虞注云以乾推坤謂之窮理俯以察于地理故坤屬理

案易簡而天下之理得此述天命而及中和窮理盡性以至于命此由中和而遡天命

又曰昔者聖人之作易也將以順性命之理是以立天之道曰陰與陽立地之道曰柔與剛立人之道曰仁與義述曰陰與陽柔與剛仁與義所謂理也

中庸曰文理密察足以有别也理者分别之意

樂記曰音者生于人心者也樂者通倫理者也鄭注理分也

又曰人生而靜天之性也感于物而動性之欲也欲史記作頌徐廣讀為容物至知知然後好惡形焉好惡無節于內知誘于外不能反躬天理滅矣夫物之感人無窮而人之好惡無節則是物至而人化物也人化物也者滅天理而窮人欲者也

樂由天作樂者通倫理者也故謂之天理理分也猶節也漢律逆節絕理謂之不道康成子雍以天理為天性非是理屬地不屬天一闔一闢一靜一動謂之天理上云人生而靜天之性感于物而動性之容也是之謂天理

韓非子曰凡物之有形者易裁也易割也何以論之有形則有短長有短長則有小大有小大則有方圓有方圓則有堅脆有堅脆則有輕重有輕重則有白黑短長大小方圓堅脆輕重白黑之謂理理定而物易割也故欲成方圓而隨于規矩則萬事之功形矣而萬物莫不有規矩聖人盡隨于萬物之規矩則事無不事功無不功此釋理字最分明

又曰道者萬物之所然也萬理之所稽也理者成物之文也易陰陽剛柔爲性命之理兼三才而兩之故易六位而成章所謂成物之文也道者萬物之所以成也萬物各異理萬物各異理而道盡稽萬物之理故不得不化不得不化故無常操是以生死氣禀焉萬智斟

酌焉萬事廢興焉天得之以高地得之以藏(坤以藏之)維斗得之以成其威(斗有威儀)日月得之以恒其光五帝得之以常其位列星得之以端其行四時得之以御其變氣軒轅得之以擅四方赤松得之與天地統聖人得之以成文章凡道之情不制不形柔弱隨時與理相應

又曰凡理者方圓長短麤靡(靡細也)堅脆之分也故理定而後物可得道也

道理二字說得分明宋人說理與道同而謂道爲路只見得一偏

管子君臣曰別交正分之謂理順理而不失之謂道注別

上下之交正君臣之分

心術曰德者道之舍物得以生德者得也以無爲之謂道舍之之謂德故道之與德無間故言之者不别也間之理者謂其所以舍也道德之理可間者則以有所舍所以舍之異也義者謂各處其宜也禮者因人之情緣義之理而爲之節文者也故禮者謂有理也理也者明分以諭義之意也故禮出乎義義出乎理理因乎宜者也

人心道心附

人心之危中庸所謂誠之者也所謂慎獨也道心之微中庸所謂誠者也荀子所謂獨也

誠獨之辨 附

誠之者功之始也獨者功之全也故荀子曰不誠則不能獨

生安之學 附

後人談孔學者止及困勉之學而未及生安六經之書生安之學爲多談困勉之學未嘗不親切而有味以示學者則善以之訓詁六經則離者多矣此七十子喪而大義乖之故非後人之過也

精一之辨 附

精者精微一者道本得一而加功焉然後精僞尚書惟

精惟一此誤解荀子也吾聞一而後精不聞精而始一

蓋後人以爲精察之精故誤耳

周易述卷二十三終